수능특강

국어영역 **화법과 작문**

기획 및 개발

허 림(EBS 교과위원)
김희민(EBS 교과위원)
문혜은(EBS 교과위원)

감수

한국교육과정평가원

책임 편집

김정미

교재 내용 문의
교재 및 강의 내용 문의는
EBS*i* 사이트(www.ebsi.co.kr)의 학습 Q&A 서비스를
활용하시기 바랍니다.

교재 정오표 공지
발행 이후 발견된 정오 사항을
EBS*i* 사이트 정오표 코너에서 알려 드립니다.
교재 → 교재 자료실 → 교재 정오표

교재 정정 신청
공지된 정오 내용 외에 발견된 정오 사항이 있다면
EBS*i* 사이트를 통해 알려 주세요.
교재 → 교재 정정 신청

KB214066

광주여자대학교
2025학년도 신입생 모집

[더 큰 꿈을 위해]
여대가다

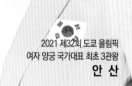

2021 제32회 도쿄 올림픽
여자 양궁 국가대표 최초 3관왕
안 산

모집일정

수시모집 2024.09.09.월 - 2024.09.13.금
정시모집 2024.12.31.화 - 2025.01.03.금

전국 7개 여자대학교 중 (공시년도 : 2011 ~ 2019년)
9년 연속 취업률 1위

❶ 2021~2024 / 교육부
**인성교육 전문인력
양성기관 선정!**

❷ 2016~ / 근로경험 및 취업연계사업
**취업연계 중점대학
8년 연속 선정!**

❸ 2022~2024 / 2021년 교육부 대학기본역량진단
**일반재정
지원대학 선정!**

❹ 개인별 차등지급
**신입생 장학금
100% 지급!**

입학상담 62396 광주광역시 광산구 광주여대길 40, 대학본부 1층 입학팀 **TEL** 062-950-3521~4 광주여자대학교 kwangju_w_univ 광주여자대학교

본 교재 광고의 수익금은 콘텐츠 품질개선과 공익사업에 사용됩니다. 모두의 요강(mdipsi.com)을 통해 광주여자대학교의 입시정보를 확인할 수 있습니다.

항공 · 보건 · 조리 특성화대학

초당대학교

2025학년도 신입생 모집

대학기본역량진단 일반재정지원대학
재정지원수혜 2022~2024
(교육부 2021년)

광주 전남 4년제 사립대학
취업률 2위 73.4%
전국 평균 취업률 64.2%
(2022년 대학알리미 공시 기준)

대학 평생교육체제 지원사업 선정
(LiFE 2.0)

콘도르비행교육원 / 항공기술교육원 / 초당드론교육원 운영
- 국토교통부, 항공종사자 전문교육기관 및 무인헬기 조종사 양성 교육기관 지정

수시모집: 2024년 9월 9일(월) ~ 13일(금)
정시모집: 2024년 12월 31일(화) ~ 2025년 1월 3일(금)

 초당대학교

입학문의: **1577-2859**

▶ 바로가기

58530 전라남도 무안군 무안읍 무안로 380

 유튜브
초당대학교

 페이스북
초당대학교

 인스타그램
@chodang.univ

 카카오톡채널
초당대학교입학상담

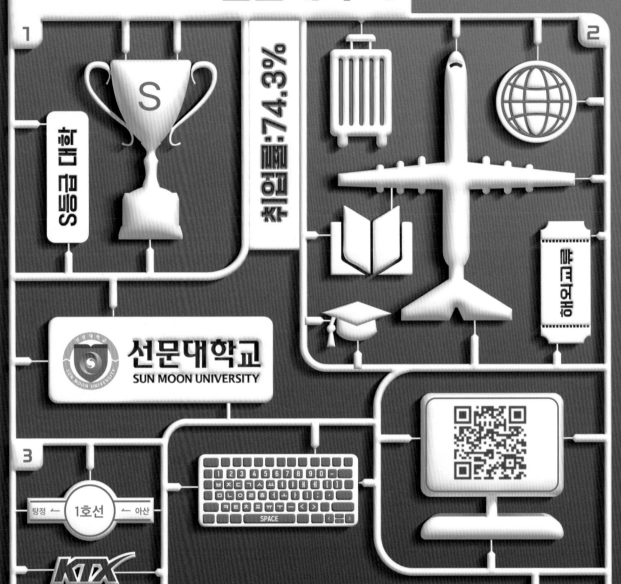
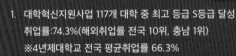

수능특강

국어영역 **화법과** 작문

이 책의 **특징과 구성** Structure

이 책의 특징

01   2025학년도 대학수학능력시험에 대비하여 국어영역 '화법과 작문' 과목을 충실히 공부할 수 있도록 개발한 수능 연계 교재입니다. 고등학교 교육 과정 및 교과서를 바탕으로 출제된 여러 문항을 통해 다양한 제재와 유형을 학습할 수 있도록 구성하였습니다.

02   '교과서 개념 학습 → 적용 학습 → 실전 학습'의 단계를 통해 기초부터 심화까지 체계적인 학습이 가능하도록 구성하였습니다.

이 책의 구성

1부   교과서 개념 학습

'화법과 작문' 과목의 기초를 충실히 다질 수 있도록 교과서와 교육 과정의 주요 개념 및 이론을 정리하였습니다. 또한 '문제로 이해하기'를 통해 앞서 설명한 개념 및 이론을 문제에 적용할 수 있도록 하였습니다. 서답형 문항을 해결하는 과정에서 개념을 확인하고, 부족한 부분을 보충할 수 있습니다.

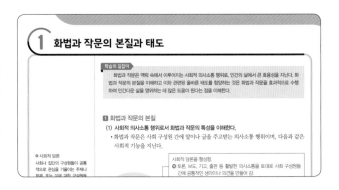

1   화법과 작문의 본질과 태도

> **학습의 길잡이**
>
> 화법과 작문은 맥락 속에서 이루어지는 사회적 의사소통 행위로, 인간의 삶에서 큰 효용성을 지닌다. 화법과 작문의 본질을 이해하고 이와 관련된 올바른 태도를 함양하는 것은 화법과 작문을 효과적으로 수행하여 인간다운 삶을 영위하는 데 많은 도움이 된다는 점을 이해한다.

1 화법과 작문의 본질

(1) 사회적 의사소통 행위로서 화법과 작문의 특성을 이해한다.
- 화법과 작문은 사회 구성원 간에 말이나 글을 주고받는 의사소통 행위이며, 다음과 같은 사회적 기능을 지닌다.

○ 사회적 담론
사회나 집단의 구성원들이 공통적으로 관심을 기울이는 주제나 화제, 또는 이에 대한 구성원들

사회적 담론을 형성함.
○ 토론, 보도, 기고, 출판 등 활발한 의사소통을 토대로 사회 구성원들 간에 공통적인 생각이나 의견을 만들어 감.

2부   적용 학습

'화법' 8강, '작문' 8강, '통합' 16강으로 구성하여 여러 유형의 수능형 문항을 학습하는 과정에서 문제 해결 능력을 기를 수 있도록 하였습니다.

01   화법

[01~03] 다음은 학생의 발표이다. 물음에 답하시오.

안녕하세요? 저는 오늘 발표를 하게 된 ○○○입니다. 아마 여러분도 등교하면서 학교 앞 공원에 핀 꽃을 보셨을 겁니다. 혹시 그게 무슨 꽃인지 아시나요? (대답을 듣고) 네, 제 예상대로 대부분 진달래로 알고 계시네요. 진달래가 봄꽃의 대명사처럼 알려져 있기도 하고, 모양도 진달래와 비슷해서 그렇게 생각하는 분들이 많을 겁니다. 그런데 그 꽃은 사실 진달래가 아니라 철쭉입니다. 저는 이번 학기 자유 발표 주제로 진달래와 봄꽃들의 구별 방법에 대해서 다뤄 보고자 합니다.

(자료 1 제시) 지금 보시는 꽃들은 대표적인 봄꽃이라고 할 수 있는 철쭉, 진달래, 영산홍의 모습입니다. (청중의 반응을 살피며) 겉모습이 너무 비슷해서 잘 구별되지 않죠? 셋은 모두 생물학적으로 진달래목 진달래과에 속하기 때문에 꽃의 모습은 큰 차이가 나지 않습니다. 영산홍은 생소하실 수 있는데, 여러분이 진달래라고 알고 계시는 우리 학교 본관 앞 화단에 피는 꽃이 사실은 이 영산홍입니다. 세 종류의 꽃은 피는 시기에 차이가 있어서 이를 기준으로 구별할 수 있습니다.

3부 실전 학습

수능과 동일한 문항 수로 구성하였으며, 총 2회 분량을 수록하였습니다.

실전 학습 1회

[01~03] 다음은 학생의 발표이다. 물음에 답하시오.

안녕하세요, 여러분! 오늘 저는 클래식 음악 작곡가 하이든에 대해 발표하려고 합니다. 하이든이라는 이름은 우리들에게 익숙하지만, '교향곡의 아버지', '현악 4중주의 아버지'라고 불리는 하이든이 늘 모차르트와 비교당했다는 사실은 잘 모르시죠? (청중의 반응을 보고) 그 이유는 활동했던 시기와 지역이 같았기 때문인데요. 다행스럽게도 모차르트는 하이든을 무척 존경하여 두 사람은 음악사에서 보기 드물게 사이가 좋았다고 합니다. 까다롭기로 유명한 모차르트가 좋아한 것을 보면 하이든에게 분명 특별한 매력이 있었을 것 같지 않나요? 오늘 발표는 하이든의 인간적인 매력에 초점을 맞춰 보았습니다.

모차르트가 타고난 신동으로 유명했던 것과 달리, 하이든은 대기만성의 예술가였습니다. 말년에도 대표작을 여럿 창작할 만큼 평생 실력을 연마하는 데 엄격했지요. 이런 하이든이지만, 주변 사람들에게는 언제나 유쾌한 사람이었습니다. 대부분의 예술 대가들이 괴팍하고 까칠한 경향이 있는데, 하이든만은 예외여서 그는 누구나 만나고 싶어 하는 사람이었지요. 하이든의 음악에서 재치와 유머가 느껴지는 것은 흥겨운 농담을 좋아하던 그의 유쾌한 성격이 반영된 것이라고 할 수 있습니다.

정답과 해설

학습한 내용을 스스로 점검할 수 있도록 자세한 해설을 제시하였습니다. 깊이 있는 학습이 가능하도록 '정답이 정답인 이유'와 '오답이 오답인 이유'를 모두 수록하였습니다.

정답과 해설

1부 교과서 개념 학습

1강 화법과 작문의 본질과 태도

본문 10~13쪽

문제로 이해하기 | 예시 답안

01 (1) ㉠: (의미) 한국인들은 약속 시간을 정확히 지키지 않는다. (말에 담긴 인식) 부정적
　　㉡: (의미) 한국 기업의 주가가 비슷한 수준의 외국 기업의 주가에 비해 낮다. (말에 담긴 인식) 부정적
　　㉢: (말에 담긴 인식) 긍정적
　　(2) ① 사회적 의사소통 ② 사회적 담론
02 맥락
03 ⑤

02 다양한 맥락을 고려한 화법

화법에서는 맥락을 고려하는 일이 중요한데, 화법의 맥락을 구성하는 요소에는 발신자(화자), 수신자(청자), 주제, 목적, 매체, 시간, 장소 등이 있다. 이때 맥락에 따라 적절한 내용과 표현을 선택해야 화법 활동을 통한 의사소통의 목적을 효과적으로 달성할 수 있다.

03 다양한 맥락을 고려한 작문

1문단의 세 번째 문장과 2문단 마지막 부분의 '이러한 개선안을 감안하여, 우리 구에서도~'로 보아 이 건의문의 예상 독자는 구청에서 관련 사안을 담당하는 공무원임을 알 수 있다. 따

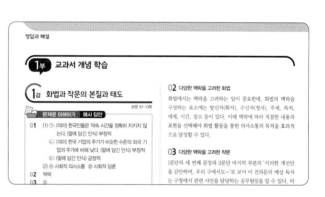

학생

인공지능 DANCHOQ
푸리봇 문|제|검|색

EBS*i* 사이트와 **EBS*i* 고교강의 APP** 하단의 **AI 학습도우미 푸리봇**을 통해 문항코드를 검색하면 푸리봇이 해당 문제의 해설과 해설 강의를 찾아 줍니다. **사진 촬영으로도 검색**할 수 있습니다.

문제별 문항코드 확인　　　문항코드 검색

[24003-0001]
1. 아래 그래프를 이해한 내용으로 가장 적절한 것은?

24003-0001 🔍

[24003-0001]
사진 촬영 검색

선생님

EBS 교사지원센터
교재 관련 자|료|제|공

교재의 문항 한글(HWP) 파일과
교재이미지, 강의자료를 무료로 제공합니다.

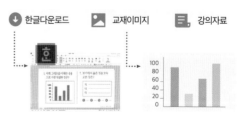

⬇ 한글다운로드　　🖼 교재이미지　　☰ 강의자료

• 교사지원센터(teacher.ebsi.co.kr)에서 '교사인증' 이후 이용하실 수 있습니다.
• 교사지원센터에서 제공하는 자료는 교재별로 다를 수 있습니다.

이 책의 **차례** Contents

www.ebs*i*.co.kr ●

3부 실전 학습

1부

교과서
개념 학습

1 화법과 작문의 본질과 태도

학습의 길잡이

화법과 작문은 맥락 속에서 이루어지는 사회적 의사소통 행위로, 인간의 삶에서 큰 효용성을 지닌다. 화법과 작문의 본질을 이해하고 이와 관련된 올바른 태도를 함양하는 것은 화법과 작문을 효과적으로 수행하여 인간다운 삶을 영위하는 데 많은 도움이 된다는 점을 이해한다.

❶ 화법과 작문의 본질

(1) 사회적 의사소통 행위로서 화법과 작문의 특성을 이해한다.

• 화법과 작문은 사회 구성원 간에 말이나 글을 주고받는 의사소통 행위이며, 다음과 같은 사회적 기능을 지닌다.

● 사회적 담론
사회나 집단의 구성원들이 공통적으로 관심을 기울이는 주제나 화제, 또는 이에 대한 구성원들의 공통적인 생각이나 의견. 예컨대 미세 먼지 문제의 중요성이나 해결책에 대한 시민들의 공통적 생각이나 의견은 일종의 사회적 담론임.

> **화법과 작문의 사회적 기능**
>
> 사회적 담론을 형성함.
> 예 토론, 보도, 기고, 출판 등 활발한 의사소통을 토대로 사회 구성원들 간에 공통적인 생각이나 의견을 만들어 감.
>
> 의사소통 문화를 형성하여 사람들의 언어 환경에 영향을 미침.
> 예 인터넷상에서 '착한 댓글'을 다는 문화가 활성화되면, 인터넷을 통해 정보를 생산하고 수용하는 사람들이 좀 더 우호적인 환경에서 의사소통을 수행할 수 있음.

● 의사소통 문화
의사소통 과정에서 형성된 사회의 공통적인 의사소통 양식이나 규범

(2) 화법과 작문 활동이 자아 성장과 공동체 발전에 기여함을 이해한다.

• 화법과 작문 활동은 개인 내적 차원의 의사소통 및 개인과 개인 차원의 의사소통을 통해 자아를 성장시키고 공동체를 발전시키는 데 도움을 줄 수 있다.

● 개인 내적 차원의 의사소통
개인이 가진 자아를 인식하고 관리하며, 남들이 자신을 바라보는 것을 인식하고 조정하는 과정

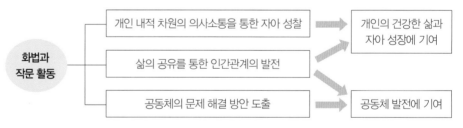

(3) 화법과 작문 활동에서 맥락을 고려하는 일이 중요함을 이해한다.

● 맥락
말과 글의 표현과 해석에 관여하는 여러 요소

• 화법과 작문의 맥락을 구성하는 요소에는 발신자(화자나 필자), 수신자(청자나 독자), 주제, 목적, 매체, 시간, 장소 등이 있다.

• 맥락에 따라 적절한 내용과 표현으로 화법과 작문 활동을 수행해야 의사소통의 목적을 효과적으로 달성할 수 있다.

> 예 – 발표할 때 발표에 주어진 시간이 짧은 경우 핵심적인 사항을 중심으로 내용을 재조직함.
> – 설명문을 작성할 때 예상 독자가 어린이인 경우 어린이의 이해 수준을 고려하여 어려운 단어를 쉬운 단어로 수정함.

2 화법과 작문의 태도

(1) 화법과 작문의 사회적 책임을 인식하고 의사소통 윤리를 준수하는 태도를 지닌다.

- 의사소통을 원활히 하기 위해서는 자신의 말과 글이 지니는 사회적 영향력을 인식하고 청자 및 독자를 배려하여 윤리적인 언어 활동을 하는 태도를 갖추어야 한다.
- 말을 할 때나 글을 쓸 때 상대방에게 피해를 줄 수 있는 표현을 삼가도록 한다.
- 타인의 생각, 말, 글 등이 지식 재산에 포함된다는 점을 이해하고, 지식 재산의 가치를 인식하여 이를 존중하도록 한다. 특히 인용과 표절의 차이를 잘 알고, 표절로 인해 다른 사람의 지식 재산을 침해하는 일이 없도록 한다.

(2) 화법과 작문의 가치를 이해하고 진심을 담아 의사소통하는 태도를 지닌다.

- 우리는 의사소통을 통해 상대방과 상호 협력적 관계를 맺고자 한다. 그런데 같은 내용이라도 의사소통에 참여하는 사람의 태도에 따라 상대방의 반응은 달라질 수 있다. 따라서 말을 하거나 글을 쓸 때에 자신의 진심을 담아 상대방에게 전달해야 한다.
- 우리가 상대방과 말과 글을 주고받으며 궁극적으로 이루고자 하는 것은 진정한 소통이다. 자신의 생각을 전하고 상대방을 설득하는 등 의사소통 목적을 성취하는 것은 중요하다. 여기에 더하여 진정성이 담긴 말과 글로 진실한 마음을 나눈다면 상대방과 상호 이해의 폭이 넓어지는 경험을 하게 되고, 이에 따라 좀 더 가치 있고 성공적인 의사소통을 할 수 있다.

(3) 언어 공동체의 담화 관습과 작문 관습을 이해하고, 건전한 화법과 작문의 문화 발전에 기여하는 태도를 지닌다.

- 언어 공동체란 특정한 언어 사용 방식과 태도를 공유하는 집단을 의미한다. 언어 공동체 내에는 각 공동체의 사회·문화적 특성이 반영된 특징적인 담화 관습과 작문 관습이 존재한다. 그중 보편적으로 쓰이는 담화 관습과 작문 관습은 특정 장르로 굳어지기도 한다.
- 언어 공동체의 담화 관습과 작문 관습은 화법과 작문의 방법에 영향을 미칠 뿐 아니라, 화법과 작문 활동에 참여하는 화자나 청자, 필자나 독자의 태도를 해석하는 기준으로 작용하기도 한다. 우리 언어 공동체에는 상대방을 존중하는 언어 예절이 발달되어 있다. 이러한 담화 관습은 화자가 청자의 체면이 손상될 수 있는 직접적인 표현을 삼가는 방식으로 나타난다. 또한 이는 화자가 자신을 낮추는 표현을 사용했을 때 청자가 화자의 말에 청자를 존중하기 위한 겸양의 의미가 담겨 있음을 이해하는 데에도 작용한다.
- 언어 공동체의 담화 관습과 작문 관습은 시대, 사회·문화적 상황, 언어 공동체의 인식에 따라 변화할 수도 있다. 언어 사용자에게는 건전한 언어문화를 형성해야 할 책무가 있음을 이해하고 진실성과 공손성을 바탕으로 언어생활을 영위하도록 한다.

◐ **지식 재산**
지적 활동으로 인하여 발생하는 모든 재산

◐ **인용과 표절**
인용은 남의 말이나 글을 자신의 말이나 글 속에 끌어 쓰는 것으로, 원문과 동일한 말이나 글에 따옴표 등의 표시를 통해 인용임을 명확히 하고 그 출처를 밝히는 것임. 반면, 표절은 남의 말이나 글을 몰래 따다 쓰는 것으로, 원문을 사용하고도 인용임을 밝히지 않고 원문의 출처도 밝히지 않은 경우를 말함.

1 화법과 작문의 본질과 태도

🔖 **문제로 이해하기**

[01~02] 다음은 학생의 발표이다. 물음에 답하시오.

안녕하세요, 저희 5모둠에서는 우리나라에 대한 외국인들의 인지도 변화에 대해 살펴보았습니다. 제 24회 올림픽 개최 도시로 '서울'이 호명되던 1980년대 초만 해도, 서울이 어디 있는 도시인지 궁금해하는 외국인이 많았다고 합니다. 하지만 지금 우리나라는 외국인들이 반드시 방문해 보고 싶어 하는 나라가 되었답니다. 저희는 이런 기분 좋은 변화에 대해 말씀드리려고 하는데요, ㉮주어진 발표 시간이 짧기 때문에 오늘 발표는 몇 가지 용어를 선별하여 그것을 중심으로 진행하도록 하겠습니다.

우리나라의 영어 이름은 '코리아'인데요, 1950년대 우리나라에 들어와 있던 미군들 사이에서는 ㉠'코리안 타임'이라는 말이 유행했습니다. 이 말에는 한국인들은 약속 시간을 정확히 지키지 않는다는 다소 부정적인 인식이 담겨 있는데요, 이는 시계를 이용하여 분(分)과 초(秒)를 따지던 미군들이 "오시(午時)에 만나세."라고 약속하며 12간지 시간을 따르던 우리의 문화를 잘 몰랐기 때문에 생긴 말이라고 할 수 있습니다. 이런 오해는 또 있습니다. 1997년 외환 위기 이후에 많이 쓰인 ㉡'코리아 디스카운트'라는 말은 한국 기업의 주가가 비슷한 수준의 외국 기업의 주가에 비해 낮다는 의미를 담고 있는데요, 이런 말이 생겨난 이유는 분단국가라는 우리나라의 안타까운 상황 등이 경제에 부정적으로 작용했기 때문이라고 합니다. 그런데 우리나라에 대해 잘 모르는 외국인들 중에는 이 말을 한국 기업들의 수준 자체가 낮다는 의미로 오해하여 받아들이는 사람도 많다고 합니다.

하지만 2010년대 초반부터 우리나라 대중음악이 세계인들에게 널리 알려지면서 'K-팝'이라는 단어가 생겨나고 우리나라의 인지도 또한 높아지기 시작합니다. 물론 여기서 'K'는 '코리아'를 의미합니다. 이 외에도 K-드라마, K-뷰티, K-푸드 등 한국에서 만든 것이라는 점을 강조하는 신조어가 다양하게 등장하면서 ㉢'코리아 프리미엄'이라는 말도 생겨났습니다. 이는 국가 브랜드의 가치 상승에 따라 나타나는 우리나라에 대한 선호 현상으로, 한국 주식 시장에 외국인 투자가 급격히 늘어난다거나 같은 가격과 같은 성능의 제품이라면 한국산을 선택하는 등의 경우를 이릅니다. 2021년에는 영국 옥스퍼드 영어사전에 'K-'가 등재되었는데요, 한국 또는 그 문화와 관련된 명사를 형성하는 수식어라고 소개하고 있습니다.

자, 이렇게 '코리아'에 대한 세계의 관심은 분야를 막론하고 나날이 커지고 있습니다. 얼마 전 한 외국 매체의 기자가 우리나라 인기 대중가요 가수와의 인터뷰에서 최근의 한류 열풍을 언급하며 K 수식어가 지겹지 않으냐는 질문을 던졌다고 합니다. 이에 대해 그 가수는 "K는 프리미엄 라벨"이라며 "우리 선배들이 애써 노력하여 얻어 낸 품질 보증과도 같은 것"이라고 대답하여 우리의 마음을 뿌듯하게 만들어 주었습니다. 이런 얘기를 들으면 과거에 비해 한국을 알아보고 인정하는 시선이 많아졌다는 게 실감 나지 않나요? 앞으로 'K-'가 더 많은 단어들을 수식하기를 바라면서, 오늘 발표를 마치겠습니다.

[24003-0001]

01 위 발표의 내용을 이해하고 화법의 특성에 대해 생각해 보자.

(1) ㉠~㉢을 아래와 같이 정리할 때, 빈칸에 들어갈 알맞은 내용을 쓰고, 각 말에 담긴 인식이 어떤 것인지 골라 ○표 하시오.

	의미	말에 담긴 인식
㉠		(긍정적, 부정적)
㉡		(긍정적, 부정적)
㉢	국가 브랜드의 가치 상승에 따라 나타나는 우리나라에 대한 선호 현상	(긍정적, 부정적)

(2) 〈보기〉는 발표를 들은 학생의 소감이다. 이를 화법의 특성과 관련하여 정리할 때 Ⓐ와 Ⓑ에 들어갈 알맞은 말을 쓰시오.

● 보기 ●

학생: 5모둠의 발표를 듣고 저희 1모둠원들이 대화를 나누는 과정에서, 저희는 '코리아 디스카운트'라는 말의 의미를 정확히 아는 모둠원이 없다는 것을 알게 되었습니다. 그리고 그동안 우리나라의 분단 상황을 별로 의식하지 않고 지내 왔다는 점을 반성했습니다. 그리고 경제·사회 분야에 두루 영향을 미치고 있는 분단 상황을 극복하는 것이 우리 세대의 과제라는 것도 깨달았습니다. 우리나라 문화가 세계적으로 인정받고 있으니, 이런 저력을 바탕으로 눈앞의 문제를 해결해 나가자고 다짐도 했고요. 이런 점에서 오늘 발표를 들은 것은 참 유용한 경험이었습니다.

화법의 특성과 관련지어 볼 때, 친구들을 대상으로 발표를 하고 그 발표를 들은 학생들이 서로 의견을 나누는 것은 (Ⓐ   ) 행위에 해당한다. 개인 간에 이루어지는 개인적 의사소통 행위와 달리, 5모둠의 발표는 다른 학생들에게 우리나라의 문화에 대한 자부심을 일깨워 주었고, 발표를 들은 학생들은 우리나라가 안고 있는 문제를 해결하기 위해 노력하자는 다짐을 하게 되었다. 이는 구성원들 사이에 (Ⓑ   )을/를 만들어 나가는 화법의 기능을 보여 준다.

[24003-0002]

02 〈보기〉는 ㉮에 대한 설명이다. 빈칸에 공통적으로 들어갈 말을 쓰시오.

● 보기 ●

㉮는 화자, 청자, 주제, 목적, 매체, 시간, 장소 등 화법의 (   )을/를 구성하는 요소를 이해하고, (   )에 따라 적절한 내용과 표현으로 발표를 수행함으로써 발표의 목적을 효과적으로 달성하기 위한 전략이라고 할 수 있다.

[03~04] 다음은 학생이 작성한 건의문의 초고이다. 물음에 답하시오.

안녕하세요? 저는 □□ 고등학교 3학년 학생입니다. 우리 구청에서 도로 주변의 조경을 담당하시는 분들께 건의드리고 싶은 것이 있어 이렇게 글을 쓰게 되었습니다. 얼마 전 하굣길 버스에서 인도와 가까운 차로 하나를 통제한 상태로 진행되는 가로수 가지치기 작업을 보았습니다. 제가 탄 버스 뒤쪽으로는 이미 가지치기가 끝난 나무들이 늘어서 있었는데요, 지나친 가지치기로 몸통만 앙상하게 남은 나무들의 모습이 흉해 보였고, 이를 본 친구들은 팔다리가 잘린 것 같아 보인다며 마음 아파했습니다.

매년 상가 간판이나 교통 표지판이 나뭇가지에 가려져 잘 보이지 않는다는 민원이나, 나뭇가지가 전선에 걸려 위험하다는 우려 때문에 가지치기를 진행하는 것으로 알고 있습니다. 한 번에 짧게 자르면 가지치기 횟수가 줄어서 비용을 줄일 수도 있겠지요. 하지만 무리한 가지치기가 가져올 문제도 생각해야 합니다. 푸른 잎사귀를 자랑하는 가로수는 도시의 경관을 아름답게 장식할 뿐 아니라 대기를 정화하는 기능을 수행합니다. 또한 ○○ 환경 연합에서 발간한 「올바른 가지치기를 위한 작은 안내서」에 따르면 가로수는 도시의 생태축으로서 생물 서식지의 역할을 한다고 합니다. 작은 곤충이나 조류들이 잠시 쉬어 가고 먹이 활동을 할 수 있는 공간이 필요한데, 도시의 가로수가 이런 역할을 해낸다는 것입니다. 환경부에서는 가지치기를 할 때 나뭇잎이 달린 가지는 4분의 1 이상 자르지 말라는 개선안을 제시했다고 들었습니다. 이러한 개선안을 감안하여, 우리 구에서도 한 번에 지나친 가지치기를 시행하기보다는 가지치기의 횟수를 늘리고 시야 확보가 필요한 구간 위주로 가지치기를 시행할 것을 건의드립니다. 이렇게 한다면 가로수가 각종 간판이나 표지판을 가리지 않으면서 생물 서식지로서의 역할도 유지할 수 있을 것이라고 생각합니다.

가지치기의 횟수에 따른 비용의 차이 때문에 제가 드린 건의가 실현되지 않을 수 있다는 생각도 듭니다. 그러나 가로수 본연의 기능을 보장함으로써 얻게 될 경관의 아름다움과 대기 정화 효과 및 생태적 기여 효과는 가지치기 횟수를 줄여 얻을 수 있는 경제적 이익보다도 가치가 클 것이라고 판단됩니다. 건의드린 내용에 대한 답변을 기다리겠습니다. 감사합니다.

03 [24003-0003]

윗글에 대한 이해로 적절하지 <u>않은</u> 것은?

① 글의 유형 면에서, 필자가 파악한 문제 상황의 해결을 건의하고 있다.

② 글의 주제 면에서, '무리한 가지치기'로 인한 문제를 해소할 대안을 제시하고 있다.

③ 작문 목적 면에서, 예상되는 긍정적인 효과를 근거로 제시하며 예상 독자를 설득하고 있다.

④ 쓰기 윤리 면에서, 필자가 인용한 내용을 예상 독자가 확인할 수 있도록 출처를 언급하고 있다.

⑤ 예상 독자 면에서, 해결의 당위성을 강조하기 위해 지역 공동체의 모든 구성원을 독자로 상정하고 있다.

04 [24003-0004]

〈보기〉를 참고하여 윗글을 평가할 때, 빈칸에 알맞은 말을 쓰시오.

> ● 보 기 ●
>
> 건의문을 쓸 때는 자신이 쓴 글이 사회적으로 어떤 영향을 끼칠 수 있는지를 생각하고 책임감 있게 글을 쓰는 태도를 갖추어야 한다. 또한 어떤 사안에 대한 해결 방안을 제시할 때 그 방안이 실현 가능한지를 고려해야 한다. 도덕적 규범에 어긋나거나 실현할 수 없는 방안을 무책임하게 제시하지 않아야 한다.

➡ 경제적 측면에서 (   )을/를 생각하는 태도를 드러내고 있다.

2 화법의 원리

화법은 구두 언어를 사용하는 의사소통으로서 대화, 토론, 협상, 면접, 발표, 연설 등 다양한 담화를 생산하고 수용하는 행위이다. 화법을 통해 의사소통의 목적을 효과적으로 달성하기 위해서는 담화 유형의 특성을 이해하고 맥락에 맞는 표현 전략을 사용해야 한다.

1 대화 방식에 영향을 미치는 자아를 인식하고 관계 형성에 적절한 방법으로 자기를 표현한다.

○ **자아 개념**
자기 자신의 능력, 성격, 태도 등에 대한 주관적인 견해. 의사소통 과정에서 타인이 주는 메시지로부터 강한 영향을 받음.

자아 개념과 대화 방식의 관계	• 자아 개념과 대화 방식은 상호 영향 관계에 있음. – 긍정적 자아 개념을 가진 사람은 자신을 적절히 드러내고 타인의 말을 적극적으로 수용함으로써 타인에게 긍정적 인상을 줌. 이로 인해 타인도 긍정적인 말과 행동으로 그를 대하고, 이는 다시 그의 긍정적 자아 개념을 강화함. – 부정적 자아 개념을 가진 사람은 자신을 잘 드러내지 않고 타인의 말도 잘 수용하지 않아 타인에게 부정적 인상을 줌. 이로 인해 타인도 부정적인 말과 행동으로 그를 대하고, 이는 다시 그의 부정적 자아 개념을 강화함.
자기표현을 통한 긍정적 관계 형성	• 대화에서 자신에 대한 정보 중 상대방에게 부담이 되지 않는 것들을 적절한 수준으로 드러내는 것은 대인 관계를 긍정적으로 형성하고 발전시키는 데 도움이 됨. • 자신을 드러내는 정보의 양과 범위, 속도는 서로 간에 균형이 필요함. • 자기표현과 함께 상대방의 말을 적극적으로 들어 주어야 함.

2 갈등 상황에서 자신의 생각, 감정이나 바라는 바를 진솔하게 표현한다.

• 갈등이 발생했을 때 갈등을 증폭시키지 않고 처리할 수 있는 대화 방법으로 '나－전달법'이 있다.

'나－전달법'의 방법		
[사건] 자신이 문제로 인식한 상대의 행동이나 상황을 제시함.	[감정] 사건에 대한 자신의 감정을 솔직하게 이야기함.	[기대] 그러한 감정을 반복적으로 경험하지 않기 위해 자신이 바라는 상대의 행동이나 상황을 이야기함.

> 예 내가 초등학교 수학여행 때 겪었던 일을 나는 너에게만 말했는데 다른 친구들이 알고 있더라(사건). 나는 그때 너무 힘들었기 때문에 그 일이 친구들에게 알려진 게 정말 속상했어(감정). 혹시 내 얘기가 나오더라도 그때의 이야기는 다른 사람들에게 전하지 않았으면 좋겠어(기대).

• 갈등 상황에서 자신의 감정을 진솔하게 표현하며 상호 협력적으로 갈등 상황을 관리한다.

3 상대측 입론과 반론의 논리적 타당성에 대해 반대 신문하며 토론한다.

◎ 반대 신문
상대측 발언 내용의 논리적 허점이 드러나도록 묻고 상대측의 답변을 듣는 토론의 절차

- 질문을 통해 토론의 흐름을 주도할 수 있도록 질문의 내용과 방식을 계획한다.
- 상대측 발언을 단순히 확인하는 수준에 머물지 않고 상대측 논증의 신뢰성, 타당성, 공정성을 비판적으로 검토하는 질문을 한다.
  > **예** 사형 제도의 효과를 뒷받침하기 위해 제시하신 자료는 개인 블로그에서 가져온 것입니다. 이를 과연 신뢰할 수 있는 자료라고 생각하십니까?
- 가급적 '예/아니요'와 같은 단답형 대답을 유도할 수 있도록 질문한다.
- 반대 신문을 통해서 드러난 상대방의 논리적 허점은 자신의 다음 입론이나 반론에서 펼칠 주장을 뒷받침하는 데 활용한다.

4 협상 절차에 따라 상황에 맞는 전략을 사용하여 문제를 해결한다.

협상 절차

협상 열기	(시작·조정·해결 단계)	해결안 수락 또는 거부
• 협상의 규칙을 정함. • 협상의 목적을 공유함. • 문제에 대한 양측의 관점이나 이해관계 등의 정보를 교환함.	• (시작 단계) 갈등의 원인을 분석하고, 문제에 대한 참여자들의 기본 입장을 확인함. • (조정 단계) 문제에 대한 상대의 관점을 이해하고, 제안이나 대안을 상호 검토하여 입장 차이를 좁힘. • (해결 단계) 최선의 해결책을 제시하여 타협을 통해 문제를 해결함.	• 최선의 해결안을 양측이 수락할 경우 협상이 마무리됨. • 어떠한 해결안도 상호 수용되지 않을 경우 협상이 결렬됨.

상황에 따른 협상 전략의 예

- 양측 간의 신뢰가 구축되어 있고 협상을 위한 시간과 자원이 충분할 때: 서로에게 만족을 줄 수 있는 합의를 최대한 모색함.
- 서로에게 이익이 되는 합의안이 도출될 가능성이 낮고 협상을 위한 시간과 자원이 부족할 때: 양측이 절반씩 양보하여 절충안을 모색함.
- 당장의 직접적인 이익보다는 상대방과의 관계를 통해 얻을 수 있는 이익이 중요할 때: 가능한 범위 내에서 상대방의 요구를 최대한 수용함.
- 자신이 얻을 수 있는 이익이 전혀 없어 보이거나 협상을 하는 것이 오히려 손해가 될 때: 협상을 유예함.

5 면접에서의 답변 전략을 이해하고 질문의 의도를 파악하여 효과적으로 답변한다.

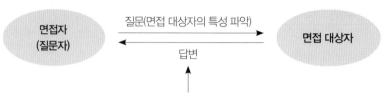

효과적인 답변 전략

- 질문의 내용뿐만 아니라 질문자의 의도를 파악하여 답변함.
- 막연한 진술을 피하고 구체적인 사례나 경험을 들어 자신의 생각을 분명하게 밝힐 수 있도록 답변함.
- 면접자에게 신뢰감을 줄 수 있도록 정직하게 답변함.
- 언어 예절을 지키며 정중하고 자신감 있는 태도로 답변함.

6 청자의 특성에 맞게 내용을 구성하여 발표한다.

청자의 동기 분석	• 발표 주제를 선정할 때 청자가 관심을 가질 만한 것으로 선정함. • 발표 주제에 대해 청자의 관심이 없거나 적을 때는 발표 주제가 청자의 삶과 어떻게 관련되는지를 알려 주는 내용을 포함함. • 청자가 흥미로워할 만하거나 청자의 삶과 가까운 예를 제시함. • 질문을 통해 청자의 호기심이나 비판적 사고를 자극함.
청자의 능력 분석	• 발표 내용을 이해하는 데 필요한 배경지식이 청자에게 없거나 부족할 때는 이를 보완할 수 있는 내용을 포함함. • 청자의 언어 수준을 고려하여 발표함.

● 화자의 공신력
화자가 얼마나 믿을 만한 사람인가를 판단하게 하는 화자의 속성

7 화자의 공신력을 이해하고 적절한 설득 전략을 사용하여 연설한다.

인성적 설득 전략	이성적 설득 전략	감성적 설득 전략
• 청중으로 하여금 화자가 훌륭한 성품, 풍부한 경험, 전문성 등을 지녀 믿을 만하다고 판단하도록 유도함.	• 청중의 이성에 호소함. • 논리적 타당성을 확보함.	• 청중의 감성에 호소함. • 청중의 욕망, 자긍심, 동정심, 분노 등의 감정에 기대어 설득을 시도함.

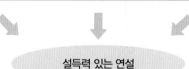

설득력 있는 연설

8 부탁, 요청, 거절, 사과, 감사의 말을 상황에 맞게 효과적으로 한다.

- 부탁, 요청, 거절, 사과, 감사의 말을 전할 때에는 상황에 맞게 말하고 그 내용과 이유를 명확히 표현한다.

예 – 부탁을 할 때

상대방의 상황을 살핀다.	+	상대방이 부담을 덜 느끼도록 공손하게 말한다.	+	부탁하는 까닭을 말한다.

– 사과를 할 때

잘못을 구체적으로 밝히고 미안하다는 표현을 분명히 한다.	+	변명을 늘어놓거나 상대방을 탓하지 않는다.	+	내용 외에 표현 전략에도 신경을 쓰면서 말한다.

- 말이 상대방의 기분이나 생각, 자신과 상대방의 관계에 미칠 영향을 고려한다.
- 공동체의 언어 관습과 예절을 고려한다.

9 상황에 맞는 언어적 · 준언어적 · 비언어적 표현 전략을 사용하여 말한다.

언어적 표현	어휘, 연결 표현 등
준언어적 표현	말의 속도, 어조, 성량, 억양 등과 같이 언어에 수반되는 음성적 요소를 말함.
비언어적 표현	표정, 몸짓, 시선 등과 같이 언어 외적인 형태로 의미를 나타냄.

- 의사소통의 목적 달성에 가장 효과적인 표현을 선택함.
- 내용이나 상황의 변화에 따라 표현에도 적절하게 변화를 줌.

📋 문제로 이해하기

[01~02] 다음은 학생들의 대화 중 일부이다. 물음에 답하시오.

지민 : 자, 이번 시간에는 '현금 없는 사회'에 대한 자료를 조사해서 공유하기로 했지? ㉠ 설마 이번에도 빈손으로 온 건 아니지? 너희 둘이 지난번에 자료 조사를 안 해 오는 바람에 아까운 시간만 낭비하고 일정에도 차질이 생겨서 정말 화가 났어. 아무리 바빠도 약속은 지켜야 하는 거 아니야? 오늘 모임은 잘 진행되었으면 해. 서로 조사한 자료를 공유하며 의견을 나눠 보자.

영수 : 저번엔 미안했어. 오늘은 당연히 자료를 준비했어. 자, 그럼 내가 먼저 얘기해 볼게. 얼마 전 뉴스에서 현금 없는 버스에 대해 보도하는 걸 봤는데, 버스비는 교통 카드로만 결제해야 하고, 선불 교통 카드의 잔액이 부족하면 버스비를 버스 회사의 계좌로 이체해야 한대. 문제는 이런 방식이 확대되면서, 교통 카드 사용이나 스마트폰 계좌 이체에 익숙하지 않은 어르신들 중에 이 제도가 너무 불편하다고 호소하시는 분이 많다는 거야.

기철 : 나도 그 뉴스 봤어. 한 할머니가 계좌 이체를 할 줄 모르셔서 기사분께 부탁했는데, 기사분은 운전 중이시라 도와드릴 수 없으니 할머니가 무척 당황하시는 장면이 기사에 나오더라고.

지민 : 어르신들의 불편은 제도 시행 전부터 예상되었다고 해. 그래도 현금 없는 버스의 운행이 확대되는 데는 어떤 긍정적인 이유가 있지 않을까?

영수 : 기사분들 입장에서는 편해졌다는 반응도 많아. 버스 운행을 시작하고 끝낼 때 사무실과 버스를 오가며 현금통을 옮길 필요도 없어졌고, 일만 원권이나 오만 원권을 내는 손님에게 잔돈을 거슬러 주다 운전에 집중하지 못하는 일도 사라진 셈이니까 말이야.

기철 : 뉴스에서는 버스의 경우만 다뤘는데, 다양한 업종에서 현금 결제를 막으면서 소비자들이 불편을 겪고 있어.

지민 : 현금 없는 버스 외에 현금 결제가 불가해지면서 소비자가 불편을 겪는 예로 어떤 경우가 더 있니?

기철 : 내가 가져온 설문 조사 자료를 보면, 상점이나 음식점에서 현금 결제를 거부당한 응답자가 3년 전에는 전체의 0.5%였는데 최근 1년간은 6.9%로 증가했대. 무조건 현금은 안 된다는 식으로 거부당하게 되면 시민들 입장에서는 당연히 그 제도에 대한 불만이 생길 수밖에 없잖아.

영수 : 하지만 어떤 프랜차이즈 카페는 위생에도 좋고 직원들의 업무 효율성에도 좋다며 전체 매장의 60% 이상을 현금 없는 매장으로 운영하고 있어. 가끔 불편해하는 고객도 있지만, 장점이 더 많아서인지 제도가 잘 정착돼 가고 있대. 버스의 경우도 정부가 나서서 소비자 불편을 개선하는 방향으로 보완해 나가면 효율적인 제도로 정착할 수 있지 않을까?

지민 : 내가 조사한 자료에서도 그렇고, 오늘 언급된 자료를 살펴보면 현금 없는 사회가 변화의 큰 흐름인 것은 확실해 보여. 그런데도 사회적으로 이 제도에 대한 불만이 계속 제기되는 이유는 뭘까?

영수 : 사람들이 사회의 변화에 대해 불평하는 것은 아닌 것 같아. 아마 카드로만 결제하라고 강요하는 것이 일종의 통제 사회와 같은 느낌을 주기 때문인 것으로 보여.

지민: 사용자의 불편을 무시한 채 새로운 제도를 강행하는 것을 보며 사람들이 통제당한다는 생각에 불편을 느꼈다는 말이네. 영수는 준비를 많이 했나 봐. 설명이 귀에 쏙 들어와.

영수: 자료에 대한 분석은 기철이랑 함께 했는데, 대부분 기철이의 의견이었고 나는 거기에 동의만 한 거야. 내가 한 일은 겨우 자료 조사밖에 없는걸.

기철: 이런 논란을 해결하려면 정부의 역할이 중요하다고 깔끔하게 정리한 건 영수 너잖아. 현금 없는 사회로 변화하는 큰 흐름은 유지하되, 소비자의 권리나 편의가 침해당하지 않도록 제도적인 보완이 필요하다는 것도 네가 정리한 내용이고.

영수: 그렇게 말해 주니 고마워. 정부가 제도적인 부분을 보완한다면 현금 없는 사회라는 큰 흐름을 유지하면서도 소비자의 선택도 존중하는 분위기를 만들어 갈 수 있을 거야.

[24003-0005]

01 다음 중 위 대화에 드러난 '지민'의 역할에 해당하는 것을 모두 고르시오.

ⓐ 대화 참여자에게 대화의 목적을 밝히며 대화 참여를 이끈다.
ⓑ 자신이 정리한 내용이 이해되는지 대화 참여자에게 확인한다.
ⓒ 대화 참여자의 발언 내용과 관련하여 추가적인 설명을 요청한다.
ⓓ 대화 참여자의 발언 내용에 대해 자신이 이해한 바를 정리하여 제시한다.
ⓔ 언급된 입장과 관련하여 의문을 제기함으로써 화제에 대한 깊이 있는 사고를 유도한다.

[24003-0006]

02 다음은 ㉠과 관련된 설명이다. ㉮, ㉯에 알맞은 말을 쓰시오.

'나-전달법'을 사용할 때에는 자신이 문제로 인식한 상대의 행동이나 상황을 객관적으로 제시한 후, 사건에 대한 자신의 감정을 이야기합니다. 그런 후에 자신이 바라는 상대의 행동이나 상황을 덧붙이게 되지요.
'나-전달법'에 따른다면 ㉠은 "저번에 모였을 때 수집된 자료가 부족하다 보니 모임을 제대로 진행하지 못했잖아. 그 때문에 일정이 촉박해져서 걱정이 많아. 앞으로는 맡은 바를 잘 준비해 와서 계획대로 일을 진행해 보자."라고 하는 것이 바람직합니다. 그 이유는 상대방의 행동이나 상황을 (㉮)(으)로 제시함으로써 발생한 (㉯)을/를 증폭시키지 않고 처리할 수 있기 때문입니다.

[03~04] 다음은 연설의 일부이다. 물음에 답하시오.

여러분은 '월화수목일일일'이라는 말을 들어 보셨나요? 저는 20년 넘게 전문 연구소에서 한국 노동 환경과 제도에 대해 연구하고 있는 사람이라 이 말이 익숙하지만 아직 고등학생인 여러분은 이 말이 어색하게 느껴질 수도 있겠군요. 이 용어는 '월화수목' 4일 동안은 출근하고 '금토일'은 출근하지 않는 형태인 '주 4일제 근무'를 의미합니다. 직장인들 중 많은 이들이 이 제도를 최고의 복지로 꼽는다고 하는데, 직장을 적게 나간다고 무조건 좋고 편한 것일까요? 오늘 저는 미래의 직장인인 여러분에게 주 4일제 근무와 주 5일제 근무에 대해 생각해 볼 기회를 드리고자 합니다.

얼마 전, 뉴질랜드의 한 연구소에서는 지금까지 전 세계에서 실행된 '주 4일제 근무 실험' 중 규모가 가장 큰 실험을 마치고 그 결과를 발표했습니다. 참가 기업의 90% 이상이 실험 후에도 주 4일제 근무를 계속 시행하겠다며 긍정적인 반응을 보였는데요, 이는 근무 시간이 줄어도 생산성이 떨어지지 않았기 때문이라고 합니다. 게다가 매출액이 실험 전과 비교해 늘었다는 기업도 절반 이상을 차지했고요. 직원들의 삶의 질도 좋아져 참가자 2,900명 중 39%는 주 4일제 근무 실험 중 스트레스를 덜 받았다고 답했습니다. 이 실험이 주목받은 이유는 '월급 삭감 없이, 주 4일만 근무하면서, 생산성은 종전과 같이 유지될 수 있다는 것', 즉 '100:80:100 이론'의 실현 가능성을 보여 주었기 때문입니다.

그런데 여러분, 이 실험 결과가 발표되자 영국의 한 전문가가 실험 결과에 대해 반박 의견을 발표했습니다. 그는 반박의 근거로 실험 참가 기업의 90%가 직원 수 100명 미만의 회사였고, 그중 66%는 25명 이하인 소규모 회사인 점을 들었습니다. 그러면서 세계적인 대기업 중에서 주 4일제 근무를 시행하는 기업이 거의 없다는 것을 강조했습니다. 기업이 클수록 다양한 직종과 업무가 혼재하기 때문에, 대기업에서 일괄적으로 주 4일제 근무를 도입하기는 어렵다는 것이죠. 또 다른 이유로 직종 간, 기업 간 불평등이 커질 수 있다는 점도 제시했습니다. 소비자 응대를 위해 근무자가 항시 필요한 서비스업, 주문 급증으로 생산량을 급격히 늘리는 일이 수시로 발생하는 제조업은 주 4일제 근무 적용이 쉽지 않다며, 이런 특성을 무시한 채 주 4일제 근무를 도입하는 것이 바람직하지 않다는 점을 지적한 것입니다.

여러분 생각은 어떠신가요? 여러분도 몇 년 후면 직장인이 되실 텐데, 그때 여러분은 주 4일제 근무를 선호하실까요, 아니면 주 5일제 근무가 더 효율적이라고 생각하실까요? 앞서 말씀드린 대로 주 4일제 근무에 대한 사회적 관심이 높아지고 있는 것은 분명하지만 이 제도가 안정적으로 정착되려면 노사는 물론 사회 전체의 합의가 이루어져야 합니다. 이때 쉬는 날이 많다고 좋은 복지라고 접근하는 것도, 업종별로 특성이 다르니 주 4일제 근무는 불평등하다고 단정하는 것도 바람직한 시각이라고 할 수 없습니다. 이 시점에서 미래의 직장인인 여러분들의 관심과 이해가 매우 중요합니다. 여러분들이 주 4일제 근무에 대해 정확히 이해하고 관심을 기울일수록 기업과 정부의 긍정적인 움직임을 이끌어 낼 수 있기 때문입니다. 현재의 작은 관심이 미래의 내 삶의 질을 크게 높일 수 있다고 상상해 보십시오. 이 얼마나 값진 투자입니까?

03

[24003-0007]

다음은 연설자가 내용을 구성하는 과정에서 청자의 특성을 고려하여 세운 계획이다. 위 연설에 반영되었는지 여부를 표시하시오.

계획	반영 여부 (○, ×)
ㄱ. 고등학생인 청자가 직장 근무제에 관심이 적을 수 있으니, 연설 제재가 청자의 삶과 어떻게 관련되는지 알려 주는 내용을 포함해야겠어.	
ㄴ. 질문에 따른 청자의 대답에 적극적으로 반응하여 청자의 호기심이나 비판적 사고를 자극하는 내용을 넣어야겠어.	
ㄷ. 연설 내용을 쉽게 이해할 수 있게 고등학생인 청자의 언어 수준을 고려하여 업종을 나타내는 용어는 학교 일에 빗대어 설명해야겠어.	
ㄹ. 연설 제재에 대한 청자의 배경지식이 부족할 수 있으니, 도입 부분에서 제재의 의미를 잘 드러낼 수 있는 인상적인 표현을 제시해야겠어.	

04

[24003-0008]

다음 설득 전략을 읽고, ㉮, ㉯에 들어갈 알맞은 내용을 위 연설에서 하나씩 찾아 쓰시오.

	인성적 설득 전략	이성적 설득 전략	감성적 설득 전략
설득 전략	• 청중으로 하여금 화자가 훌륭한 성품, 풍부한 경험, 전문성 등을 지녀 믿을 만하다고 판단하도록 유도함.	• 청중의 이성에 호소함. • 논리적 타당성을 확보함.	• 청중의 감성에 호소함. • 청중의 욕망, 자긍심, 동정심, 분노 등의 감정에 기대어 설득을 시도함.
해당 부분	㉮	2문단, 3문단에서, 주 4일제 근무라는 화제에 대한 긍정적 입장과 부정적 입장을 제시할 때 각각 적절한 근거로 뒷받침한 부분.	㉯

3 작문의 원리

학습의 길잡이

작문은 글을 통해 생각이나 느낌, 경험을 표현하고 공유하는 의사소통 행위이다. 여러 가지 종류의 글을 효과적으로 쓰기 위해서는 글의 목적, 주제, 독자, 매체 등 다양한 작문 맥락을 고려하고, 작문 과정에 관여하는 다양한 원리에 대해 이해해야 한다.

● 자료 수집의 다양한 경로
책, 사전, 신문, 방송, 인터넷 등과 같은 매체는 자료를 수집하기 위해 이용할 수 있는 경로임.

● 자료 수집의 다양한 방법
조사, 면담, 문헌 확인, 인터넷 검색, 견학, 관찰, 실험, 설문 조사 등 다양한 방법으로 자료를 수집할 수 있음.

● 타당성과 신뢰성을 바탕으로 정보 선별하기
새로운 정보를 독자에게 전달하기 위해 글을 쓸 때는 자신이 전달하고자 하는 내용을 이치에 맞게 설명할 수 있는 타당한 정보, 믿을 수 있는 정보를 선별하는 것이 중요함.

1 가치 있는 정보를 선별하고 조직하여 정보를 전달하는 글을 쓴다.

• 다양한 경로와 방법을 활용하여 풍부하게 자료를 수집하고 가치 있는 정보를 선별한다.

자료의 수집	정보의 선별
• 다양한 경로 이용하기 • 다양한 방법 활용하기	• 글의 목적에 부합하는 정보인지 판단하기 • 정보의 타당성과 신뢰성 판단하기 • 정보를 전달하는 매체의 특성 고려하기
자료를 풍부하게 수집하기	수집한 자료 중 가치 있는 정보 선별하기

• 독자가 글의 내용을 잘 이해하고 기억할 수 있도록 글을 쓰기 위해서는 설명하려는 대상의 특성을 고려해 내용을 구성하고 전개해야 한다.

내용 조직 방법		
	나열	설명 대상에 관한, 서로 대등한 여러 개의 정보를 늘어놓는 방법
	순서	진행 과정이나 공간적·시간적 순서에 따라 내용을 조직하는 방법
	문제-해결	어떤 현상에 대한 문제점을 밝히고 그 해결 방안을 제시하는 방법
	비교·대조	설명하는 대상 사이의 공통점과 차이점을 중심으로 내용을 조직하는 방법
	원인-결과	사건이나 현상의 원인과 결과를 중심으로 내용을 조직하는 방법

2 작문 맥락을 고려하여 자기를 소개하는 글을 쓴다.

• 자기소개서는 다른 사람, 기관, 단체 등의 독자에게 자신이 어떠한 사람인지를 알리는 글이다.

• 취업이나 입학 등 특정한 목적에 따라 글을 쓰는 경우가 많으므로 글을 쓰는 목적과 예상 독자, 매체 등 작문 맥락을 고려해야 한다.

> **효과적인 자기소개서**
> • 글의 목적과 예상 독자 등 작문 맥락 고려하기
> • 진솔한 내용을 효과적으로 구성하기
> • 창의적이고 품격 있는 표현 사용하기

3 탐구 과제를 조사하여 절차와 결과가 잘 드러나게 보고하는 글을 쓴다.
• 보고하는 글은 자신이 어떤 대상이나 현상, 개념에 대해 관찰하거나 조사·연구한 결과 등을 독자에게 객관적으로 알리기 위한 목적으로 쓰는 글이다.
• 실험·관찰·조사 보고서의 요소: 연구의 목적과 필요성, 연구 과정, 연구 방법, 연구 결과, 결론, 제언, 참고 자료 등으로 구성한다.
• 보고하는 글을 쓸 때에는 쓰기 윤리를 준수하며, 간결한 문장을 사용하여 정확하게 표현한다.

4 타당한 논거를 수집하고 적절한 설득 전략을 활용하여 설득하는 글을 쓴다.
• 설득하는 글은 독자의 생각이나 의견의 변화, 더 나아가 행동의 변화를 목적으로 쓰는 글이다. 그러므로 설득력 높은 글을 쓰기 위해서는 독자의 요구, 관심사, 수준 등을 분석하여 이에 알맞은 내용을 마련해야 한다.
• 논거를 수집할 때에는 타당성, 신뢰성, 공정성을 판단해야 한다.
  – 타당성: 주장을 뒷받침할 수 있는 합리적이고 객관적인 논거인가?
  – 신뢰성: 논거가 믿을 만한가?
  – 공정성: 논거가 특정 입장에 치우치지 않았는가?

논거 수집		설득 전략 활용
• 독자의 특성(요구, 관심사, 수준 등) 고려하기 • 수집한 논거의 타당성, 신뢰성, 공정성 판단하기	➡	• 맥락(독자, 주제, 글의 유형 등)을 고려하여 적절한 설득 전략 활용하기 • 타당한 논거를 들어 주장을 논리적으로 설득하기／독자의 정서나 감정에 호소하여 설득하기／필자에 대한 신뢰를 바탕으로 설득하기 • 주장을 뒷받침하기 위한 논거 사용하기 　예 사실 논거, 소견(의견) 논거 • 설득력을 높이기 위한 다양한 표현 전략 사용하기 　예 이중 부정, 대조, 설의법, 비유법 등

◆ 쓰기 윤리
필자가 글을 쓰는 과정에서 준수해야 할 윤리적 규범. 구체적으로는 다른 사람이 생산한 아이디어나 자료를 올바르게 인용하기, 조사 결과나 연구 결과를 과장·축소·변형·왜곡하지 않고 제시하기 등이 있음.

◆ 논거
명제가 올바르다는 것을 뒷받침하는 논리적인 근거

◆ 사실 논거
통계 자료, 설문 조사, 사례 등 구체적이고 객관적인 사실에 바탕을 둔 논거

◆ 소견(의견) 논거
해당 분야의 전문가나 권위자의 의견, 판단을 내용으로 하는 논거

3 작문의 원리

● 현안
공동체에서 이전부터 논의하여
오면서도 아직 해결되지 않은 채
남아 있는 문제나 안건

● 쟁점
논의에서 의견의 대립이 일어나
는 지점

5 시사적인 현안이나 쟁점에 대해 자신의 관점을 수립하여 비평하는 글을 쓴다.

- 시사적인 현안에 대한 비평문은 오늘날 우리 사회에서 일어나는 여러 가지 사건이나 문제를 자신의 관점에 따라 평가하여 논의하는 글이다.
- 시사적인 현안이나 쟁점을 다룬 글을 쓸 때에는 해당 현안이나 쟁점을 여러 관점에서 비판적으로 살펴보는 것이 필요하다.
- 다양한 자료를 조사하고 분석한 후에 자신의 주장이나 관점을 정하고, 그 관점에 따라 의견이나 주장, 견해가 명료하게 드러나도록 글을 쓴다.
- 다른 관점을 가진 독자들의 예상되는 반론을 고려하여 그 반론을 반박할 수 있는 타당한 근거를 마련하는 것이 필요하다.
- 자신의 관점이나 주장이 사회에 미칠 영향을 고려하여 책임감 있는 태도로 신중하게 글을 쓴다.

6 현안을 분석하여 쟁점을 파악하고 해결 방안을 담은 건의하는 글을 쓴다.

- 건의하는 글은 개인이나 단체가 어떤 문제 상황에 직면했으나 스스로 해결할 수 없을 때, 문제를 해결할 수 있는 당사자에게 문제를 해결해 줄 것을 요청하는 글이다.
- 건의하는 글을 쓸 때에는 건의를 통해 해결되기를 바라는 문제 상황을 독자에게 자세히 설명하고, 자신이 제시하는 해결 방안의 실현 가능성을 충분히 설명한다. 그리고 독자가 왜 그 문제를 해결해야 하는지, 어떻게 그 문제를 해결할 수 있을지, 그 문제가 해결되면 어떤 효과를 거둘 수 있는지 밝힌다.

7 작문 맥락을 고려하여 친교의 내용을 표현하는 글을 쓴다.

- 필자가 독자와 관계를 형성하고, 이를 유지하고 발전시키기 위해서는 작문 목적, 주제, 독자 등 작문 맥락이 글을 쓰는 과정에 미치는 영향을 이해하고, 독자를 존중하고 배려하는 글을 써야 한다.
- 친구나 가족에게 편지를 쓰는 개인적 차원의 친교인지, 공적 상황에서 감사, 축하, 격려 등의 내용을 담은 글을 쓰는 사회적 차원의 친교인지를 고려하여 글의 내용과 형식을 선정한다.

친교의 내용을 표현하는 글 쓰기
- 작문 맥락 이해하기
- 필자와 독자의 사회적 관계 고려하기
- 독자 존중·배려하기
→ 독자의 공감과 감동 유도 → 인간관계의 형성·유지·발전

8 대상에 대한 생각이나 느낌을 바탕으로 하여 정서를 진솔하게 표현하는 글을 쓴다.
- 일상에서 만나게 되는 대상에 대한 생각이나 느낌 등을 진솔하게 표현하여 독자에게 즐거움과 감동을 줄 수 있다.
- 감정이나 느낌을 과장하거나 왜곡하기보다 경험에서 얻은 의미를 구체화하여 진솔하게 표현한다.

9 일상의 체험을 기록하는 습관을 바탕으로 자신의 삶을 성찰하는 글을 쓴다.
- 일상의 체험에 주목하고 여기에서 얻은 깨달음을 글로 표현하는 과정을 통해 자신의 삶에 의미를 부여할 수 있다.
- 수필이나 감상문, 회고문 등의 글을 쓰는 과정에서 자신의 삶을 성찰하고 관조하여 긍정적 정서를 기를 수 있다.

○ **수필**
정해진 형식 없이 글쓴이 자신을 진실하게 드러내고, 인생에 대한 관조와 체험을 개성적 문체로 표현하여 붓 가는 대로 자연스럽게 쓴 산문 형식의 글

○ **감상문**
어떤 사물이나 사건, 현상 등을 보거나 겪고 난 뒤, 이에 대해 느낀 바를 쓴 글

○ **회고문**
자신의 삶에서 의미 있는 체험이나 사건을 회상의 형식으로 쓴 글

[01~02] 다음을 읽고 물음에 답하시오.

[학생의 작문 계획]

• 작문의 계기: 최근 지구 온난화 및 기후 위기 상황에 대한 해결 방안으로 대두되고 있는 도넛 경제를 설명한 기사를 접하고, 이를 개괄적으로 소개하는 글을 교지에 기고하기로 함.

• 예상 독자: 우리 학교 학생

• 작문 목적: 지구의 기후 위기 상황을 해결할 수 있는 대안적 경제 체제에 대한 정보를 전달하고자 함.

• 글의 구성

처음	화제가 대두된 배경 소개 – 기후 위기 상황의 심각성과 대안적 경제 체제로 제시된 도넛 경제
중간	1. 도넛 경제의 개념과 목적 2. 현재 경제 체제의 문제점 3. 도넛 경제의 실천 사례
끝	기후 위기의 심각성 인식 및 해결을 위한 노력 당부

• 초고 일부(처음 – 중간 1)

　파리 기후 협정에 따른 1차 목표(온실가스 2010년 대비 45% 감축) 시한이 불과 8년밖에 남지 않았지만, 지구상 온실가스는 계속 늘고 있다. 세계 경제 포럼은 2023년 1월 발간한 '글로벌 리스크 보고서'에서 '향후 10년간 인류를 위협할 문제'로 기후 변화 완화 실패를 1위로 꼽았다. 2위는 기후 적응 실패, 3위는 극단 기후다. 조사에 응한 1천 명의 세계 각 분야 전문가들은 파리 기후 협정에서 제시한 지구 기온 상승 폭 1.5도 선을 지키려는 인류의 노력이 향후 10년 내 결국 실패할 것으로 봤다. 도넛 경제는 이러한 기후 위기 상황을 해결할 수 있는 대안으로 제시되고 있다.

　도넛 경제란 자연적 한계를 뜻하는 바깥 원과 사회적 기초를 뜻하는 안쪽 원으로 구성된 개념도를 바탕으로, 인류의 활동이 이 두 원 사이, 즉 도넛 안에서 이루어지는 경제 체제를 의미한다. 바깥 원인 자연적 한계는 해양 산성화, 기후 변화, 오존층 파괴, 대기 오염, 생물 다양성 손실, 토지 개간, 담수 고갈, 질소와 인 축적, 화학적 오염이다. 안쪽 원은 인류 사회 구성원 모두에게 평등과 자유, 정의가 보장되도록 하는 12개 지표로, 보건, 교육, 소득과 일자리, 평화와 정의, 정치적 발언권, 사회적 공평함, 성 평등, 주거, 각종 네트워크, 에너지, 물, 식량이다. 바깥 원이 의미하는 자연적 한계를 더 이상 침해하지 않는 방향에서 안쪽 원이 의미하는 사회적 기초를 늘려 나가는 것이 도넛 경제의 목적이다.

[24003-0009]

01

다음은 '학생의 작문 계획'에 따라 글을 쓰기 위해 수집한 자료이다. **예**를 참고하여 ㉮~㉲의 활용 방안을 계획할 때, ㉠~㉢에 들어갈 내용을 쓰시오.

예 기후 위기의 심각성

㉮ 도넛 경제 개념도

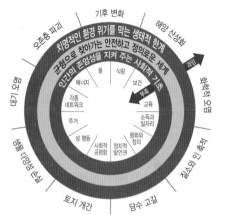

㉯ 전문가 인터뷰

"생산된 의류의 73%가 소비 뒤 매립 혹은 소각되고, 재활용되는 것은 1% 미만에 불과합니다. 섬유 제품뿐 아니라 식량 유통의 문제도 쓰레기 증가에 큰 영향을 끼칩니다. 식량의 30~50%가 유통 과정에서 버려지거나 쓰레기로 사라지는데, 이들 중 10%만으로 지구의 기아 문제를 해결할 수 있습니다."

㉲ 신문 기사

… 암스테르담시에서는 탄소 발자국이 표기된 영수증을 발급한다. 또한 재활용 여부를 확인할 수 있는 '재료 여권'이 적용된 건축 자재를 사용하고, 재활용품 상점을 시에서 운영하는 등 환경 문제 해결을 위해 정부가 앞장서는 모습을 보여 주고 있다.

자료	자료 분석	활용할 곳	활용 방안
예	기후 위기 상황이 갈수록 심각해지고 있다.	처음	기후 위기 상황의 심각성을 강조한다.
㉮	도넛 경제의 개념도	중간-1	(㉠)
㉯	(㉡)	중간-2	현대 산업 분야에서 발생하는 문제를 의류 및 식량 분야의 경우를 들어 구체화한다.
㉲	도넛 경제의 실천 사례	(㉢)	구체적 사례를 통해 도넛 경제가 문제의 대안이 될 수 있음을 제시한다.

[24003-0010]

02

'글의 구성'과 '초고 일부'로 볼 때, 글의 내용 조직 방식에 대한 설명으로 가장 적절한 것은?

① 순서 구조로 조직하여 기후 위기 상황이 현재의 상태에 이르기까지의 과정을 이해하게 한다.

② 원인−결과의 구조로 조직하여 현재의 기후 위기 상황이 발생하게 된 원인을 탐색하게 한다.

③ 나열 구조로 조직하여 다양한 사회적 계층에서 제시한 해결 방안에 대한 정보를 습득할 수 있게 한다.

④ 비교·대조의 구조로 조직하여 현대 사회가 당면한 위기 상황을 해결할 대안들이 지닌 장단점을 파악하게 한다.

⑤ 문제−해결의 구조로 조직하여 시사 현안에 대한 관심을 불러일으키고 문제 해결 방안에 대한 정보를 파악하게 한다.

[03~04] 다음은 학생의 작문 과제와 학생이 작성한 글의 초고이다. 물음에 답하시오.

[작문 과제] 시사 현안에 대한 인식을 바탕으로 비평문 작성하기

[학생의 초고]

2021년 한국 법제 연구원이 진행한 설문 조사에 따르면 국민 10명 중 6명이 법률 용어와 문장을 이해하기 어렵다고 답했다. 법률 용어나 문장을 이해하기 쉽다는 응답은 각각 9.7%, 10.4%에 그쳤다. '기각하다', '정함이 없다', '당사자 적격', '누범 가중', '도과하다' 등의 전문 용어로 가득한 판결문을 완전히 이해하는 국민이 10%에 불과하다는 이야기다. 민사 사건 10건 중 7건 정도(68.1%)가 원고나 피고 모두 변호사를 선임하지 않은 소송이고 원고와 피고 모두가 변호사를 선임한 경우는 전체의 10.3%에 그쳤다는 대법원 자체 조사 결과를 감안할 때, 변호사를 선임하지 않은 소송 당사자들 중 다수가 자신이 받은 판결에 대해 완벽히 이해하지 못했을 것이라고 추측할 수 있다.

이와 같은 상황에서 국민의 법적인 권리를 충분히 보장하기 위해 판결문을 쉽게 써야 한다는 요구가 대두되고 있다. 지난해 법원에서는 '쉬운 판결문'의 첫 사례가 나왔다. 청각 장애인 A 씨가 한 지역 단체장을 상대로 낸 장애인 일자리 사업 불합격 처분 소송에서, 알기 쉬운 용어로 판결문을 써 달라는 A 씨의 요청에 따라 담당 판사는 8쪽짜리 일반 판결문에 4쪽짜리 쉬운 판결문을 덧붙였다. '원고의 청구를 기각한다.'라는 일반 판결문의 첫 문장과 달리 '안타깝지만, 원고가 졌습니다.'라는 문장으로 시작되는 쉬운 판결문은 국민의 권리를 보장하기 위한 유의미한 시도로 평가된다.

서울 고등 법원의 한 판사는 "판사가 쉬운 판결문을 추가로 쓰면 법적 효력을 가진 문서가 2개 존재하게 되는 문제가 있고 '쉽다'의 기준도 규정하기 어렵다."라며, "판사가 쓴 판결문의 내용을 쉽게 설명해 주는 전문 인력이 있으면 좋을 것 같다."라고 했다. 이와 관련하여 법조계에서는 신청자에 한해 판결문을 구술로 설명해 주거나, 판결 주문이나 근거를 쉬운 말로 짧게 요약해 주는 서비스를 도입하자는 대안도 제시되고 있다. 쉬운 법률 용어와 문장으로 구성되어 누구나 이해할 수 있는 판결문이 보편화된다면 국민의 법적인 권리가 침해받는 경우는 크게 줄어들 것이다.

03

[24003-0011]

다음은 윗글을 쓰기 위해 학생이 계획한 글쓰기 전략이다. '학생의 초고'에 반영된 것만을 있는 대로 고르시오.

> ㉠ 전문 기관의 설문 조사 결과를 언급하여 상황의 심각성을 드러내야겠어.
> ㉡ 배경지식이 부족한 독자의 이해를 돕기 위해 용어의 개념을 정의해야겠어.
> ㉢ 제시된 사례의 의의를 평가함으로써 전달하고자 하는 의미를 강조해야겠어.
> ㉣ 각계 전문가의 방안을 골고루 다루어 해결의 방향을 다각도로 제시해야겠어.
> ㉤ 문제의 심각성이 집중되는 특정 집단을 언급하여 해결의 필요성을 부각해야겠어.

04

[24003-0012]

다음은 비평문을 평가하는 기준에 대한 선생님의 안내이다. 이에 따라 윗글을 이해한 내용으로 적절하지 <u>않은</u> 것은?

> 선생님: 오늘은 제출된 비평문의 초고를 살펴볼게요. 아래 기준을 감안하며 읽어 봅시다.
> ⓐ: 현안에 대한 주장이 분명하게 드러나는가?
> ⓑ: 현안에 대한 관점이 일관되는가?
> ⓒ: 필자의 주장을 뒷받침할 근거를 제시하였는가?
> ⓓ: 필자가 선택하지 않은 관점을 비판할 근거를 제시하였는가?

① 쉬운 법률 용어와 문장을 사용하자는 주장을 분명하게 드러내고 있다는 점에서 ⓐ를 충족하고 있어.
② 법률 용어와 문장을 이해하지 못하는 국민이 많은 상황을 부정적으로 생각하는 관점을 일관되게 드러낸다는 점에서 ⓑ를 충족하고 있어.
③ 법조계에서도 어려운 판결문의 대안을 제시했다는 점을 들어 문제 해결이 필요하다는 관점을 견지하고 있다는 점에서 ⓑ를 충족하고 있어.
④ 대법원의 조사 결과를 근거로 하여 판결문의 내용을 충분히 이해하지 못하는 경우가 많으리라는 추측을 뒷받침하고 있다는 점에서 ⓒ를 충족하고 있어.
⑤ 법적 효력을 가진 문서가 이중으로 존재할 수 있다는 점을 들어 필자가 선택하지 않은 관점을 비판하고 있다는 점에서 ⓓ를 충족하고 있어.

2부

적용 학습

[01~03] 다음은 학생의 발표이다. 물음에 답하시오.

안녕하세요? 저는 오늘 발표를 하게 된 ○○○입니다. 아마 여러분도 등교하면서 학교 앞 공원에 핀 꽃을 보셨을 겁니다. 혹시 그게 무슨 꽃인지 아시나요? (대답을 듣고) 네, 제 예상대로 대부분 진달래로 알고 계시네요. 모양이 진달래와 비슷하기도 하고, 진달래가 봄꽃의 대명사로 알려져 있다 보니 그렇게 생각하는 분들이 많을 겁니다. 그런데 그 꽃은 사실 진달래가 아니라 철쭉입니다. 저는 이번 학기 자유 발표 주제로 진달랫과 봄꽃들의 구별 방법에 대해서 다뤄 보고자 합니다.

(자료 1 제시) 지금 보시는 꽃들은 대표적인 봄꽃이라고 할 수 있는 철쭉, 진달래, 영산홍의 모습입니다. (청중의 반응을 살피며) 겉모습이 비슷해서 잘 구별되지 않죠? 셋은 모두 생물학적으로 진달랫과에 속하기 때문에 꽃의 모습은 큰 차이가 나지 않습니다. 영산홍은 생소하실 수 있는데, 여러분이 진달래라고 알고 계시는 우리 학교 본관 앞 화단에 피는 꽃이 사실은 이 영산홍입니다. 세 종류의 꽃은 피는 시기에 차이가 있어서 이를 기준으로 구별할 수 있습니다.

(자료 2 제시) 앞서 보여 드린 자료를 꽃이 피는 시기대로 다시 정렬해 보면 다음과 같습니다. 진달래가 먼저 피고, 철쭉과 영산홍은 비슷한 시기에 진달래보다 늦게 핍니다. 우리가 얼마 전 문학 시간에 배운 시에서 진달래를 봄의 전령처럼 표현한 것은 이렇게 진달래가 다른 봄꽃들에 비해 빨리 피기 때문이죠. 그런데 개화 시기만으로 꽃의 종류를 구별하기는 쉽지 않습니다. 같은 지역에 있는 같은 품종의 꽃들이 서로 다른 시기에 피기도 하기 때문인데요, 우리 주변에는 어떤 예가 있을까요? (청중의 대답을 듣고) 네, 학교 화단의 영산홍도 어떤 것은 일찍 피고, 어떤 것은 늦게 피는 경우가 있다고 말씀해 주셨네요. 다른 개체에 비해서 개화가 느린 것들은 대부분 건물 그림자로 인해서 햇볕을 받지 못한 개체들입니다. 이처럼 같은 종류의 꽃이라고 하더라도 일조량 등에 따라 개화 시기에 차이가 나기 때문에 개화 시기만으로 진달래, 철쭉, 영산홍을 구별하기는 어렵습니다.

주변 환경에 영향을 받는 개화 시기 말고도 세 종류의 꽃을 구별하는 방법이 있는데요, 세 종류의 꽃은 겉모습이 비슷하기는 하지만 자세히 살펴보면 차이가 있습니다. 우선, 개화 시 잎이 있는지 없는지가 다릅니다. (자료 3 제시) 이 기준에 따라서 세 종류의 꽃을 이렇게 분류할 수 있습니다. 진달래는 잎이 달리기 전에 꽃이 피는 데 반해 철쭉과 영산홍은 꽃과 잎이 거의 동시에 달립니다. 그러니까 가지에 꽃만 덩그러니 피어 있으면 진달래라는 점만 기억하셔도 나머지와 진달래를 구별할 수 있습니다. 철쭉과 영산홍을 구별하기 위해서는 좀 더 세밀하게 관찰할 필요가 있는데요, 반점의 유무를 기준으로 두 꽃을 구별할 수 있습니다. 철쭉은 꽃잎에 선명한 반점이 있지만, 영산홍은 꽃잎에 반점이 없습니다. (자료 4 제시) 두 사진은 철쭉과 영산홍을 더 자세히 볼 수 있는 자료인데요, 반점의 차이가 보이죠? 그러면 둘 중 어떤 게 철쭉일까요? (대답을 듣고) 그렇죠, 오른쪽이 철쭉, 왼쪽이 영산홍입니다.

지금까지 주변에서 널리 볼 수 있는 진달랫과 봄꽃 세 종류에 대해 말씀드렸습니다. 이제부터 무심코 지나쳤던 봄꽃의 모양을 자세히 한번 살펴보는 여유를 가져 보시기 바랍니다. 감사합니다.

[24003-0013]

01 **위 발표자의 말하기 방식으로 가장 적절한 것은?**

① 도입 부분에서 발표할 내용의 순서를 밝힘으로써 청중의 이해를 돕고 있다.

② 청중의 답변 내용에 자신의 설명을 덧붙임으로써 청중과 상호 작용을 하고 있다.

③ 발표 내용의 효용성을 언급함으로써 발표 주제를 선정하게 된 계기를 밝히고 있다.

④ 청중과 공유하고 있는 배경지식을 언급함으로써 청중이 제기한 의문을 해소하고 있다.

⑤ 청중의 질문에 답을 함으로써 청중이 잘못 파악하고 있는 정보가 있음을 드러내고 있다.

[24003-0014]

02 **〈보기〉는 발표자가 발표에서 제시한 자료이다. 이에 대한 설명으로 적절하지 않은 것은?**

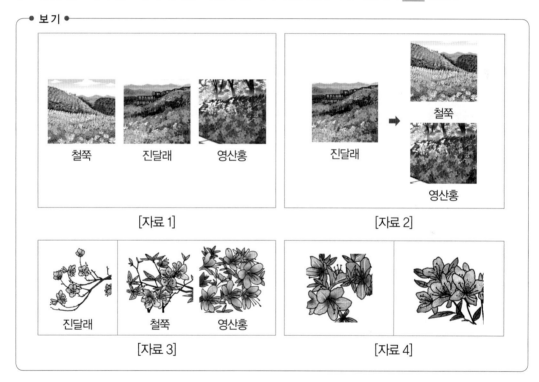

● 보기 ●

[자료 1] 철쭉 진달래 영산홍

[자료 2] 진달래 → 철쭉 / 영산홍

[자료 3] 진달래 철쭉 영산홍

[자료 4]

① [자료 1]을 제시하며, 세 종류의 꽃이 서로 비슷한 외양을 지니고 있음을 드러내고 있다.

② [자료 1]을 [자료 2]로 변환하는 과정에서 세 종류의 꽃을 구별하는 기준 중 하나를 적용했음을 드러내고 있다.

③ [자료 2]를 제시하며, 일조량 차이가 개화에 미치는 영향을 고려하여 자료에 정렬된 사진의 순서를 조정했음을 밝히고 있다.

④ [자료 3]을 제시하며, 개화 시 잎의 유무를 바탕으로 세 종류의 꽃을 두 가지 범주로 나누었음을 밝히고 있다.

⑤ [자료 4]를 제시하며, 청중이 [자료 3]에서 같은 범주에 묶여 있던 두 종류의 꽃을 꽃잎의 반점 유무를 기준으로 구별해 보도록 하고 있다.

[24003-0015]

03 〈보기〉는 위 발표를 들은 학생들의 반응이다. 학생들의 반응을 이해한 내용으로 가장 적절한 것은?

> ● 보기 ●
>
> 학생 1: 학교 앞 공원에 핀 꽃이 진달래라고 생각했는데, 아니었구나. 우리 집 근처에도 비슷한 꽃
> 이 피었던데, 오늘 가서 잎이 달려 있는지 관찰해 봐야겠어.
>
> 학생 2: 나는 진달래는 먹을 수 있지만, 철쭉에는 독성이 있어서 먹으면 안 된다고 알고 있어. 영
> 산홍은 어떤지 알려 주면 유익했을 것 같은데 얘기해 주지 않아서 아쉬워.
>
> 학생 3: 철쭉과 진달래를 구별하는 방법을 새롭게 배울 수 있었어. 누리 소통망에 이 구별 방법을
> 소개하면 의미가 있겠어. 발표자와 상의해서 발표 내용을 누리 소통망에 올려 봐야겠어.

① '학생 1'은 발표자의 예상대로 자신이 오해하고 있었음을 밝히며 발표로 알게 된 내용을 주
  변 사물에 적용해 보려고 하고 있다.

② '학생 2'는 자신의 지식을 바탕으로 발표 내용에 잘못된 정보가 포함되어 있다는 점을 파악
  하여 지적하고 있다.

③ '학생 3'은 발표가 유익했음을 드러내며 잎의 생김새를 기준으로 두 가지 꽃을 구별할 수 있
  다는 정보를 누리 소통망에 소개하려 하고 있다.

④ '학생 1'과 '학생 2'는 모두, 자신이 필요하다고 생각하는 정보를 발표에서 제시하지 않은 이
  유에 대해 추론하고 있다.

⑤ '학생 2'와 '학생 3'은 모두, 발표에서 새롭게 알게 된 내용을 바탕으로 자신이 평소 생각하
  던 바를 수정하고 있다.

[04~06] 다음은 수업 중 학생들이 실시한 토론의 일부이다. 물음에 답하시오.

사회자: 이번 시간에는 사전에 안내한 대로 죄를 지은 사람이 본인의 죄를 인정하고 수사에 협조하면 형량을 감경해 주는 제도인 플리바게닝에 대해 토론하도록 하겠습니다. 오늘의 논제는 '플리바게닝을 도입해야 한다.'입니다. 찬성 측이 먼저 입론해 주신 후 반대 측에서 반대 신문을 해 주십시오.

찬성 1: 저희는 플리바게닝을 도입해야 한다고 생각합니다. 범죄의 입증이 어려운 사건의 경우, 범죄자가 증거 부족 등으로 인해 무죄 판결을 받을 위험이 늘 존재합니다. 강력 범죄자가 아무런 처벌 없이 풀려난다면, 시민들에게 또 다른 강력 범죄를 저지를 것입니다. 하지만 플리바게닝이 도입된다면 형량을 감경받기 위해 자신이 지은 죄를 인정하는 경우가 늘어날 것이므로 범죄자가 아무런 처벌도 없이 풀려날 가능성이 줄어들어 사회 질서 유지에 도움이 될 것입니다. 그리고 범죄자가 자신이 지은 죄를 은폐하려고 노력하는 대신에 스스로 죄를 인정하게 되어 범죄자에게 반성할 기회를 제공한다는 점도 긍정적입니다. 또한 범죄를 입증하기 위해 투입되는 인력과 시간을 줄일 수 있으므로 범죄 수사 및 형량 선고 과정에서 발생하는 경제적 비용을 절감할 수 있습니다. 이렇게 절약한 비용을 또 다른 범죄의 예방에 투입할 수 있으므로 사회 구성원 전체에 이익이 됩니다.

반대 2: ㉠ 플리바게닝을 도입하는 것이 사회 질서 유지에 도움이 된다고 하신 것 같은데, 맞습니까?

찬성 1: 네, 맞습니다.

반대 2: 생각이 너무 짧으신 것 아닌가요? 만약 플리바게닝이 도입되어 범죄자가 저지른 잘못에 상응하는 법적인 처벌을 받는 대신에 수사 협조라는 수단을 통해 형량을 흥정하게 된다면 법에 근거해야 하는 사회적 질서가 오히려 흔들리게 되지 않을까요?

찬성 1: 아닙니다. 플리바게닝 역시 법의 테두리 안에서 이뤄지는 제도입니다. 수사 협조에 따른 형량 감경 정도를 법률적으로 규정해 두기 때문에 플리바게닝으로 인해 사회 질서가 흔들릴 염려는 없습니다. ㉡ 재판 과정에서 범죄 사실을 입증하지 못해서 범죄자를 처벌하지 못하게 되는 상황이 오히려 사회적 질서를 훼손하는 것이라고 볼 수 있습니다.

사회자: 이번에는 반대 측에서 입론해 주신 후 찬성 측에서 반대 신문을 해 주십시오.

반대 1: 저희는 플리바게닝을 도입해서는 안 된다고 생각합니다. 먼저, 수사의 편의를 추구하고자 적법한 범죄 입증 과정 없이 범죄 행위에 대한 처벌을 결정하는 것은 오히려 사회적 질서를 훼손할 수 있습니다. 그리고 플리바게닝에서 범죄자가 자신의 죄를 인정하는 것은 잘못을 반성한 것이 아니라 형량을 감경받기 위한 계산된 행동으로 볼 수 있습니다. 또한 플리바게닝을 통해 발생하는 눈에 보이는 비용 절감 효과만 볼 것이 아니라 역효과도 고려해야 합니다. 플리바게닝이 도입되면 수사는 범죄자의 진술에 의존하게 될 것이므로 범죄자가 허위 진술을 한다면 잘못된 수사로 이어질 수 있습니다. 이렇게 되면 잘못된 수사를 바로잡기 위한 추가 비용이 발생하므로 오히려 비용 낭비를 초래하게 될 것입니다. 이처럼 많은 문제가 발생하기 때문에 플리바게닝을 도입한 국가의 수가 도입하지 않은 국가의 수에 비해 상대적으로 적고, 많은 나라들이 필요성을 느끼지 못하는 것입니다. 최근에 우리나라 법률 전문가를 대상으로 한 설문 조사에서도 과반수가 플리바게닝 도입에 부정적이었습니다.

찬성 1: 설문 조사 결과가 제가 알고 있는 내용과 차이가 있는 것 같은데요, 믿을 수 있는 자료인가요?

ⓒ그리고 플리바게닝을 도입하지 않은 국가의 수가 더 많은 것은 맞지만, 지금 보시는 이 통계 자료에 따르면 많은 국가가 비교적 최근에 플리바게닝을 도입하였음을 알 수 있습니다. 이를 볼 때 플리바게닝에 대한 여러 국가의 관심이 커지는 추세라는 생각이 듭니다. 그렇지 않나요?

반대 1: 설문 조사 결과는 언론 보도 내용을 참고했습니다. ⓓ말씀하신 동향에 대해서 지금 바로 답변을 드리기 어려우니 좀 더 생각해 보도록 하겠습니다. ⓔ하지만 대표적인 플리바게닝 활용 국가에서조차 해당 제도에 대한 부정적 여론이 상당한 것으로 알고 있습니다.

[24003-0016]

04 ㉠~㉤에 대한 설명으로 가장 적절한 것은?

① ㉠은 상대가 밝힌 근거의 적절성을 뒷받침할 수 있는 구체적인 자료를 요구하는 발화이다.

② ㉡은 상대의 이의 제기에 반박하기 위해서 논제와 관련된 전문가의 의견을 인용하는 발화이다.

③ ㉢은 상대가 밝힌 내용을 일부 인정하면서 통계 자료를 근거로 자신의 생각을 드러내는 발화이다.

④ ㉣은 상대가 질문한 내용에 잘못된 정보가 포함되어 있음을 지적하며 답변을 유보하는 발화이다.

⑤ ㉤은 상대의 주장과 관련해 부정적 여론이 생겨난 이유를 밝히며 주장의 철회를 요구하는 발화이다.

[24003-0017]

05 다음은 교사가 토론 시작 전에 청중으로 참여할 학생들에게 안내한 토론의 쟁점이다. 청중이 이를 참고하여 위 토론의 입론을 이해한 내용으로 적절하지 <u>않은</u> 것은?

> [쟁점 1] 플리바게닝은 사회적 질서 유지에 도움이 되는가?
> [쟁점 2] 플리바게닝은 범죄자가 자신의 죄를 반성할 기회를 제공하는가?
> [쟁점 3] 플리바게닝을 통해 범죄 수사에 투입되는 경제적 비용을 절약할 수 있는가?

① '찬성 1'은 [쟁점 2]와 관련하여, 범죄자가 잘못을 숨기지 않고 스스로 인정하도록 하기 때문에 반성의 기회를 제공한다고 밝히고 있군.

② '찬성 1'은 [쟁점 3]과 관련하여, 범죄를 입증하는 데 투입되는 시간과 인력을 줄일 수 있으므로 경제적 비용을 절약할 수 있다고 밝히고 있군.

③ '반대 1'은 [쟁점 1]과 관련하여, 적법한 범죄 입증 절차 없이 범죄자에 대한 처벌이 결정되므로 사회적 질서 유지에 도움이 되지 않는다고 밝히고 있군.

④ '반대 1'은 [쟁점 2]와 관련하여, 범죄자는 형량을 감경받기 위한 계산된 행동을 할 것이기 때문에 반성의 기회를 제공하지 못한다고 밝히고 있군.

⑤ '반대 1'은 [쟁점 3]과 관련하여, 범죄자의 진술을 이끌어 내기 위해 투입되는 비용이 증가하므로 경제적 비용을 절약할 수 없다고 밝히고 있군.

[24003-0018]

06 〈보기〉를 바탕으로 위 토론을 이해한 내용으로 적절하지 <u>않은</u> 것은?

> ● 보기 ●
>
> 반대 신문식 토론의 입론 단계에서는 자신의 주장과 관련된 문제의 심각성이나 효과와 이익 등에 대해 밝힐 필요가 있다. 반대 신문 단계에서 질문을 할 때는 상대의 논증 구성에 나타나는 공정성, 신뢰성, 타당성 문제를 비판할 수 있다. 하지만 문제점을 지적하는 과정에서 인신공격성 발언을 해서는 안 된다. 상대방의 질문에 답할 때는 적절한 근거를 제시하여 자신이 밝힌 내용의 공정성, 신뢰성, 타당성에 문제가 없음을 밝힐 수 있어야 한다.

① '찬성 1'은 찬성 측 입론 단계에서, 강력 범죄자에 대한 처벌이 이루어지지 않으면 생길 수 있는 문제의 심각성을 밝히며 제도의 도입이 필요하다는 점을 부각하고 있군.

② '반대 2'는 반대 측 반대 신문 단계에서, '찬성 1'에게 인신공격성 발언을 했다는 점에서 부적절한 토론 태도를 보여 주고 있군.

③ '찬성 1'은 반대 측 반대 신문 단계에서, 플리바게닝 역시 법질서를 따르는 제도임을 밝히며 자신의 주장에 대해 타당성 문제를 제기하는 '반대 2'의 질문에 답변하고 있군.

④ '반대 1'은 반대 측 입론 단계에서, 플리바게닝을 이미 도입한 국가 중에서 긍정적 효과를 거두고 있는 국가가 상대적으로 적다는 점을 밝히며 자신의 주장을 뒷받침하고 있군.

⑤ '찬성 1'은 찬성 측 반대 신문 단계에서, '반대 1'이 입론에서 언급한 전문가 대상 설문 조사 결과의 신뢰성에 대해 의문을 제기하는 질문을 하고 있군.

[01~03] 다음은 강연이다. 물음에 답하시오.

안녕하세요? 우리 선조들의 삶에 대해 알려 드리는 '역사 속 시간 여행' 두 번째 시간입니다. 첫 번째 강의 내용 기억나시나요? 지난 강연에서는 천문과 관련된 선조들의 삶에 대해 말씀드렸습니다. 이번 강연에서는 여러분께 선조들의 숫자 활용과 관련된 이야기를 들려 드리겠습니다. 알고 보면 우리 조상들도 꽤 오래전부터 숫자를 활용해 왔습니다.

(⊙ 자료 제시) 화면을 보시죠. 화면에 제시된 건 2011년 충남 부여 쌍북리에서 발견된 목간입니다. 목간은 그 한자 뜻에서 짐작하실 수 있듯이 글을 적은 나뭇조각을 말합니다. 이 목간에는 한자로 표기된 숫자가 잔뜩 기록되어 있었는데요. 대략 6~7세기 백제 시대에 만들어진 것으로 추정됩니다. 목간에는 한자로 '구구팔십일팔구칠□□칠구육십삼…' 등의 숫자가 나열되어 있어 처음에는 관청에서 문서나 물건 등을 운송하면서 사용한 것으로 짐작했습니다. 하지만 이 목간에 적힌 숫자는 우리에게도 익숙한 것이었습니다. 과연 나열된 숫자의 의미는 무엇일까요? (청중의 반응을 살핀 후) 정답은 바로 구구단입니다. '구구팔십일, 팔구칠십이, 칠구육십삼…' 1단부터 외는 현재의 방식과는 달리 9단부터 시작하고 있어 낯설었던 겁니다. 또 다른 점은 8단에서는 9단에 사용된 '팔구칠십이'를 건너뛰어 '팔팔육십사'부터 시작하고, 7단에서는 9단과 8단에서 사용된 걸 건너뛰어 '칠칠사십구'부터 시작한다는 점입니다. 마지막 2단은 '이이사'만 남습니다. (ⓒ 자료 제시) 제가 이 화면에 정리해 놓은 것처럼, 백제인들은 중복되는 구구단을 줄인 덕분에 현재보다 간결한 역삼각형 형태의 구구단표를 사용했습니다. 이를 통해 실용성을 추구했던 백제인의 특징을 간접적으로 살필 수 있습니다.

백제뿐 아니라 우리 역사 속 여러 기록물에서도 구구단이 활용된 사례를 찾아볼 수 있습니다. 『삼국유사』에는 '곰이 삼칠일 동안 잘 버텨 사람이 되었다.'라고 기록되어 있는데 삼칠일은 3과 7을 곱한 21일을 의미합니다. 「광개토 대왕 비문」에는 '이(二)구(九)등조(登祚)'라는 기록이 있습니다. 광개토 대왕이 '이구', 즉 18세에 왕위에 올랐다는 사실을 기록한 것이죠.

구구단은 고대 동양에서 중요한 의미를 갖고 있었습니다. 중국의 고대 수학서인 『주비산경』에는 다음과 같이 기록되어 있습니다. 화면을 보시죠. (ⓒ 자료 제시) 『주비산경』에 기록된 것처럼 '구구팔십일'이 의미하는 구구단은 수의 법칙이 비롯된 근원의 의미를 갖고 있었으며, 수학적인 계산의 기본이었습니다. 그렇다면 왜 백제의 구구단은 요즘처럼 2단부터가 아니라 9단부터 시작한 것일까요? 동양에서 단수 가운데 가장 큰 수인 '9(九)'는 무한의 의미를 갖고 있습니다. 무한한 하늘을 '구천(九天)'이라 표현하는 것처럼 말이지요. '구(九)'의 중국어 발음이 '오랠 구(久)'와 같아 '영원하다'는 의미로도 사용되었습니다. 이렇듯 9는 중요한 숫자였으므로 백제 시대의 구구단은 2단이 아니라 9단부터 시작했다고 볼 수 있습니다.

중국과 일본에서는 발견된 구구단 목간이 한반도에서만 확인되지 않자, 일부 학자들은 '구구단은 한반도를 거치지 않고 곧바로 중국에서 일본으로 직수입한 것'이라는 주장을 했습니다. 쌍북리 백제 목간의 발견으로 이러한 주장에 대해 당당하게 반박할 수 있게 되었습니다. 혹시라도 아직도 누군가 이런 주장을 하고 있다면 '부여 쌍북리 목간'에 대해 꼭 언급해 주시기 바랍니다. 끝까지 경청해 주셔서 감사합니다. 혹시 강연과 관련하여 궁금한 점 있으시면 질문해 주시기 바랍니다.

[24003-0019]

01 위 강연에 활용된 말하기 방식으로 적절하지 <u>않은</u> 것은?

① 청자와 공유하는 경험을 제시하며 강연을 시작하고 있다.

② 용어의 개념을 풀이하여 용어가 낯선 청중의 이해를 돕고 있다.

③ 여러 자료에 기록되어 있는 사례를 바탕으로 강연 내용을 뒷받침하고 있다.

④ 청중의 반응을 확인한 후 보충 질문을 통해 청중의 배경지식을 환기하고 있다.

⑤ 발표 주제와 관련하여 청중에게 당부하는 말을 전하며 강연을 마무리하고 있다.

[24003-0020]

02 다음은 위 강연을 위해 강연자가 선정한 자료이다. 자료 활용에 대한 설명으로 가장 적절한 것은?

출처: 한국문화재재단	$9×9\ 8×9\ 7×9\ 6×9\ 5×9\ 4×9\ 3×9\ 2×9$ $8×8\ 7×8\ 6×8\ 5×8\ 4×8\ 3×8\ 2×8$ $7×7\ 6×7\ 5×7\ 4×7\ 3×7\ 2×7$ $6×6\ 5×6\ 4×6\ 3×6\ 2×6$ $5×5\ 4×5\ 3×5\ 2×5$ $4×4\ 3×4\ 2×4$ $3×3\ 2×3$ $2×2$	'수의 법칙은 원(圓)과 네모[方]에서 비롯되는데, 원은 네모에서 네모는 구(矩)에서, 구는 구구팔십일에서 나온다.' – 『주비산경』
[자료 1] 쌍북리 목간 사진	[자료 2] 쌍북리 목간 내용을 재구성한 것	[자료 3] 『주비산경』에 기록된 내용

① 선조들이 천문 분야에서 숫자를 활용한 사례를 설명하기 위해 ㉠에서 [자료 1]을 활용하였다.

② 숫자가 적힌 백제 시대 목간의 실제 모습을 보여 주기 위해 ㉡에서 [자료 2]를 활용하였다.

③ 백제 시대의 구구단이 현재의 것보다 간결한 형태라는 점을 설명하기 위해 ㉡에서 [자료 2]를 활용하였다.

④ 백제 시대의 구구단이 2단이 아닌 9단부터 시작한 이유를 설명하기 위해 ㉢에서 [자료 3]을 활용하였다.

⑤ 우리 선조들이 사용한 셈법이 중국의 셈법보다 우수함을 강조하기 위해 ㉢에서 [자료 3]을 활용하였다.

[24003-0021]

03 다음은 강연자의 마지막 발언을 바탕으로 청중이 세운 질문 계획이다. 위 강연을 고려하여 청중의 질문 계획을 이해한 내용으로 적절하지 <u>않은</u> 것은?

청중 1: 어릴 때부터 구구단이 어떻게 계승되었는지 알고 싶었는데, 백제 이후에는 구구단이 어떻게 계승되었는지는 알 수 없어서 아쉬웠어. 백제 이후, 구구단 셈법의 전통이 어떻게 이어졌는지에 대해 질문해야겠어.

청중 2: 백제인들이 실용성을 추구했다는 사실을 알게 되어 흥미로웠어. 구구단 외에도 백제인들의 실용성을 알 수 있는 다른 사례가 있는지 질문해야겠어.

청중 3: '삼칠일'이라는 표현이 37일인 줄 알았는데, 강연을 듣고 21일을 의미한다는 사실을 새롭게 알게 되었어. '삼칠일'처럼 구구단이 활용된 표현이 더 없는지 질문해야겠어.

① '청중 1'은 강연을 통해 알 수 없었던 내용을 바탕으로 질문을 계획하고 있다.

② '청중 2'는 강연 내용에 대한 흥미를 바탕으로 질문을 계획하고 있다.

③ '청중 3'은 강연을 통해 얻게 된 정보를 바탕으로 질문을 계획하고 있다.

④ '청중 1'과 '청중 3'은 모두 강연을 듣기 전부터 궁금했던 점을 바탕으로 질문을 계획하고 있다.

⑤ '청중 2'와 '청중 3'은 모두 강연 내용과 관련된 추가적인 사례에 대한 호기심을 바탕으로 질문을 계획하고 있다.

[04~06] 다음은 학교 부속 건물 관리와 관련된 협상이다. 물음에 답하시오.

시청 담당자: 안녕하세요? ○○ 고등학교 부속 건물 관리에 대한 협상을 진행하겠습니다. ○○ 고등학교에서 부속 건물인 웅비관의 보수를 위해 시청에 예산 지원을 요청하셨는데요, 현재 건물 상태는 어떤가요?

학교장: 웅비관은 100년 역사를 지닌 우리 학교의 개교 당시 모습을 알려 주는 유일한 건물로 학교 입장에서는 보존할 가치가 높은 건물입니다. 하지만 건물 노후화가 심각해 보수가 필요한 상황이지만 건물을 보수하기에는 학교 예산이 턱없이 부족합니다. 이러한 사정 때문에 웅비관 보수에 필요한 예산을 시에 요청하게 되었습니다.

시청 담당자: 저희도 ○○ 고등학교의 요청을 받고 예산 지원을 위해 교육청을 비롯한 관계 부서와 논의를 거쳤습니다. 웅비관은 일제 강점기 건축 양식을 보여 주는 우리 지역에 몇 안 되는 건축물로 그 가치가 큽니다. 이러한 점을 고려할 때 웅비관을 우리 지역의 근대 건축 문화유산으로 지정하면 건물 보수와 관련된 예산을 지원할 수 있습니다. 웅비관을 지역 근대 건축 문화유산으로 지정하기 위해서는 학교 측의 동의가 필요한데, 어떻게 생각하시나요?

학교장: 웅비관은 건물 자체의 가치도 있지만, 3·1 운동 당시 지역 만세 운동을 준비했던 공간으로서 역사적 가치가 있는 건물이기도 합니다. 이런 건물을 방치해 두는 게 아쉬웠는데, 근대 건축 문화유산으로 지정되어 건물 보수를 위한 예산을 지원받을 수 있다니 반가운 소식입니다.

시청 담당자: 웅비관의 가치를 고려하여, 웅비관을 지역 만세 운동 기념관으로 조성하는 것에 대해서는 어떻게 생각하시나요?

학교장: 웅비관이 지닌 가치를 인정해 주셔서 감사합니다. 웅비관의 가치를 보존하기 위해 웅비관을 지역 만세 운동 기념관으로 조성하는 것에 찬성합니다.

시청 담당자: 긍정적 답변 감사드립니다. 그런데 시에서는 웅비관의 가치를 시민들과 공유했으면 하는 바람입니다. 웅비관을 보수하고 기념관으로 조성하여 시민들에게 개방하고 싶은데, 이에 대해 어떻게 생각하시나요?

학교장: 음……. 웅비관을 시민들에게 개방할 경우, 학생들의 교육 활동에 지장을 줄 우려가 큽니다. 웅비관을 개방하자는 제안을 수용하기는 어렵습니다.

시청 담당자: 그렇군요. 하지만 이미 웅비관 앞에 세워진 3·1 운동 의거비를 보기 위해 학교를 찾는 방문객이 있지 않나요?

학교장: 3·1 운동 의거비를 보기 위해 방문하시는 외부인들은 그 수가 많지 않아, 교육 활동에 큰 지장을 주지 않습니다. 하지만 웅비관을 개방하게 되면 학교 출입 인원이 증가하게 되어 교육 활동에 지장을 줄 수 있습니다.

시청 담당자: 저희가 간과한 부분이네요. ㉮그렇다면 학생들이 등교하지 않는 주말과 공휴일에만 웅비관을 개방하는 것은 가능할까요?

학교장: 주말과 공휴일에만 웅비관을 개방하는 건 가능합니다만, 지역에 있는 다른 개방 시설과의 형평성을 고려할 때 방문객들에게 불편을 끼치는 것이 아닐까 우려가 됩니다.

시청 담당자: 지역에 있는 다른 개방 시설의 경우에도 방문객들이 주로 주말과 공휴일에 많이 방문하기 때문에, 주말과 공휴일에만 웅비관을 개방해도 충분할 것 같습니다.

학교장: 그렇다면 주말과 공휴일에 웅비관을 개방하더라도 방문객들이 다른 학교 시설에 출입하지 않도록 방안을 마련해 주십시오.

시청 담당자: 당연합니다. 방문객들에게 다른 학교 시설에 출입하지 않도록 사전에 안내하고 웅비관 주위에도 안내 표지판을 설치하도록 하겠습니다.

학교장: 좋습니다. 논의한 대로 진행된다면 시민들에게 웅비관을 개방할 수 있을 것 같습니다. 앞서 말씀드린 것처럼 웅비관은 ○○ 고등학교의 부속 건물이므로, 교육 활동을 위해 활용할 수 있어야 합니다. 웅비관을 기념관으로 조성하더라도 기존에 교실로 사용하던 공간은 보전해 주실 수 있나요?

시청 담당자: 교실을 제외한 나머지 공간만으로도 기념관을 꾸밀 수 있을 것 같습니다. 요청을 수용해 드리는 것과 별개로 한 가지 제안을 드리고 싶습니다. 기념관 취지에 맞게 교실 공간도 일제 강점기 시대 교실의 모습을 반영하여 조성하면 어떨까요?

학교장: 좋은 의견이네요. 학생들이 일제 강점기 당시의 모습을 생생하게 느낄 수 있을 것 같습니다. 다만, 수업에 불편함이 없도록 책상과 의자 및 칠판 등에 신경 써 주십시오.

시청 담당자: 네, 알겠습니다. 또 다른 요청 사항은 없으신가요?

학교장: 학교 구성원들과 논의한 후에 요청 사항이 생기면 말씀드리겠습니다.

시청 담당자: 그렇다면 지금까지 나온 서로의 요청 사항을 모두 수용하는 것으로 협상을 정리해도 될까요?

학교장: 네, 좋습니다.

시청 담당자: 오늘 협상 내용의 원활한 이행을 위해 협상 내용이 담긴 합의문을 작성하는 데 동의하시나요?

학교장: 네, 동의합니다.

시청 담당자: 합의문을 작성하여 학교로 보내 드리겠습니다. 감사합니다.

[24003-0022]

04 위 협상에 나타난 말하기 방식에 대한 설명으로 적절하지 않은 것은?

① 협상 참여자들은 웅비관의 가치에 대한 각자의 생각을 언급하고 있다.
② 학교장은 웅비관 보수를 위한 예산을 요청하게 된 상황에 대해 설명하고 있다.
③ 학교장은 웅비관 개방에 대한 제안을 수용할 것인지에 대해 생각할 시간을 요청하고 있다.
④ 시청 담당자는 협상 내용이 담긴 합의문을 작성하는 것에 대해 학교장의 동의를 구하고 있다.
⑤ 시청 담당자는 웅비관 개방을 제안하고, 이미 학교를 찾는 방문객이 있다는 사실을 언급하고 있다.

[24003-0023]

05 다음은 위 협상 내용을 기록한 내용의 일부이다. 이와 관련하여 이루어진 발화에 대한 설명으로 적절하지 <u>않은</u> 것은?

협상과 관련된 안건

가. 웅비관 보수를 위한 예산 ··· ㉠
나. 지역 만세 운동 기념관 조성 ·· ㉡
다. 웅비관 개방 ··· ㉢
라. 웅비관을 제외한 다른 학교 시설에 대한 방문객 출입 제한 ···················· ㉣
마. 웅비관의 교실 공간 활용 ··· ㉤

---

① ㉠: 학교장은 학교 예산만으로 건물 보수를 하는 것에 대한 어려움을 토로했고, 이에 대해 시청 담당자는 지역 근대 건축 문화유산 지정을 통해 예산 지원이 가능하다고 언급하였다.

② ㉡: 시청 담당자가 웅비관의 가치를 고려하여 기념관을 조성하자는 제안을 하였고, 이에 대해 학교장은 긍정적으로 답변하였다.

③ ㉢: 시청 담당자는 웅비관을 새롭게 조성한 후 시민들에게 개방할 것을 제안하였고, 이에 대해 학교장은 주말과 공휴일에만 개방하는 것을 전제로 제안을 수용하였다.

④ ㉣: 학교장은 학교의 다른 시설에 방문객의 출입을 제한하기 위한 방안 마련을 요청하였고, 이에 대해 시청 담당자는 사전 안내와 안내 표지판 설치를 통해 방문객의 출입을 제한하겠다고 답변하였다.

⑤ ㉤: 학교장은 웅비관에 교육 활동을 위한 교실 공간의 보전을 요청하였고, 이에 대해 시청 담당자는 일제 강점기 당시의 모습으로 교실을 조성하는 것을 조건으로 요청을 수용하였다.

[24003-0024]

06 ㉖에 사용된 협상 전략에 대한 설명으로 가장 적절한 것은?

① 조정안을 제시하여 자신과 상대방 사이의 의견 차이를 줄이려는 발화이다.

② 상대방의 발화에 동조하는 사례를 제시하여 상대방과의 공감대를 형성하는 발화이다.

③ 상대방의 발언에 대한 반론을 제시하여 협상을 자신에게 유리하도록 이끄는 발화이다.

④ 상대방이 예상하지 못한 부분을 제시하여 상대방으로 하여금 문제 해결 방안을 도출하도록 유도하는 발화이다.

⑤ 상대방의 의견을 수용할 경우 예상되는 결과를 제시하여 상대방이 제안한 방안의 실현 가능성을 높이는 발화이다.

[01~03] 다음은 교내 연설 대회에 참가한 학생의 연설이다. 물음에 답하시오.

여러분, 안녕하세요? 미세 섬유 플라스틱이라고 들어 보셨나요? 우리가 매일 입고 다니는 옷에서 배출되는 미세 플라스틱을 말하는 것인데, 이것이 해양 오염에 큰 영향을 미치고 있습니다. 그래서 오늘은 미세 섬유 플라스틱에 대한 이야기를 하고자 합니다.

지난 세계 시민의 날 행사 때 교내 방송으로 함께 보았던 북태평양의 거대 쓰레기 섬을 기억하시나요? 이 쓰레기 섬은 플라스틱 쓰레기들이 바다로 흘러 들어가 해류를 타고 떠돌아다니다 모여 만들어진 것인데요, 한반도 면적의 7배에 달한다고 하니 이것만 보더라도 플라스틱 폐기물이 해양 오염에 얼마나 심각한 문제를 일으키고 있는지 잘 알 수 있을 것입니다. 매년 바다로 유입되는 플라스틱 폐기물의 양은 약 1천200만 톤에 달합니다. 1분당 트럭 한 대 분량의 플라스틱 폐기물이 바다에 버려지고 있는 셈이지요. 이 중에서도 크기가 5mm 이하인 플라스틱을 일컫는 미세 플라스틱은 더 잘게 쪼개져 플랑크톤을 비롯해 수많은 바다 생물의 몸을 거쳐 육상 동물이나 인간의 몸에도 축적되기 때문에 생태계에 더 큰 위협이 되고 있습니다. 그 작은 미세 플라스틱이 그 넓은 바다를 얼마나 오염시킬 수 있겠느냐고 말씀하시는 분도 있겠지만 세계 자연 보호 연맹이 최근 발표한 보고서에 따르면 전체 해양 플라스틱 오염 물질의 30%를 미세 플라스틱이 차지한다고 합니다. 30%는 결코 작은 비중이라고 보기 어려울 것입니다.

그런데 바다에서 검출되는 미세 플라스틱 중 35%가량은 우리가 매일 입는 합성 섬유에서 배출된다는 사실을 알고 계시나요? 폴리에스테르, 아크릴, 나일론 등과 같은 합성 섬유는 현재 우리가 입는 의류 소재의 약 64%를 차지합니다. 이러한 소재로 된 의류는 세탁할 때마다 조금씩 마모되어 미세 섬유 플라스틱을 배출하는데, 이렇게 배출되어 하천을 통해 해양으로 흘러드는 미세 섬유 플라스틱의 양이 매년 수백만 톤에 달한다고 합니다. 그래서 저는 미세 섬유 플라스틱을 줄이기 위해 여러분들의 관심과 노력을 촉구하고자 합니다.

그렇다면 미세 섬유 플라스틱을 줄이기 위해 우리는 어떤 노력을 할 수 있을까요? 우선 합성 섬유를 덜 사용하려는 노력이 필요합니다. 폴리에스테르 등과 같은 합성 섬유는 값싸고 편리해서 의류 소재로 널리 사용되고 있지만, 생산 과정에서 막대한 탄소를 배출할 뿐만 아니라 세탁 과정에서 많은 미세 섬유 플라스틱을 배출합니다. 반면 면과 같은 천연 섬유는 생분해되기 때문에 미세 섬유 플라스틱의 배출을 줄이는 데 도움이 될 수 있습니다. 물론 100% 천연 섬유로 된 옷만 입을 수는 없지만, 옷을 구입할 때 옷이 어떤 소재로 되어 있는지 꼭 확인하고, 가능한 한 플라스틱 성분이 덜 포함된 옷을 소비하는 노력을 합시다. 그리고 세탁을 할 때도 주의를 기울여야 합니다. 세탁기에 미세 섬유 플라스틱을 걸러 주는 필터를 부착해 사용하면 세탁 과정에서 하수구로 배출되는 미세 섬유 플라스틱의 양을 효과적으로 줄일 수 있습니다. 또한 옷을 지나치게 자주 세탁하는 것도 자제하는 게 좋겠지요. 하지만 무엇보다 가장 효과적인 해결책은 무분별한 의류 소비를 줄이는 것입니다. 요즘에는 낡거나 못 입게 되어 옷을 버리는 경우가 많지 않습니다. 충분히 입을 만한 옷인데도 유행이 지났거나 싫증이 난다는 이유만으로 옷을 버리고 새로 사는 경우가 많아진 것이지요. 유행하는 패션 아이템만을 좇아 단기간에 많은 옷을 소비하는 이른바 패스트 패션 현상이 점점 확산하고 있는 것입니다. 미세 섬유 플라스틱을 줄이려면 이처럼 과도한 의류 소비부터 자제합시다.

㉠지금 우리가 미세 섬유 플라스틱으로부터 우리의 바다를 지켜내지 못한다면, '옷이 날개다.'라는 속담은 사라지고 '옷이 골칫덩이다.'라는 속담이 생겨날 것입니다. 합성 섬유 소재 의류 덜 입기, 세탁 시 미세

섬유 플라스틱 덜 배출하기, 의류 소비 덜 하기 등을 실천하여 더 깨끗하고 아름다운 바다를 우리 후손에게 물려줍시다. 여러분의 많은 관심과 동참을 바랍니다.

[24003-0025]

01 위 연설자의 말하기 방식으로 적절하지 <u>않은</u> 것은?

① 구체적인 수치를 밝혀 주장하는 내용의 근거로 활용한다.
② 청중과 공유하는 경험을 환기하여 청중의 관심을 유도한다.
③ 청유의 문장을 사용하여 문제 해결에 동참할 것을 요구한다.
④ 예상되는 반론을 반박하는 자료를 통해 문제의 심각성을 강조한다.
⑤ 연설 중간중간에 자신이 말한 내용을 요약하여 청중의 이해를 돕는다.

[24003-0026]

02 다음은 위 연설자가 연설을 준비하는 과정에서 작성한 메모이다. 위 연설에 반영되지 <u>않은</u> 것은?

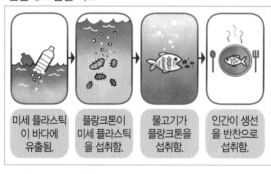

◆ 교내 연설 대회
제목: 바다를 오염시키는 미세 섬유 플라스틱을 줄이자.

○ 연설에 포함할 자료

| 미세 플라스틱이 바다에 유출됨. | 플랑크톤이 미세 플라스틱을 섭취함. | 물고기가 플랑크톤을 섭취함. | 인간이 생선을 반찬으로 섭취함. |

〈미세 플라스틱의 해양 오염〉

미세 플라스틱은 크기가 5mm 이하인 플라스틱으로, 바다로 유입된 미세 플라스틱은 여러 해양 생물의 몸을 거쳐 결국 육상 동물이나 인간의 몸에도 축적될 수 있기 때문에 지구 생태계에 큰 문제를 일으킬 수 있음. ·············· ①

○ 연설에 포함할 내용

• 바다에서 검출되는 미세 플라스틱 중 상당량이 합성 섬유 소재 의류의 세탁 과정에서 배출되고 있음. ·············· ②
• 유행을 좇아 단기간에 많은 옷을 소비하는 패스트 패션이 미세 섬유 플라스틱 배출을 가속화하고 있음. ·············· ③
• 합성 섬유의 생산 공정을 개선하면 탄소 배출을 줄일 수 있을 뿐만 아니라 천연 섬유의 사용 비중도 늘릴 수 있음. ·············· ④
• 미세 섬유 플라스틱 배출을 줄이기 위해서는 합성 섬유 소재 의류를 덜 입고 불필요한 세탁 횟수를 줄이려는 노력이 필요함. ·············· ⑤

[24003-0027]

03 위 연설을 듣고 그 취지에 공감한 학생이 ㉠의 일부 표현을 활용하여 친구들을 설득할 말로 가장 적절한 것은?

① 플라스틱으로 만든 날개로는 하늘을 오래 날 수 없을 거야. 우리 모두 플라스틱 제품의 사용을 자제하여 옷의 수명이 더 길어질 수 있도록 다 함께 노력하자.

② 우리가 매일 입는 옷이 날개가 아니라 바다를 오염시키는 골칫덩이가 되지 않도록 해야겠어. 미세 섬유 플라스틱을 줄이기 위해 우리가 할 수 있는 일부터 실천하자.

③ 옷이 날개가 되려면 그만큼 자신에게 잘 맞는 옷을 선택해서 입어야 할 거야. 무작정 유행만 좇아 많은 옷을 사는 태도에서 벗어나 자신의 개성을 살리는 옷을 입도록 하자.

④ 옷이 사람을 아름답게 만들어 주지 못하고 오히려 아름다운 지구를 위협하는 골칫덩이가 되어 간다니 안타까워. 옷으로 펼칠 수 있는 아름다움에 대해 더 많은 관심을 갖도록 하자.

⑤ 옷이 날개 달린 듯이 팔려 나가면서 이제는 귀할 게 없는 골칫덩이가 되어 버렸어. 옷에 대한 인식을 바꾸어 미세 플라스틱처럼 함부로 버려지는 옷들도 저마다 가치가 있음을 잊지 말자.

[04~06] 다음은 청소년 연극제에서 상연할 작품의 배우 모집을 위해 실시한 면접의 일부이다. 물음에 답하시오.

면접 대상자: 안녕하십니까? 지원자 ○○○입니다.

면접자: ㉠안녕하세요? 많이 긴장한 것 같은데요, 친한 선배와 대화를 나눈다는 마음으로 편안하게 답변하시기 바랍니다.

면접 대상자: 네. 잘 알겠습니다. 감사합니다.

면접자: 이번에 공연하게 될 연극에서 전달하려고 하는 핵심 내용이 무엇인지 알고 있나요?

면접 대상자: ㉡연극의 주제를 말씀하시는 건가요?

면접자: 네, 맞습니다.

면접 대상자: 보내 주신 대본을 여러 번 읽으면서 작품의 주제에 대해 생각해 보았는데, 이 작품은 인간 소외의 문제를 다루고 있는 것 같습니다.

면접자: 조금 더 구체적으로 말해 줄 수 있나요?

면접 대상자: 인간 소외란 인간이 목적이 아닌 수단으로 전락하는 현상을 말합니다. 주인공 그레고르는 가족의 생계를 책임지기 위해 매일 새벽부터 열심히 일해 온 청년이었습니다. 그런데 어느 날 잠에서 깨어나 보니 자신이 커다란 벌레로 변해 있음을 알게 됩니다. 이 때문에 그레고르가 더 이상 돈을 벌 수 없게 되자 그는 이제 가족들에게 점점 잊힌 존재가 되어 갑니다. 결국 그레고르는 자신이 목적으로 존재하는 것이 아니라 수단으로 존재하고 있음을 알게 됩니다. 즉 사랑하는 가족들로부터 소외를 경험하게 되는 것이지요. 그래서 저는 작품의 주제가 인간 소외의 문제라고 생각했습니다.

면접자: 작품의 주제를 잘 파악했네요. 그럼 극 중에서 어떤 배역을 맡고 싶은가요?

면접 대상자: 저는 작품의 주인공인 그레고르 역을 맡고 싶습니다.

면접자: 그렇다면 그레고르는 어떤 인물이라고 생각하시나요?

면접 대상자: 그레고르는 자신이 열심히 일한 대가로 부모님과 여동생이 좋은 집에서 편안하게 생활할 수 있다는 것에 대해 자부심을 느껴 온 인물입니다. 그러나 갑작스럽게 자신이 벌레로 변하게 되는 끔찍한 일을 겪게 되면서 그의 자부심은 하루아침에 무너지고 자신의 정체성에 대해 큰 혼란을 겪게 됩니다. 정신은 예전 그대로인데 몸은 흉악망측한 모습으로 변해 버렸으니까요.

면접자: ㉢자부심이 하루아침에 무너지면서 정체성의 혼란을 겪는 인물이라는 말이군요. 그런 인물이 겪는 정신적인 혼란을 잘 표현할 수 있을까요?

면접 대상자: 네, 자신 있습니다.

면접자: 그럼 대본에서 그레고르가 독백하는 이 부분을 연기해 볼 수 있나요?

　(면접 대상자가 면접자 앞에서 그레고르 역을 연기한다.)

면접자: 네, 됐습니다. 감정 표현이 훌륭하네요. 그런데 주인공 역을 맡게 되면 연습 때문에 시간을 많이 뺏기게 될 텐데 괜찮겠어요? 한 달 정도는 주말에도 나와서 연습을 해야 할 겁니다.

면접 대상자: 물론 연극 준비 때문에 공부에 소홀해질까 봐 부모님께서 걱정을 많이 하고 계시지만, 이번 연극은 저에게 무엇보다 중요한 일이므로 연습에 최선을 다할 생각입니다. 주말에도 연습을　[A]

해야 한다면, 지금 다니고 있는 학원 일정을 한 달 정도 조정할 예정이고, 주말에 하지 못한 공부는 새벽 시간을 이용해 보충할 생각입니다.

면접자: ㉣의지가 정말 대단하네요. 만약 주인공을 맡지 못하게 된다면 그 대신 맡고 싶은 다른 배역이 있나요?

면접 대상자: 주인공을 맡지 못한다면 아버지 역할을 해 보고 싶습니다. 아들을 사랑하지만 주어진 현실을 받아들여 아들을 냉정하게 대하는 아버지의 복잡한 마음을 표현해 보고 싶었거든요.

면접자: 네, 그렇군요. 아버지 역할도 잘 어울릴 것 같네요. 만약 자신이 이 연극의 연출을 맡게 된다면 어떠한 부분에 초점을 맞춰 연출하고 싶나요?

면접 대상자: 전 연출에는 별로 관심이 없는데요.

면접자: 제 말씀은 연출을 맡으라는 것이 아니라, 이 연극에서 중요하게 표현해야 할 점이 뭐라고 생각하는지 알고 싶은 겁니다.

면접 대상자: ㉤네, 죄송합니다. 제가 질문 의도를 잘못 파악했네요. 작품을 보면 갑자기 벌어진 사건을 둘러싸고 여러 인물이 당황스러워하는데, 저는 그 모습을 각 인물의 성격과 입장에 맞게 개성적으로 표현하는 것이 중요하다고 생각합니다.

면접자: 네, 좋은 생각입니다. 면접은 이것으로 마치겠습니다. 수고하셨습니다.

[24003-0028]

04 다음은 면접자가 면접을 준비하는 과정에서 작성한 메모이다. 면접에 반영되지 <u>않은</u> 것은?

> ◆ 배우 선발을 위한 평가 기준
>
> ㄱ. 인물의 특성을 잘 표현할 수 있는가?
> ㄴ. 다른 연기자들과 조화를 잘 이룰 수 있는가?
> ㄷ. 공연하려는 연극의 주제를 잘 파악하고 있는가?
> ㄹ. 자신이 맡고 싶은 배역의 성격과 심리를 잘 이해하고 있는가?
> ㅁ. 연극에서 중요하게 표현해야 할 점에 대한 자신의 의견이 있는가?

① ㄱ   ② ㄴ   ③ ㄷ   ④ ㄹ   ⑤ ㅁ

05

[24003-0029]

㉠~㉤에 나타난 면접 참여자의 의사소통 방식에 대한 설명으로 적절하지 <u>않은</u> 것은?

① ㉠ : '면접자'는 '면접 대상자'가 긴장을 푸는 데 도움이 될 수 있도록 조언을 해 주고 있다.

② ㉡ : '면접 대상자'는 '면접자'에게 되묻는 방식으로 자신이 파악한 질문 내용을 확인하고 있다.

③ ㉢ : '면접자'는 '면접 대상자'의 답변 내용을 요약하며 관련 질문으로 연결하고 있다.

④ ㉣ : '면접자'는 '면접 대상자'의 답변에 대해 긍정적으로 평가하며 질문을 이어 가고 있다.

⑤ ㉤ : '면접 대상자'는 자신의 잘못을 인정하고 자신의 대답이 '면접자'의 질문 의도에 맞는 답변인지 확인하고 있다.

06

[24003-0030]

〈보기〉는 면접 대상자의 사고 과정 중 일부이다. [A]에 대한 질문 분석과 답변 전략을 연결한 것으로 가장 적절한 것은?

● 보기 ●

[질문 분석]	[답변 전략]
㉮ 지원 분야 활동의 필요성에 대해 근거를 들어 답할 것을 요구하고 있군. ㉯ 지원 분야 활동과 관련된 상황을 제시하며 수행 의지를 확인하고자 하는군. ㉰ 지원 분야 활동에 필요한 개인의 수행 능력을 확인하고자 하는군.	ⓐ 질문 의도와 관련된 나의 계획을 제시된 상황과 연관 지어 답변해야겠군. ⓑ 질문 내용과 관련된 나의 생각을 객관적인 근거를 활용하여 제시해야겠군. ⓒ 질문 내용과 관련된 나의 의지와 함께 주변 사람들의 도움도 많이 받고 있음을 제시해야겠군.

	[질문 분석]	[답변 전략]
①	㉮	ⓐ
②	㉮	ⓑ
③	㉯	ⓐ
④	㉯	ⓒ
⑤	㉰	ⓑ

[01~03] 다음은 학생의 발표이다. 물음에 답하시오.

안녕하세요? 도시에서 볼 수 있는 높은 건물이나 해저 터널, 거대한 다리 등을 보면 입이 다물어지지 않는 경우가 많습니다. '도대체 어떻게 이런 건축물이 가능할까? 인간의 힘과 지혜는 어디까지일까?' 하는 궁금증이 절로 생겨납니다. 저는 오늘 그런 거대한 건축물 중 오랜 기원을 갖는 '다리'에 대해 여러분에게 설명드릴까 합니다.

다리는 왜 생겨난 것일까요? 아마도 이는 인류의 호기심과 도전의 결과가 아닐까 합니다. 가고 싶은 곳이 있는데 시냇물이나 강으로 가로막힌 상황에서 인류는 넘어진 수목이나 등나무 덩굴, 하천가의 돌 등을 이용하여 장애물을 건넜을 것입니다. 그리고 점점 기술을 발달시켜 좀 더 긴 다리, 좀 더 넓은 다리, 좀 더 튼튼한 다리를 만들 수 있었을 것입니다. 초기의 다리 모습을 자료를 통해 잠시 볼까요? (자료 1 제시) 통나무 다리, 징검다리 등 무언가 향수를 불러일으키는 다리들이지요?

그러면 이제 다리의 구조를 잠시 살펴보겠습니다. (자료 2 제시) 왼쪽 그림을 보실까요? 다리를 떠받치는 교각, 그 위에 놓인 들보, 들보 위에 차량 등이 통행할 수 있게 놓은 구조물인 상판을 볼 수 있습니다. 오른쪽 그림은 케이블로 다리를 지지하는 유형으로, 케이블을 연결하는 주탑을 볼 수 있습니다.

혹시 다리의 종류에 대해 아시나요? (청중의 반응을 살피며) 현수교와 아치교를 아시는 분이 있으시네요. 현수교와 아치교는 구조에 따라 분류한 다리의 종류입니다. 그러면 말이 나온 김에 다리의 종류를 조금 더 살펴보겠습니다. (자료 3 제시) 우선 형교는 들보를 하나 이상의 교각이 떠받치는 다리입니다. 아치교는 구조물의 위에서 누르는 힘을 계속 옆으로 전달해서 줄이는 아치 구조를 이용한 다리이며, 현수교는 주탑과 주탑 사이를 케이블로 연결하고 쇠줄을 늘어뜨려 다리 상판을 매다는 다리입니다. 또한 현수교와 비슷해 보이지만, 주탑에서 다리의 상판을 직접 케이블로 연결하는 사장교가 있습니다.

다리가 다리로서의 역할을 제대로 수행하기 위해서는 충분한 강도와 내구성이 있어야 합니다. 또한 다리는 공공재이므로 가급적 경제적으로 만들 것이 요구되며, 그러기 위해서 구조 공학의 모든 기술을 동원하여 사용 재료, 구조 형식 등을 비교·검토하여 만들어야 합니다. 그리고 주변 환경과 잘 어울리면서 미적인 외관까지 갖춘다면 금상첨화이겠지요?

자료 화면을 볼까요? (자료 4 제시) 왼쪽 화면은 이순신 대교이며, 오른쪽 화면은 서해 대교입니다. 혹시 이 다리들을 건너 보셨나요? (청중의 반응을 살피며) 다리를 건너 보시거나 실제로 보신 분들이 꽤 많네요. 전라남도 광양시 금호동과 여수시 묘도동을 연결하는 왕복 4차로의 해상 교량인 이순신 대교는 국내 최장의 현수교입니다. 콘크리트 주탑은 세계의 현수교 중 가장 높은 270m에 달한다고 하니, 보는 것만으로도 압도당할 규모입니다. 한편 서해 대교는 몇 개의 직선이 자연스럽게 이어지는 182m의 높은 주탑을 갖는 사장교입니다. 서해 대교의 주탑은 구조적으로 안전하며, 개방감 및 관문성이 뛰어난 H형 주탑으로 아산시 읍내리에 있는 고려 시대의 당간 지주를 모티브로 하여 우리의 전통미와 현대미를 적절히 조화시키고자 했습니다.

세계에는 유명한 다리들이 아주 많습니다. 기술적으로도 예술적으로도 뛰어난, 보는 것만으로 감동을 불러일으키는 다리, 그리고 다리에 얽힌 이야기가 가슴을 설레게 하는 다리, 또 영화나 소설에 등장하는 다리들도 많습니다. 여러분들도 그런 멋진 다리 하나 마음에 품을 수 있는 시간이었기를 기대하며 발표를 마칩니다.

[24003-0031]

01 위 발표에서 확인할 수 있는 학생의 말하기 방식으로 가장 적절한 것은?

① 질문을 하고 답변을 들으면서 청중과 소통하고 있다.
② 청중의 관심사를 확인하며 발표 내용을 조정하고 있다.
③ 대상의 기원 및 발전 과정을 언급하면서 대상이 지닌 한계에 대해 제시하고 있다.
④ 발표 내용과 청중의 관련성을 언급하며 청중에게 주의를 집중할 것을 요청하고 있다.
⑤ 청중에게 친숙한 사례를 제시하여 발표 내용에 대한 청중의 잘못된 이해를 바로잡고 있다.

[24003-0032]

02 〈보기〉는 학생들이 발표를 들으며 떠올린 생각이다. 이를 바탕으로 학생들의 듣기 활동을 이해한 내용으로 적절하지 <u>않은</u> 것은?

> ● 보 기 ●
>
> 학생 1: 이순신 대교와 서해 대교가 같은 종류의 다리라고 생각했는데, 구조가 다르다는 것을 알게 되어 유용했어. 현대의 유명한 다리들 중에서 사장교와 현수교의 사례를 좀 더 찾아봐야겠어.
> 학생 2: 다리의 형성이 인류의 호기심과 도전의 결과라고 한 부분이 참 좋았어. 그러고 보면 오늘날의 문명은 거의 대부분이 현 상황에 대한 호기심과 도전, 극복의 결과인 것 같아. 대표적인 것으로 우주선 같은 것이 있겠지?
> 학생 3: 다양한 다리의 종류를 알 수 있어서 좋았어. 듣다가 문득 각각의 다리는 어떤 조건에서 건설되는지 궁금해졌어. 각각의 다리가 어떤 조건에서 건설되는지 조사해 봐야겠어.

① '학생 1'은 발표 내용을 바탕으로 기존에 갖고 있던 잘못된 인식을 수정하고 있다.
② '학생 2'는 발표 내용에 대해 평가하며 자신의 평가와 관련한 다른 사례를 언급하고 있다.
③ '학생 1'과 '학생 3'은 발표 내용과 관련하여 추가적인 탐구 계획을 세우고 있다.
④ '학생 2'와 '학생 3'은 발표 내용을 바탕으로 발표자가 언급하지 않은 내용을 추론하고 있다.
⑤ '학생 1, 2, 3' 모두 발표 내용에 대해 긍정적으로 평가하고 있다.

[24003-0033]

03 다음은 위 발표에서 제시한 자료이다. 자료 활용에 대한 설명으로 적절하지 <u>않은</u> 것은?

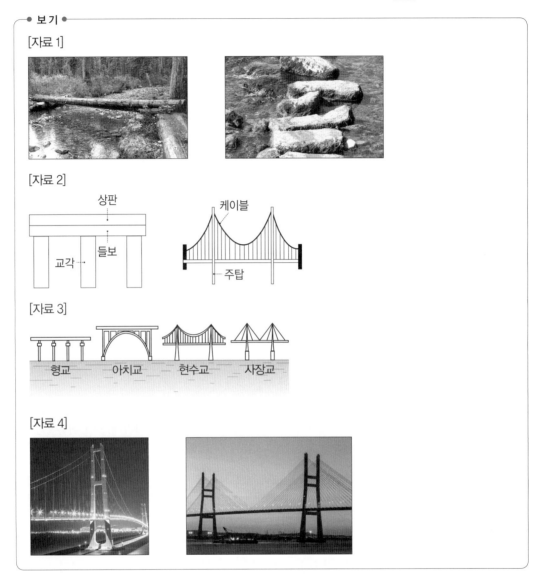

① [자료 1]~[자료 4] 모두 발표 내용을 시각적으로 제시하여 구체적인 이해를 돕고 있다.

② [자료 1]을 활용하여 설명 대상이 환기하는 정서를 의문의 형식으로 드러내고 있다.

③ [자료 2]를 활용하여 교각으로 지지하는 다리와 케이블로 지지하는 다리 둘 사이의 공통된 구조를 제시하고 있다.

④ [자료 3]을 활용하여 구조에 따른 다리의 종류를 보여 주며 그 차이를 설명하고 있다.

⑤ [자료 4]를 활용하여 우리나라 다리 중에서 현수교와 사장교의 대표적인 예를 소개하고 있다.

04 화법

[04~06] 다음은 동아리 부원들 간의 대화이다. 물음에 답하시오.

도서부장: 오늘은 우리 도서부의 1년 활동 계획을 세우기 위한 토의를 하도록 하겠습니다. 안건은 개가식 도서관 운영, 점심시간 열람실 운영 등입니다. 먼저 개가식 도서관 운영과 관련하여 이야기를 나누어 보도록 하겠습니다.

도서부원1: 그동안 우리 학교 도서관은 감염병 상황으로 인해, 도서관 이용자들이 서가에 직접 들어가지 않고 도서부원에게 대출증을 제출하면 도서부원이 책을 찾아 대출해 주는 폐가식 운영을 해 왔습니다. 그렇지만 이제는 감염병도 어느 정도 진정되었으니, 학생들이 직접 서가에 들어가 읽고 싶은 책을 찾아 대출하는 개가식으로 운영하는 것이 좋을 것 같습니다. 개가식 도서관 운영은 학생들이 보다 쉽게 책에 접근할 수 있게 하고, 다양한 책들을 직접 보면서 자신의 독서 목적에 적합한 도서를 선택하도록 유도할 수 있다는 장점이 있습니다. ⌉[A]

도서부원2: 저도 그 의견에 동의합니다. 도서관의 개가식 운영은 도서관 본연의 기능 수행에 보다 적합할 것으로 생각됩니다. 그렇지만 개가식으로 운영할 경우, 학생들이 빼어 본 책을 아무 곳에나 두어 책을 찾기 어려운 경우가 발생한다는 문제점이 있습니다. 따라서 운영에 앞서 학생들에게 개가식 운영과 관련하여 지켜야 할 사항을 미리 공지하는 일이 중요할 것 같습니다. ⌉[B]

도서부원3: ㉠ 서가에 학생들이 빼어 본 책을 둘 수 있는 이동식 책 선반을 확충하는 것도 필요합니다. 현재는 이동식 책 선반이 두 개뿐이어서 도서관을 이용하는 모든 학생들이 책 선반을 이용하기에는 불편합니다. 각 서가의 입구마다 이동식 책 선반이 비치된다면 도서관을 이용하는 학생들이 손쉽게 책을 둘 수 있어서 아무 데나 책을 꽂아 두는 문제가 많이 개선될 것입니다.

도서부원1: 고려해야 할 부분이 하나 더 있습니다. 작년까지는 점심시간에만 도서부원들이 도서 대출, 반납 업무를 하면 되었지만, 개가식으로 운영할 경우 이동식 책 선반에 놓인 책들을 그날그날 제자리에 꽂아 두어야 하기 때문에 방과 후에도 남아서 책을 정리할 필요가 있습니다. 따라서 ㉡ 도서부원들이 점심시간뿐 아니라 방과 후에도 당번을 정하여 일을 처리해야 할 것입니다.

도서부원3: 중요한 지적입니다. 그렇다면 작년에 비해 도서부원들이 해야 할 일들이 많아지는데, 매일 그렇게 운영하는 것은 쉬운 일이 아닐 것 같습니다. ㉢ 우선은 일주일에 월, 수, 금, 삼 일만 개가식으로 운영하고 이틀은 작년처럼 폐가식으로 운영해 보면 어떨까요?

도서부원2: 그 방법이 좋을 것 같습니다. 처음부터 무리하게 일주일 내내 개가식으로 운영하여 책 정리가 안 되는 것보다는 사흘 정도로 운영하다가 익숙해지면 점차 개가식 운영 일수를 늘리는 것도 좋겠습니다.

도서부장: 개가식 운영과 관련하여 운영의 필요성에는 모두 동의하고 있으니 개가식으로 운영하도록 하고, 운영일은 월, 수, 금요일, 삼 일로 하도록 하겠습니다. 다음 안건인 점심시간 열람실 운영과 관련하여 이야기를 해 보도록 하겠습니다. 이번 겨울 방학에 도서관 옆의 공간에 예쁘면서 편안한 열람실이 만들어졌습니다. 그래서 이 공간을 잘 활용할 수 있도록 점심시간에만이라도 열람실 공간에서 독서를 할 수 있는 프로그램을 만들면 좋을 것 같습니다. 공간의 정체성을 살리면서 책 읽는 문화를 확산하기 위해 프로그램 운영이 필요하리라 생각됩니다. ㉣ 우리 학교 점심시간이 70분이니 식사 후 남는 시간

에 독서 프로그램에 참여하는 것도 매우 의미 있는 일인 것 같습니다.

도서부원 2: 네, 저도 동의합니다. 프로그램 참여를 유도하기 위해 참여하는 학생에게 매일 스탬프를 찍어 주는 것은 어떨까요? 그리고 학기별로 스탬프를 많이 받은 학생을 선정하여 상을 수여하는 것도 좋을 것 같습니다.

도서부원 1: 좋은 의견이네요. 적극 찬성입니다. 매일 20분 이상 점심 독서 프로그램에 참여하는 학생에게 스탬프를 찍어 주면 될 것 같습니다. 프로그램 이름도 한번 생각해 봤는데, '마음밥 먹는 시공간'은 어떨까요?

도서부원 3: 멋진 명칭이네요. 점심시간에 몸밥도 먹고 마음밥도 먹고, 좋은데요! 그러면 상의 이름은 '마음밥상'이 되겠네요. 스탬프를 찍어 주는 업무는 점심시간 도서 대출 담당부원이 함께 해도 괜찮을 것 같습니다.

도서부장: 창의적이고 적극적인 의견들 정말 감사합니다. 오늘 대화에서 결정된 내용을 정리하여 학생들에게 공지하겠습니다. 올해부터는 도서관도 개가식으로 운영하고 점심시간에 '마음밥 먹는 시공간' 프로그램도 진행해서 우리 학교 학생들이 책과 좀 더 많이 가까워질 수 있을 것 같습니다. ⓜ 다음 모임에서는 학기마다 한 번씩 발간하는 도서부 소식지 관련 얘기를 나누어 보도록 하지요. 수고 많았습니다.

[24003-0034]

04 ㉠~ⓜ의 말하기 방식에 대한 설명으로 적절하지 <u>않은</u> 것은?

① ㉠: 문제를 해결할 수 있는 또 다른 방안을 제시하고 있다.
② ㉡: 기존과 다른 운영 방식 도입을 위해 필요한 사항을 점검하고 있다.
③ ㉢: 현실적 상황을 고려하여 절충안을 제안하고 있다.
④ ㉣: 제시한 해결 방안이 지닌 장단점을 균형 있게 제시하고 있다.
⑤ ⓜ: 다음 모임의 안건을 소개하며 대화를 마무리하고 있다.

[24003-0035]

05 [A]와 [B]에 대한 분석으로 가장 적절한 것은?

① [A]는 [B]와 달리 개가식 운영 도입의 당위성을 학교와 학생의 입장으로 나누어 제시하고 있다.
② [B]는 [A]와 달리 개인적 측면뿐 아니라 학교 공동체의 측면에서 개가식 운영의 의의를 부각하고 있다.
③ [A]는 학생들의 인식 변화에, [B]는 학교의 업무 지원에 초점을 두고 주장을 내세우고 있다.
④ [A]는 학생들에게 주어지는 이점과 관련하여, [B]는 개가식 운영의 이점뿐 아니라 발생할 수 있는 현실적 문제와 관련하여 의견을 제기하고 있다.
⑤ [A]와 [B] 모두 개가식 운영과 관련하여 예상되는 반론을 언급한 후에, 이를 반박하고 있다.

[24003-0036]

06 〈보기〉는 위의 대화 후에 학생들이 작성한 공지의 초고이다. ⓐ~ⓔ 중 위 대화 내용을 통해 확인할 수 <u>없는</u> 것은?

● 보기 ●

2024년 학교 도서관 이용 안내입니다.

1. ⓐ올해부터는 부분적으로 학교 도서관 서가를 개가식으로 운영합니다.
(※ 개가식 : 도서관 이용자가 책이 꽂혀 있는 서가에 자유롭게 출입하여 책을 고를 수 있는 방식.)

▶ 어떻게 이용하면 될까요?
서가에서 뺀 책은 책꽂이에 다시 꽂지 말아 주세요. ⓑ서가 입구에 놓인 책 수레(이동식 책 선반)에 책을 놓아 주시면 됩니다.

▶ 언제 이용할 수 있나요?
ⓒ일주일에 월, 수, 금, 삼 일만 서가에 들어갈 수 있습니다. 화요일과 목요일에는 기존과 마찬가지로 대출할 도서를 검색하여 도서 요청 양식에 작성한 후 대출대의 도서부원에게 제출하시면 책을 대출해 드립니다.

2. 점심 독서 프로그램인 '마음밥 먹는 시공간'을 운영합니다.

▶ 남는 점심시간에는 아늑하고 조용한 공간인 열람실로 오세요. 그곳에서 '마음밥 먹는 시공간'을 운영합니다.

▶ 어떤 프로그램인가요?
ⓓ열람실에서 20분 이상 책을 읽으면 스탬프를 찍어 드립니다. 그리고 ⓔ학년 말에 스탬프를 많이 받은 학생을 선정하여 '마음밥상'을 수여합니다.

▶ 언제 이용할 수 있나요?
매일 점심시간에 운영합니다.

① ⓐ   ② ⓑ   ③ ⓒ   ④ ⓓ   ⑤ ⓔ

[01~03] 다음은 학생의 발표이다. 물음에 답하시오.

　자원 재활용의 첫 단계는 재활용이 가능한 쓰레기를 분리배출하는 것입니다. 여러분도 쓰레기를 종류별로 구분하여 수거함에 버려 본 경험이 있으시지요? 그런데 우리는 종이 쓰레기, 즉 '폐지'의 분리배출은 상대적으로 쉽다고 여기지만, 사실 폐지도 다른 품목만큼이나 꼼꼼하게 분류해서 버려야 합니다. 오늘 저는 폐지의 재활용에 관해 발표하려고 합니다. 먼저 우리나라의 폐지 적체 현상 및 폐지 재활용 현황에 대해 말씀드리고, 이어서 폐지의 올바른 배출 방법에 대해 설명해 드리겠습니다.

　환경부에서 발표한 보고서에 따르면 2022년 말 현재 국내 제지 공장의 폐지 재고량은 약 15만 톤에 이르는데, 이는 평상시 약 7만~8만 톤 수준의 두 배 가까운 수치입니다. 최근 전 세계적인 경기 침체 여파로 상품 포장에 쓰이는 골판지 생산량과 그 원료인 폐지 수요가 함께 감소함에 따라 폐지 가격 하락과 더불어 국내 폐지 재고가 급격히 늘어나고 있습니다. 또한 재활용 공정을 거친 폐지의 동남아 수출 경쟁에서 우리나라는 유럽과 일본 등 다른 나라에 품질 면에서 밀리면서 수출길이 막혀 폐지의 국내 적체가 더욱 심화되고 있는 실정입니다.

　이처럼 폐지 재고량이 급증하는 상황에서 국내 폐지 재활용률은 50%가 채 되지 않아 문제가 더욱 심각합니다. 환경부 통계에 따르면 우리나라의 폐지 회수율은 2022년 말 현재 85.9%로 미국 65%, 중국 50%와 비교하여 매우 높은 편이지만, 회수된 폐지 중 제대로 재활용되는 것은 절반에 못 미치는 수준입니다. 이러한 문제가 발생하는 이유는 폐지의 분리배출이 잘 이루어지고 있지 않기 때문입니다. 고품질의 화장지로 재활용될 수 있는 종이 팩이 일반 폐지와 구분 없이 배출되어 재활용되지 못하고 그냥 소각되고 있으며, 폐지가 생활 쓰레기와 마구 뒤섞여 버려지고 있습니다. 종이 팩은 천연 펄프로 만든 고급 종이에 안팎으로 폴리에틸렌(PE)을 코팅하여 액상 제품을 담을 수 있도록 만든 종이 용기로, 일반 폐지와는 재활용 공정이 다릅니다. 따라서 종이 팩이 일반 폐지와 섞여 배출되면 종이 팩만 일일이 골라내는 작업을 거쳐야 하는데, 재활용 업체들은 폐지 가격이 하락하고 있는 상황에서 이 비용을 감당할 수 없어 종이 팩 분류 작업을 포기하고 소각해 버리는 경우가 대부분입니다. 또한 생활 쓰레기와 섞이면서 오염 물질이 묻은 폐지는 오염을 제거하고 재활용을 하더라도 품질이 매우 떨어집니다. 이뿐만 아니라 오염 제거에 상당한 시간과 비용이 소요되어 재활용 업체에서 폐지를 처리하지 않고 쌓아 두는 경우가 늘고 있습니다.

　재활용 공정을 거친 국산 폐지의 품질 향상과 폐지의 국내 적체 현상 해소, 자원의 선순환을 위해 폐지를 올바르게 배출해야 합니다. 이때 가장 중요한 것은 종이 팩을 반드시 일반 폐지와 분리해서 배출해야 한다는 점입니다. 종이를 재활용하려면 물에 풀어서 섬유질을 분리해야 하는데, 폴리에틸렌으로 코팅된 종이는 일반 종이와 달리 물에 풀어지는 속도가 느리기 때문입니다. 그러면 종이 팩은 어떻게 버려야 할까요? 종이 팩은 내용물을 비우고 물로 헹군 뒤 펼치고 잘 말려서 반드시 일반 폐지와 분리하여 종이 팩 전용 수거함에 넣어 배출해야 합니다. 또한 일반 폐지도 그냥 버려서는 안 됩니다. 일반 폐지 중 골판지류는 비닐 코팅이나 테이프 등 각종 이물질을 제거한 뒤 배출하고, 책자나 공책은 비닐 코팅된 표지, 스프링 등을 제거해서 배출해야 합니다.

　우리는 종이를 친환경 자원이라고 말하면서, 정작 자원 순환을 위한 실천에는 소홀했던 것은 아닐까요?

종이도 나무를 베어 만드는 한정된 자원이라는 점, '선순환'이 중요하다는 사실을 한 번 더 되새겨 보면서 조금 번거롭더라도 꼼꼼하게 폐지를 분리배출하면 좋겠습니다.

[24003-0037]

01 위 발표에서 확인할 수 있는 학생의 말하기 방식으로 적절하지 <u>않은</u> 것은?

① 질문을 통해 환기한 청중의 경험을 발표 내용과 연결 짓고 있다.
② 용어의 의미를 설명하여 발표 내용에 대한 청중의 이해를 돕고 있다.
③ 발표의 순서를 밝혀 청중이 발표 흐름을 파악할 수 있도록 하고 있다.
④ 발표 내용에 대한 청중의 이해 여부를 점검하는 질문을 하며 발표를 마무리하고 있다.
⑤ 발표에 활용한 자료의 출처를 제시하여 청중이 발표 내용에 대해 신뢰감을 가지게 하고 있다.

[24003-0038]

02 다음은 위 발표를 들은 학생이 메모한 것이다. ㉠~㉤ 중 적절하지 <u>않은</u> 것은?

- 전 세계적인 경기 침체로 폐지 수요가 감소함에 따라 폐지 가격이 하락하며 국내 폐지 재고가 급격히 증가하고 있음. ┄┄┄ ㉠
- 우리나라는 다른 국가와 비교하여 폐지 회수율이 매우 높을 뿐만 아니라, 재활용된 폐지의 품질이 우수함. ┄┄┄ ㉡
- 종이 팩이 일반 폐지와 섞여 배출되면 종이 팩만 골라내는 분류 작업에 따른 추가 비용이 발생함. ┄┄┄ ㉢
- 생활 쓰레기와 섞여 오염 물질이 묻은 폐지가 재활용 업체에서 처리되지 못하고 쌓이는 경우가 늘고 있음. ┄┄┄ ㉣
- 종이 팩은 반드시 일반 폐지와 분리해서 배출하고, 일반 폐지는 각종 이물질 및 종이 이외의 다른 재질을 제거한 후 배출함. ┄┄┄ ㉤

① ㉠　　　　② ㉡　　　　③ ㉢　　　　④ ㉣　　　　⑤ ㉤

[24003-0039]

03 다음은 학생들이 발표를 들으며 떠올린 생각이다. 이를 바탕으로 학생들의 듣기 활동을 이해한 내용으로 가장 적절한 것은?

> 학생 1: 발표를 들으면서 '폐지'를 대체할 새 용어로 버려지는 쓰레기가 아닌 재활용이 가능한 친환경 자원이라는 의미의 '종이 자원'이 선정되었다는 기사를 읽은 기억이 떠올랐어. '종이 자원'을 주원료로 하는 재활용 종이가 국내 종이 생산량의 80% 이상을 차지할 정도로 종이 재활용이 우리 생활 깊숙이 들어온 지금, 폐지를 올바르게 분리배출하는 구체적인 방법에 대해 알게 되어 유익했어.
>
> 학생 2: 우리 동네 주민 센터에서는 종이 팩을 모아 갖다주면 1kg당 휴지 1개로 교환해 주는 휴지 교환 사업을 진행하고 있어. 종이 팩을 씻어서 말리고 모으는 수고에 비해 보상이 적다고 생각했는데, 약간의 번거로움만 감수하면 자원의 선순환에 몸소 참여할 수 있다는 점을 깨닫게 되었어. 이외에도 폐지 분리배출에 시민들의 참여를 독려하기 위해 지자체에서 추진하는 사업이 있는지 찾아봐야겠어.
>
> 학생 3: 종이 팩도 일반 팩과 폴리에틸렌(PE) 코팅에 알루미늄 코팅까지 더한 멸균 팩을 구분해서 배출해야 한다고 알고 있는데, 이런 부분에 대한 언급이 없어 아쉬워. 또한 아직 종이 팩 전용 수거함이 설치되지 않은 동네도 많은데, 이런 경우 어떻게 종이 팩을 분리배출해야 하는 걸까? 지자체 누리집을 통해서 직접 조사해 봐야겠어.

① '학생 1'은 자신의 과거 경험을 떠올리며 발표 내용에 의문을 제기하고 있다.
② '학생 2'는 발표에 제시된 정보가 사실에 부합하는 내용인지 점검하고 있다.
③ '학생 3'은 배경지식을 바탕으로 자신이 필요하다고 생각하는 내용이 발표에서 언급되지 않았음을 지적하며 아쉬움을 드러내고 있다.
④ '학생 1'과 '학생 2'는 모두 발표에서 알게 된 내용을 통해 평소 자신이 알고 있던 바를 수정하고 있다.
⑤ '학생 1'과 '학생 3'은 모두 발표 내용과 관련하여 추가적인 활동을 할 계획을 세우고 있다.

[04~06] 다음은 학생의 연설이다. 물음에 답하시오.

여러분, 5월 22일이 무슨 날인지 아시나요? (청중의 반응을 살피며) 잘 모르시는 분들이 많은 것 같네요. 매년 5월 22일은 UN에서 지정한 '세계 생물 다양성의 날'입니다. 생물 다양성 협약이 발표된 날을 기념하고, 생물종의 다양성에 대한 이해와 보존을 위해 제정한 날이지요. 여러분, 생물 다양성 협약에 대해 들어 보신 적은 있으신가요? (청중의 대답을 듣고) 네, 생물 다양성 협약에 대해서 들어 본 적은 있으시군요. 이와 관련하여 저는 생물 다양성의 가치와 보존에 대한 관심을 촉구하고자 합니다.

생물 다양성 협약은 지구상의 생물 다양성 보호를 위해 국제적 대책을 마련하고 관련 국가 간의 권리 및 의무 관계를 규정한 국제 협약으로 1992년 유엔 환경 개발 회의(UNCED)에서 158개국 정부 대표가 서명함에 따라 채택되었습니다. 이미 수십 년 전부터 국제 사회는 생물종 보호의 중요성을 인식하여 국제적 협약을 체결하는 등의 생물종 보존 노력을 기울여 왔습니다. 그러나 이러한 노력에도 불구하고 무분별한 삼림 벌채, 과도한 밀렵과 채취, 환경 오염으로 인한 기후 변화 및 서식지 파괴 등으로 생물 다양성은 급속히 감소하고 있습니다. 지구 생명 보고서에 따르면 50년도 채 안 되는 기간에 전 세계 포유류, 조류, 양서류, 파충류 및 어류 개체군의 규모가 평균 3분의 2 정도나 감소했으며, 2020년 기준으로 전 세계 800만 생물종 중에 무려 100만 종의 생물이 멸종 위기에 처해 있다고 합니다.

[A] ┌ 여러분, 생물 다양성 보존이 중요한 이유는 무엇일까요? 생물 다양성이 감소하면 자연이 제공해 주는 에너지와 자원은 줄어들고 이상 기후, 신종 감염병 등이 발생할 위험은 커지게 됩니다. 과학자들은 인류가 금세기에 생물의 대멸종, 인류의 건강 악화, 지구의 기후 파괴 등 끔찍한 미래를 맞이할 것이라고 경고하며, 생물이 서식하는 생태계의 다양성을 복원하는 것이 인류가 당면한 위기를 해결하고 └ 인류와 지구의 향후 생존 가능성을 보장할 수 있는 길이라고 말합니다.

그렇다면 지금부터 우리는 무엇을 해야 할까요? 저는 두 가지 측면에서 이에 대한 해결 방안을 말씀드리고자 합니다. (손가락을 한 개 펼치며) 첫째, 생태계 복원을 위한 국가적 차원의 적극적인 개입과 국가 간의 협력이 이루어져야 합니다. 그동안은 자연의 재생력에 기대어 인간의 개입을 최소화하는 생태계 복원 방법에 초점을 맞추었으나, 대규모 나무 심기, 댐과 같은 기반 시설 철거 등 인간의 적극적인 개입을 통해 자연이 원래의 생태계 균형 상태를 회복할 수 있도록 해야 합니다. 또한 생물 다양성을 해치는 활동에 대한 강력한 제재 및 지속적인 모니터링을 위한 국가 간의 협력과 경제적 지원이 이루어져야 할 것입니다. (손가락을 두 개 펼치며) 둘째, 인간도 생태계의 일원이라는 인식을 바탕으로 한 개인적 차원의 노력과 실천이 이루어져야 합니다. 대중교통 이용, 에너지 절약, 자원 재활용 등 친환경적인 삶의 방식을 도입하여 환경 오염을 줄이고자 노력하거나, 친환경 인증 마크를 받은 제품과 생물 다양성 보존에 협력하는 기업의 제품을 구입하는 등 착한 소비를 함으로써 기업이나 정부에 영향을 미쳐 사회적 변화를 이끌어 낼 수 있습니다. 또한 생태계 복원에 대한 지속적인 관심을 가지고 이를 다른 사람들에게 알리고자 노력하는 것도 필요할 것입니다.

인간의 이익과 행복이 우선인가, 아니면 인간을 포함한 자연 전체의 균형과 안정이 우선인가에 관해 우리는 아직도 결정을 내리지 못하고 있습니다. (목소리를 높여) 우리는 지금 미래를 위한 아주 중요한 갈림길에 직면해 있습니다. 인간은 오랫동안 지구의 생태계를 파괴해 왔지만, 앞으로 우리가 어떤 선택을 하느냐에 따라 자연과의 관계 회복을 위한 전환점을 마련할 수 있게 될 것입니다. 여러분은 어떤 길을 선택하시겠습니까? 우리는 아직 돌이킬 수 없는 지점을 넘어서지는 않았습니다. 자연과의 조화로운 삶을 목표로 인류의 지속 가능한 삶을 위해 지금은 행동을 취해야 할 때가 아닐까요?

[24003-0040]

04 학생이 활용한 연설 전략에 대한 설명으로 적절하지 <u>않은</u> 것은?

① 용어의 의미를 설명하며 연설 내용에 대한 청중의 이해를 돕고 있다.

② 자신의 개인적 경험과 관련하여 연설 주제를 선정한 동기를 밝히고 있다.

③ 연설을 시작하면서 중심 화제와 관련된 청중의 사전 지식을 확인하고 있다.

④ 질문 형식을 활용해서 청중의 능동적인 태도를 촉구하며 연설을 마무리하고 있다.

⑤ 준언어적 표현과 비언어적 표현을 활용하여 청중이 연설에 집중할 수 있도록 하고 있다.

[24003-0041]

05 〈보기〉는 학생이 [A]의 내용을 구성할 때 활용한 자료이다. 학생의 자료 활용 전략으로 가장 적절한 것은?

● 보기 ●

[전문가 인터뷰]

"오늘날 세계는 세 가지 중대한 위기에 직면해 있습니다. 그것은 생물 다양성 손실, 기후 변화, 팬데믹(감염병 대유행)입니다. 이 세 가지 위기의 관계는 쌍방향적이며 이를 해결하기 위해서는 상호 노력이 필요합니다. 예를 들어 숲이나 습지 같은 자연 서식지는 많은 동식물에게 집을 제공하며, 지구 온난화를 유발하는 이산화 탄소를 흡수하는 기능을 하는 등 지구 생태계의 균형을 유지하는 데 중요한 역할을 합니다. 그런데 인간의 무분별한 개발로 인하여 이러한 서식지가 심각하게 훼손되면서 생물종의 다양성이 감소하고 지구 온난화와 같은 기후 변화가 가속화되고 있을 뿐만 아니라, 집을 잃은 야생 동물이 인간과 밀접하게 접촉하는 일이 빈번해지고 있습니다. 많은 전문가들이 최근 팬데믹 사태의 주요한 원인으로 야생 동물을 매개로 한 신종 바이러스의 전 세계적인 확산을 들고 있지요."

① 생물 다양성 손실이 인류가 직면한 다른 위기와 상호 관련이 있다는 내용을 바탕으로 생물 다양성의 보존과 생태계 복원의 중요성을 강조해야겠어.

② 지구 온난화가 가속화되고 있다는 내용을 바탕으로 생물 다양성 복원을 위한 그동안의 국제적인 노력이 실패한 원인을 분석하고, 생물 다양성 보존을 위한 새로운 전략을 제시해야겠어.

③ 인간의 무분별한 개발로 자연 서식지가 심각하게 훼손되고 있다는 내용을 바탕으로 환경 오염, 생태계 파괴 등으로 인한 부정적인 영향들에 대처하는 데 전 세계적으로 막대한 경제적 비용이 발생하고 있음을 부각해야겠어.

④ 이산화 탄소를 흡수하는 숲이 기능이 지구 생태계의 균형을 깨뜨리는 원인이 되었다는 내용을 바탕으로 생태계 다양성을 복원해야 하는 이유를 설명해야겠어.

⑤ 야생 동물을 매개로 한 신종 바이러스가 전 세계적으로 확산되고 있다는 내용을 바탕으로 또 다른 팬데믹 사태의 발생을 대비하여 과도한 밀렵과 야생 동물 거래에 대한 국제적 차원의 규제가 강화되어야 함을 강조해야겠어.

[24003-0042]

06 〈보기〉는 연설 후 청자와 학생이 나눈 질의응답의 일부이다. ㉮에 들어갈 청자의 질문으로 가장 적절한 것은?

● 보기 ●

청자: 연설 잘 들었습니다. 그런데 듣고 나서 궁금한 점이 생겨 질문합니다.

㉮

학생: 물론 대규모의 생태계 복원은 각 지역의 환경적 특수성을 고려하여 이루어져야 하며, 정책 시행 전에 충분한 과학적 조사 및 검토가 선행되어야 할 것입니다.

① 생태계 복원을 위해 국가적 차원에서 적극적으로 개입해야 한다고 하셨는데, 전 세계적으로 이러한 국가 주도의 대규모 복원 사업이 실제로 성공한 사례가 있나요?

② 생태계 복원에 관하여 다른 사람들에게 알리고자 하는 노력이 필요하다고 하셨는데, 구체적으로 고등학생인 우리들이 일상에서 실천할 수 있는 방법에는 어떤 것이 있을까요?

③ 그동안 인간의 개입을 최소화하는 생태계 복원이 이루어졌다고 하셨는데, 자연에 재생력이 있음에도 불구하고 인간의 적극적인 개입을 통한 복원이 필요하다고 보는 이유는 무엇인가요?

④ 국가적 차원의 복원 사업으로 대규모 나무 심기를 예로 드셨는데, 초원이나 습지처럼 애초부터 나무가 잘 자라지 않는 곳에 대규모로 나무를 심는다면 오히려 생물 다양성에 위협을 초래하지 않을까요?

⑤ 자연 생태계가 원래 상태를 회복할 수 있도록 댐과 같은 기반 시설을 철거해야 한다고 하셨는데, 현재 국내 주요 하천에 설치된 대형 댐만 1,200여 개에 달하는 상황에서 막대한 비용이 드는 댐 철거는 경제적으로 큰 손실을 초래하게 되지 않을까요?

[01~03] 다음은 강연 중 일부이다. 물음에 답하시오.

안녕하세요? '생활 속 철학 이야기' 두 번째 시간입니다. 오늘은 지난 시간보다 더 많은 학생이 강연을 듣기 위해 모여 주신 것 같아 반갑네요. (화면을 제시하며) 이번 강연의 주제는 '표현의 자유'입니다. 여러분도 누리 소통망[SNS]으로 친구들과 소통하거나 개인 방송을 시청한 적이 있을 텐데요, 이러한 인터넷 매체는 신문, TV 방송 등에 비해 개인의 생각을 좀 더 자유롭게 표현할 수 있다는 특징이 있습니다. 인터넷 소통을 통한 표현의 자유를 누리고 있는 셈인데요, 그렇다면 이러한 표현의 자유에는 제한이 없는 것일까요?

표현의 자유는 자신의 생각이나 의견을 제약받지 않고 마음대로 표현할 권리를 의미합니다. 철학자 밀은 『자유론』에서 "자유롭게 토로하고 토론할 완벽한 자유가 존재해야 한다."라고 주장했습니다. 다른 사람의 의견을 억눌러서는 안 되는 이유는, 만약 그 의견이 옳은 것으로 드러난다면 진리를 찾을 기회를 박탈하는 것이므로, 지금 세대뿐만 아니라 미래의 인류에게 강도질을 하는 것과 같다고 생각했기 때문입니다. 한편 밀은 억누르려는 의견이 설령 거짓이라고 하더라도 거기서 배울 바가 조금이라도 있다는 것을 또 다른 이유로 제시했는데요, 완전히 틀린 주장이라고 하더라도 참된 의견이 돋보이게 하는 데 도움이 된다고 보았던 것이지요. 밀의 주장이 이해되시는지요? (청중의 반응을 살피며) 네. 어렵지 않았던 것 같아 다행입니다.

공리주의자인 밀은 표현의 자유가 주는 이득을 들어 그것을 옹호했는데요, 그러나 밀은 자유가 주는 이득만을 고려했던 것은 아닙니다. 자유가 다른 사람에게 미치는 해악에 대한 경계도 분명히 밝혔는데요, 그것이 바로 해악의 원리입니다. (화면을 제시하며) 잠시 화면을 보시지요. 밀은 『자유론』에서 해악의 원리에 대해 화면과 같이 설명하였는데요, 해악의 원리란 다른 사람에게 해악을 끼치지 않는 한 사람들은 자기가 하고 싶은 대로 자유롭게 행동할 수 있어야 한다는 원리라고 보았습니다. 밀이 주장한 해악의 원리가 이해되시나요? (청중의 반응을 살피며) 네. 좀 더 쉽게 설명해 보겠습니다. 밀은 표현의 자유 역시 다른 사람에게 해악을 끼친다면 제한해야 한다고 보았는데요, 즉 표현의 자유가 일종의 권리라면 거꾸로 해악을 입지 않을 권리도 인정해야 한다는 것입니다.

밀의 해악의 원리에서 또 하나 중요한 부분은 "문명의 일원에게 그의 의사에 반해서 권력을 행사해도 되는 유일한 근거는 누군가에게 끼치는 해악을 막는 데 있다."라고 밝힌 내용입니다. 밀은 압도적인 여론과 다른 생각을 하는 사람이라도, 다른 사람에게 해악을 끼치지 않는다면 그의 생각을 강제로 바꾸게 해서는 안 된다고 주장한 것인데요, 밀이 그렇게 생각한 이유는 인간 특유의 판단 능력이나 도덕 능력은 개별성이 있어야 가능한데 획일성만이 존재하는 사회에서는 그런 능력을 기를 수 없기 때문입니다.

인터넷 매체에서 역시 다른 사람에게 해악을 끼치지 않는 범위 내에서 표현의 자유가 보장된다고 할 수 있습니다. 그러나 표현의 자유를 자유롭게 누릴 수 있는 만큼 다른 사람에게 해악을 끼칠 가능성은 없는지 살펴볼 필요가 있습니다. 문제는 '어떤 것을 해악으로 판단하느냐'라고 할 수 있겠지요. 물론 상대방을 위협하는 댓글은 확실하게 다른 사람에게 해악을 끼친 것이라고 할 수 있겠지만, 이처럼 쉽게 판단하기 어려운 경우도 많습니다. 어느 정도가 해악인지에 대해서는 현재까지 논란이 있지만, 인터넷 매체를 활용할 경우 사람들과 직접 대면하여 소통하는 것이 아니기 때문에 타인에 대한 배려가 약해질 가능성이 있어 해악의 원리에 대해 더 깊이 고려할 필요가 있습니다. 표현의 자유에 대해 이해가 되셨는지요? (청중의 반응을 살피며) 그럼 이제부터 강연 내용에 대해 여러분은 어떻게 생각하셨는지 들어 보겠습니다.

01 [24003-0043]

위 강연에서 확인할 수 있는 말하기 방식으로 적절하지 않은 것은?

① 시각 자료를 활용하여 강연 내용에 대한 정보를 제공하고 있다.
② 강연 내용과 관련된 청중의 경험을 언급하며 주의를 환기하고 있다.
③ 강연의 주제로 다루는 용어의 의미를 설명하여 청중의 이해를 돕고 있다.
④ 청중의 반응을 살피면서 청중이 강연 내용을 이해하고 있는지를 점검하고 있다.
⑤ 강연 내용의 순서를 제시하여 청중이 강연 내용을 예측하며 들을 수 있도록 하고 있다.

02 [24003-0044]

다음은 위 강연의 계획안이다. ㉠~㉤ 중 강연에 반영되지 않은 것은?

강연 주제: 표현의 자유

강연 단계 및 강연 내용
〈도입〉 인터넷 매체에서의 표현의 자유를 언급하여 표현의 자유라는 주제가 현대 사회와 관련된 주제임을 드러내야겠어. ━━ ㉠
〈전개〉 • 강연에서 다루고자 하는 주제와 관련하여 밀이 『자유론』에서 밝힌 내용을 인용해야겠어. ━━ ㉡
• 밀이 표현의 자유를 옹호하는 이유를 제시하여 표현의 자유가 지닌 가치를 짐작할 수 있도록 해야겠어. ━━ ㉢
• 밀이 주장한 해악의 원리를 제시하여 표현의 자유가 제한되는 경우가 있음을 밝혀야겠어. ━━ ㉣
〈마무리〉 나의 구체적인 경험을 사례로 들어 해악의 원리에 대해 더 깊이 고려해 볼 것을 당부해야겠어. ━━ ㉤

① ㉠   ② ㉡   ③ ㉢   ④ ㉣   ⑤ ㉤

[24003-0045]

03 다음은 위 강연을 들은 후 학생들이 보인 반응이다. 이를 바탕으로 학생들의 듣기 활동을 이해한 내용으로 가장 적절한 것은?

학생 1: 강연에서 말씀하신 것처럼, 인터넷 매체에서는 표현의 자유와 관련하여 해악의 원리에 대해 더 깊이 고려할 필요가 있다는 생각이 들었습니다. 제 경험을 떠올려 봐도, 상대방에게 직접 말하는 것이 아니라는 이유로 별다른 고민 없이 댓글을 쉽게 쓰는 것 같더라고요.

학생 2: 해악의 원리는 현재에도 여전히 유효하다는 생각이 듭니다. 밀이 『자유론』에서 해악의 원리를 주장했을 당시에도 사람들의 공감을 얻었는지요?

학생 3: 지난 학급 회의 때를 떠올려 봐도, 다수의 의견과 다르다는 이유로 개인의 주장이 소홀하게 여겨지는 경우가 많이 있었던 것 같아요. 밀이 표현의 자유를 존중해야 한다고 주장했던 이유를 떠올리면서 앞으로 소수의 의견도 존중해야겠다고 다짐했습니다.

---

① '학생 1'은 해악의 원리가 특정 상황에 적용되지 않을 수 있음을 언급하며 그 한계를 제시하였다.

② '학생 2'는 현대 사회에서 해악의 원리가 긍정적 평가를 받고 있는지에 대한 의문을 제기하였다.

③ '학생 3'은 강연 내용과 관련하여 다수의 의견이 존중받아야 하는 이유에 대해 공감하였다.

④ '학생 1'과 '학생 3'은 모두 강연 내용과 관련된 자신의 경험을 떠올렸다.

⑤ '학생 2'와 '학생 3'은 모두 해악의 원리가 지닌 부정적 측면을 점검하였다.

[04~06] 다음은 학생 간의 대화이다. 물음에 답하시오.

학생 1: 우리 봉사 활동 프로젝트 계획서를 준비해야 할 것 같은데, 어떻게 하면 좋을까? 처음 해 보는 활동이라 그런지 걱정이 좀 되네. 난 처음 해 보는 일에는 늘 자신이 없더라고.

학생 2: 나도 그랬어. ㉠하지만 우리 셋이 아이디어를 모아서 서로 도와주다 보면, 봉사 활동 준비도 잘할 수 있지 않을까? 걱정하지 않아도 될 것 같아. 우리가 정한 주제로 직접 계획을 세워 봉사 활동을 할 수 있으니 재밌을 것 같고.

학생 3: 응. ㉡그럼 어떤 주제로 봉사 활동을 하면 좋을까?

학생 1: 음…… ㉢친구들이 공감하고 함께할 수 있는 주제를 정해서 캠페인 활동을 해 보면 어떨까? 여러 사람이 함께 참여해야만 효과가 나타나는 활동을 찾아보고, 그 필요성과 효과를 알려서 동참을 이끌어 내는 거야.

학생 3: 그래. 캠페인 활동 좋다. 참여가 필요한 활동이라면 탄소 중립 실천 방안에 대한 캠페인 활동을 해 보면 어떨까? 환경 문제야말로 모두의 동참이 필요한 활동인 것 같은데.

학생 2: ㉣탄소 중립 실천 캠페인? 난 좋아. 환경 문제에 관심이 있었거든.

학생 1: ㉤어떻게 그런 생각을 했어? 정말 좋은데. 요즘 뉴스나 신문 기사에도 탄소 중립에 관한 이야기가 나오고 있지만, 탄소 중립을 왜 실천해야 하는지, 탄소 중립을 실천하기 위해서 학생들은 어떻게 노력해야 하는지에 대해서는 잘 모르겠더라고. 그동안 막연하게 알고 있던 탄소 중립에 대해 이번 기회에 공부해 보고 친구들에게 알려 줄 수 있으면 좋겠다는 생각이 드네.

학생 3: 좋아. 그럼 우리 탄소 중립의 필요성과 실천 방안을 주제로 계획서를 준비해 보자.

학생 1: 그래. 먼저 탄소 중립이 무엇을 의미하는지를 알아봐야 할 것 같아. 여기 인터넷 자료를 살펴보니까 탄소 중립은 대기 중 온실가스 농도가 인간 활동에 의해 더 증가되지 않도록 순배출량이 0이 되도록 하는 것을 의미하네. ⎤ [A]

학생 2: 그렇구나. 인간 활동에 의한 온실가스 배출량이 흡수량과 균형을 이뤄 순배출량이 0이 되게 하는 걸 말하는구나. ⎦

학생 1: 응. 그리고 자료를 찾아보니까, 국제 사회가 지구 온난화로 인한 기후 변화 문제의 심각성을 인식하고 이를 해결하기 위해 파리 협정을 맺게 되었다고 나오네. 우리나라도 파리 협정에 동참하게 되었고 말이야. ⎤ [B]

학생 3: 아. 파리 협정이란 것이 있었구나. 나도 찾아보니까, 파리 협정의 목표는 지구의 평균 기온이 산업화 이전 대비 2℃ 이상 상승하지 않도록 하고 평균 기온 상승을 1.5℃로 제한하기 위해 노력하는 것인데, 이를 위해서는 2050년까지 탄소 중립 사회로의 전환이 필요하다고 나오네. ⎦

학생 2: 그렇구나. 결국 탄소 중립이 필요한 이유는 지구의 기온 상승을 억제하고 환경을 지키기 위해서라고 할 수 있겠어. 그럼 탄소 중립을 생활 속에서 실천하기 위해서는 어떤 방법이 있을까? 다양한 방법을 찾아 공유하고 실천을 유도해야 탄소 중립이 가능해지고, 지구 온난화를 막을 수 있을 것 같은데. ⎤ [C]

학생 1: 맞아. 탄소 중립을 위해서는 에너지 주공급원을 화석 연료에서 신재생 에너지로 적극적으로 전환하는 국가 및 기업 차원에서의 노력도 필요하겠지만, 생활 속 실천도 중요할 것 같아. 예를 들면, 음식물 쓰레기와 일회용품을 줄이고 분리배출을 철저히 하는 것처럼 말이야.

학생 3: 그래. 생활 속 습관을 바꾸는 작은 실천이 모여 큰 변화를 만들어 낼 수 있을 것 같아. 요즘에는 저탄소 제품이 판매되고 있다고 하던데, 이런 제품을 구매하는 것도 좋을 것 같네. 저탄소 제품에는 저탄소 제품 인증 마크가 붙어 있더라고.

학생 1: 좋은 생각이다. 그럼 우리 생활 속 탄소 중립 실천 방안에 대해 좀 더 조사해 본 후에 다음 모임에 다시 만나면 어떨까?

학생 2: 그래. 다음 모임에서 실천 방안을 공유해 보고 캠페인 활동에 활용할 자료를 같이 만들어 보자.

학생 3: 응. 좋아. 그럼 내가 오늘 나눈 이야기를 정리해서 보내 줄게.

[24003-0046]

04 **⊙~⊙의 말하기 방식에 대한 이해로 적절하지 않은 것은?**

① ⊙: 질문의 방식으로 상대방의 염려에 대한 자신의 의견을 드러내고 있다.

② ⊙: 함께 논의해야 할 화제에 대한 상대방의 의견을 묻고 있다.

③ ⊙: 논의해야 할 화제에 대해 자신의 의견을 제안하고 있다.

④ ⊙: 상대방의 의견 중에 이해가 되지 않은 내용에 대한 추가 설명을 듣기 위해 되묻고 있다.

⑤ ⊙: 질문의 방식으로 상대방이 좋은 의견을 제안했음을 강조하고 있다.

[24003-0047]

05 **[A]~[C]에 대해 분석한 내용으로 가장 적절한 것은?**

① [A]의 '학생 1'과 [B]의 '학생 1'은 모두 자신이 찾은 자료를 활용하여 새로운 정보를 제시하고 있다.

② [A]의 '학생 2'와 [C]의 '학생 1'은 모두 구체적인 예를 들어 다른 학생의 의견을 보완하고 있다.

③ [A]의 '학생 1'은 [B]의 '학생 3'과 달리 통계 자료를 활용하여 제안한 내용의 신뢰성을 높이고 있다.

④ [A]의 '학생 1'은 [C]의 '학생 2'와 달리 자신이 직접 경험한 사례를 들어 의견을 제안하고 있다.

⑤ [B]의 '학생 3'은 [C]의 '학생 3'과 달리 다른 학생이 제안한 의견의 한계를 지적하며 대안을 제시하고 있다.

[24003-0048]

06 〈보기〉는 '학생 3'이 대화 내용을 정리하여 작성한 메모이다. 대화 내용을 바탕으로 할 때, 〈보기〉의 ⓐ~ⓔ 중 적절한 것만을 있는 대로 고른 것은?

● 보기 ●

[이번 모임에서 조사한 내용]

1. 탄소 중립의 개념
  – 온실가스의 순배출량이 0보다 적게 되는 것 ……………………………………………………………………… ⓐ

2. 파리 협정의 목표
  – 지구의 평균 기온이 산업화 이전 대비 2℃ 이상 상승하지 않도록 하고 평균 기온 상승을
    1.5℃로 제한하기 위해 노력하는 것 ……………………………………………………………………………… ⓑ

3. 생활 속 탄소 중립 실천 방안
  – 음식물 쓰레기와 일회용품을 줄이고 분리배출 철저히 하기 ……………………………………………………… ⓒ
  – 저탄소 제품 구매하기 ……………………………………………………………………………………………… ⓓ

[다음 모임까지 준비할 사항]
  – 생활 속 탄소 중립 방안을 직접 실천해 본 후에 경험 정리해 오기 …………………………………………… ⓔ

① ⓐ, ⓑ 　　　　　② ⓑ, ⓒ 　　　　　③ ⓐ, ⓒ, ⓔ

④ ⓐ, ⓓ, ⓔ 　　　　⑤ ⓑ, ⓒ, ⓓ

[01~03] 다음은 선생님과 공방 대표 간 협상의 일부이다. 물음에 답하시오.

　　○○ 고등학교 수묵화 동아리 부원들은 축제에서 자신들의 작품을 도안으로 한 기념품을 부스 손님들에게 주려는 계획을 세웠다. 부원들은 한 공방의 접부채를 기념품으로 정하였는데, 공방과 연락해 보니 부채 단가를 포함한 여러 조건에 대해 입장 차이가 컸다. 계속 합의에 이르지 못하자 담당 교사가 해당 업체를 방문하였다.

선생님: 안녕하세요. 저는 ○○ 고등학교 교사입니다. 이렇게 시간을 내 주셔서 감사합니다. 오늘 말씀을 토대로 학교 축제 전날까지 저희 학생들만의 멋진 접부채가 만들어지기를 기대하고 있습니다.

공방 대표: 요즘 사정이 어렵던 차에 주문이 들어와서 반가운 마음이었습니다. 오늘 자리를 통해서 저희 공방의 부채가 학생들을 비롯해 여러 사람들에게 홍보도 되면 좋겠습니다.

선생님: 알겠습니다. 먼저 저희는 한정된 예산으로 움직일 수밖에 없다는 점을 말씀드리고 싶습니다. 계약 규모가 크지 못한 점은 양해를 부탁드립니다.

공방 대표: 일단 말씀 먼저 들어 보겠습니다.

선생님: 저희는 미리 보내 드렸던 네 가지 도안으로 각각 25개씩 100개의 부채를 단가 1만 5천 원에 맞추고 싶습니다. 예산을 증액하기까지 했어요.

공방 대표: 단가를 더 올려서 생각해 주셨네요. 그런데 요즘 저희의 상황을 고려하면 말씀하신 대로 맞춰 드리기는 힘들 것 같습니다. 다른 접부채로 종류를 바꾸시거나 수량을 더 늘려 주시면 저희도 수지가 맞을 것 같습니다.

선생님: 이미 부원들끼리 논의를 마친 사항이라 종류를 바꾸기는 힘듭니다. 대신 각 도안별 주문 수량을 5개씩 늘릴 테니, 단가를 지금 말씀드린 금액보다 1천 원만 낮추어 주십시오.

공방 대표: 20개를 더 주문하시는 거군요. 그것만으로는 1천 원이나 단가를 낮춰 드리기가 힘듭니다. 총 주문 개수를 50개는 더 늘려 주셔야 단가를 낮춰 드릴 수 있습니다.

선생님: 저희의 예산을 보니 총 40개, 도안별로 10개씩 늘리는 것까지는 가능합니다.

공방 대표: 흠, 그 정도라면 단가를 1만 4천 원에 맞추는 것이 가능할 것 같습니다.

선생님: 좋습니다. ㉠부스에 손님이 얼마나 올지 모르니 넉넉히 두면 좋고, 남으면 내년에 써도 되겠어요. 그런데 바라신 대로 저희가 수량을 더하는 대신 접부채의 모서리에 저희 동아리명을 작게 넣는 것은 무료로 해 주실 수 있나요?

공방 대표: 해 드리겠습니다. 다만 그와 관련하여 요청 사항이 있습니다. 저희 업체명을 동아리명 다음에 작게 넣어도 될까요?　　[A]

선생님: 동아리 부원들끼리 만든 결과물을 기념품화하는 것이라서요. 그건 힘들 것 같습니다.

공방 대표: 그러면 접부채에 동아리명을 무료로 넣고 종이 상자로 된 부채 보관함에 동아리 이름과 업체명을 함께 넣는 건 어떨까요?

선생님: 상품 안내서를 보니 부채 보관함은 별도 판매하는 상품이던데요?

공방 대표: 원래 부채 보관함은 하나당 1천5백 원에 판매하는데, 업체명을 넣는 것이 가능하다면 단가를 조

정할 수 있습니다.

선생님: 이미 부채 수량을 늘려 놓은 상황에서 보관함 하나에 1천5백 원씩을 또 지불하면 예산을 초과합니다. 하나당 가격을 5백 원 정도까지 낮추어 주셔야 합니다.

공방 대표: 갑작스러운 부탁을 들어주셨으니 저희도 보답해야지요. 부채 보관함을 하나당 7백 원에 드리겠습니다. 근래에 이보다 싸게 판매한 적이 없습니다.

선생님: 좋습니다. ⓛ 부스에 찾아온 손님들에게 부채가 기념품으로 나가는 것이니, 드리는 입장에서 부채 보관함이 있으면 기념품으로서 더 깔끔해 보이는 점이 좋네요.

공방 대표: 감사합니다. 요즘 주문이 예전만큼 들어오지 않아 걱정이었거든요. 납품도 하고 여러 사람들에게 저희가 만든 부채가 알려지면 좋겠습니다.

선생님: 번창하시기를 바랍니다.

공방 대표: 감사합니다.

[24003-0049]

01 위 협상의 흐름을 고려할 때 ⓤ과 ⓛ의 공통점으로 가장 적절한 것은?

① '선생님'이 자신의 제안으로 '공방 대표'가 떠올릴 수 있는 의문에 선제적으로 대답하는 발화이다.

② '선생님'이 '공방 대표'의 제안에서 예상 가능한 문제점을 지적하며 앞서 수용했던 바를 번복하는 발화이다.

③ '선생님'이 '공방 대표'의 제안 내용 중 자신이 파악하지 못한 것을 언급하여 추가로 설명을 요청하는 발화이다.

④ '선생님'이 '공방 대표'의 요구를 수용한 결과가 자신에게 어떠한 효용을 미칠 수 있을지를 덧붙이는 발화이다.

⑤ '선생님'이 자신의 제안을 따랐을 때의 기대 효과를 제시하여 '공방 대표'가 제안을 수용하도록 설득하는 발화이다.

[24003-0050]

02 **[A]에서 양측이 공통적으로 사용한 협상 전략으로 가장 적절한 것은?**

① 제안을 수용하는 일이 상대의 능력으로 실현 가능하다는 점을 언급해야 한다.

② 제안이 거절당할 경우 차선책을 대안으로 제시하여 협상을 이어 가도록 해야 한다.

③ 제안에 대한 수용 여부를 드러내기 전에, 필요한 조건이 무엇인지를 드러내야 한다.

④ 상대의 요구를 거절하기 전에 현재 자신의 상황을 상대에게 다시금 환기해야 한다.

⑤ 상대의 요구를 수용하려는 의사를 밝힌 다음 자신의 요청 사항을 상대에게 제시해야 한다.

[24003-0051]

03 **〈보기〉의 ⓐ, ⓑ를 고려하여 위 협상을 이해한 내용으로 적절하지 않은 것은?**

> ● 보 기 ●
>
> 협상에 임하는 참여자들은 ⓐ구체적인 제안이나 대안을 자신의 관점에서 검토한 후 양보를 통해 서로의 입장을 좁히고, ⓑ기본 입장을 토대로 대안들을 재구성하면서 합의에 이른다.

① ⓐ: '선생님'은 예산을 고려하여, '공방 대표'가 처음 요구한 만큼 접부채 주문 수량을 늘리지는 못했다.

② ⓐ: '선생님'은 납품 시기를 고려하여, '공방 대표'가 접부채의 종류를 바꾸라고 제안한 것을 거절했다.

③ ⓐ: '공방 대표'는 공방 상황을 고려하여, '선생님'이 처음 제시한 단가와 수량으로는 계약이 어려움을 표명했다.

④ ⓑ: '공방 대표'는 자신의 공방을 홍보하기 위해 부채 보관함의 단가를 낮추는 것을 제안했다.

⑤ ⓑ: '선생님'은 부채가 동아리의 기념품이지만 제작 비용을 줄이고자 업체명을 보관함에 표시하는 데에 동의했다.

[04~06] (가)는 선생님과 학생이 나눈 대화이고, (나)는 (가)의 대화 이후 학생들끼리 나눈 대화이다. 물음에 답하시오.

가

학생 1: 선생님, 안녕하세요. 교무실에는 어떤 일로 부르셨어요?

선생님: 응, 수현이 왔구나. 이번 체육 대회에 앞서 부탁할 것이 있어서 불렀어.

학생 1: 네. 저희 학생회 체육부에서도 체육 대회를 준비하기 위한 모임을 할 예정이었어요.

선생님: 그렇구나. 그런데 왜 이렇게 목소리가 처졌어?

학생 1: ㉠ ○○ 체육 센터에서 이번 체육 대회를 개최하는 것이 사실인가요? 그곳은 학교 운동장보다 좁을 것 같아서 종목 선정에 제약이 클 듯싶어요.

선생님: ○○ 체육 센터가 새로 지어진 곳이라 아직 잘 모르는구나. 우리 학교에서 대관한 그곳의 다목적 체육관은 운동장만큼이나 넓어서 걱정하지 않아도 돼. 다만 부탁이 있어. 체육 대회를 준비하면서 올해에는 ㉡ 가능한 많은 학생이 체육 대회에 참여하는 것과 ㉢ 안전하게 체육 대회를 진행하는 것에 신경을 써 주면 좋겠어.

학생 1: 네. 저희끼리 먼저 이야기 나누어 보고 의견을 정리해서 말씀드릴게요.

나

학생 1: 체육 대회를 준비하기 위해 정할 것이 있어서 모이자고 했어. 먼저 이번 체육 대회 장소인 ○○ 체육 센터 내 다목적 체육관이 학교 운동장보다 좁다고 너희도 걱정했었잖아? 선생님 말씀을 들으니 거기가 학교 운동장만큼 넓다고 해.

학생 2: 정말 다행이다. 좁아서 달리기 같은 종목을 할 수 없을까 봐 걱정했었는데……. 그리고 실내 체육관이면 올해는 더 신나게 운동할 수 있도록 배경 음악을 틀어 놓을 수 있겠지?

학생 3: 작년 체육 대회 장소는 학교 운동장이어서 근처 주민들에게 폐를 끼칠까 봐 배경 음악을 틀 수 없어서 아쉬웠어. 특히 단체 줄넘기는 박자를 맞추려면 배경 음악이 있는 게 좋거든. 잘됐다.

학생 1: 맞아. 그럼 이제 체육 대회 종목에 대해 얘기할까? 작년엔 줄다리기, 단체 줄넘기, 피구, 계주, 이인삼각 달리기를 했어. 올해는 체육 대회에 더 많은 학생이 안전하게 참여할 수 있도록 하자. 선생님께서도 특별히 당부하셨어.

학생 3: 그럼 이인삼각 달리기를 뺄까?

학생 2: 왜?

학생 3: 작년에 이인삼각 달리기를 하다가 한 학생이 넘어져서 다치는 일이 있었어. 두 학생이 나란히 서서 맞닿은 다리를 묶고 달리는 종목이다 보니, 걸음이 엉켜서 넘어질 때 잘못하면 발목을 크게 접질리게 되더라고.

학생 2: 그랬었지. 난 작년에 이인삼각 달리기에 나가고 싶었는데 뽑히지 못해서 아쉬웠던 기억이 나. 이인삼각 달리기는 한 반에서 여러 조를 만들더라도 스무 명 내외의 반 전체 학생 중 절반 정도만 선수로 참여할 수 있어.

[A]

학생 1: 이인삼각 달리기는 빼는 게 좋겠다. 그럼 이인삼각 달리기를 대체할 다른 종목이 있을까?

학생 2: 꼬리잡기는 어때?

학생 3: 보통 꼬리잡기는 10명 미만을 한 단위로 진행하는 종목이잖아? 그건 작년에 했던 이인삼각 달리기랑 비교했을 때 더 많은 학생이 참여할 수 있는 종목이 아닌 것 같아. 반 전체 학생이 일렬로 서로 허리 잡고 꼬리잡기를 하는 건 진행에 어려움이 있을 것이고 말이야.

학생 2: 내가 최근에 알게 된 종목이 하나 있어. '여럿이 한마음'이라는 이름의 달리기 종목인데 네댓 명이 한 단위를 이루는 게임이야. 수현아, 가까이 와 볼래? 지금 이렇게 서로 팔뚝을 붙이면서 나란히 선 다음 두 손으로 원통형의 스펀지 막대를 다 함께 쥐고 반환점을 도는 방식이었어. [B]

학생 1: 재밌겠는데? 동작도 곁들여 보니 더 잘 알겠어. 다섯 조 정도가 이어 달린다면 학급의 전 학생이 참여할 수 있겠는걸?

학생 3: 그리고 이인삼각 달리기를 할 때는 하체를 서로 강하게 엮어야만 했는데, 여럿이 한마음은 학생들끼리 서로 상체가 느슨하게 엮이게 되는 운동이라 부상의 위험도 훨씬 적겠어.

학생 1: 좋아. 그럼 이인삼각 달리기 대신 여럿이 한마음 달리기를 넣는 걸로 하자.

[24003-0052]

04 (가), (나)에 대한 이해로 적절한 것은?

① (나)와 달리 (가)는 대부분 격식체로 이루어진 공적 대화로 볼 수 있다.

② (나)와 달리 (가)는 자신의 감정을 진솔하게 드러내어 외적 갈등을 완화하려 하고 있다.

③ (가)와 달리 (나)는 비언어적 표현을 통해 대화 내용을 보강하여 상대방의 이해를 돕고 있다.

④ (가)와 (나)는 모두 공신력 있는 자료로 화제에 대한 상대방의 태도를 변화시키려 하고 있다.

⑤ (가)와 (나)는 모두 효율적으로 의사소통하기 위해 묻는 쪽과 대답하는 쪽을 명확히 구분하고 있다.

05 [24003-0053]

(가)의 ㉠~㉢과 관련하여 (나)의 [A]를 이해한 것으로 적절하지 <u>않은</u> 것은?

① '학생 1'은 체육 대회의 종목을 정하기에 앞서 ㉡, ㉢을 기준으로 제시하고 있다.

② '학생 2'는 ㉠을 고려하여 학생들이 체육 대회에 보다 즐겁게 참여할 수 있는 방안을 제안하고 있다.

③ '학생 2'는 자신의 경험과 관련하여, 특정 종목이 ㉡의 기준에 부합하지 않음을 드러내고 있다.

④ '학생 3'은 ㉠이 체육 대회에서 특정 종목을 진행할 수 있을지 여부를 결정하는 데에 필수적 조건이 됨을 언급하고 있다.

⑤ '학생 3'은 특정 종목을 체육 대회에서 제외할 것을 제안하며 그 종목의 진행 방식이 ㉢에 이긋날 수 있음을 이유로 들고 있다.

06 [24003-0054]

[B]에 나타난 참여자들의 발화에 대한 이해로 적절한 것은?

① '학생 1'은 '학생 2'와 '학생 3'이 제시한 의견을 절충하여 새로운 대안을 도출하고 있다.

② '학생 1'은 '학생 2'의 제안이 실제로 적용될 때의 변수를 고려하여 적절성에 의문을 표하고 있다.

③ '학생 2'는 '학생 1'의 제안을 수용하기 전에 제안의 실현 가능성을 고려하고 있다.

④ '학생 3'은 '학생 1'이 제시한 의견에 반박하기 위해 자신의 배경지식을 활용하고 있다.

⑤ '학생 3'은 '학생 2'가 제안한 대안이 적절한지를 자신의 기존 경험과 비교하여 따지고 있다.

[01~03] 다음은 면접의 일부이다. 물음에 답하시오.

지원자: 안녕하십니까? 지원자 김△△입니다.

면접관: 안녕하세요? 청소년 참여 위원회에 지원해 주셔서 감사합니다. 찾아오는 길은 어렵지 않았나요?

지원자: 네, 큰길에서부터 안내가 잘 되어 있어 쉽게 찾아올 수 있었습니다.

면접관: 다행이네요. 그럼 질문을 시작하겠습니다. 청소년 참여 위원으로 지원한 계기가 무엇인가요?

지원자: 저는 작년 초에 ○○시로 전학을 왔습니다. 그때 제가 새로운 학교생활과 주변 환경에 잘 적응할 수 있도록 많은 도움을 준 친구가 있었는데, 그 친구가 기존에 청소년 참여 위원으로 활동을 한 적이 있어서 친구의 조언에 따라 청소년 참여 위원으로 지원하게 되었습니다.

면접관: 그렇군요. 그러면 조언해 준 친구가 청소년 참여 위원회 활동에 대해서도 알려 주었나요?

지원자: ㉠ 네, 친구가 청소년 참여 위원회는 청소년의 권익을 위해 활동하는 단체라고 알려 주었습니다. 그래서 구체적인 활동 내용을 더 조사해 보았는데, 청소년 참여 위원회는 지역 청소년을 위한 정책과 사업을 제안하고 사업들이 목적대로 잘 이루어지고 있는지를 모니터링하기도 하며, 다양한 교류 활동을 통해 지역 구성원 및 다른 지역 청소년들과 소통해 온 단체라는 점을 알게 되었습니다.

면접관: 따로 조사까지 해 보았다니 대단하네요. 그러면 기존 청소년 참여 위원회의 정책 제안 활동 중에서 그 성과로 특별히 기억에 남는 것이 있다면 무엇인가요?

지원자: ㉡ (당황하며) 앗, 죄송합니다. 저는 청소년 참여 위원회에서 기존에 어떤 정책들을 제안했는지는 조사하였지만, 단체에서 제안한 정책의 구체적인 성과까지 모두 조사하지는 못했습니다. 그래서 그 부분에 대해서는 잘 모르겠습니다.

면접관: 괜찮습니다. 많이 긴장한 것 같은데 편안한 마음으로 아는 내용에 대해서만 답변하시면 됩니다. 그러면 질문을 다른 것으로 바꿔서, 지역 청소년들을 위해 지원자가 정책을 제안하여 해결하고 싶은 문제가 있나요? 이 질문은 긴장을 좀 내려놓고 답변할 수 있을 것 같은데요.

지원자: 네, ㉢ 저는 우리 지역 청소년의 정서적 안정을 위한 또래 상담 활성화 정책을 제안하고 싶습니다. 예전에 제가 친구 관계로 힘든 시간을 보내고 있을 때 또래 상담으로 많은 위안을 얻은 적이 있습니다. 이후 ○○시로 전학을 와 보니 그때의 저와 비슷한 문제를 겪고 있는 친구들이 많이 있었습니다. 청소년 센터에서 전문적인 상담 프로그램이 운영되고 있기는 하지만 청소년들이 서로의 고민을 진솔하게 털어놓기 위해서는 또래 상담 프로그램이 꼭 필요하다고 생각합니다. 따라서 또래 상담 프로그램을 편성하고 관련 활동을 지원하는 정책을 제안하고 싶습니다.

면접관: 좋은 정책이네요. 그러면 지원자가 제안한 또래 상담 활성화 정책이 채택되었다고 가정할 때, 이 정책이 현실에서 성공적으로 이루어지기 위해서는 어떤 부분이 뒷받침되어야 한다고 생각하나요?

지원자: ㉣ 저는 청소년의 자기 주도적인 참여가 뒷받침되어야 한다고 생각합니다. 또래 상담 센터의 운영과 프로그램의 원활한 진행을 위해서는 기본적으로 또래 상담 요원의 확보가 중요하기 때문입니다. 이를 위해서는 많은 청소년이 또래 상담에 관심을 가지고 상담 요원으로 지원해야 합니다. 그리고 또래 상담 프로그램도 청소년이 주도적으로 계획해야 실질적인 효과를 얻을 수 있다고 생각합니다. 따라서 현실에서 또래 상담이 성공적으로 활성화되기 위해서는 프로그램 계획 단계에서부터 많은 청소

년이 자기 주도적으로 참여할 수 있어야 합니다.

면접관: 좋습니다. 다음 질문입니다. 지원자는 앞서 청소년 참여 위원회가 청소년의 권익을 위해 활동하는 단체라고 응답했는데, 현재 우리 지역의 청소년 권익 수준이 어느 정도라고 생각하나요?

지원자: 저는 우리 지역의 청소년 권익 수준이 아직은 낮은 편이라고 생각합니다. 청소년의 권익 보호를 위한 여러 단체가 조직되어 운영되고 있기는 하지만 아직 청소년을 위한 정책이나 제도가 제대로 갖추어지지는 못했기 때문입니다. ⑩작년까지 인근 □□시에서는 15개, ◇◇시에서는 12개의 청소년 관련 조례가 제정된 것과 비교했을 때, 우리 시는 청소년 관련 조례가 6개로 매우 적은 편입니다. 이는 우리 지역 지자체에서 그동안 청소년 정책을 세세히 다루지 못했다는 것을 보여 줍니다.

면접관: 지원자는 우리 지역 청소년의 권익 수준이 낮은 편이라고 알고 있군요. 그렇다면 이러한 문제가 해결되려면 어떤 것이 필요할까요?

지원자: 청소년 권익 수준을 높이기 위해서는 청소년들이 주인 의식을 가지고 자신의 권익을 지키기 위해 나서야 합니다. 저는 청소년 참여 위원이 청소년들이 목소리를 낼 수 있도록 그들을 일깨우는 역할을 해야 한다고 봅니다. 이를 위해 누리 소통망[SNS]을 활용하여 지역 청소년들과 소통하기 위한 창구를 만들어 청소년 권익에 대해 알리는 캠페인을 벌이고 싶습니다. 다음으로, 저 [A] 는 청소년들의 의견을 수렴하여 지자체에 적극적으로 목소리를 내고 싶습니다. 이를 위해 다른 위원들과 함께 우리 지역에 필요한 것들을 조사하여 지자체에 관련 조례를 제정해 줄 것을 적극적으로 요청할 계획입니다.

[24003-0055]

01 **㉠~⑩에 나타난 지원자의 말하기 방식에 대한 설명으로 적절하지 않은 것은?**

① ㉠: 친구에게 들어서 알고 있는 내용 외에 추가로 알게 된 내용을 덧붙였다.

② ㉡: 자신이 조사하지 않은 내용임을 밝히며 잘 모른다는 점을 솔직하게 인정하였다.

③ ㉢: 자신이 경험한 내용을 바탕으로 제안하고자 하는 정책의 필요성을 뒷받침하였다.

④ ㉣: 실제 있었던 사건을 사례로 제시하여 자신이 제시한 방안의 타당성을 강조하였다.

⑤ ⑩: ○○시의 상황을 다른 지역과 비교한 결과를 활용하여 문제에 대한 자신의 생각을 밝혔다.

[24003-0056]

02 다음은 면접의 바탕이 된 모집 공고문의 일부이다. 위 면접을 바탕으로 할 때 ㉮~㉰와 관련지어 면접관의 질문 전략을 파악한 내용으로 적절하지 <u>않은</u> 것은?

○○시 청소년 참여 위원 모집 공고문

○○시 청소년 센터에서 청소년 참여 위원회 위원을 모집합니다. 청소년 정책과 권익 증진에 관심이 있는 학생들의 많은 지원 바랍니다.

• 모집 대상: ○○시 지역 내 고등학생
• 지원 요건
  1. 기존 청소년 참여 위원회의 활동에 관심이 있었던 학생 ·················· ㉮
  2. 청소년과 관련한 정책을 제안하는 과정에 참여하고자 하는 학생 ·········· ㉯
  3. 청소년의 권익 증진에 대한 의식이 투철한 학생 ··················· ㉰

---

① 지원 동기를 물어본 뒤, 지원자의 답변과 연결 지어 위원회의 활동에 대해 알고 있는지를 추가로 질문함으로써 ㉮를 확인하고자 하였다.

② ㉮와 관련해 질문을 던진 뒤, 이 질문에 당황한 지원자가 긴장을 풀고 답변할 수 있도록 질문을 다른 내용으로 바꾸어 ㉯를 확인하고자 하였다.

③ 제안하고 싶은 정책과 관련하여 지원자가 이전 답변에서 제안한 정책에 대해 추가로 설명할 수 있도록 가정의 방식으로 질문하여 ㉯를 확인하고자 하였다.

④ 위원회의 활동 목적과 관련하여 지원자가 앞서 응답했던 내용을 다시 언급하며 지역 청소년의 권익 수준에 대해 질문함으로써 ㉰를 확인하고자 하였다.

⑤ ㉯와 관련해 청소년 관련 정책을 제안할 때 겪을 수 있는 문제 상황을 언급하며 청소년의 권익 증진을 위한 지원자의 포부를 질문하여 ㉰를 확인하고자 하였다.

[24003-0057]

03 [A]의 내용을 볼 때 지원자가 면접관의 질문을 듣고 떠올렸을 생각으로 가장 적절한 것은?

① 청소년의 권익 수준에 대해 정확히 인식하고 있는지를 알아보려는 질문이므로, 구체적인 통계 수치를 언급하여 우리 지역 청소년의 현황을 설명해야겠군.

② 청소년을 위한 정보 제공 능력과 관련하여 다양한 매체를 활용할 수 있는지를 알아보려는 질문이므로, 내가 활용할 수 있는 다양한 매체들을 나열해야겠군.

③ 청소년 참여 위원으로서 활동하기 위해 어떠한 마음가짐과 계획을 지니고 있는지 확인하려는 질문이므로, 내가 수행하고 싶은 역할과 활동들을 제시해야겠군.

④ 청소년들과의 소통 능력과 관련하여 위원회 구성원들과 융화하는 데 문제가 없는지 확인하려는 질문이므로, 다른 조직에서 문제를 해결한 경험을 제시해야겠군.

⑤ 청소년에 관한 조례 제정과 관련하여 지자체에 의견을 개진하는 절차를 알고 있는지 확인하려는 질문이므로, 지자체에 의견을 개진하는 절차를 순서대로 설명해야겠군.

[04~06] 다음은 토론의 일부이다. 물음에 답하시오.

사회자: 요즘 누리 소통망[SNS]에 부모들이 자녀와 관련된 사진이나 영상을 올리는 경우가 많은데요, 이렇게 육아와 관련한 콘텐츠를 온라인상에 업로드하는 행위를 '육아'라는 뜻의 Parenting과 '공유'라는 뜻의 Share를 합쳐 '셰어런팅'이라고 합니다. 셰어런팅에 대해서는 긍정적인 시선도 있지만 우려하는 목소리도 적지 않은 상황인데요, 우리나라는 셰어런팅을 직접적으로 규제할 수 있는 법이 없지만 외국의 경우 법적으로 규제하여 징역, 벌금 등으로 처벌하기도 합니다. 그래서 오늘은 '셰어런팅을 법적으로 금지해야 한다'를 논제로 토론하겠습니다. 먼저 찬성 측 입론해 주시기 바랍니다.

찬성 1: 저는 셰어런팅을 법적으로 금지해야 한다고 생각합니다. 우선 아동의 권리를 침해하는 행위이기 때문입니다. 셰어런팅은 주로 어린 자녀의 모습을 노출하는 방식으로 자녀의 의사와 상관없이 이루어집니다. 이는 기본적으로 초상권에 위배되며, 개인이 자신에 관한 개인 정보의 공개와 이용에 관해 스스로 결정하고 관리할 수 있는 권리인 개인 정보 자기 결정권에도 위배됩니다. 따라서 법적으로 셰어런팅을 금지하여 개인 정보에 대한 아동의 권리를 보호해야 합니다. 다음으로 아동이 각종 범죄의 위험에 노출될 수 있기 때문입니다. 셰어런팅으로 부모가 예상하지 못한 아동의 신분, 위치 등의 개인 정보가 온라인상에 노출될 수 있습니다. 일례로 한 방송국에서 실험을 진행하였는데, 아이의 정보를 알고 있는 낯선 사람이 아이를 안심시켜 따라오게 하는 데에 채 5분도 걸리지 않은 것으로 나타났습니다. 이는 셰어런팅에 의해 노출된 정보가 심각한 범죄에 악용될 가능성이 있음을 보여 줍니다.

사회자: 네, 셰어런팅이 아동의 권리를 침해하고 아동을 각종 범죄의 위험에 노출되게 할 수 있으므로 금지해야 한다는 주장이었습니다. 그럼 이제 반대 측에서 반대 신문을 해 주시기 바랍니다.

반대 2: 셰어런팅으로 아동이 심각한 범죄의 위험에 노출될 수 있다고 하셨는데, 그렇다면 국내에서 실제로 셰어런팅이 원인으로 밝혀진 강력 범죄의 사례가 있습니까?

찬성 1: 아직까지 국내에서 뚜렷하게 셰어런팅이 원인이라고 밝혀진 강력 범죄의 사례는 찾지 못했습니다.

반대 2: 그렇다면 아동의 개인 정보가 심각한 범죄에 악용될 수 있다는 것은 지나친 우려 아닌가요?

찬성 1: 그렇지 않습니다. 셰어런팅으로 인한 범죄 가능성은 전 세계가 우려하고 있는 문제입니다. 국내의 사례는 아니지만 일본에서는 2011년에 블로그에 공개된 사진과 실명을 이용하여 아이를 유괴하는 사건이 벌어지기도 했습니다. 또한 호주 사이버 안전 위원회의 발표에 따르면 호주의 한 범죄 사이트에서 발견된 사진의 절반가량이 SNS에 업로드된 아동 사진이었다고 합니다. 이는 셰어런팅으로 노출된 아동의 정보가 범죄에 악용될 수 있음을 보여 줍니다.

사회자: 다음은 반대 측에서 입론해 주시기 바랍니다.

반대 1: 저는 셰어런팅을 법적으로 금지하면 안 된다고 생각합니다. 이는 부모의 표현의 자유를 과도하게 억압하는 것이기 때문입니다. 현행 개인 정보 보호법에서 부모는 만 14세 미만 아동의 법정 대리인으로, 어린 자녀의 개인 정보 처리에 대한 법적 권한을 갖습니다. 따라서 법의 범위 내에서 자녀의 개인 정보를 활용하는 것은 부모의 권한이라고 할 수 있습니다. 그리고 셰어런팅은 온라인으로 이루어지는 일종의 육아 일기라고 할 수 있습니다. 정보의 수위나 공개 범위를 조절하여 잘 활용한다면 육아에 대한 정보를 나누고 육아에서 오는 감정을 공유할 수 있는 유용한 수단이 될 수 있습니다. 다음으로 셰어런팅으로 인한 범죄에 대응하는 법적 규제는 이미 충분히 마련되어 있습니다. 기존의 아동 복지법, 아동·청소년 성보호법, 성폭력 처벌법 등에서는 아동에게 성적 수치심을 유발하거나 아동의 정서적 발달과 성장을 저해하는 행위를 이미 금지하고 있습니다. 그리고 최근 개인 정보 보호 위원회에서 아동·청소년 개인 정보 보호법 제정을 추진하며 아동·청소년 시기에 본인 또는 제3자가 온라인에 올린 개인 정보의 삭제를 요청할 수 있는 '잊힐 권리'를 제도화하려 하고 있습니다. 이러한 상황에서 셰어런팅 자체를 법적으로 금지하는 것은 과도한 처사입니다.

사회자: 네, 셰어런팅에 대한 법적 금지는 개인의 권한을 과도하게 통제하는 것이며, 셰어런팅으로 인한 범죄에 대응하는 법적 규제가 이미 충분히 마련되어 있으므로 금지하면 안 된다는 주장이었습니다. 그러면 이번에는 찬성 측에서 반대 신문을 해 주시기 바랍니다.

찬성 1: 만 14세 미만 자녀의 개인 정보 처리는 부모의 권한이라고 하셨는데, 그렇다면 아동의 개인 정보 자기 결정권과 초상권을 부모의 것이라고 보시는 건가요?

반대 1: 아니요, 개인 정보 자기 결정권과 초상권은 아동에게도 법적으로 보장되는 기본적인 권리입니다. 하지만 아동은 성인에 비해 자신의 개인 정보에 대한 권리 행사가 미숙할 수 있으므로 부모가 법적으로 그 역할을 대신하여 권한을 행사할 수 있다는 것입니다.

찬성 1: 그렇지만 현행법상에서 정당한 수준으로 셰어런팅이 행해졌다고 하더라도 그것이 아동의 미래에 미칠 영향까지 모두 예측할 수는 없지 않을까요?

반대 1: 물론 아동이 성장하여 자신이 어린 시절 행해진 부모의 셰어런팅에 대해 어떻게 생각하게 될지는 알 수 없습니다. 하지만 피해가 될 가능성을 줄이는 것은 교육적인 방법을 통해서도 충분히 가능하다고 생각합니다. 지나친 법적 규제보다 부모가 더욱 책임감을 가지고 아동의 개인 정보를 다룰 수 있도록 셰어런팅 가이드라인과 관련한 교육을 실시하는 것이 더 필요합니다.

[24003-0058]

04 **위 토론에 나타난 '사회자'의 역할에 대한 설명으로 적절하지 <u>않은</u> 것은?**

① 토론의 배경을 소개하고 화제가 되는 용어의 개념을 정의하고 있다.
② 화제를 둘러싸고 상반된 입장이 있음을 언급하며 논제를 소개하고 있다.
③ 토론의 진행 절차에 맞추어 각 측이 발언할 순서를 안내하고 있다.
④ 찬성 측과 반대 측의 입론을 각각 요약하여 제시하고 있다.
⑤ 토론에서 발언할 때 주의해야 할 사항을 밝히고 있다.

[24003-0059]

05 다음은 청중이 위 토론의 내용을 정리한 표이다. 이 중 적절하지 <u>않은</u> 것은?

토론 단계	토론자	토론 내용
입론	찬성 1	• 자녀의 의사와 상관없이 정보의 노출이 이루어진다는 점이 개인 정보 자기 결정권과 초상권에 위배된다는 점을 지적함. ─────── ① • 셰어런팅으로 노출된 정보가 범죄에 악용될 가능성이 있음을 한 방송국에서 실험한 내용을 근거로 들어 주장함. ─────── ②
	반대 1	• 현행법의 내용을 근거로 자녀의 개인 정보 활용이 부모의 권한이며, 셰어런팅으로 인한 범죄에 대응하는 규제가 이미 마련되어 있음을 밝힘. ─────── ③
반대 신문에 대한 답변	찬성 1	(아동의 개인 정보가 심각한 범죄에 악용될 수 있다는 것은 지나친 우려가 아니냐는 질문에) • 일본에서 벌어진 사건과 호주 범죄 사이트의 사례를 바탕으로 셰어런팅으로 인한 범죄 가능성은 전 세계가 우려하고 있는 문제임을 제시함. ─────── ④
	반대 1	(아동의 개인 정보 자기 결정권과 초상권을 부모의 것이라고 보는 것이냐는 질문에) • 만 14세 미만 아동의 개인 정보 자기 결정권과 초상권은 부모가 소유하게 되므로 법적 규제보다 부모에 대한 교육이 더 필요하다는 점을 제시함. ─────── ⑤

[24003-0060]

06 〈보기〉는 위 토론을 위해 학생들이 수집한 자료이다. 토론의 내용에 비추어 볼 때, 토론에서 〈보기〉를 활용할 수 있는 입장과 방안으로 가장 적절한 것은?

> ● 보 기 ●
>
> 　프랑스 민법에 따르면 모든 사람은 신분, 재산, 종교, 나이, 국적과 관계없이 자신의 사생활을 존중받을 권리가 있다. 이러한 법을 바탕으로 프랑스에서는 부모가 자녀의 동의를 받지 않고 사진이나 동영상을 게시한 것에 대해 자녀가 소송을 낼 수 있고, 손해 배상과 소송에 필요한 비용을 모두 청구할 수 있도록 하고 있다. 또한 형법상의 처벌도 가능하다. 형법에서는 당사자의 동의 없이 개인의 사진이나 동영상을 게시한 경우, 최대 1년의 징역과 45,000유로(한화 약 6,000만 원)의 벌금에 처할 수 있다고 규정하고 있다. 이는 부모가 자녀의 사진이나 동영상을 게시하는 것에도 예외 없이 적용된다.

① 찬성 측에서 동의 없이 노출된 개인 정보로 아동이 범죄의 위험에 노출될 수 있다는 주장의 근거로 활용할 수 있겠군.

② 찬성 측에서 개인 정보에 대한 당사자의 결정권을 법적으로 보호해야 한다는 주장을 뒷받침하는 자료로 활용할 수 있겠군.

③ 찬성 측에서 자녀의 개인 정보를 활용하여 육아와 관련한 도움을 얻을 수 있다는 반대 측의 주장을 반박하는 근거로 활용할 수 있겠군.

④ 반대 측에서 아동은 성인과 비교해 자신의 개인 정보에 대한 권리 행사가 미숙할 수 있다는 주장을 뒷받침하는 자료로 활용할 수 있겠군.

⑤ 반대 측에서 본인 또는 제3자가 온라인에 올린 개인 정보의 삭제를 요구할 수 있는 권리의 제도화가 추진되고 있다는 근거로 활용할 수 있겠군.

[01~03] 다음은 학생이 작성한 설명문의 초고이다. 물음에 답하시오.

'수면 장애'란 무엇일까? 수면 장애는 정상적이지 않은 수면과 관련된 질환을 통칭하는 말이다. 인간의 수면은 렘수면(REM sleep)과 비렘수면(non-REM sleep)으로 나눌 수 있다. 인간은 렘수면을 통해 정신적 기능을, 비렘수면을 통해 신체적인 기능을 회복한다고 알려져 있다. 수면 장애는 이러한 회복 기능이 있는 잠과 관련된다는 면에서 인간의 삶에 매우 큰 영향을 미칠 수 있다. 수면 장애는 우리나라 인구의 약 20%가 경험해 봤을 정도로 흔한 질환인데, 최근에는 이를 경험하는 사람의 숫자가 점점 늘고 있다.

수면 장애의 주요한 원인을 살펴보면 유전적 요인, 스트레스, 커피나 에너지 음료를 통한 고카페인 섭취 등을 들 수 있다. 그리고 지나친 스마트폰 사용도 수면 장애의 주요한 원인이 될 수 있다. 수면 장애의 가장 대표적인 유형은 불면증인데, 불면증 환자는 잠들 수 있는 적당한 조건이 마련되더라도 쉽게 잠들지 못하거나, 잠이 들더라도 중간에 자주 깨는 문제를 겪는다. 이와 반대로 조절하지 못할 정도로 잠이 쏟아지는 증상인 기면증도 비정상적인 수면 형태라는 점에서 수면 장애의 하나로 볼 수 있다. 다리에 불편함이 심하게 나타나서 수면에 어려움을 겪는 하지 불안 증후군 역시 수면 장애의 일종이다.

수면 장애는 다양한 문제를 초래할 수 있는데, 먼저 신체적 기능의 회복을 더디게 만들어서 심근 경색과 같은 심혈관 질환을 유발할 수 있다. 그리고 수면 시간 동안 이루어져야 할 정신적 기능의 회복이 제대로 이루어지지 않아서 집중력이나 사고력이 떨어질 수 있다. 이는 교통사고 및 안전사고, 직장에서의 업무 능률 저하 등으로 이어질 수 있다. 최근 막대한 사회적 피해를 유발한 ○○대교 연쇄 추돌 사고 역시 심한 불면증을 겪고 있는 운전자의 졸음운전이 원인인 것으로 밝혀졌다.

이와 같은 수면 장애 관련 문제를 해소하기 위해서는 무엇보다 생활 습관을 개선해야 한다. 수면 관련 연구 단체에서 밝힌 바에 따르면 규칙적으로 운동하고, 카페인 섭취를 줄이는 한편 스마트폰을 장시간 사용하는 일을 피함으로써 적절한 수면 환경을 만들 수 있다고 한다. 만약 생활 습관 개선만으로 효과가 없을 때는 약물 치료와 같은 의학적인 해결책을 찾을 수도 있다.

수면 장애는 사람마다 원인과 증상이 천차만별이다. 수면 장애에 대해 정확히 파악하고, 이를 극복한다면 개인의 신체적, 정신적 건강이 나아지고 우리 사회의 생산성이 높아지는 등 다양한 이점을 얻을 수 있다. ㉠이와 같은 이점을 고려한다면 수면 장애를 극복하기 위한 노력이 필요해 보인다. 혹시 수면 장애를 겪고 있다면 이러한 노력에 동참해 보는 것은 어떨까?

[24003-0061]

01 **다음은 학생이 초고를 쓰기 위해 세운 글쓰기 계획이다. 초고에 반영되지 <u>않은</u> 것은?**

① 수면 장애의 유형들을 나열하여 수면 장애의 다양한 양상을 제시해야겠어.

② 인간의 수면을 두 가지로 구분하여 수면의 기능이 무엇인지 설명해야겠어.

③ 수면 장애로 인해서 발생한 사고 사례를 통해 사회적 피해 상황을 제시해야겠어.

④ 수면 관련 연구 단체의 의견을 인용하여 문제를 해결할 수 있는 방법에 관해 소개해야겠어.

⑤ 수면 장애의 원인을 분석하여 각 원인에 따라 유발되는 증상에는 무엇이 있는지 밝혀야겠어.

[24003-0062]

02 〈보기〉는 '학생'이 '초고'를 보완하기 위해 추가로 수집한 자료이다. 자료 활용 방안으로 적절하지 **않은** 것은?

● 보 기 ●

ㄱ. 신문 기사

건강 보험 심사 평가원에 따르면 2021년 수면 장애로 병원을 찾은 진료 환자는 70만 9,233명이었다. 이는 2016년의 49만 4,915명에 비해 43.3% 늘어난 것이다. 또한 같은 기간 수면 장애 관련 진료비가 1,199억 원에서 2,528억 원으로 두 배 이상 늘면서 이와 관련한 건강 보험 지출도 늘어난 것으로 나타났다. 환자의 연령대를 살펴보면 40대 이상이 83.7%로 대부분이었으며, 특히 60대가 22.8%로 가장 많았다.

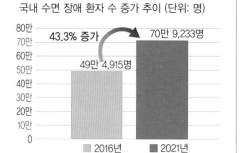

국내 수면 장애 환자 수 증가 추이 (단위: 명)

ㄴ. 전문가 인터뷰

"청소년들은 성인보다 더 많은 수면 시간이 필요합니다. 그럼에도 불구하고 수면 장애로 인해 충분히 잠을 자지 못하는 경우가 많습니다. 이는 성장에 지장을 초래할 뿐만 아니라 정상적인 학교생활을 어렵게 해 학업이나 교우 관계에 악영향을 줄 수 있습니다. 따라서 카페인 섭취, 스마트폰 사용 등과 관련된 생활 습관 개선을 통해 청소년의 수면의 질을 높여야 합니다."

ㄷ. 연구 보고서

수면과 관련된 좋은 생활 습관 5가지를 설정하고, 연구 참가자들에게 자신에게 해당 습관이 있다면 습관마다 1점의 점수를 매기게 하였다. 4년 후 수면 관련 생활 습관이 특정 질병으로 인한 사망 위험과 어떠한 상관관계를 가지는지 조사하였다. 그 결과 점수가 5점인 사람은 0~1점인 사람보다 전체적인 조기 사망 위험이 30% 낮았으며, 심혈관 질환 사망 위험은 21% 낮은 것으로 나타났다.

① ㄱ을 활용하여, 수면 장애 극복으로 다양한 이점을 얻을 수 있다는 초고의 내용에 수면 장애 치료와 관련된 사회적 비용을 줄일 수 있다는 점을 추가한다.

② ㄴ을 활용하여, 수면 장애가 다양한 문제를 유발하고 있다는 초고의 내용에 청소년들이 겪을 수 있는 문제도 있다는 점을 추가한다.

③ ㄷ을 활용하여, 수면 장애가 심혈관 질환과 관련이 있다는 초고의 내용을 뒷받침하는 자료를 추가한다.

④ ㄱ과 ㄴ을 활용하여, 수면 장애를 경험하는 사람이 늘고 있다는 초고의 내용에 청소년이 차지하는 비중이 커지고 있다는 점을 추가한다.

⑤ ㄴ과 ㄷ을 활용하여, 수면 장애로 인한 문제를 해소하기 위해서 생활 습관 개선이 필요하다는 초고의 내용을 뒷받침하는 근거를 추가한다.

03 [24003-0063]

〈보기〉는 ㉠의 수정안이다. ㉠을 〈보기〉와 같이 고쳐 쓸 때 반영한 친구의 조언으로 가장 적절한 것은?

┌─● 보기 ●─────────────────────────────────
│   이와 같은 이점을 고려한다면 수면 장애 극복을 위한 노력이 필요해 보인다. 혹시 수면 장애를
│ 겪고 있다면 이를 극복하기 위한 노력으로 생활 습관 개선부터 실천해 보는 것이 어떨까?
│
└───────────────────────────────────────

① 글의 도입에서 제기한 질문에 대한 답이 드러나도록 고쳐 보는 게 좋겠어.
② 예상 독자가 얻게 될 효용이 더 다양하게 드러나도록 고쳐 보는 게 좋겠어.
③ 글의 주제에 대한 필자의 관점이 바뀐 이유가 드러나도록 고쳐 보는 게 좋겠어.
④ 문제의 심각성을 강조하는 내용이 반복적으로 드러나도록 고쳐 보는 게 좋겠어.
⑤ 예상 독자에게 권유하는 내용이 더 구체적으로 드러나도록 고쳐 보는 게 좋겠어.

[04~06] 다음은 학생이 작성한 기행문이다. 물음에 답하시오.

[A]

○월 ○일, 역사 동아리 친구들과 함께 공주시를 방문했다. 삼국 시대의 역사를 공부하고 있는 우리 동아리에서는 좀 더 생생한 배움의 기회를 얻고자 답사를 추진하게 되었다. 답사할 도시를 정하면서 신라의 천 년 수도이자 유네스코 세계 유산으로 지정된 경주를 먼저 고려했으나, 얼마 전 동아리 시간에 했던 백제 역사 탐구 토론 활동과 답사를 연계하는 것이 좋겠다는 의견에 따라 공주를 답사하기로 했다. 2015년에 공주를 포함한 백제 역사 유적 지구가 유네스코 세계 유산으로 지정되었다는 점에서도 공주는 의미 있는 도시였다. 그렇게 답사할 도시가 정해지고, 지난 주말 우리는 공주로 향했다.

버스를 타고 공주에 들어서니 봄의 시작을 알리는 매화가 오랜만에 만나는 친구처럼 우리의 방문을 환영해 주는 것 같았다. 답사는 공산성에서부터 시작되었다. 공산성의 서문에 들어서자 공산성 안의 전경이 한눈에 들어왔다. 성곽을 따라서 산책로가 조성되어 있었는데, 우리는 이 산책로를 따라 걷기 시작했다. 오르막길을 걷다 보니 어느새 이마에 땀이 맺혔다. 얼마 지나지 않아 금강이 흘러가는 모습이 내려다보였는데, '백제인들도 이곳에서 나와 같은 풍경을 보지 않았을까?' 하고 상상해 보았다.

안내판의 내용을 읽어 보았더니 공산성은 백제가 공주로 천도했을 때 도읍지를 지키는 중심 산성으로 축조되었을 것으로 추측된다고 했다. 당시에는 백제의 일반적인 성들과 같이 토성으로 축조되었지만, 지금은 그 본모습이 거의 남아 있지 않았다. 추측해 보건대 흙으로 만든 토성의 특성상 그렇게 오랜 시간 동안 보존되기 어려웠으리라. 현재 공산성에서 볼 수 있는 성곽은 조선 시대 때 개축된 석성이었다. 백제 시기의 본모습을 볼 수 없어서 아쉬웠지만, 1,500여 년 전 이곳에 살던 백제인들과 함께 금강을 바라보는 듯한 경험을 한 것만으로도 충분히 가치가 있다는 생각이 들었다.

다음으로 찾은 곳은 '무령왕릉과 왕릉원'이었다. 이곳은 원래 송산리 고분군으로 불렸으나, 2021년 9월에 지금의 명칭으로 변경되었다고 한다. 우리가 이곳을 찾은 이유는 무엇일까? 그것은 바로 무령왕릉이 백제 최고의 유적이라 불리고 있기 때문이다. 무령왕릉은 백제 제25대 왕인 무령왕의 능으로 주인이 알려진 유일한 백제 왕릉이다. 우리는 그런 무령왕릉을 보기 위해 열심히 걸어갔는데, 무령왕릉 앞에 다다라서 아쉬움의 탄성을 지를 수밖에 없었다. 그것은 문화재 보존을 위해 무령왕릉 내부 관람을 금지하고 있다는 안내 때문이었다. 우리는 경주 천마총처럼 무령왕릉 역시 무덤 내부를 관람할 수 있을 것이라고 생각했는데, 무령왕릉은 훼손을 막고자 내부를 공개하지 않는다고 했다. 사전 조사가 부족했다는 점은 아쉬웠지만, 앞으로는 사전 조사를 좀 더 철저히 해야겠다는 교훈을 얻을 수 있었다.

다행히 '무령왕릉과 왕릉원'에는 무령왕릉 내부를 재현해 놓은 전시관이 있었다. 실물 크기의 무령왕릉 모형은 백제의 뛰어난 건축술을 잘 보여 줬다. 무덤의 입구인 널길을 지나자 왕과 왕비를 모신 널방이 나타났다. 널방의 바닥은 평평한 돌을 깔아 만들었고, 벽과 천장은 하나하나 정교하게 연꽃을 새겨 넣은 벽돌을 차곡차곡 쌓아서 만들었다. 천장은 아치형으로 만들어져서 아름다움을 더했다. 전시관에는 무령왕릉에서 출토된 유물의 복제품이 전시되어 있었는데 화려한 금관만큼 눈길을 끈 것은 돌로 제작된 동물 형상의 진묘수였다. 진묘수는 무령왕릉 입구에서 침입자들로부터 왕릉을 지키고 있었다고 한다. 이렇게 전시관 관람을 이어 가면서 무령왕릉에서 출토된 유물의 진품을 보는 것이 의미가 있겠다는 생각이 들었다. 그래서 원래 가기로 했던 웅진 백제 역사 문화관 대신 무령왕릉 출토 유물의 진품이 전시된 국립 공주 박물관으로 가는 것이 어떻겠냐는 의견을 제시했다. 다행스럽게도 친구들이 답사지를 변경하는 것에 선뜻 동의해 주었고, 우리는 박물관으로 향했다.

박물관 입구 앞에는 전시관에서 보았던 커다란 진묘수 모형이 우리를 반기듯이 서 있었다. 진묘수가 우리를 반겨 주는 것 같아 고마운 마음이 들었다. 박물관에서는 무령왕릉 출토 유물 진품을 출토 당시의 배치 그대로 전시하고 있었는데, 도굴되지 않고 발굴된 만큼 다양한 문화재의 진면목을 볼 수 있었다. 진묘수의 실제 모습부터 금관, 심지어 왕과 왕비가 누워 있던 목관의 모습도 볼 수 있었다. 아름다운 백제 유물의 모습을 보면서 답사지를 바꾸길 잘했다는 생각이 들었다.

박물관에서 나오는 길, 다시 만난 진묘수 모형을 쓰다듬으며 작별 인사를 했다. 그렇게 우리의 첫 번째 백제 역사 답사는 마무리되었다.

[24003-0064]

04 **학생이 윗글을 작성할 때 활용한 표현 방법에 대한 설명으로 적절하지 않은 것은?**

① 방문한 현장에서 확인한 자료의 내용을 인용하여 공산성에 대한 정보를 전달한다.

② 스스로 묻고 답하는 방식을 활용하여 '무령왕릉과 왕릉원'을 찾은 이유를 강조한다.

③ 모형을 통해 확인한 무령왕릉 내부를 묘사하여 백제의 건축술이 뛰어남을 보여 준다.

④ 내부 공개 여부를 기준으로 무령왕릉과 천마총을 대조하여 문화재 관리의 문제점을 부각한다.

⑤ 자연물이 자신을 환영하는 것 같았다는 비유적 표현을 통해 일정이 시작될 때의 설렘을 드러낸다.

[24003-0065]

05 〈보기〉는 학생이 작성한 답사 계획이다. 〈보기〉와 관련된 학생의 글쓰기 계획 중 윗글에 반영되지 **않은** 것은?

> **보기**
>
> ### 백제의 역사가 담긴 도시 '공주' 답사 계획
>
> • 일시: 2024년 ○월 ○일
> • 방문 계획 답사지: 공산성 ⇨ 무령왕릉과 왕릉원 ⇨ 웅진 백제 역사 문화관
> • 사전 조사 내용
>   – 공산성에는 백제 시대 당시의 성곽은 거의 남아 있지 않으며, 둘레 2,450m인 현재의 성곽은 조선 시대에 축성한 것임.
>   – 무령왕릉은 백제 무덤 중 유일하게 주인이 확인된 왕릉이며, 옆에 있는 왕릉원 6호분 배수로 공사 중에 우연히 발견됨. 그 때문에 유물들이 도굴되지 않고 발굴되어 전시됨.
>   – 웅진 백제 문화관에서는 백제의 다양한 역사 이야기를 살펴볼 수 있음.

① 답사 계획에 따라 첫 번째로 방문한 답사지에서 백제인들과 함께 같은 풍경을 보고 있는 듯한 느낌을 받았다고 밝혀야겠군.

② 두 번째 답사지에 대한 답사를 진행하는 과정에서 사전 조사 내용 중에 부족한 부분이 있었다는 점을 알게 되어 아쉬움을 느꼈다고 밝혀야겠군.

③ 마지막에 방문하기로 했던 답사지를 변경하는 과정에서 친구들 사이에 의견 차이가 생기지 않아 다행스러움을 느꼈다고 밝혀야겠군.

④ 사전 조사한 바와 같이 공산성에 백제 시대 성곽이 거의 남지 않은 것을 보고, 그 이유가 축성에 쓰인 재료 때문일 거라고 추측해 보았다고 밝혀야겠군.

⑤ 사전 조사한 바와 같이 도굴되지 않고 발굴된 무령왕릉의 유물들을 보고 나서, 유물을 잘 지켜 준 데 대해 진묘수에게 고마움을 느꼈음을 밝혀야겠군.

[24003-0066]

06 〈보기〉는 [A]의 초고이다. 〈보기〉를 [A]와 같이 고쳐 쓰는 과정에서 반영된 동아리 친구의 조언으로 가장 적절한 것은?

● 보기 ●

　지난 주말 역사 동아리 친구들과 함께 공주시를 방문했다. 우리 동아리에서는 삼국 시대의 역사를 공부하고 있는데, 역사의 현장에서 공부해 보는 기회를 얻고자 답사를 추진하게 되었다. 답사할 도시를 정하면서 처음에는 신라의 천 년 수도이자 유네스코 세계 유산으로 지정된 경주를 고려하였으나 이번에는 공주를 답사해 보기로 했다. 2015년에 공주를 포함한 백제 역사 유적 지구가 유네스코 세계 유산으로 지정되었다는 점에서 공주는 의미가 있는 도시였다. 그렇게 우리는 공주로 향했다.

① 우리 동아리에서 답사를 추진하게 된 계기가 드러나게 수정하는 건 어때?
② 우리 동아리에서 답사 일정을 지난 주말로 정한 이유가 드러나게 수정하는 건 어때?
③ 원래 고려했던 경주 대신 공주를 답사할 도시로 선택한 이유가 드러나게 수정하는 건 어때?
④ 공주가 공신력 있는 기관에서 역사적으로 의미 있다고 인정받았음이 드러나게 수정하는 건 어때?
⑤ 우리 동아리에서 답사를 준비하면서 겪은 갈등을 어떻게 해소했는지 드러나게 수정하는 건 어때?

[01~03] 다음은 학생이 작성한 논설문의 초고이다. 물음에 답하시오.

우리가 매일 섭취하는 음식 중에서 우리 지역에서 생산된 식재료의 비중은 얼마나 될까? 곡물과 과일 등 식재료가 얼마나 멀리서 이동해 오는지를 보여 주는 지표 중 하나가 바로 푸드 마일리지이다. 이는 식품 이동 거리(km)에 식품 수송량(t)을 곱하여 계산한 것으로 푸드 마일리지가 높을수록 우리 지역에서 생산된 식재료의 비중이 적다는 것을 의미한다. 국립 환경 과학원에 따르면 우리나라 국민 1인당 평균 푸드 마일리지는 7,085tkm로 조사 대상국인 한국, 일본, 영국, 프랑스 중에서 가장 높다. 국립 환경 과학원 ○○○ 연구원은 "푸드 마일리지가 높아질수록 환경적, 경제적 측면에서 불필요한 사회적 비용이 증가하므로 이를 낮추기 위한 노력으로 로컬 푸드 소비 확대가 필요하다."라고 말했다.

흔히 '로컬 푸드'라 불리는 식재료는 장거리 운송을 거치지 않은 지역 농산물을 의미한다. 유통 경로가 짧기 때문에 지역 농산물에는 상대적으로 방부제 등이 덜 첨가된다. 또한 지역 농산물을 이용하게 되면 지역 내 소비가 증가하게 되고, 지역 농산물을 생산하는 농가의 소득이 증가하는 등 지역 경제 활성화에도 도움이 된다. 한편 식재료의 운반 거리도 줄어들기 때문에 운반 과정에서 발생하는 에너지를 절감할 수 있으며, 온실가스 등 오염 물질 배출도 줄어들어 환경에도 도움이 된다. 반대로 수입 농산물처럼 푸드 마일리지가 높은 식재료의 경우, 식재료의 신선도를 지키기 위한 방부제가 더 많이 첨가되며, 운반 과정에서 발생하는 오염 물질 배출도 증가하는 등 여러 문제가 발생한다.

[A] 그렇다면 지역 생산 식재료의 이용량을 늘리기 위해 어떤 노력이 필요할까? 우선 학교 급식의 식재료부터 지역 농산물의 비중을 늘릴 필요가 있다. 인근에 있는 △△ 고등학교에서는 최근 5년 동안, 식재료로 사용하는 지역 농산물의 비중을 지속적으로 늘려 왔다. 지역 농가와의 직거래를 통해 유통 비용을 절감하여 동일한 비용으로 보다 좋은 품질의 급식을 할 수 있게 되었다. 식재료에서 차지하는 지역 농산물 비중이 상대적으로 낮았던 5년 전과 비교해 본 결과, 해당 학교의 학생 1인당 푸드 마일리지가 50% 이상 낮아졌음을 확인할 수 있었다. 해당 학교의 급식 만족도 조사에서도 급식에 지역 농산물의 비중을 늘린 것에 대하여 학생과 학부모 대다수가 만족한다는 의사를 드러냈다.

학교뿐만 아니라 일반 가정에서도 지역 생산 식재료를 이용하기 위해 노력해야 한다. 요즘은 우리가 원한다면 우리 지역에서 생산된 식재료를 손쉽게 구할 수 있다. 우리 동네 □□ 광장에서는 주말마다 우리 지역에서 생산된 농산물을 직거래하는 장터가 열리고 있으며, 지역 농산물을 취급하는 소비자 협동조합 매장도 점차 늘어나고 있다. 또한 비대면으로 물품 구입을 원하는 소비자를 위해 지역 농산물로 구성된 '밥상 꾸러미'를 배달해 주는 사업도 진행되고 있다. 이처럼 우리 지역에서 생산된 식재료를 구하기 쉬워진 만큼, 우리 지역에서 생산된 식재료를 이용하기 위해 우리 모두 적극적으로 노력해야 한다.

01

[24003-0067]

다음은 논설문 작성 시 유의 사항이다. 이를 고려할 때 윗글에 대한 설명으로 적절하지 않은 것은?

> 논설문을 작성할 때 논설문의 완성도를 높이기 위해 여러 측면에서 주장과 논거를 점검해야 한다. 주장의 경우, 주장의 공익성과 효용성, 실현 가능성 등을 점검할 필요가 있다. 경우에 따라 주장의 공정성을 드러내기 위해 반론의 논거도 제시할 수 있다. 논거의 경우 논거의 타당성을 높이기 위해 사실 논거와 소견 논거를 고르게 제시할 필요가 있다. 또한 논거로 제시한 자료의 신뢰성을 높이기 위해 출처를 명확히 밝혀야 한다.

① 푸드 마일리지와 관련된 통계 자료의 출처를 밝힌 것은, 논거의 신뢰성을 높이기 위한 것이겠군.
② 수입 농산물의 단점을 제시한 것은, 반론의 논거도 제시하여 주장의 공정성을 높이기 위한 것이겠군.
③ 주장의 실현이 지역 경제 활성화에 끼치는 영향을 제시한 것은, 주장의 공익성을 드러내기 위한 것이겠군.
④ 푸드 마일리지에 대한 전문가의 견해를 제시한 것은, 소견 논거를 통해 논거의 타당성을 높이기 위한 것이겠군.
⑤ 지역 생산 식재료를 구할 수 있는 방법을 제시한 것은, 주장의 실현 가능성이 높다는 것을 제시하기 위한 것이겠군.

02

[24003-0068]

[A]에 반영된 학생의 자료 활용 계획으로 가장 적절한 것은?

① 학교 급식의 푸드 마일리지가 낮은 학교와 높은 학교의 급식 품질을 비교하여 제시해야겠어.
② 학교 급식에서 지역 농산물의 비중을 늘리기 전과 후의 푸드 마일리지를 비교한 결과를 제시해야겠어.
③ 학교 급식에서 지역 농산물의 비중을 늘리기 전과 후의 식단표의 구성 항목을 비교하여 제시해야겠어.
④ 학교 급식에서 지역 농산물의 비중을 늘리기 전과 후의 급식 만족도 조사 결과를 비교하여 제시해야겠어.
⑤ 학교 급식에서 지역 농산물의 비중을 늘린 학교와 그렇지 않은 학교의 급식 비용 차이를 비교하여 제시해야겠어.

[24003-0069]

03 다음은 학생이 수집한 자료이다. 초고를 보완하기 위한 의견으로 가장 적절한 것은?

ㄱ		ㄴ		

ㄱ

로컬 푸드 직매장의 지역 경제 파급 효과(2019년)

파급 효과	금액
농가 소득 증가 효과	327억 원
관련 일자리 창출 효과	137억 원
지역 내 소비 증가 효과	78억 원

출처: 한국 농수산 식품 유통 공사

ㄴ

△△ 고등학교 급식 푸드 마일리지 조사

구분	2018년	2023년
지역 농산물 비율	33%	72%
학생 1인당 푸드 마일리지(tkm/인)	50	23

ㄷ

국회 농림 축산 식품 해양 수산 위원회 소속 국회의원 인터뷰

"설문 조사 결과, 로컬 푸드 사업에 참여한 농민들의 만족도가 높은 것으로 나타났습니다. 로컬 푸드 사업 참여에 대해 '매우 긍정적'이라는 응답이 68%, '다소 긍정적'이라는 응답은 31%였고, 부정적이라는 응답은 1%에 불과했습니다. 지역 농민들은 농가 소득 증가 등의 경제적 이유 외에도, 지역 농산물의 친환경 이미지를 높이기 위해 농약 살포량을 39% 정도 줄이게 된 점 등을 만족하는 이유로 응답했습니다."

① ㄱ을 활용하여, 2문단에 로컬 푸드 이용의 지역 경제 활성화 효과로 관련 일자리 창출 효과를 추가한다.

② ㄱ을 활용하여, 3문단에 로컬 푸드를 급식에 활용할 경우에 발생하는 파급 효과로 비용 절감 측면의 이점을 추가한다.

③ ㄴ을 활용하여, 3문단에 급식에서 차지하는 지역 농산물의 비율이 높아질수록 푸드 마일리지도 증가했다는 정보를 추가한다.

④ ㄷ을 활용하여, 2문단에 푸드 마일리지 지수가 높아지면 농약 사용이 감소하게 된다는 정보를 추가한다.

⑤ ㄷ을 활용하여, 2문단에 로컬 푸드 사업이 지역 농산물 소비자의 만족도 증가에 기여했다는 정보를 추가한다.

[04~06] (가)는 학생이 대학 학과 게시판에 올린 글이고, (나)는 (가)에 대한 졸업생의 답글이다. 물음에 답하시오.

가

제목 : 문화재학과에 대해 궁금한 점이 있습니다.

안녕하세요? 저는 ○○ 대학교 문화재학과에 진학을 희망하는 □□ 고등학교 2학년 △△△입니다. 진로와 관련하여 궁금한 점이 있어 학과 게시판에 글을 남깁니다. 저는 얼마 전까지만 해도 진로에 대한 구체적인 계획이 없어 고민이 많았습니다. 그러던 중 얼마 전 부모님께서 초등학생인 동생과 민속 박물관 견학을 계획하셨고, 저에게 동행을 권유하셨습니다. 사실 이번 나들이 전까지 문화재에 별 관심이 없었고, 문화재는 그저 옛것 또는 낡은 것이라는 생각을 하고 있었기 때문에, 민속 박물관 견학에 별 기대가 없었습니다. 하지만 민속 박물관 견학을 계기로 우리 문화재에 대한 생각이 긍정적으로 바뀌게 되었습니다. 특히 박물관 뒤뜰에는 무인석이 하나 있었는데, 그 생생한 모습 때문인지 마치 시간을 거슬러 과거로 돌아간 듯한 느낌을 받았습니다. 다만 박물관이 설립된 지 꽤 오래되었고 개인 소장품을 전시한 곳이다 보니 소중한 문화재의 관리가 제대로 이루어지고 있지 않은 것 같아서 아쉬웠습니다. 박물관 견학을 계기로 문화재에 관심을 갖게 되었으며, 담임 선생님과 부모님의 조언을 듣고 문화재학과에 진학하기로 결심했습니다. 저는 문화재학과에 진학하여 문화재와 관련된 전문가가 되고 싶습니다. 하지만 문화재학과 졸업 이후 어떤 진로가 있을지 막연한 생각이 들어, 재학생과 졸업생 분들의 조언을 듣고자 이렇게 글을 올립니다. 끝까지 읽어 주셔서 감사합니다.

나

제목 : 문화재학과 졸업생입니다.

안녕하세요? 저는 ○○ 대학교 문화재학과를 졸업한 07학번 ◇◇◇입니다. 제가 학교를 졸업한 이후 시간이 꽤 흘렀네요. 졸업 후에도 대학 생활이 그리울 때면 가끔 이곳 게시판에 들러 글을 읽곤 했는데, 학생의 글을 읽으며 고등학생 시절의 제 모습이 떠올라 오랜만에 글을 남깁니다. 저는 문화재학과를 졸업하고 문화재 환수 전문가로 활동하고 있습니다. 아마 문화재 환수 전문가라는 직업이 생소할 겁니다. 문화재학과를 졸업하게 되면 박물관 학예사, 문화재 관리 담당 공무원, 문화재 관련 사회적 기업의 직원 등 다양한 길로 나아갈 수 있습니다. 그중에서도 저의 직업인 문화재 환수 전문가에 대해 몇 가지 말씀드리고자 합니다.

문화재 환수 전문가는 문화재가 해외로 유출되었을 때, 문화재가 해외로 유출된 경로를 추적하고 문화재가 고국으로 돌아올 수 있도록 계획을 수립하는 일을 합니다. 저는 문화재 환수의 필요성을 깨닫고 문화재 환수 전문가가 되기로 결심했습니다. 문화재 환수 전문가가 되기 위해, 대학원에 진학하여 국제법을 전공하고 실제 문화재 환수 사례를 바탕으로 문화재 환수 과정에 대해 공부하였습니다. 문화재 환수 과정은 긴 시간을 요하는 일이므로 문화재 환수 전문가에게는 무엇보다도 인내심과 끈기가 필요합니다. 문화재 환수 과정에서 장애물을 만나 환수가 지연될 경우 좌절감과 무력감을 느끼게 되는데, 그때마다 저는 제가 일을 시작하던 때의 초심을 잊지 않고자 노력하고 있습니다. 문화재 환수 일을 시작하며 처음으로 문화재를 환수해 왔을 때의 감동이 특별히 기억에 남는데, 그 기억은 제가 지칠 때마다 힘이 되어 주고 있습니다.

제가 이 일을 시작할 때 해외에 반출된 우리 문화재의 현황에 대한 자료가 제대로 정리되어 있지 않아 힘들었던 기억이 있습니다. 그래서 이 일에 애정을 갖고 시작하는 후배들을 돕기 위해 해외에 반출된 우리 문화재의 현황에 대한 자료를 체계적으로 정리할 계획을 세우고 있습니다.

㉮ 저도 고등학생 시절 진로를 정하지 못해 방황했던 기억이 납니다. 그래도 문화재에 대한 관심과 애정을 바탕으로 이 자리까지 오게 되었습니다. △△△ 학생이 어떤 학과에 진학하여 어떤 진로를 선택하든 지금처럼 우리 문화재를 아끼고 사랑해 주시기 바랍니다. 혹시 더 궁금한 점 있으면 답글 달아 주세요.

[24003-0070]

04 **(가)를 쓰기 위해 떠올린 학생의 생각 중 (가)에 반영되지 <u>않은</u> 것은?**

① 박물관 견학에서 인상 깊게 본 문화재를 제시해야겠어.
② 문화재학과에 지원하기로 결심하게 된 계기를 제시해야겠어.
③ 문화재학과 게시판에 글을 남기는 목적을 분명히 제시해야겠어.
④ 문화재에 관심을 갖기 전 문화재에 대해 가졌던 편견을 제시해야겠어.
⑤ 문화재 관리와 관련된 학과가 많지 않은 것에 대한 아쉬움을 제시해야겠어.

05 [24003-0071]

다음은 (나)의 필자가 예상 독자의 요구를 분석한 내용이다. 이와 관련하여 (나)에 대해 설명한 내용으로 적절하지 <u>않은</u> 것은?

> • 문화재 환수 전문가는 어떤 일을 담당하나요? ⋯⋯⋯⋯⋯⋯⋯⋯⋯⋯⋯ ㉠
> • 문화재 환수 전문가가 되기 위해 어떤 노력을 하셨나요? ⋯⋯⋯⋯⋯ ㉡
> • 문화재 환수 전문가로서 필요한 자질은 무엇인가요? ⋯⋯⋯⋯⋯⋯⋯ ㉢
> • 문화재 환수 업무를 수행하면서 특별히 기억에 남는 일이 있다면 무엇인가요? ⋯⋯ ㉣
> • 문화재 환수 전문가로서 앞으로의 계획은 무엇인가요? ⋯⋯⋯⋯⋯ ㉤

① ㉠을 고려하여, 문화재가 해외로 유출된 경로를 추적하고 문화재 환수 계획을 수립하는 일을 하고 있음을 제시하고 있다.

② ㉡을 고려하여, 대학원에 진학하여 국제법을 전공하고 실제 문화재 환수 사례를 바탕으로 문화재 환수 과정에 대해 공부하였음을 제시하고 있다.

③ ㉢을 고려하여, 문화재 환수 과정이 긴 시간을 요한다는 점을 바탕으로 인내심과 끈기가 필요하다는 점을 제시하고 있다.

④ ㉣을 고려하여, 문화재 환수 일을 시작하며 처음 문화재를 환수해 왔을 때 느낀 감동을 제시하고 있다.

⑤ ㉤을 고려하여, 환수에 성공한 문화재의 현황 및 환수 과정에 대한 자료를 정리할 계획임을 제시하고 있다.

06 [24003-0072]

다음은 ㉮와 같이 수정하기 전에 초고에서 작성한 내용이다. 수정하면서 고려한 내용으로 가장 적절한 것은?

> 직업 선택에는 많은 어려움이 따릅니다. 저도 이 일의 특성상 겪게 되는 막연함 때문에 지칠 때도 있었습니다. 그래도 문화재에 대한 관심과 애정을 바탕으로 이 자리까지 오게 되었습니다.

① 학생과 공감대를 형성하기 위해 내가 고등학생 시절에 겪었던 경험을 제시해야겠어.

② 학과 생활에 대한 궁금증을 해소하기 위해 학과 교육 과정에 대한 정보를 제시해야겠어.

③ 내가 진로를 정하게 된 계기를 드러내기 위해 유년 시절 힘이 되었던 말을 인용하여 제시해야겠어.

④ 공부에 지쳐 있는 학생을 격려하기 위해 문화재학과 졸업 이후 진로와 관련된 정보를 제시해야겠어.

⑤ 직업적 특성을 드러내기 위해 문화재 환수 과정에서 겪는 문제점과 이를 극복하기 위한 방법을 제시해야겠어.

[01~03] 다음은 학교 잡지의 편집장이 보낸 요청과 그에 따라 학생이 작성한 초고이다. 물음에 답하시오.

안녕하세요? 편집장입니다. 기획 연재 '팬데믹 이후의 시대' 제2회 원고와 관련하여 최근 사회적으로 관심을 모으고 있는 '팬데믹 아포칼립스 소설'에 대한 글을 써 주세요. 글에는 ㉠ 팬데믹 아포칼립스 소설의 정의, ㉡ 팬데믹 아포칼립스 소설이 주목받는 이유, ㉢ 팬데믹 아포칼립스 소설의 대표적인 작품 등을 제시해 주시고, 거기에 덧붙여 ㉣ 팬데믹 아포칼립스 소설에 대한 우려, ㉤ 팬데믹 아포칼립스 소설이 우리 사회에 던져 주는 의미 등과 관련된 필자의 관점과 주장이 분명히 담기도록 해 주세요.

[초고]

세계적인 감염병의 대유행을 겪으면서 팬데믹 아포칼립스 장르물이 주목받고 있다. '팬데믹 아포칼립스'는 감염병의 세계적 대유행을 뜻하는 '팬데믹'과 세상의 종말을 뜻하는 '아포칼립스'가 합쳐진 말로, 팬데믹 아포칼립스 장르물이란 대규모 감염병으로 인해 종말의 위기에 처한 세계를 소재로 한 여러 장르의 작품을 말한다. 팬데믹 아포칼립스 장르물에는 소설, 영화, 드라마, 애니메이션, 만화, 게임 등 여러 장르가 망라되는데, 그중 특히 사람들의 시선을 끄는 것은 소설이다. 최근에 발표된 어떤 통계에 따르면 팬데믹 이후 감염병을 다룬 소설의 매출이 크게 늘었다고 한다. 에밀리 세인트존 맨델의 『스테이션 일레븐』과 같이 대중에게 잘 알려진 소설은 물론이고 젊은 작가들의 신작도 서점가를 뜨겁게 달구고 있다. 이처럼 감염병과 세상의 종말을 다룬 소설에 사람들이 주목하는 이유는 무엇일까? 그것은 이 작품들 속에 등장하는 여러 인물의 모습을 통해 팬데믹 상황에 대처했던 우리의 모습을 되돌아볼 수 있기 때문이다.

이들 작품은 대개 무서운 감염병이 광범위하게 퍼져 인간이 절체절명의 위기에 놓인 상황을 배경으로 삼는다. 눈에 보이지도 않으면서 생명을 위협하는 감염병으로 인해 인간은 극도의 불안감과 공포심에 휩싸이게 된다. 그러나 이들 작품은 하나같이 감염병과 용감하게 맞서 싸우는 사람들의 이야기를 보여 준다. 죄 없는 어린아이까지 죽음에 이르고 사랑하는 가족에게 자신이 병을 옮기는 부조리한 상황 속에서 인간은 절망하면서도 결국 강한 의지와 용기로 인간의 실존적 가치를 증명해 가는 것이다. 그런데 이 작품들 속에서 감염병과 싸우는 인물들은 대부분 평범한 사람들이다. 엄청난 파괴력을 지닌 감염병 앞에서 이들은 개인으로서 한없이 무력하지만, 서로를 돕고 의지하면서 감염병과 용감하게 맞선다. 물론 이러한 작품들 속에는 자기만 살기 위해 공동체를 배신하는 인물도 있고, 소수의 일방적인 희생을 강요하는 몰염치한 권력자도 등장한다. 그러나 사람들은 그 속에서도 미래에 대한 희망을 버리지 않고 서로에 대한 사랑을 저버리지 않는다.

이것을 보면서 나는 팬데믹 기간에 힘들고 어려운 상황에서도 자신의 자리를 성실하게 지켰던 우리 사회의 많은 이들이 떠올랐다. 방역의 최전선에서 땀 흘렸던 의료 보건 인력과 우리 사회 곳곳에서 마스크를 쓰고 묵묵히 자신의 자리를 지켰던 이들의 성실한 땀방울이 아니었다면 이 큰 어려움을 어찌 이겨 낼 수 있었을까? 물론 팬데믹 아포칼립스 소설을 자주 접하다 보면 감염병에 대한 과도한 불안감으로 인해 미래에 대한 절망감이 커질 수 있다고 생각하는 사람도 있을 수 있다. 그러나 꼭 그런 것은 아니다. 이러한 작품의 대부분은 인간이 결국 감염병을 극복할 수 있다는 용기와 희망의 메시지를 전해 준다. 오랫동안 지속된 팬데믹 기간을 되돌아보면서, 감염병과 맞서는 소설 속 인물들의 모습을 통해 팬데믹 아포칼립스 소설이 우리 사회에 던져 주는 긍정적 메시지를 다시 한번 새겨보면 좋을 것 같다. 그리고 인간의 힘을 과신해 온 우리의 생각도 반성해 보면 좋겠다.

[24003-0073]

01 ㉠~㉤을 바탕으로 세운 글쓰기 계획 중 초고에 반영되지 **않은** 것은?

① ㉠: 팬데믹 아포칼립스 장르물이라는 용어에 포함된 두 단어의 뜻을 설명하여 용어의 개념을 정의해야겠어.

② ㉡: 묻고 답하는 방식으로 팬데믹 아포칼립스 소설이 주목받는 사회적 현상의 이유를 제시해야겠어.

③ ㉢: 팬데믹 아포칼립스 장르물을 대표하는 작가의 작품을 간단한 줄거리와 함께 소개해야겠어.

④ ㉣: 팬데믹 아포칼립스 소설을 자주 접할 경우 감염병에 대한 과도한 불안감이 생길 수 있다는 우려의 목소리가 있음을 밝혀야겠어.

⑤ ㉤: 감염병과 당당히 맞서는 인간의 모습을 통해 팬데믹 아포칼립스 소설이 우리 사회에 던져 주는 긍정적인 메시지를 재조명해야겠어.

[24003-0074]

02 〈조건〉을 반영하여 '초고'의 제목을 작성한 것으로 가장 적절한 것은?

> ● 조 건 ●
>
> ○ 팬데믹 아포칼립스 소설이 담고 있는 주제 의식과 관련하여 필자의 관점을 드러낼 것.
> ○ 부제에서 비유적 표현을 활용할 것.

① 팬데믹 아포칼립스 소설 속에 반영된 인간의 열망
　– 감염병을 소재로 한 소설의 인기 현상은 왜?

② 팬데믹 아포칼립스 소설을 통해 미리 보는 미래 사회
　– 감염병으로 지친 우리 사회를 내다보는 망원경이 되다

③ 팬데믹 아포칼립스 소설을 통해 본 감염병의 특징
　– 우리를 힘들게 했던 감염병의 양면성

④ 팬데믹 아포칼립스 소설 속에 반영된 인간의 모습
　– 소설이라는 거울 속에 나타난 우리 사회의 무력함을 직시해야

⑤ 팬데믹 아포칼립스 소설에 담긴 용기와 희망의 메시지
　– 감염병을 이겨 낼 인류의 무기가 될 것

[24003-0075]

03 '초고'를 읽은 다른 학생이 다음의 점검 기준에 따라 '초고'를 점검한다고 할 때, 그 내용으로 적절하지 <u>않은</u> 것은?

점검 기준	점검 결과 (예/아니요)
• 사회적인 관심사가 될 만한 화제임을 드러냈는가?	ⓐ
• 필자의 관점이 분명하게 제시되었는가?	ⓑ
• 예상되는 반론에 대한 필자의 입장을 적절한 근거와 함께 제시하였는가?	ⓒ
• 활용된 자료는 신뢰성을 갖추고 있는가?	ⓓ
• 글에 통일성을 해치는 부분이 있는가?	ⓔ

① 세계적인 감염병의 대유행을 겪어 온 상황을 언급한 점을 고려하여 ⓐ에 '예'라고 해야지.
② 팬데믹 아포칼립스 소설에 대한 긍정적인 평가가 드러나 있다는 점을 고려하여 ⓑ에 '예'라고 해야지.
③ 팬데믹 아포칼립스 소설이 불안감을 조성할 것이라는 예상 반론에 대한 필자의 입장을 밝히지 않았다는 점을 고려하여 ⓒ에 '아니요'라고 해야지.
④ 팬데믹 아포칼립스 소설의 매출이 증가했다는 자료의 출처를 구체적으로 밝히지 않았다는 점을 고려하여 ⓓ에 '아니요'라고 해야지.
⑤ 인간의 힘을 과신해 온 우리의 생각도 반성하자는 내용은 이 글의 주제와 어울리지 않는 내용이라는 점을 고려하여 ⓔ에 '예'라고 해야지.

[04~06] 다음은 작문 과제에 따라 작성한 학생의 글이다. 물음에 답하시오.

[작문 과제]

　　김훈의 『남한산성』은 병자호란을 배경으로 인조가 남한산성으로 피란한 후 삼전도의 굴욕을 당하기까지 47일간 남한산성 안에서 일어난 일을 다룬 소설이다. 나라를 구하기 위해 치욕을 참고 항복해야 한다는 주화파 최명길과 치욕을 견디고 사느니 끝까지 항전하여 죽음을 택하자는 척화파 김상헌의 대립이 숨 막히게 이어지며, 그 사이에서 번민하는 인조의 갈등도 긴장감을 더해 준다. 이 소설을 읽은 느낌을 바탕으로 자신을 성찰하는 글을 써 보자.

[학생의 글]

가 학생 1

　　나는 『남한산성』을 읽는 내내 명분과 실리라는 두 갈래의 갈림길에서 고뇌하던 인조의 모습이 떠올라 몹시 안타까웠다. 예로부터 우리나라 사람들은 명분 없는 행동을 부끄럽게 생각해 왔다. 실리를 챙기기 위해 명분에 어긋나는 일을 하는 것을 무엇보다 치욕스러운 일로 여긴 것이다. 나도 『남한산성』을 읽기 전에는 실리보다 명분을 중요하게 생각해 온 한 사람이었다. 그래서 나는 한문 시간에 송나라 양공의 이야기를 듣고 그의 선택을 지지해 왔다. 양공은 막강한 군사력을 가진 초나라와 맞서 싸우게 되었는데, 초나라가 전열을 제대로 갖추지 못했을 때를 틈타 공격하자는 부하들의 청을 두 번이나 물리쳤다. 상대가 준비를 마치기 전에 공격하는 것은 군자의 도리에 어긋나는 일이라고 생각했기 때문이다. 그리고 적이 전열을 다 갖춘 것을 확인한 후에야 비로소 공격 명령을 내렸다. 물론 압도적인 힘의 우위에 있었던 초나라의 기세에 눌려 양공은 이 싸움에서 크게 패하고 말았다. 그래도 나는 이 이야기를 들으며 양공의 선택을 긍정적으로 평가할 수도 있다고 생각했다. 비겁한 승리보다 정정당당한 패배가 더욱 값지다고 믿었기 때문이다.

　　그런데 『남한산성』을 읽으면서 이러한 생각이 바뀌게 되었다. 남한산성에 갇혀 왕이 항전을 계속하는 동안 성안에서 굶주림에 시달리는 백성들의 모습은 너무나 비참했다. 명분에 치우친 선택이 백성들을 얼마나 큰 고통에 빠뜨릴 수 있는지 보게 된 것이다. 그러면서 나는 어떤 선택을 할 때 누구의 입장에서 문제를 바라보느냐가 중요하다는 것을 알게 되었다. 내가 『남한산성』을 읽기 전에 비겁해 보이는 화친보다 정정당당한 싸움이 더 멋진 선택이라고 생각했던 것은 싸움 여부를 결정하는 권력자의 입장에서 문제를 보았기 때문이다. 그 싸움으로 인해 아무 이유도 없이 고통을 당해야 했던 백성의 입장에서 이 문제를 다시 생각해 본다면 무작정 전쟁을 이어 가는 것만이 결코 바람직한 선택이 아니라는 것을 비로소 알게 된 것이다.

[A] ┌　　같은 맥락에서 양공의 선택도 마찬가지이다. 그의 선택은 후대에 길이 칭송될 만큼 어질고 떳떳한
　　│　선택이었지만 그로 인해 수많은 병사가 피를 흘리며 죽어야 했다. 전사한 병사들의 입장에서는 양공
　　│　의 선택이 옳은 것이었다고 말하기가 쉽지 않을 것이다. 이런 점에서 내가 그동안 너무 한쪽의 시선으
　　│　로만 세상을 바라본 것이 아닌가 하는 반성을 하게 되었다. 우리가 세상을 볼 때는 얼마나 잘 보느냐도
　　└　중요하지만 누구의 눈으로 보느냐도 중요하다.

나 학생 2

나는 지금까지 인조가 무능하면서도 비겁한 왕이라고 생각해 왔다. 병자호란 당시 삼전도에서 청 태종에게 머리를 조아리며 군신의 예를 맺는 굴욕을 당한 왕이었기 때문이다. 그러나 나는 『남한산성』을 읽으면서 인조가 그런 결정을 내리기까지 얼마나 깊은 고뇌 속에서 많은 나날을 보냈을지 짐작해 보게 되었다. 이 책을 읽어 보면, 자신의 선택에 한 나라의 운명과 수많은 백성의 안위가 달려 있다는 생각에 인조는 숱한 밤을 지새우며 몹시 괴로워한다. 그런 장면을 보면서 나는 그가 내린 결정의 무게가 얼마나 무거운 것이었는지 새삼 짐작해 보게 되었다.

그동안 나는 누군가를 평가할 때 그 사람이 처한 상황을 충분히 헤아려 보거나, 그 사람의 내적 고민을 깊이 이해해 보려는 노력을 한 적이 별로 없었다. 나의 그런 태도는 부모님을 대할 때도 마찬가지였다. 몇 해 전 갑자기 집안 형편 때문에 이사를 하게 된 일이 있었다. 그 바람에 나는 전학을 하게 되었다. 하루아침에 친한 친구들과 헤어지게 된 나는 그때 그런 결정을 내린 아버지를 많이 원망했었다. 그러나 지금 와서 생각해 보면 그때 아버지가 가장으로서 얼마나 많이 힘들어하시며 무거운 결정을 내리셨을지 짐작할 수 있을 것 같다. 어떤 이가 짊어진 짐의 무게를 다 헤아리지도 못하면서 그의 기우뚱거리는 걸음걸이만 보고 흉을 보는 우를 다시는 범하지 말아야겠다.

[24003-0076]

04 **(가)와 (나)를 통해 두 학생의 글을 이해한 내용으로 가장 적절한 것은?**

① '학생 1'과 '학생 2'는 모두 자신이 깨달은 바를 과거에 자신이 가졌던 생각과 연결하여 제시하고 있다.

② '학생 1'과 '학생 2'는 모두 자신을 돌아보기 위해 스스로 묻고 답을 하는 방식으로 글을 전개하고 있다.

③ '학생 1'과 '학생 2'는 모두 실리보다 명분을 더 우선해야 한다는 관점에서 주제를 드러내고 있다.

④ '학생 1'은 타인의 조언을 바탕으로, '학생 2'는 자신이 직접 겪은 일을 바탕으로 바람직한 삶의 태도를 제시하고 있다.

⑤ '학생 1'은 타인의 눈에 비친 자신의 모습을, '학생 2'는 자신의 눈에 비친 타인의 모습을 자기반성의 계기로 삼고 있다.

05

[24003-0077]

〈보기〉는 [A]의 초고이다. 〈보기〉를 고쳐 쓰기 위해 친구들이 조언한 내용 중 [A]에 반영되지 <u>않은</u> 것은?

─● 보기 ●─

양공의 선택도 마찬가지이다. 그의 선택은 후대에 길이 칭송될 만큼 어진 선택이었지만 많은 병사들의 희생이 뒤따랐다. 떳떳하게 싸우고자 했던 그 선택으로 인해 수많은 병사가 피를 흘리며 죽어야 했던 것이다. 인류의 역사에서 전쟁은 수많은 희생과 함께 많은 문학 작품을 탄생시켰다. 전쟁에서 전사한 병사들의 입장에서는 양공의 선택이 꼭 옳은 것이었다고 말하기가 쉽지 않을 것이다. 이런 점에서 내가 그동안 너무 한쪽의 시선으로만 세상을 봐 온 것이 아닌가 하는 반성을 하게 되었다.

① 앞 문단과의 연결 관계를 보여 주기 위해 인과 관계를 알려 주는 표지를 첫 문장에 사용하는 게 어때?

② 세 번째 문장의 내용이 앞 문장과 유사하니까 두 문장의 핵심 내용을 담은 한 문장으로 교체하는 게 어때?

③ 네 번째 문장의 내용이 문단의 통일성을 해치니까 해당 문장을 삭제하는 게 어때?

④ 다섯 번째 문장에서 의미가 중복되는 부분이 있으니까 일부 내용을 삭제하는 게 어때?

⑤ 필자가 깨달은 내용을 한 문장으로 요약해서 그 문장을 글의 맨 뒤에 추가해서 강조하면 어때?

[24003-0078]

06 〈보기〉는 (나)를 읽은 학생들이 나눈 대화의 일부이다. ㉠~㉤에 대한 설명으로 적절하지 <u>않은</u> 것은?

● 보기 ●

소영: '학생 2'가 쓴 글 읽어 봤어?

현우: 응. 책을 읽고 느낀 점을 바탕으로 역사적 인물의 선택을 재평가한 부분이 흥미로웠어.

소영: 그런데 ㉠ '학생 2'처럼 우리가 역사적 인물의 입장에서 그의 선택을 이해하고 공감하는 것이 가능하다고 생각하니?

현우: ㉡ 유명한 역사학자인 콜링우드는 '추체험'이라는 개념을 통해 역사적 행위를 행위자의 입장에서 상상적으로 재구성하고 인식하는 활동이 얼마든지 가능하다고 했어. 난 '학생 2'의 생각이 의미 있었다고 생각해.

소영: 물론 인조가 그런 결정을 내리기까지 많은 고민을 했다는 점은 인정해. ㉢ '학생 2'가 말한 것처럼 나라의 운명과 백성들의 안위에 대해 걱정했을 거야. 그렇지만 왕실의 운명과 개인의 안위에 대해서도 고민하지 않았을까? ㉣ 그가 그때 무엇에 더 주안점을 두고 고민했는지는 우리가 함부로 추측하기 어려운 문제야. 그러니까 누군가가 짊어진 짐의 무게를 헤아려 봐야 한다는 말에 나는 동의하기가 어려워.

현우: ㉤ 그래. 네 말처럼 그 짐의 무게가 우리가 짐작한 것보다 훨씬 무거울 수도 아니면 훨씬 가벼울 수도 있겠지. 그렇지만 그 사람이 짐을 짊어지고 있다는 것에 공감해 주는 것만으로도 충분히 의미 있다고 생각해. 사람을 보지 않고 그 사람이 한 일의 결과만을 보는 것은 너무 각박하잖아.

① ㉠: '학생 2'의 입장에 의문을 제기하며 상대의 생각을 묻고 있다.

② ㉡: 소견 논거를 들어 '학생 2'의 생각을 긍정적으로 평가하고 있다.

③ ㉢: '학생 2'의 글에 담긴 필자의 생각을 일부 인정하면서 자신의 의견을 제시하고 있다.

④ ㉣: '학생 2'와 다른 측면에 주안점을 두고 상대방의 입장을 고려할 것을 주장하고 있다.

⑤ ㉤: 상대방의 의견을 반박하며 '학생 2'의 생각을 긍정적으로 평가하고 있다.

[01~03] 다음은 학생이 구청 담당자에게 보낸 건의문의 초고이다. 물음에 답하시오.

안녕하세요? 저는 한국 고등학교 2학년 ○○○입니다. 고령 사회를 넘어 2024년 말이면 초고령 사회가 될 것이라는 우려 섞인 진단이 팽배한 상황에서, 노인 복지를 위해 늘 애써 주시는 ◇◇구청 복지 정책 담당자분들께 감사 말씀 먼저 드립니다. 제가 이 글을 쓰게 된 것은 경로당 봉사 활동을 다니면서 느꼈던 문제의식을 바탕으로 경로당 개선에 대한 건의를 드리기 위해서입니다.

경로당은 노인분들이 모여 여가를 선용할 수 있도록 마련한 '노인 여가 복지 시설'이라고 알고 있습니다. 실제로 가족들이 모두 직장이나 학교에 가서 홀로 계셔야 하거나, 가족 없이 홀몸으로 지내시는 70~90대의 노인분들이 함께 어울리기 위해 경로당을 찾으시는 경우가 많았습니다. 어르신들은 삼삼오오 모여 이야기를 하시거나 윷놀이나 화투 등 놀이를 하시거나 TV를 시청하며 소일하고 계셨는데, 의미 있는 시간을 보내시기보다는 그렇게 시간을 때우신다는 느낌이 많이 들었습니다. 그래서 경로당 관련 정보를 찾아보니 대한 노인회에서 실시했던 경로당 관련 불만 사항 설문에서 '프로그램이 다양하지 못하다(22.8%)', '정기적인 프로그램이 제공되지 않고 있다(21.2%)', '관심 없는 프로그램이 제공되고 있다(16.5%)'와 같은 응답이 나온 것을 확인할 수 있었습니다.

[A] 단순히 경로당 시설이 있다는 것을 넘어 현대 사회에서 노인분들이 삶의 의미와 건강함을 찾을 수 있는, 함께하는 공간으로서의 경로당이 만들어질 때, 경로당이 이름에 걸맞은 시설이 될 수 있다고 생각합니다. 지역 행정 복지 센터 누리집에 접속해 보아도 경로당의 자세한 위치나 시설, 프로그램 등에 대한 내용은 찾기가 어려웠습니다. 가장 시급한 개선 사항은 프로그램의 개발과 운영이라고 생각합니다.

봉사 활동 중의 어느 날 지압 프로그램이 운영된 적이 있었는데, 어르신들이 모두 만족감을 나타내셨습니다. 희망하시는 다른 프로그램이 있는지 여쭤보니 지압뿐 아니라 노인 운동 프로그램, 지역 산책, 원예 활동 등의 프로그램이 있었으면 좋겠다고 말씀하셨습니다. 그래서 알아보니 □□구에서는 미술 교실, 인지 프로그램, 영화 상영, 손뜨개 교실 등의 프로그램을 몇 개의 경로당에서 요일별로 시간을 정해 운영한다고 합니다. 또 △△군에서는 즐거운 우리 가락, 수지침, 이동 보건소, 발 마사지, 흥겨운 노래방, 생활의 지혜, 소리 한마당, 휴경지 경작 등의 다양한 프로그램을 운영하고 있다고도 합니다.

물론 이러한 프로그램을 운영하기 위해서는 사회 복지 인력이나 비용 등 필요한 사항이 많을 것입니다. 그렇지만 준비가 덜 되었다고 하여 프로그램 운영을 미루거나 안 하게 되면 우리 지역 어르신들의 건강하고 의미 있는 일상을 기대하기는 어렵다고 생각합니다. 따라서 좀 더 적극적으로 경로당에 대한 불편 사항이나 불만 사항을 듣고 이에 대처해야 할 것입니다. 재능 기부나 봉사 활동 등 지역 주민들이 프로그램 운영을 도울 수 있는 방법도 있다고 생각합니다. 다양하고 흥미 있는 프로그램 마련을 통해 어르신들이 매일 아침 경로당 가는 시간을 기다리시는 날이 빨리 왔으면 좋겠습니다. 감사합니다.

[24003-0079]

01 **윗글의 작문 맥락을 파악한 내용으로 가장 적절한 것은?**

① 작문 목적 면에서, 모범 사례를 다양하게 제시하며 예상 독자를 설득하고 있다.

② 글의 주제 면에서, 공동의 문제를 해결하기 위한 개인적인 실천을 당부하고 있다.

③ 글의 유형 면에서, 사회 문제를 분석한 전문가의 의견을 인용하며 시의성 있게 보도하는 글이다.

④ 글의 필자 면에서, 문제로 인해 직접적으로 피해를 받는 입장의 필자가 문제 해결의 필요성을 강조하고 있다.

⑤ 예상 독자 면에서, 문제 해결의 당위성을 강조하기 위해 지역 공동체의 모든 구성원을 독자로 상정하고 있다.

[24003-0080]

02 **〈보기〉는 학생이 건의문을 쓰기 위해 참고한 내용이다. 〈보기〉를 고려한 글쓰기 계획 중 윗글에 반영되지 않은 것은?**

● 보 기 ●

* 계획하기: 문제 상황을 파악하고 글의 목적과 주제를 정하기
* 내용 생성하기: 주제와 관련된 자료를 수집하고 이를 바탕으로 해결 방안 제시하기
* 내용 조직하기: 글을 쓰게 된 계기, 문제 상황, 해결 방안, 근거, 기대 효과 등이 잘 드러나도록 처음-중간-끝의 내용을 구성하기
---

① 글의 처음 부분에서 경로당 봉사 활동 경험을 언급하며 글을 쓰게 된 계기를 밝혀야겠군.

② 흥미 있고 다양한 프로그램이 부족하다는 어르신들의 불만을 문제 상황으로 하여 주제를 설정해야겠군.

③ 경로당을 이용하는 어르신들을 대상으로 경로당에 오시는 이유를 인터뷰하여 해결 방안의 근거로 언급해야겠군.

④ 글의 끝부분에 어르신들이 경로당 가는 시간을 기다리시는 날이 빨리 오기를 바란다는 내용을 배치하여 기대 효과를 드러내야겠군.

⑤ 경로당 관련 설문 조사 결과나 다른 지역의 경로당 프로그램 운영 현황 등의 자료를 수집하여 이를 근거로 삼아 문제를 구체화하고 해결 방안을 제시해야겠군.

[24003-0081]

03 다음은 학생이 친구들의 조언에 따라 [A]를 고쳐 쓴 것이다. 친구들의 조언 내용으로 적절하지 <u>않은</u> 것은?

> 단순히 경로당 시설이 있다는 것을 넘어 현대 사회에서 노인분들이 삶의 의미와 건강함을 찾을 수 있는, 함께하는 공간으로서의 경로당이 만들어질 때, 경로당이 '노인을 공경하는 집'이라는 이름에 걸맞은 시설이 될 수 있다고 생각합니다. 앞에서 언급했던 설문 결과에서 볼 수 있듯이 가장 시급한 개선 사항은 노인분들의 실질적인 요구를 반영하여 다양하고 정기적인 프로그램을 개발하고 운영하는 것이라고 생각합니다.

① 내용의 통일성을 해치는 문장은 삭제하는 것이 어떨까?
② 경로당 프로그램의 부실한 운영 원인을 추가하는 것이 어떨까?
③ 설문 결과를 반영한 프로그램의 운영 방향을 제시해 주는 것은 어떨까?
④ 해결 방안이 설문 결과 분석을 통해 얻은 것임을 언급해 주는 것은 어떨까?
⑤ '경로당'의 의미를 풀이해 주어서 '이름에 걸맞은 시설'이라는 구절을 구체화하는 것은 어떨까?

[04~06] (가)는 글을 쓰기 전 학생이 작성한 메모이고, (나)는 (가)를 바탕으로 학생이 쓴 자기소개서의 초고이다. 물음에 답하시오.

가 학생의 메모

○ 작문 상황: 교육청에서 운영하는 '지역 사회 명소 해설사' 활동에 지원하기 위해 자신의 진로와 연계하여 자기소개서를 쓰고자 함.

○ 자기소개서에 들어갈 내용
　– 사람들이 사는 공간과 그 공간에서 형성된 문화에 대해 가졌던 관심 ·················· ㉠
　– 과거의 체험 활동 경험을 통해 깨달은 진로를 위해 필요한 자질 ·················· ㉡
　– 박물관, 문학관 등을 견학하면서 알게 된 것 ·················· ㉢
　– 진로 희망 분야를 위해 그동안 준비했던 활동에 대한 간략한 소개 ·················· ㉣
　– 지역 사회 명소 해설사 활동에 대한 포부 ·················· ㉤

나 학생의 초고

　어릴 때부터 지도를 보는 것을 참 좋아했습니다. 등고선, 도로 표시, 산과 하천의 모습 등도 좋았지만 특히 주제별 지도에 마음이 끌렸습니다. 작물 분포도, 풋살장 현황도, 선별 진료소 분포도, 제주도의 지질도 등 지도는 우리가 사는 다양한 모습을 아주 쉽게 한눈에 볼 수 있게 해 주는 마법 같은 그림이었습니다. 지리가 단순히 땅에 대한 학문이 아니라 그 땅에 사는 사람들의 일상이나 문화와 매우 밀접한 학문임을 알 수 있었습니다. 이렇게 땅과 거기에 사는 사람들의 이야기에 관심이 생기다 보니 자연스럽게 관련 학과로의 진로를 희망하게 되었습니다.

　그래서 고등학교에 입학한 후 지리·역사 동아리인 'IN 누리'에 들어가 학교 근처의 상권을 조사하여 '우리들의 맛집 지도', '우리가 즐겨 가는 곳은 어디?' 등 주제별 지도를 작성하면서 고등학생이 좋아하는 곳, 고등학생의 소비 등에 대해서 생각하고 탐색해 보기도 했습니다. 또 박물관 관람을 할 때는 가기 전에 박물관에 전시된 내용이 무엇인지, 전시 초점이 무엇인지 등을 미리 살펴보기도 하고, 궁궐을 탐방할 때는 관련 책을 찾아 읽어 보기도 했습니다. 그러면서 우리가 사는 땅과 역사, 사람에 대해 많은 생각을 할 수 있었습니다.

　어린 시절 부모님 손을 잡고, 때로는 또래 아이들과 함께 박물관이나 생태 체험관, 문학관 등을 견학한 일이 많았습니다. 그리고 그곳에서 해설사 선생님의 재미있으면서도 깊이 있는 설명을 들으며 내가 보고 있는 것들, 딛고 있는 것들에 대해 자세히 알 수 있었습니다. 해설사 선생님들의 설명은 때로는 원시 시대로, 때로는 조선 왕조로, 때로는 신라의 무덤으로, 때로는 작가의 서재로 저를 이끌었습니다.

　이번에 모집하는 '지역 사회 명소 해설사'는 저의 이러한 관심과 진로 희망에 딱 들어맞는 활동입니다. 지역 사회 명소는 우리 지역의 이름난 공간입니다. 제가 지역 사회 명소 해설사가 된다면 그 공간이 왜 유명해진 것인지를 해당 시대의 사회적·역사적 상황을 통해 살펴볼 것입니다. 그리고 제가 살고 있는 지역 사회의 땅과 문화, 그곳에 남은 생활의 흔적들을 직접 짚어 가며 걸으면서 그곳에 대해, 그곳에서의 삶과 흔적에 대해 그곳을 찾아온 사람들에게 설명할 것입니다. 체험 활동에서 만난 해설사 선생님이 그러했듯이 제 애기를 듣는 사람들을 과거의 그 삶의 무대로 생생하게 인도하고 싶습니다. 그러기 위해서 먼저 지역 사회 명소에 대해 자세히 알아보고, 전문적인 내용들은 찾아 가고 물어 가며 연구할 것입니다. 또한 정확하면서도 흥미롭게, 그리고 생생하게 내용을 전달하기 위해서도 노력할 것입니다.

[A] 　행복한 마음을 지닌 지역 사회 명소 해설사로 활동하면서 지역 사회 명소를 알릴 것입니다. 그리고 그 해설을 듣는 사람들 역시 행복한 마음을 안고 갈 수 있도록 하겠습니다.

[24003-0082]

04 **㉠~㉤ 중 (나)에 반영되지 않은 것은?**

① ㉠　　　　　② ㉡　　　　　③ ㉢　　　　　④ ㉣　　　　　⑤ ㉤

[24003-0083]

05 **다음은 학생이 (나)를 작성하기 위해 세운 글쓰기 계획이다. (나)에 반영되지 않은 것은?**

① 주제별 지도의 구체적 사례를 소개하면서 지도에 관한 흥미를 갖고 있음을 부각해야지.
② 동아리 활동 중 중요한 활동을 언급하고 준비 과정 및 활동을 통해 배운 것을 드러내야지.
③ 해설사 선생님의 설명을 들으며 상상할 수 있었던 세계를 열거하면서 해설사라는 직업이 지닌 긍정적 가치를 드러내야지.
④ 지역 사회 명소 해설사가 나의 진로 희망과 관련되어 있음을 제시하면서 활동을 위해 어떤 노력을 할 것인지 드러내야지.
⑤ 지역 사회 명소 해설사 활동을 하면서 겪을 수 있는 어려운 점을 예상하여 언급하면서 이를 어떻게 극복할 것인지에 대해 밝혀야지.

[24003-0084]

06 다음은 [A]에 대한 친구의 조언이다. 친구의 조언에 따라 [A]를 고쳐 쓴 것으로 가장 적절한 것은?

> [A]는 글을 마무리하는 부분이니만큼, 조금 더 인상적으로 쓰면 어떨까? [A]에서 언급한 내용을 비유적 표현을 통해 구체화하고, 그 의미를 담은 포부를 밝히는 것은 어때?

① 무지개를 좇던 어린아이가 이제 그 무지개를 만들어 보여 주려고 합니다. 지역 사회 명소 해설사는 저에게는 무지개 공장입니다.

② 지역 사회 명소 해설사는 지역의 파수꾼입니다. 지역의 과거와 현재를 기억하면서 이를 바탕으로 미래를 아름답게 만들어 나가겠습니다.

③ 행복한 마음으로 일을 하면 그 일에 함께 참여하는 다른 사람들에게도 그 행복감이 전해지리라 생각합니다. 저는 행복한 지역 사회 명소 해설사, 그리고 행복을 전하는 지역 사회 명소 해설사로 활동하고 싶습니다.

④ 어린 시절 만났던 해설사 선생님은 제 머릿속에 멋진 그림책을 펼쳐 주셨습니다. 그 그림책은 때때로 다시 떠올라 행복감을 선사하기도 했습니다. 저도 그런 지역 사회 명소 해설사가 되어 지역 사회 명소를 알리고 싶습니다.

⑤ 행복은 함께하는 것입니다. 지도를 보면서 느꼈던 행복과 설렘을 다른 사람들과 함께하고 싶습니다. 그러기 위해 지역 사회 명소 곳곳에서 행복할 것이고 설렘을 느낄 것입니다. 그리고 그 행복과 설렘을 그곳을 찾는 사람들과 함께 느낄 것입니다.

[01~03] 다음은 학생이 쓴 건의문의 초고이다. 물음에 답하시오.

　안녕하세요, 교장 선생님. 저는 학생회장 ○○○입니다. 학생들이 건강하고 행복하게 학교생활을 할 수 있도록 관심을 가지고 지켜봐 주셔서 정말 감사드립니다. 제가 이렇게 펜을 들게 된 것은 교장 선생님께 학교 매점 운영 및 이용 방안과 관련하여 몇 가지 건의를 드리기 위해서입니다.

　학교 안에서 긴 시간을 보내야 하는 학생들은 급식만으로는 배가 고프거나, 오랜 수업으로 인해 피곤할 때, 또는 기분 전환이 필요할 때 등 여러 가지 경우에 매점을 자주 찾습니다. 그런데 간식을 사기 위해 줄을 서는 과정에서 학생들이 뒤엉키면서 매점 앞이 매우 혼잡한 경우가 빈번합니다. 또한 매점 안의 부족한 탁자와 의자를 서로 먼저 이용하고자 하는 학생들 사이에 말다툼이 벌어지는 일도 있다고 합니다. 이로 인하여 학생들의 불만이 많을 뿐만 아니라 안전사고 발생이 우려되는 상황입니다. 이를 계기로 학생회에서 우리 학교 학생들을 대상으로 '매점에 대한 불만 사항'을 묻는 설문 조사를 진행했습니다. 설문에 대한 학생들의 답변을 바탕으로 매점 이용과 관련된 문제점을 짚어 보고 학생회에서 문제를 해결할 수 있는 개선 방안을 건의드리고자 하니, 수용해 주시기를 부탁드립니다.

　먼저 설문 조사 결과 학생들은 매점 판매대 앞이 무질서하고 편의 시설이 부족하다는 것을 주된 불만 사항으로 제시했습니다. 판매대 앞의 무질서 문제는 학생들의 줄 서기 의식이 부족하다는 것과 매점의 판매 창구가 하나뿐이라는 문제가 겹쳐져 나타난 것입니다. 따라서 학생회가 주축이 되어 학생들을 대상으로 '판매 창구 앞 한 줄 서기' 캠페인을 실시할 수 있도록 허락해 주시기 바랍니다. 또한 매점 측이 판매 창구를 늘리는 것도 문제의 해결책이 될 수 있으므로 매점 측에 판매 창구를 늘릴 것을 요청해 주시기 바랍니다. 또한 탁자 및 의자 등 편의 시설 부족에 대한 불만은 현재 사용하지 않고 보관 중인 다목적실의 탁자와 의자를 가져다 쓰면 당장 해결할 수 있으므로 이를 사용할 수 있도록 허가해 주십시오.

[A] ⎡ 　또한 설문 조사 결과 상당수의 학생들이 매점에서 판매하는 품목이 다양하지 않다는 불만 사항을 제시했습니다. 학생들이 매점에서 주로 사 먹는 음식은 △△빵, ◇◇음료, □□젤리 등인데, 문제는 이 제품들은 모두 고열량·저영양 식품으로 장기적으로 섭취할 경우 학생들의 건강을 해칠 수 있는 위험성이 있다는 것입니다. 이는 매점 사업자가 학생들이 선호하는 저가의 고열량·저영양 식품 위주로 판매 품목을 구성하는 매점 운영상의 문제에 그 원인이 있습니다. 따라서 매점 판매 품목의 다양화 및 질적 개선을 위해서 학교 측에서 매점 사업자와의 협상을 통해 '건강한 먹거리'라는 선택지를 제공하여 학생들이 매점 음식 선택의 폭을 넓힐 수 있도록 해 주십시오. 더 나아가 학교 매점의 운영 주체 및 운영 방식을 바꾸는 방안에 대해서도 고려해 주시기 바랍니다. ⎣

　저희의 건의 사항이 받아들여진다면 학생들의 질서 의식을 제고하는 한편 안전사고 발생을 예방할 수 있으며 학생들 간의 불필요한 다툼 또한 없어지게 될 것입니다. 저희 학생회에서는 매점 이용에 대한 여러 가지 사항을 책임감 있게 관리하는 것에 적극 협조하여 학생들이 질서 있고 안전하게 매점을 이용하며 학교생활을 할 수 있도록 최선의 노력을 다할 것을 약속드립니다. 학생들의 의견을 수렴한 건의 사항인 만큼 교장 선생님의 긍정적인 답변을 기대하겠습니다. 긴 내용 읽어 주셔서 감사합니다.

작문

[24003-0085]

01 윗글의 필자가 사용한 글쓰기 전략으로 적절하지 <u>않은</u> 것은?

① 예상 독자에 대한 예의를 갖추기 위해 격식체의 높임 표현을 사용하고 있다.

② 내용의 설득력을 높이기 위해 관찰하거나 전해 들은 경험 사례들을 제시하고 있다.

③ 건의 내용의 실현을 위해 문제의 해결 과정에 필자도 협력하겠다는 약속을 하고 있다.

④ 건의 내용 수용의 당위성을 피력하기 위해 건의 내용이 설문 조사 결과를 토대로 한 것임을 밝히고 있다.

⑤ 예상 독자의 입장을 고려하기 위해 건의를 받았을 때 예상 독자가 느낄 심리적 부담에 대한 이해와 공감을 표현하고 있다.

[24003-0086]

02 〈보기〉는 [A]를 수정 보완하기 위해 수집한 자료이다. 자료의 활용 방안으로 가장 적절한 것은?

> ● 보기 ●
>
> [신문 기사]
>   대다수의 학교 매점은 공개 입찰을 통해 최고가를 써낸 사업자에게 매점을 임대하는 최고가 입찰제 방식으로 입점하여 운영된다. 이렇게 입점한 매점 사업자는 학생들이 선호하는 저가의 고열량·저영양 식품들을 많이 들여놓을 수밖에 없는데, 이는 매달 비싼 임대료를 감당해야 하는 입장에서 구매력이 부족한 학생들을 상대로 최대한의 수익을 올리기 위해 불가피한 측면이 있다. 문제는 고열량·저영양 식품이 비만과 고혈압을 유발하는 열량과 당, 포화 지방의 함유량은 높은 반면, 성장에 필요한 단백질 함유량은 낮아서 성장기의 학생들이 이를 많이 섭취할 경우 건강상의 문제가 발생할 위험이 매우 높다는 것이다. 이러한 상황에서 ☆☆ 고등학교는 올해부터 기존의 최고가 입찰제 방식 대신 학부모, 교사, 학생이 공동 출자한 자본으로 학부모들이 직접 매점을 운영하는 방식을 택하여 다양한 친환경 먹거리들을 판매하며 화제가 되고 있다.

① 대다수 학교 매점이 최고가 입찰제로 운영되는 이유는 주 이용 대상인 학생들의 구매력 수준과 관련이 있음을 강조한다.

② 학생들이 출자한 자본으로 매점을 운영하는 것이 학생들의 구매력을 높임으로써 판매 수익을 올리는 방안이 될 수 있음을 강조한다.

③ 매점 판매 품목을 친환경 먹거리 위주로 구성하게 될 경우 고열량·저영양 식품을 선호하는 학생들의 식습관을 개선하는 데 도움이 될 수 있음을 강조한다.

④ 학교 측과 매점 사업자 간의 협상을 통해 매점에서 판매하는 품목을 다양화하는 것이 매점의 임대료를 적절한 수준으로 낮추는 방안이 될 수 있음을 강조한다.

⑤ 매점 운영 주체 및 운영 방식의 변경이 매점 판매 품목의 질적 개선을 위한 방안임과 동시에 장기적으로는 학생들의 먹거리 안전을 보장하는 방안이 될 수 있음을 강조한다.

[24003–0087]

03 〈보기〉의 평가 기준에 따라 윗글을 이해한 것으로 적절하지 <u>않은</u> 것은?

● 보 기 ●

[평가 기준]
○ 독자의 공감을 이끌어 문제 해결의 필요성을 표현하고 있는가?
○ 문제에 대한 해결 방안을 명확하게 제시하고 있는가?
○ 요구 사항의 내용은 타당하고 합리적이며 실현 가능성이 있는가?
○ 요구 사항이 개인의 이익뿐만 아니라 공동체적 가치에도 부합하는가?
○ 요구 사항이 실현되었을 때 나타날 수 있는 긍정적 기대 효과를 제시하고 있는가?

---

① 학생들의 무질서한 매점 이용 실태와 안전사고 발생의 위험성을 관련지으며 독자의 공감을 이끌어 문제 해결의 필요성을 표현하고 있군.

② 한 줄 서기 캠페인 실시와 매점의 판매 창구 증설을 병행해야 한다는 구체적인 해결 방안을 제시하고 있군.

③ 현재 사용하지 않고 보관 중인 다목적실의 탁자와 의자를 매점 안의 편의 시설로 활용한다는 방안을 제시하여 문제 해결에 필요한 요구 사항의 합리성과 실현 가능성을 드러내고 있군.

④ 학교 측과 매점 측의 협상을 통해 학생들의 요구 사항을 반영하도록 한다는 해결 방안이 학생들과 매점 사업자 모두에게 이익이 됨을 밝혀 요구 사항이 공동체적 가치에도 부합함을 드러내고 있군.

⑤ 학생들의 질서 의식 제고와 안전사고 발생 예방의 측면에서 요구 사항이 실현되었을 때의 긍정적 효과를 언급하고 있군.

[04~06] 다음은 작문 상황에 따라 학생이 작성한 초고이다. 물음에 답하시오.

[작문 상황]
구독 경제가 무엇인지 설명하는 글을 써서 교지에 실으려고 함.

[초고]
감염병 대유행의 장기화를 계기로 소비자들의 일상생활에서 가장 중요한 공간이 '집'이 되면서, 많은 소비 트렌드가 그 영향을 받았다. 집을 중심으로 한 일상생활이 장기간 지속되면서 구독 경제가 새로운 소비 트렌드로 자리 잡게 된 것이다.

구독 경제란 소비자가 단발적인 구매 대신 일정 금액을 내고 업체로부터 제품이나 서비스를 일정 기간만 받는 방식의 경제 활동을 의미한다. 전통적인 신문, 잡지 구독 서비스부터 최근 급부상한 온라인 스트리밍 서비스, 유통업계의 정기 배송 서비스 등이 구독 경제의 대표적 사례라고 할 수 있다. 이러한 변화의 중심에는 새로운 소비 계층으로 부상한 20~30대의 젊은 세대가 있다. 이들은 하나의 아이템을 '소유'하기보다는 시간과 비용을 아껴서 자신의 취향에 맞는 다양한 아이템을 '경험'하는 것을 선호한다. 즉 소비자 입장에서 구독 경제는 가성비 높은 경험의 확장과 개인화된 취향에 기반을 둔 서비스라고 할 수 있다.

이렇게 구독 경제가 새로운 소비 트렌드로 자리 잡으면서 우리나라 구독 경제의 시장 규모는 크게 성장했다. 여러 분야에서 구독 경제 서비스가 활성화되며 구독 경제에 대한 기업들의 투자가 꾸준히 늘고 있다. 또한 미국, 유럽, 중국 등을 중심으로 구독 서비스 이용자 증가율이 가파르게 증가하며 전 세계적으로 시장 규모가 더욱 커질 전망이다.

이처럼 구독 경제는 소비자들에게 합리적인 소비 방식으로 인식되면서 급성장하고 있으나 구독 경제에 숨어 있는 그림자 또한 존재한다. 우선 가격 장벽이 낮은 것이 소비자의 무분별한 구독으로 이어지며 오히려 과소비를 조장할 우려가 있다. 또한 구독 경제를 펼치는 기업이 독점적 시장을 확보하면 소비자의 선택권이 줄어드는 상황이 발생하여 합리적 소비를 방해하는 요인으로 작용할 위험이 있다. 지금은 구독 경제가 이른바 '가성비 좋은 소비'라는 평가를 받고 있지만, 장기적으로는 구독 경제에 대한 반대 평가가 쏟아질 가능성도 배제할 수 없다. 따라서 구독 경제의 부작용으로부터 소비자를 보호할 수 있는 제도적 보완책을 지금부터 고민할 필요가 있다.

[24003-0088]

04 **다음은 초고를 쓰기 위한 글쓰기 계획이다. 초고에 반영되지 <u>않은</u> 것은?**

① 구독 경제의 국내 시장 상황과 세계적인 추세를 차례로 제시해야겠다.

② 구독 경제의 여러 유형을 기준에 따라 분류하며 각 유형의 장단점을 설명해야겠다.

③ 구독 경제의 대표적인 사례를 제시하여 구독 경제의 개념에 대한 이해를 도와야겠다.

④ 구독 경제가 급성장하게 된 배경을 특정 세대의 소비 성향과 관련지어 설명해야겠다.

⑤ 구독 경제의 긍정적인 면뿐만 아니라 구독 경제의 예상되는 문제점도 함께 제시해야겠다.

[24003-0089]

05 **〈보기〉는 윗글을 쓴 학생이 교지 편집부장의 의견을 반영하여 글을 고쳐 쓴 후 보낸 이메일의 일부이다. ⓐ에 들어갈 내용으로 가장 적절한 것은?**

● 보 기 ●

　보내 주신 검토 의견 중 (　　　　ⓐ　　　　) 달라는 말을 고려해, 초고의 첫 문단을 다음과 같이 수정했습니다.

　[감염병 대유행의 장기화를 계기로 소비자들의 일상생활에서 가장 중요한 공간이 '집'이 되면서 구독 경제가 새로운 소비 트렌드로 자리 잡게 되었다. 외식을 자제하면서 온라인 장보기가 활성화되어 식재료 및 신선 식품을 주기적으로 배송받는 사람들이 많아졌고, 여가 시간 대부분을 집에서 보내게 되면서 동영상, 음악, 전자책 등 디지털 콘텐츠의 정기 구독 서비스에 대한 수요도 크게 늘었다.]

① 구독 경제가 세계 경제에 미친 영향을 추가해

② 구독 경제가 기업들의 안정적 매출 확보에 도움이 된 내용을 추가해

③ 세계 경제 위기 시기에 활성화된 구독 경제에 대한 내용을 구체화해

④ 중복되는 내용을 삭제하고, 감염병 대유행 시기에 활성화된 구독 경제의 사례를 추가해

⑤ 화제와 관련이 없는 내용을 삭제하고, 구독 경제가 감염병 대유행 시기에 급성장한 이유를 추가해

[24003-0090]

06 〈보기〉는 학생이 초고를 보완하기 위해 추가로 수집한 자료이다. 자료의 활용 방안으로 적절하지 <u>않은</u> 것은?

● 보기 ●

(가) 구독 경제를 다룬 신문 기사

　구독 경제는 현재 OTT 플랫폼(온라인 동영상 스트리밍 서비스)뿐만 아니라 유통업계, 정보 통신 기술 업계, 이동 통신, 엔터테인먼트, 패션, 가구, 보험, 차량 등 일상생활 전반에 걸쳐 다양한 분야에서 그 사업 규모가 빠르게 확장되고 있다. 국내 기업들은 업종을 불문하고 구독 서비스를 줄줄이 선보이면서 새로운 시장의 활로를 모색하고 있다. 이처럼 구독 경제는 소비자의 구매력이 갈수록 약해지고 있는 가운데 기업에 새로운 시장의 가능성을 열어 주고 있다.

(나) 국내 및 세계 구독 경제 규모에 대한 자료

1)

■ **국내 구독 경제 시장 규모 추이** (단위: 원)
출처: □□ 경제 경영 연구소
100조 예상
2025년
(2016 대비 55% 성장)
40조 1000억
2020년
25조 9000억
2016년

2) 미국 뉴욕 타임스와 영국의 파이낸셜 타임스에 따르면, 미국과 영국의 1인당 연평균 구독 서비스 이용 금액은 미국 640달러(약 75만 원, 2019년), 영국 620파운드(약 100만 원, 2021년)에 달했다. 구독 서비스 이용자 증가율도 가파르다. 파이낸셜 타임스는 2021년 8월 "영국 가정의 80% 이상이 구독 서비스를 이용하고 있으며 이는 전년 대비 65% 증가한 수치"라고 보도했다.

(다) 전문가 인터뷰

　"구독 경제가 단기적으로는 소비자에게 경제적인 이점이 많을 수 있지만, 장기적으로는 특정 기업이 시장을 독점하면서 소비자의 선택권이 줄어드는 상황이 펼쳐질 수도 있습니다."

– △△ 경제 연구소 연구 자문 위원

　"구독 서비스를 론칭한 업체들이 시장을 장악하면 다른 사업자의 시장 진입이 어려워지고 그럴수록 시장의 건강한 경쟁 시스템은 약해지고, 소비자의 선택권은 줄어들게 됩니다. 이런 상황에서 독점 사업자가 그들 마음대로 가격을 인상해도 대안이 없는 소비자는 따를 수밖에 없으므로, 구독 경제가 오히려 과소비를 조장하여 알뜰 소비와는 거리가 멀어질 가능성이 충분하지요."

– ○○ 대학교 교수

① (가)를 활용하여, 소비자의 구매력을 높이는 데 구독 경제가 대안이 될 수 있다는 점을 제시해서 2문단을 보완한다.

② (가)를 활용하여, 기업들의 투자가 꾸준히 늘고 있는 구독 경제의 다양한 분야를 구체적으로 제시해서 3문단을 보완한다.

③ (나)-1을 활용하여, 국내 구독 경제의 시장 규모 추이에 대한 통계 자료를 제시해서 3문단을 구체화한다.

④ (나)-2를 활용하여, 구독 서비스 이용자 증가 추이에 대한 외국의 사례를 제시해서 3문단을 뒷받침한다.

⑤ (다)를 활용하여, 장기적인 관점에서 소비자에게 미칠 구독 경제의 문제점을 분석한 전문가의 견해를 추가하여 4문단을 보완한다.

[01~03] 다음은 학습 활동에 따라 학생이 작성한 초고이다. 물음에 답하시오.

[학습 활동]

　인상 깊은 영화를 골라, 영화에 대한 감상문을 쓰고 모둠별로 상호 평가해 보자.

[초고]

　「피아니스트(The Pianist)」는 2차 세계 대전을 배경으로 한 영화로, 폴란드에서 평화롭게 지내던 유대인 가족이 나치의 침공에 의해 해체되는 모습을 그렸다. 참혹한 전쟁 속에서 살아남기 위해 몸부림치는 인간의 모습과 이러한 삶 속에서도 예술에 대한 열망을 포기하지 않는 예술가의 면모를 잘 포착한 작품이다. 특히 이 영화는 실화를 바탕으로 하고 있어 전쟁의 비극성을 여실히 느끼게 한다. 개봉 당시 영화계에서 큰 호평을 받았으며 제55회 칸 영화제에서는 황금종려상을, 제75회 아카데미 시상식에서는 3개 부문에서 수상하며 작품성을 인정받았다.

　영화의 시작을 알리는 갑작스러운 전쟁의 발발은, 폴란드 방송국에서 피아노를 연주하며 예술가로서의 삶을 살고 있던 주인공 스필만의 일상을 송두리째 빼앗아 버린다. 당시 유대인들은 유대인임을 구별하는 표식을 반드시 부착하고 여러 차별을 견뎌야 했으며, 결국 유대인이라는 이유만으로 강제 노동 수용소로 이주되어 학살되었다. 이런 상황에서 주인공은 가족들과 헤어져 홀로 은신처에서 숨어 사는 신세가 된다. 여러 사람의 도움으로 은신처에서의 삶을 어렵게 이어 나가지만, 이러한 도움도 영원할 수는 없는 법. 나치의 세력이 확장될수록 자신을 도와주던 사람들마저 위기에 처하게 되고, 완전히 혼자가 된 주인공은 허기와 추위, 고독과 공포 속에서 생존을 이어 간다.

[A] 　이 작품의 백미라 할 수 있는 인상 깊은 장면은, 주인공이 은신처에서 독일군 장교와 단둘이 마주치는 장면이다. 이전까지 이 영화에 등장한 독일인들은 어떻게 같은 인간에게 이토록 잔인할 수 있을지 의심스러울 만큼, 유대인에 대한 배려와 이해라고는 전혀 찾아보기 어려운 사람들이었다. 그러나 이 장면에서의 독일군 장교는 주인공에게 "직업이 무엇인가요?"라고 묻기도 하고 피아니스트였다는 답변을 듣자 피아노 연주를 듣고 싶다고 하면서 인간과 인간의 참된 만남을 보여 주어 인상 깊었다. 독일군 장교 앞에서 주인공은 온 영혼을 손끝에 실어 연주하였고, 독일군 장교는 이 연주에 큰 감동을 받는다. 이후 독일군 장교는 주인공에게 식량을 몰래 가져다주면서 주인공의 은신처살이를 적극적으로 도와주었다. 덕분에 주인공은 전쟁이 끝날 때까지 목숨을 건질 수 있었고, 전쟁 이후 소중한 일상으로 돌아와 다시 피아니스트로서의 삶을 살 수 있었다. 만약 독일군 장교가 그의 연주를 알아봐 주지 않았다면 어땠을까? 주인공은 아마 소중한 일상으로 돌아오지 못했을 것이다. 뛰어난 그의 연주를 알아봐 준 이가 있었기 때문에 주인공은 자신의 삶과 아름다운 연주를 이어 갈 수 있었다.

　이 영화는 전쟁이라는 참혹한 상황 속에서 피어난 인간애와 함께 예술의 가치를 보여 준다. 삶을 지탱하기 어려운 극한의 상황 속에서도 끊임없이 마음속으로 피아노 연주를 이어 가며 쉬지 않고 움직이던 주인공의 손끝을 보고 있노라면, 인간이란 어떤 존재이며 인간에게 예술이란 무엇인지에 대한 묵직한 질문을 던지게 된다. 음악에 대한 열정은 시련 속에서도 주인공을 버티게 하는 힘이 되어 주었으며, 삶을 포기할 수 없는 중요한 이유가 되어 주었다.

ⓐ

[24003-0091]

01 **[A]에 나타난 글쓰기 방식으로 가장 적절한 것은?**

① 다양한 특성을 대조하여 여러 인물 간의 차이점을 밝히고 있다.

② 다른 작품과 장단점을 비교하여 인물의 독창적 면모를 제시하고 있다.

③ 대사를 인용하여 인물이 다른 인물에게 지닌 적대감을 보여 주고 있다.

④ 여러 상황을 열거하여 인물이 처한 내적 갈등의 심각성을 설명하고 있다.

⑤ 묻고 답하는 방식을 활용하여 인물의 행동이 지닌 의미를 나타내고 있다.

[24003-0092]

02 **〈보기〉는 모둠원들이 초고를 상호 평가하기 위한 기준이다. 이 기준에 따라 윗글을 점검한 내용으로 적절하지 않은 것은?**

● 보 기 ●

㉠ 영화를 보게 된 동기를 제시하였는가?

㉡ 영화에 나타난 중요한 사건을 제시하였는가?

㉢ 영화에 대한 평가가 어떠하였는지를 제시하였는가?

㉣ 영화를 추천하고 싶은 대상과 그 이유를 제시하였는가?

㉤ 영화에서 인상 깊은 장면과 그 장면을 고른 이유를 제시하였는가?

① ㉠: 영화를 보게 된 동기가 제시되어 있지 않으므로 이를 추가하면 좋겠어.

② ㉡: 영화의 중요한 사건을 정리하여 2, 3문단에서 제시하고 있어.

③ ㉢: 영화가 개봉되었을 당시 영화계의 평가를 1문단에서 제시하고 있어.

④ ㉣: 영화를 추천하고 싶은 대상과 그 이유를 4문단에서 제시하고 있어.

⑤ ㉤: 영화에서 인상 깊은 장면과 그 장면을 고른 이유를 3문단에서 제시하고 있어.

[24003-0093]

03 다음 〈조건〉에 따라, 글의 마무리 부분인 ⓐ에 들어갈 내용을 작성한다고 할 때, 가장 적절한 것은?

> **조건**
> • 영화에 활용된 음악의 기능에 대해 서술할 것.
> • 영화를 통해 깨달은 점을 서술할 것.

① 이 영화의 주제는 포기하지 않는 인간의 의지라는 생각이 들었으며, 이 영화를 통해 그동안 잊고 있었던 음악에 대한 나의 꿈을 포기해서는 안 된다는 것을 깨닫게 되었다. 앞으로 음악을 공부하겠다는 꿈을 이루기 위해 끝까지 노력하겠다.

② 영화 속에 흐르는 음악은 전쟁의 비극성과 주인공의 아픔을 더 선명하게 보여 주는 장치가 되었다. 숨어 지내는 처지인지라 연주를 할 수 없었던 주인공이 옆 방에서 들리는 피아노 음악에도 귀를 기울이던 모습은 참으로 안타깝게 다가왔다.

③ 영화를 보고 난 후에 이 영화가 다양한 상을 수상하게 된 이유를 알 수 있었다. 영화가 그려 낸 전쟁이라는 인류의 부끄러운 역사가 다시 반복되지 않기를 바란다. 전쟁에서는 승자도 패자도 없이 모두가 불행해진다는 것을 다시 한번 깨닫게 되었다.

④ 이 영화는 주인공 스필만이 쓴 책을 바탕으로 만들어졌다. 실화를 바탕으로 한 영화 속 상황은 사실감 있게 그려졌으며, 보는 이가 전쟁 상황에 쉽게 몰입될 수 있도록 한다. 이 영화는 이러한 사실성을 바탕으로 전쟁의 참혹함 속에 피어난 예술의 아름다움을 그려 낸 작품으로 평가받는다.

⑤ 영화의 아름다운 음악 선율은 전쟁의 참혹함과 대조를 이루면서, 때로는 더 슬프게 때로는 더 아름답게 들렸다. 이 영화는 음악의 아름다움과 극한 상황에서의 삶에 대한 의지를 깨닫게 해 주었다. 주인공이 자신의 삶과 음악을 포기하지 않은 것처럼 삶의 소중한 것들을 지켜 가는 사람이 되고 싶다.

[04~06] 다음은 작문 과제에 따라 학생이 작성한 초고이다. 물음에 답하시오.

[작문 과제]

　친구들에게 소개하고 싶은 주제를 찾아 설명문 쓰기

[초고]

　오래된 기차역에서 세계적으로 사랑받는 아름다운 미술관으로 변신! 오르세 미술관은 역사상 최초로 산업용 건축물에서 문화 공간으로 재탄생한 곳이다. 오르세 미술관의 건물은 원래 1900년 세계 만국 박람회를 위해 건축되었던 기차역으로, 당시에는 화려하고 아름다운 건축물로 평가받았던 곳이다. 이후 오르세역은 1900년부터 1939년까지 프랑스 파리 중심에서 남서부를 잇는 역할을 담당하였으나, 철도 기술이 진보함에 따라 오르세역의 플랫폼에서는 더 이상 기차를 운행할 수 없게 되었다. 결국 오르세역은 폐쇄의 위기를 맞게 되었으나, 1970년대 19세기 건축에 대한 관심이 되살아나면서 역사 기념물로 지정되었고, 역 건물을 미술관으로 재구성하기 위한 노력이 진행되어 1986년 오르세 미술관으로 개관하였다. 오르세 미술관으로 개관하면서 역의 플랫폼이 있어야 할 자리는 볕이 잘 드는 개방감 있는 공간으로 탈바꿈하였고, 이곳은 오르세 미술관만의 독특함이 담긴 공간이 되었다. "오르세 미술관에서 가장 처음 만나게 되는 작품은 미술관 그 자체이다."라는 관람객의 극찬이 있을 정도로 오르세 미술관은 공간적 아름다움을 갖추고 있어, 루브르 박물관과 함께 파리의 명소가 되었다.

　오르세 미술관은 크게 세 층으로 구성되어 있는데, 이는 역 구조를 최대한 살린 독특한 구조이다. 가장 저층에는 양쪽에 작품을 감상할 수 있는 갤러리들이 있다. 그리고 중간층의 테라스는 저층을 내려다볼 수 있는 장소인 동시에 다른 전시장으로 개방되어 있으며, 상층은 로비 위쪽으로 길게 뻗어 있는 구조로 되어 있다. 오르세 미술관에는 전시관뿐만 아니라 유리로 만들어진 산책로, 서점과 강당 등의 편의 시설도 마련되어 있다.

　오르세 미술관은 주로 1848년부터 1914년 사이에 완성된 예술 작품들을 전시하고 있는데, 특히 근대 미술의 기원이라고 할 수 있는 인상파와 쇠라, 고갱 등의 작품과 같은 화려한 컬렉션을 자랑한다. ㉮ 오르세 미술관에 있는 회화 작품을 구체적으로 살펴보면, 「만종」, 「이삭줍기」, 「올랭피아」, 「발레 수업」, 「런던 국회 의사당」, 「피아노 치는 소녀들」, 「아를의 별이 빛나는 밤」, 「서커스」 등이 있는데, 이러한 작품들이 한 미술관에 있다는 것이 신기할 정도로 유명한 작품들이 많이 전시되어 있다. 이렇듯 오르세 미술관의 소장 작품 중에는 19세기 회화 작품의 비중이 가장 높지만, 로댕의 「지옥의 문」, 「코가 일그러진 사나이」 등과 같은 조각 작품도 풍부하다. 이 외에도 장식 미술, 가구, 사진 등의 예술 작품이 다양하게 전시되어 있다.

　오르세 미술관을 관람하는 효과적인 방법으로는, 저층을 둘러본 후 곧바로 상층으로 가서 인상파 화가들의 그림을 본 후, 내려오면서 중간층의 조각과 회화들을 감상하는 방법이 있다. 상층에 유명한 작품들이 많이 있고, 위에서 내려오다 보면 중간층에서 아래층을 내려다볼 수 있는 구조도 함께 경험할 수 있기 때문이다. 과거의 기차역이었던 공간을 새로운 매력으로 변화시킨 오르세 미술관은, 끊이지 않는 관광객의 발길로 새로운 현재를 만들고 있다.

[24003-0094]

04 다음은 윗글을 쓰기 위한 학생의 글쓰기 계획이다. 윗글에 반영되지 <u>않은</u> 것은?

1문단
- 오르세역이 오르세 미술관으로 바뀌게 된 이유를 제시한다. ──────────── ①

2문단
- 오르세 미술관의 각 층이 어떻게 구성되어 있는지 설명한다. ──────────── ②
- 오르세 미술관과 루브르 미술관의 공간 구성이 어떻게 다른지에 대해 설명한다. ──── ③

3문단
- 오르세 미술관에 주로 어떤 시기의 예술 작품이 전시되어 있는지 소개한다. ──────── ④
- 오르세 미술관에 어떤 회화 작품이 소장되어 있는지 소개한다.

4문단
- 오르세 미술관을 관람하는 방법에 대해 설명한다. ──────────── ⑤

[24003-0095]

05 윗글에 활용된 쓰기 전략으로 적절하지 <u>않은</u> 것은?

① 명사로 종결한 문장을 활용하여 글의 내용을 요약적으로 제시한다.
② 대상과 관련된 구체적 시기를 제시하며 대상의 변화 과정을 나타낸다.
③ 대상이 변화한 모습을 밝히고 변화 이후의 장점을 드러낸다.
④ 대상에 대해 평가한 말을 인용하여 대상의 가치를 드러낸다.
⑤ 비유의 방식을 활용하여 대상이 변화하기 이전의 특징을 강조한다.

[24003-0096]

06 〈보기〉는 학생이 선생님의 조언에 따라 ㉮를 고쳐 쓴 것이다. 선생님이 조언한 내용으로 가장 적절한 것은?

> ━● 보기 ●━
>
> 　오르세 미술관에 있는 회화 작품을 구체적으로 살펴보면, 밀레의 「만종」, 「이삭줍기」, 마네의 「올랭피아」, 드가의 「발레 수업」, 모네의 「런던 국회 의사당」, 르누아르의 「피아노 치는 소녀들」, 고흐의 「아를의 별이 빛나는 밤」, 쇠라의 「서커스」 등이 있는데, 이러한 작품들이 한 미술관에 있다는 것이 신기할 정도로 유명한 작품들이 많이 전시되어 있다. 작품 하나를 소개해 보자면, 「서커스」를 관람할 때에는 가까이에서 한번 바라보고 멀리서도 한번 바라보기를 추천한다. 가까이에서 보면 각 색점들이 구분될 정도로 다른 색이지만 조금 뒤로 떨어져서 보면, 그 색의 변화가 은근하게 번지듯이 보이는 듯한 경험을 할 수 있을 것이다. 이는 마치 점을 찍듯이 칠했다고 해서 이름 지어진 점묘법이 사용되었기 때문이다.

① 각 작품의 작가를 제시하고, 작품 하나를 선정하여 관람하는 방법을 소개하면 어떨까?

② 미술관에서 관람객이 가장 많이 관람하는 작품을 소개하고, 그 이유를 설명하면 어떨까?

③ 회화 작품 외에 조각 작품에 대해 소개하고, 회화와 조각의 차이에 대해 설명하면 어떨까?

④ 작품을 시기별로 분류하여 제시하고, 다양한 회화 작품을 소장하게 된 이유를 설명하면 어떨까?

⑤ 주목해야 할 작가의 삶에 대해 소개하고, 그 작가의 작품 경향에 대해 구체적으로 제시하면 어떨까?

[01~03] 다음은 학생의 글이다. 물음에 답하시오.

선생님, 안녕하세요. 저는 지우입니다. 유난히 더운 이번 여름 방학 잘 보내고 계시나요?

지난 여름 방학식 때, 방학 기간에 다른 연령이나 환경의 사람들을 직접 만나 얘기를 나누어 보는 활동을 해 보라고 권하셨죠. 학생들이 자기들끼리 매일 학교라는 공간에서만 부대끼며 지내는 것 같아 걱정이 된다고 하시면서요. 그 말씀을 들었을 때 바로 며칠 전 부엌에서 햇살도 못 받고 자라는 시루 속 ㉠ 콩나물 을 본 일이 떠올랐습니다. 제 처지와 비슷해 보여 괜히 서글펐습니다. 방학이 시작되던 날, 저는 초등학교 입학 전까지 저를 돌봐 주신 할머니를 뵈러 갔습니다.

감염병 때문에 명절에도 뵙지 못하여 몇 년 만에 할머니를 뵙는 것이었기 때문인지, 낯선 풍경을 거쳐 할머니 댁까지 가는 길은 혼자임에도 설렘으로 가득했습니다. 할머니 댁에 도착하니 할머니께서는 제가 자리에 앉기도 전에 점심 식사를 한 상 내어 주셨습니다. 한 그릇 가득한 밥, 쇠고기뭇국, 색색의 채소와 당면이 버무려진 잡채, 매콤한 두부조림이 김을 모락모락 내며 저를 맞이해 주었습니다. 밥숟가락을 들기 전 먼저 할머니를 꼬옥 안아 드리니 왜인지 콧등이 시큰해지는 것이 느껴졌습니다. 동시에 그동안 학업에만 열중하느라 굳어 있던 제 마음이 눈 녹듯 사르르 풀어졌습니다.

식사 후 할머니께서는 "언제 이렇게 컸냐?"라고 하시며 눈물을 글썽이셨습니다. 이후 제 손을 꼭 잡고 그간 어찌 지내셨는지 말씀을 들려주셨습니다. 제 손은 더 크고 희어졌는데 할머니 손은 더 작아지고 그을리신 것 같았습니다. 몇 년 전에 뵀을 때보다 더 나이가 드신 것이 느껴져 서글펐습니다. 말씀을 나누고는 할머니 방도 청소해 드리고, 어린 시절 제가 뛰어다녔던 골목길도 함께 걸어 보며 즐거운 시간을 보냈습니다. 방학 기간 중 할머니와 함께 보낸 그 시간 속 제 마음은 내리쬐는 햇살을 받고 있는 ㉡ 꽃나무 처럼 밝고 따뜻했습니다.

발걸음이 떨어지지 않았지만 할머니께 인사를 드리고 집에 돌아왔습니다. 도착하자마자 부모님께 할머니를 자주 찾아뵙고 종종 전화로 연락을 드려야겠다고 하니 부모님께서는 한나절 만에 어른스러워졌다며 웃으셨습니다. 할머니께 연락을 꾸준히 드리고 있는 요즘, 새 학기가 시작되기 전날인데 마음이 가볍습니다. ⓐ방학 직전 그날의 말씀이 아니었다면 저는 지금 편지를 쓸 마음의 여유도 없이 무거운 마음으로 개학을 기다리고만 있었을 것입니다.

감사합니다, 선생님. 건강한 모습으로 개학 때 뵙겠습니다.

×월 ××일

김지우 올림

01 [24003-0097]

다음은 학생이 윗글을 쓰기 위해 떠올린 생각이다. 윗글에 반영되지 않은 것은?

① 관용 표현을 사용하여 할머니 댁을 떠나면서 느낀 아쉬움을 드러내야겠어.

② 밥상에 오른 음식들을 나열하여 할머니께서 보여 주신 정성을 드러내야겠어.

③ 할머니께서 하신 말씀을 인용하여 할머니께서 느끼셨던 그리움을 드러내야겠어.

④ 할머니 댁까지의 여정에서 본 풍경을 묘사하며 가는 길에 느낀 설렘을 드러내야겠어.

⑤ 할머니와 나의 손을 대조하며 시간의 흐름에 따른 변화에서 비롯한 감정을 드러내야겠어.

02 [24003-0098]

㉠과 ㉡을 중심으로 파악한 윗글의 글쓰기 전략으로 가장 적절한 것은?

① 문제를 제기하고 있는 상황의 ㉠과 그 해결 방안을 나타내는 ㉡을 연결하여 인과성을 강화하도록 한다.

② 체험 이전의 상태를 ㉠으로, 체험 이후의 상태를 ㉡으로 나타내어 심리 상태의 대비를 드러내도록 한다.

③ 보편적인 의미를 띠는 ㉠을 개성적인 의미를 드러내는 ㉡으로 바꾸어 개인의 특수성을 부각하도록 한다.

④ 자기 성찰과 연결되는 ㉠과 미래 모습을 상징하는 ㉡을 대응시켜 시간의 경과에 따른 차이를 부각하도록 한다.

⑤ 진솔한 감정을 표출하기 위해 쓰인 ㉠을, ㉡을 통해 이성적으로 설명하며 각각의 의미 형성 과정이 나타나도록 한다.

03 [24003-0099]

ⓐ는 학생이 고쳐쓰기 과정에서 새로 삽입한 문장이다. 점검 과정에서 고려했을 내용으로 가장 적절한 것은?

① 편지글을 통해 선생님의 권유와 관련한 내적 갈등을 고백하며 글을 끝맺는 것이 좋겠어.

② 편지글 속 내용과 선생님이 부여한 과제가 유사함을 깨달으며 글을 끝맺는 것이 좋겠어.

③ 편지글에 드러난 일이 선생님의 조언에서 비롯되었음에 감사해하며 글을 끝맺는 것이 좋겠어.

④ 편지글의 내용 순서를 선생님의 조언을 반영하여 조직했음을 드러내며 글을 끝맺는 것이 좋겠어.

⑤ 편지글의 도입에서 제시한 질문의 답을 선생님 말씀에서 찾았음을 강조하며 글을 끝맺는 것이 좋겠어.

[04~06] 다음은 학생의 글이다. 물음에 답하시오.

[학생의 메모] 학급 학생들을 대상으로 독서 활동의 중요성을 알리는 글을 쓴다.

[학급 학생들에 대한 분석]
○ 독서가 지니는 이점을 잘 알고 있지 못하다. ──────────────── ㉠
○ 동영상 시청으로 지식을 얻으려고 한다. ──────────────── ㉡

[초고]

　요즘 새로운 정보를 얻는 창구로서 동영상 플랫폼이 각광받고 있다. 정보 통신 기술의 발달에 힘입어 궁금한 것이 생기면 동영상 플랫폼에 접속하여 동영상을 재생하는 일은 일상이 되었다. 하지만 동영상으로 정보를 얻는 행위는 뇌의 몰입을 통해 사고 능력을 계발하는 과정과는 거리가 있다. 심도 있는 지식의 습득과 문제 해결을 위한 사고의 신장에 가장 효과적인 활동은 독서이다.

　독서는 심도 있는 지식을 습득하는 과정에 반드시 필요하다. 독서는 상징 기호인 문자를 눈으로 담으며 그것이 뜻하는 바를 머릿속에 떠올리는 과정을 연속하는 활동이다. 반면 동영상 시청은 대개 연상 작용 없이 시각적으로 재현되는 모습을 그저 눈으로 담는 행동이다. 요즘 동영상 플랫폼의 인기 동영상은 과거에 비해 재생 시간이 자꾸 짧아지는 추세라고 한다. 간략히 핵심을 요약한 영상을 연달아 보는 것은 지식에 대한 겉핥기에 불과하고, 짧은 동영상을 연달아 시청하는 것은 수용자를 산만하게 만든다. 지식은 독서와 같이, 충분한 시간 동안의 내면화 과정을 거칠 때 온전히 자신의 것이 될 수 있다.

　독서는 새로운 통찰을 가능케 하는 활동이기에 반드시 필요하다. 독창적인 생각을 해내는 능력은 독서를 통한 몰입의 과정을 통해 생성되는 경우가 많다. 독서는 자신만의 속도로 책을 통해 머릿속에서 차근차근 정보들 사이의 연관 관계를 톺아보는 행동이다. 독서를 습관화하면, 책의 내용을 이해하고자 몰입할 때 책 속 내용과 이미 알고 있던 지식이 자연스레 연결된다. 그러면서 차츰 주제를 저자의 관점뿐만 아니라 자신의 관점에서 바라보면서 지식이 쌓이고, 자신만의 새로운 통찰이 가능해진다. 이를 통해 자신 또는 자신이 속한 집단의 문제를 해결하는 실마리를 얻을 수 있다.

　한 권의 책을 제대로 읽어 내는 일은 참을성을 요구한다. 독서는 인내를 수반하는 인지 과정이며 타인의 감정에 대한 공감의 범위를 넓힌다. 독서는 동영상 시청에 비해 훨씬 많은 시간과 노력을 필요로 하는 일이지만, 뇌를 몰입에 적합하도록 바꿀 수 있는 활동으로서 오늘날에도 매우 유용하다.

04

[24003-0100]

㉠과 ㉡을 고려하여 '초고'를 작성했다고 할 때, 학생이 떠올렸을 생각으로 적절하지 않은 것은?

① ㉠을 고려해, 독서가 자신과 사회를 바꾸는 데 기여할 수 있는 행동임을 언급해야겠군.
② ㉠을 고려해, 독서가 심도 있는 지식을 내면화하는 데 도움이 되는 활동임을 언급해야겠군.
③ ㉡을 고려해, 동영상을 통해 정보를 얻는 경우가 많아지게 된 배경을 드러내야겠군.
④ ㉡을 고려해, 시청하는 동영상의 유형에 따라 정보 생산 능력에 차이가 생김을 드러내야겠군.
⑤ ㉡을 고려해, 짧은 길이의 동영상을 시청하는 것은 지식의 내면화와 거리가 멂을 드러내야겠군.

05

[24003-0101]

〈보기〉는 학생이 초고를 보완하기 위해 추가로 수집한 자료의 일부이다. ⓐ~ⓔ의 활용 방안으로 적절하지 않은 것은?

● 보기 ●

○ ⓐ인간이 책에 몰입할 때는 뇌의 전 영역이 활성화되지만, 영화나 TV에 빠져들 때는 뇌의 시각 피질만이 활성화된다. 독서할 때 뇌에 나타나는 변화를 고려하면, 독서에 익숙한 인간은 ⓑ뇌의 전 영역이 활성화되는 과정이 습관화된 만큼 기존에 쌓아 두었던 지식과 새로운 지식을 연결하여 사고할 수 있는 역량이 커진다. － ○○ 신문

○ 인간이 무언가에 대해 숙고하는 과정에서 활성화되는 ⓒ뇌의 전전두 피질은 즉각적인 반응을 억제하는 능력과도 관련이 있어, 타인과의 관계 형성에 중요한 역할을 하는 것으로 여겨지기도 한다. (중략) 실제로 ⓓ동일한 정보를 동영상으로 수용할 때보다 글로 수용할 때 뉴런의 에너지 대사가 월등히 활발하여 더 많은 에너지를 소모한다는 연구 결과가 있다. 또한 육체와 달리 ⓔ뇌 신경 세포 간 연결은 나이를 먹음에도 계속 생성되어 재구조화되기에 뇌는 나이가 듦에 따라 더욱 발달할 수 있는 신체 기관이다. － 과학 잡지 「◇◇」

① ⓐ를 활용하여 2문단에, 독서와 동영상 시청의 차이에 관한 내용을 보강한다.
② ⓑ를 활용하여 3문단에, 독서 경험의 축적이 독창적인 사고로 이어진다는 내용을 보강한다.
③ ⓒ를 활용하여 1문단에, 독서 경험이 사고 능력의 계발에 영향을 미친다는 내용을 보강한다.
④ ⓓ를 활용하여 4문단에, 인지적 집중이 요구되는 독서 과정이 부담스럽게 느껴지는 이유를 추가한다.
⑤ ⓔ를 활용하여 4문단에, 독서를 습관화하면 뇌는 꾸준히 발달할 수 있다는 내용을 추가한다.

[24003-0102]

06 다음은 초고를 읽은 선생님의 검토 의견과 이에 따라 학생이 고쳐 쓴 글이다. [가]에 들어갈 내용으로 가장 적절한 것은?

[검토 의견]

초고를 쓰느라 고생했어. (　　　　[가]　　　　) 마지막 문단을 고치면 좋겠구나.

[고쳐 쓴 글]

　한 권의 책을 제대로 읽어 내는 일은 참을성을 요구한다. 독서는 동영상 시청에 비해 훨씬 큰 노력이 요구되는 일이지만, 뇌를 몰입에 적합하도록 바꿀 수 있는 활동으로서 오늘날에도 매우 유용하다. 인공 지능이 급속히 발전하고 있는 지금, 인간이 인공 지능에 종속되지 않고 보조 도구로서 인공 지능을 원만히 사용하려면 꾸준한 독서를 통해 지식을 습득하며 자신만의 사고를 갖추어야 한다.

① 글의 흐름에 어긋나는 문장을 빼고, 과학 기술의 발전과 독서의 중요성 간의 관계가 드러나도록

② 수식 관계가 어긋나는 문장을 고치고, 과학 기술의 발전과 독서의 중요성 간의 관계가 드러나도록

③ 글의 흐름에 어긋나는 문장을 빼고, 미래 사회의 생활 양식에 따른 독서의 의미 변화가 드러나도록

④ 주술 호응이 어긋나는 문장을 고치고, 현대인에게 알맞은 독서 방법을 고안하는 과정이 드러나도록

⑤ 주술 호응이 어긋나는 문장을 고치고, 미래 사회의 생활 양식에 따른 독서의 의미 변화가 드러나도록

[01~03] 다음은 학생이 작성한 보고서의 초고이다. 물음에 답하시오.

우리 학교 학생들의 온라인 선물 쿠폰 사용 경험 여부 조사

Ⅰ. 조사 배경 및 목적

[온라인 선물 쿠폰 예시]

감염병 유행의 장기화로 사람들이 비대면 문화의 편리함에 익숙해지면서 선물을 실물로 주고받기보다 온라인상에서 쿠폰으로 주고받는 경우가 급증했다고 한다. 그런데 온라인 선물 쿠폰의 사용이 급증하면서 소비자가 피해를 보는 사례도 많아졌다는 인터넷 게시글을 보았다. 이를 계기로 나는 온라인 선물 쿠폰 사용과 관련한 소비자의 피해 유형과 우리 학교 학생들의 온라인 선물 쿠폰 사용 경험 및 피해 경험을 조사함으로써 학생들의 온라인 선물 쿠폰 사용 실태를 파악하고 피해 예방을 위한 방안을 모색하고자 한다.

Ⅱ. 조사 방법

1. 자료 조사
- 기간: 2023년 2월 ××일~××일
- 방법 및 내용: 인터넷 검색의 방법으로 온라인 선물 쿠폰 사용과 관련한 피해 유형을 조사함.

2. 설문 조사
- 대상: 우리 학교 재학생 200명
- 기간: 2023년 3월 ×일~××일
- 방법 및 내용: 학생들의 온라인 선물 쿠폰 사용 경험과 피해 경험을 설문하여 실태를 파악함.

Ⅲ. 조사 결과

1. 자료 조사 결과

지난 3년 8개월간 온라인 선물 쿠폰 사용과 관련해 ○○ 소비자원에 접수된 소비자 피해 유형을 조사한 결과는 다음과 같다.

〈온라인 선물 쿠폰 관련 피해 유형별 접수 건수〉

(단위: 건, %)

피해 유형	2019년	2020년	2021년	2022년 8월	합계
유효 기간 연장 거절	16	23	36	19	94(58.0)
환급 제한	4	9	6	3	22(13.6)
사용 제한	2	3	7	3	15(9.3)
청약 철회 제한	2	2	2	3	9(5.5)
기타	2	7	7	6	22(13.6)
합계	26	44	58	34	162(100)

출처: ○○ 소비자원 보도 자료(2023. 1. 5.)

접수된 피해 유형을 분석한 결과 사용하지 않은 쿠폰에 대해 유효 기간을 연장받지 못한 경우가 58.0%로 가장 많았고, 환급 요구가 거절되거나 자체 포인트 등으로 환급을 제한한 경우가 13.6%, 품절 등으로 사용이 어렵거나 추가 요금을 청구해 사용을 제한한 경우가 9.3%였다.

2. 설문 조사 결과

가. 온라인 선물 쿠폰 사용 경험에 관한 응답 내용 분석

학생들에게 "온라인 선물 쿠폰을 구매하거나 선물 받아 사용한 적이 있는가?"를 설문한 결과, 97.5%의 학생이 '있다'라고 답했다. 또한 사용 경험이 있는 학생들에게 "얼마나 자주 사용하는가?"를 설문한 결과, '월 2~3회'가 약 44.6%, '월 1회 이하'가 약 30.8%, '월 6회 이상'이 약 15.9%, '월 4~5회'가 약 8.7% 순이었다.

나. 온라인 선물 쿠폰 사용 관련 피해 경험에 관한 응답 내용 분석

설문에서 온라인 선물 쿠폰 사용 경험이 있다고 응답한 학생들에게 "온라인 선물 쿠폰 사용과 관련하여 피해를 입은 적이 있는가?"를 설문한 결과, 그중 61명의 학생이 "있다"라고 응답했다. 피해 경험이 있는 학생들에게 "구체적인 피해 경험은 무엇인가?(중복 응답 가능)"를 설문한 결과는 다음과 같다.

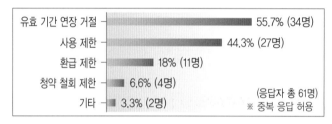

Ⅳ. 결론

200명의 학생 중 97.5%가 온라인 선물 쿠폰을 사용한 경험이 있고, 그중 약 69.2%의 학생이 월 2회 이상 온라인 쿠폰을 구매 또는 사용할 정도로 우리 학교 학생들은 온라인 선물 쿠폰을 많이 사용하고 있었다. 하지만 온라인 선물 쿠폰 사용 경험이 있는 우리 학교 학생 중 약 31.3%가 그 과정에서 피해를 경험한 적이 있다고 답한 것은 학생들도 소비자로서 온라인 선물 쿠폰과 관련한 피해에 유의해야 한다는 점을 시사한다. ○○ 소비자원의 자료와 학생 설문 조사 결과에서 모두 온라인 선물 쿠폰 관련 피해 유형으로 유효 기간 연장 거절의 경우가 가장 많았다. 다음으로 ○○ 소비자원에 접수된 피해 유형에서 환급 제한, 사용 제한 순으로 그 누적 건수가 많았던 반면, 우리 학교 학생들의 경우 환급과 관련한 문제보다 사용이 제한되는 문제를 더 많이 겪었던 것으로 확인됐다.

공정 거래 위원회의 '신유형 상품권 표준 약관'에 따르면 온라인 선물 쿠폰 발행 시 사용 조건을 함께 표시하게 되어 있다. 그런데 사용 조건이 복잡하고 사용 조건 외에도 표시해야 하는 사항이 많아 소비자가 주의를 기울이지 않으면 선물 또는 구매하는 과정에서 내용을 놓치게 될 수 있다. 따라서 관계 부처에서는 표시 사항들이 소비자의 착오를 야기하지 않도록 지속적으로 약관을 정비하고 쿠폰의 발행 실태를 감독할 필요가 있다. 또한 소비자로서 학생들도 온라인 선물 쿠폰의 사용 조건을 놓치지 않도록 유의하여 피해를 줄이기 위한 주의를 기울일 필요가 있다.

[24003-0103]

01 다음은 보고서를 쓰기 위한 학생의 계획이다. 윗글에 반영되지 <u>않은</u> 것은?

① 온라인 선물 쿠폰 사용이 급증하게 된 사회적 배경을 언급해야겠어.
② 온라인 선물 쿠폰의 개념을 정의하고 쿠폰의 종류를 예로 들어야겠어.
③ 온라인 선물 쿠폰 피해 사례에 관해 알게 된 경험을 조사 동기로 제시해야겠어.
④ 조사 결과 중 일부는 표와 그래프를 사용하여 시각적으로 표현해야겠어.
⑤ 온라인 선물 쿠폰 사용과 관련한 학생 설문지의 질문 내용을 밝혀야겠어.

[24003-0104]

02 다음은 학생이 보고서를 보완하기 위해 수집한 자료이다. 자료의 활용 방안으로 가장 적절한 것은?

> 공정 거래 위원회의 '신유형 상품권 표준 약관'에서는 온라인 선물 쿠폰을 포함한 각종 전자 상
> 품권과 관련해 준수해야 할 사항을 규정하고 있다. 이 약관에 따르면 쿠폰의 발행자는 유효 기간
> 내에 고객의 요청이 있을 시 특별한 사유가 없는 한 쿠폰의 유효 기한을 3개월 단위로 연장해 주
> 어야 한다. 그리고 미사용 쿠폰에 대해 유효 기한 이전까지 3회 이상 유효 기한의 도래, 기간 연
> 장 가능 여부와 방법, 유효 기한 경과 후 환급과 관련한 안내 사항을 통지해야 한다. 그리고 쿠폰
> 을 이용하는 고객은 쿠폰의 구매일로부터 7일 이내에 구매액 전부를 환급받을 수 있으며, 유효
> 기한이 경과되었다 하더라도 구매일로부터 5년까지 발행자에게 미사용 쿠폰에 대한 환급을 청구
> 할 수 있다.
> 출처: △△ 신문

① 'Ⅰ'에 온라인 거래와 관련해 소비자가 피해를 보는 사례가 증가했다는 내용을 추가한다.
② 'Ⅲ-1'에 온라인 선물 쿠폰의 유효 기한은 구매일 기준 5년으로 정해진다는 내용을 추가한다.
③ 'Ⅲ-2-가'에 온라인 쿠폰을 구매한 후 7일 이내에 환급을 신청할 수 있다는 내용을 추가한다.
④ 'Ⅲ-2-나'에 학생들이 온라인 선물 쿠폰의 환급 요청 방법을 잘 모르고 있다는 내용을 추
  가한다.
⑤ 'Ⅳ'에 온라인 선물 쿠폰 사용 시 유효 기한과 관련한 통지 사항을 확인해야 한다는 내용을
  추가한다.

[24003-0105]

03 다음 점검 기준에 따라 윗글을 점검한 결과가 적절하지 <u>않은</u> 것은?

점검 기준	점검 결과	
	예	아니요
○ 보고서의 제목이 보고서의 주제를 구체적으로 반영하는가?	✔	…… ①
○ 조사를 수행한 기간과 방법, 조사 내용을 밝혀 적었는가?	✔	…… ②
○ 성별, 연령 등 조사 대상자의 특성을 정확하게 기술하였는가?		✔ …… ③
○ 인용한 자료의 출처를 밝혀 적었는가?	✔	…… ④
○ 상위 항목의 제목이 하위 항목의 내용을 포괄하는가?	✔	…… ⑤

[04~06] 다음은 학생이 봉사 활동을 한 후에 쓴 소감문이다. 물음에 답하시오.

아침저녁으로 서늘한 바람이 완연한 가을을 알리던 어느 날, 나는 텔레비전에서 시중에 판매되는 식품들에 점자 표기가 제대로 이루어지지 않아 시각 장애인들이 불편을 겪고 있다는 뉴스를 보았다. 뉴스를 보고 촉각에만 의존할 수밖에 없는 상황에서 점자 표기가 없거나, 있더라도 잘못 표기되어 있어 읽을 수 없다면 너무 불편할 것 같다는 생각이 들었고, 그동안 타인의 불편에 관심이 부족했던 나를 반성하게 되었다. 그래서 그들에게 조금이라도 도움이 되고자 친구들을 여럿 모아 지역 청소년 센터에서 진행하는 점자 동화책 제작 봉사 활동에 지원하였다. 그리고 지원한 지 일주일 후 우리는 청소년 센터에 모여 봉사 활동을 수행하였다.

봉사 활동의 첫 단계는 시각 장애와 점자에 대한 이해를 돕는 교육에 참여하는 것이었다. 그동안 단순히 점자는 지면에 글자를 볼록하게 점을 찍어 표기하는 것이라고만 생각했는데, 교육을 들으며 점자는 초성자와 종성자의 표기가 다르고 자모를 결합해서 표기하지 않는다는 점을 처음 알게 되었다. 점자도 독자적인 원리와 체계를 갖춘 문자라는 점이 무척 놀라웠고, 책을 읽으며 기뻐할 아이들을 떠올리면서 동화책을 점자로 제작하는 것이 얼마나 의미 있는 일인지를 마음속에 새길 수 있었다.

[A] 4시간의 교육을 마친 후에는 점역하는 방법을 배웠다. 점자 표기 안내문을 찬찬히 읽으면서 글자를 점자로 표기해 보는 연습을 진행하였다. 종이에 그려진 6개로 된 칸에 각각의 자음자, 모음자 등을 검게 칠하며 연습해 보았는데 내 이름까지는 짧아서 수월하게 표기할 수 있었지만 긴 문장을 표기할 때는 한 글자 한 글자를 정확히 칠하느라 꽤 애를 먹었다. 그 이유는 점을 하나라도 잘못 표기하면 완전히 다른 글자가 되기 때문이었다. 특히 점자에는 표기의 효율성을 위한 약자가 있는데, 이 약자 표기나 문장 부호 표기를 신경 쓰다가 다른 글자들을 잘못 표기하며 실수를 연발하기도 했다. 그 과정에서 꼼꼼하지 못한 나 스스로가 답답하게 느껴졌고 자신감을 많이 잃었다. 하지만 의기소침해 있는 나를 본 지도사님께서 실제 동화책 제작은 점역서 예시를 보고 따라 하게 되어 있으니 안심하라며 나를 다독여 주셨다.

점역 연습이 끝난 후 본격적인 동화책 제작 작업이 시작되었다. 동화책의 한 문장 한 문장을 점자 스티커로 제작하여 부착하는 작업이었다. 시작 전에는 내용이 길지 않고 점역서가 주어지므로 금방 만들 수 있을 것으로 예상했다. 하지만 막상 제작을 시작해 보니 작은 핀을 하나하나 꽂으면서 진행해야 하므로 많은 시간과 노력이 필요한 작업이라는 것을 깨달았다. 먼저 6개의 구멍이 여럿 이어져 있는 점자 틀에 핀셋으로 한 글자씩 핀을 꽂았다. 핀이 작아 계속 놓치게 되는 바람에 무척 애를 먹었다. 그렇게 한 줄을 꽂으면 제대로 꽂았는지를 다시 확인한 뒤, 스티커를 위에 올리고 인쇄기의 상판을 덮어 눌러 주었다. 그러면 스티커에 올록볼록하게 점자가 찍혀 한 줄이 완성되는 것이었다. 그렇게 수십 줄을 만들어야 했다. 그래서 이 시간만큼은 모두가 진지하게 스티커 제작에 몰입했다. 한 장 한 장을 힘겹게 넘기며 우리는 결국 예정된 봉사 시간을 거의 다 채우고 나서야 각자 동화책 1권을 겨우 완성할 수 있었다.

우리가 제작한 점자 동화책은 가독성이 괜찮은지를 점검받은 후에 지역 점자 도서관에 기증될 것이라고 했다. 1권밖에 제작하지 못한 것은 아쉬웠지만 모두의 책을 모아 놓으니 제법 많은 양이 되어서 내심 뿌듯했다. 그리고 나의 작은 성의가 다른 사람에게 넓은 세상을 보여 줄 수 있다는 생각에 기분이 좋았다. 마침 지도사님께서 점자 도서 제작을 위한 도서 타이핑 봉사 활동을 소개해 주셔서 다음 봉사 활동으로 꼭 참여하겠다고 했다. 그리고 워드 프로그램에서 입력한 내용을 자동으로 점자로 번역할 수 있다는 것도 알려 주셨는데, 처음 알게 된 사실이라 무척 놀라웠다. 앞으로도 봉사 활동에 꾸준히 참여하여 점자에 대한 이해를 더 넓혀 나가겠다고 스스로 다짐해 본다.

[24003-0106]

04 **윗글을 쓰기 위해 학생이 세운 글쓰기 계획 중 글에 반영되지 않은 것은?**

① 점자 동화책 제작 봉사 활동에 지원하게 된 계기를 밝혀야겠어.
② 점자에 대한 교육을 듣는 과정에서 새롭게 알게 된 점을 제시해야겠어.
③ 희망하는 진로와 관련지어 점자 동화책 제작 봉사 활동의 가치를 설명해야겠어.
④ 점자 동화책 제작을 시작하기 전에 예상한 점과 시작한 뒤 깨달은 점을 함께 서술해야겠어.
⑤ 이후의 봉사 활동에 대한 계획과 관련하여 스스로 다짐한 점을 밝히며 글을 마무리해야겠어.

[24003-0107]

05 **윗글의 전개 방식에 대한 설명으로 가장 적절한 것은?**

① 1문단에서는 점자 표기와 관련된 문제점을 밝히고 그 해결 방안을 제시하였다.
② 2문단에서는 점자에 대한 이해를 돕는 교육의 내용을 교육 단계별로 분류하였다.
③ 3문단에서는 점역의 개념을 다른 대상과의 유사점과 차이점을 중심으로 설명하였다.
④ 4문단에서는 점자 스티커를 제작하는 과정을 시간적인 순서에 따라 서술하였다.
⑤ 5문단에서는 점자 도서관에 기증할 동화책을 선호도가 높은 순으로 나열하였다.

06

[24003-0108]

〈보기〉는 [A]의 초고이다. 학생이 〈보기〉를 [A]로 고쳐 쓰기 위해 떠올린 생각으로 적절하지 <u>않은</u> 것은?

● 보기 ●

　4시간의 교육을 마친 후에는 점역하는 방법을 배웠다. 점자 표기 안내문을 찬찬히 읽으면서 글자를 점자로 표기해 보는 연습을 진행하였고 종이에 그려진 6개로 된 칸에 각각의 자음자, 모음자 등을 검게 칠하며 연습해 보았는데 내 이름까지는 짧아서 수월하게 표기할 수 있었지만 긴 문장을 표기할 때는 한 글자 한 글자를 정확히 칠하느라 꽤 애를 먹었다. 그 이유는 점을 하나라도 잘못 표기하면 완전히 다른 글자가 되었다. 특히 점자에는 표기의 효율성을 위한 약자가 있는데, 이 약자 표기나 문장 부호 표기를 신경 쓰다가 다른 글자들을 잘못 표기하며 실수를 잇따라 연발하기도 했다. 초성 ㅇ을 표기하는 점자는 따로 없었다. 그 과정에서 꼼꼼하지 못한 나 스스로가 답답하게 느껴졌고 자신감을 많이 잃었다. 하지만 의기소침해 있는 나를 본 지도사님께서 실제 동화책 제작은 점역서 예시를 보고 따라 하게 되어 있으니 안심하라며 나를 다독여 주셨다.

① 의미가 중복된 단어를 사용한 부분이 있으니 이를 삭제해야겠어.
② 문장 내의 호응이 적절하지 않은 부분이 있으니 이를 수정해야겠어.
③ 문단의 내용을 고려해 글의 흐름에서 벗어나는 문장을 삭제해야겠어.
④ 문장의 길이가 지나치게 긴 부분이 있으니 두 문장으로 나눠 제시해야겠어.
⑤ 문장 간의 연결이 어색한 부분이 있으니 문장들 사이의 접속 표현을 수정해야겠어.

[01~05] (가)는 ○○ 고등학교 학생회장이 교육청 소식지에 쓴 활동 후기이고, (나)는 이를 읽은 다른 학교 학생회 학생들이 나눈 대화이다. 물음에 답하시오.

가

○○ 고등학교 학생회는 신입생들을 위해 제작한 학교생활 도움 지도 인쇄물을 3월 초에 배포했다. 이 지도는 작년 12월에 제작한 것으로, 학생회에서 이 일을 하게 된 것은 학교 공간에 대한 정보가 부족해서 불편했다는 1학년 학생들의 건의가 학생회로 여러 건 들어왔었기 때문이다. 학생회 구성원들 역시 학교에 어떤 공간이 있고, 어떻게 활용할 수 있는지 알지 못해 불편했던 신입생 시절의 경험이 있었기에 건의 사항을 수용해 다음 학년도 신입생들이 활용할 수 있는 지도 제작을 추진했다.

학교생활 도움 지도 만들기는 학교의 여러 공간에 대한 조사와 조사한 공간에 대한 선별 작업으로 시작되었다. 학생회 구성원들은 이미 학교의 모든 공간에 대해 속속들이 안다고 생각했었지만, 누군가에게 설명할 수 있을 정도로 공간에 대해 잘 알고 있는지 스스로한테 물었을 때는 선뜻 그렇다고 답하기가 어려웠다. 그래서 2층짜리 체육관 건물, 5층짜리 본관 건물로 구성된 학교의 여러 공간에 대한 조사가 필요하다고 생각했다. 다만, 공간의 쓰임이 명확하고 단순한 학급 교실과 교과 교실은 조사 대상에서 제외하기로 했다. 학생회 구성원을 2명씩 6개의 조로 나누어 학교에서 학생들이 활용할 수 있는 공간을 조사하고, 그렇게 파악한 공간 중에서 지도에 담을 공간을 선별하기로 했다. 조사 결과, 학생들이 활용할 수 있는 공간으로 총 18개의 공간이 파악되었다. 그중에서 학생들에게 안내할 필요가 있는 공간만 선별하기 위한 회의를 했고 도서관, 체력 단련실을 비롯한 13개의 공간을 담은 지도를 제작하기로 했다.

그런데 지도를 제작하는 과정에서 학생회 구성원들 사이에 의견 차이가 발생하는 어려움을 겪었다. 처음에 지도를 제작할 때 공간의 위치를 이미지로 표시하고 이와 함께 공간의 성격, 공간을 활용할 수 있는 시간, 해당 공간에서 할 수 있는 활동을 함께 안내하려고 계획했었다. 그런데 원래 기재하려던 정보를 모두 포함하려면 해당 공간을 관리하는 담당 선생님이나 동아리를 통해 개별적으로 정보를 파악하고 지도에 제시할 내용을 정리해야 하는데, 그렇게 하기에는 학생회가 여러 가지 일들로 바쁜 연말이라서 시간이 부족하다는 일부 구성원의 의견이 제기된 것이다. 지도 제작이 무산될 수도 있었지만, 다행히 기존의 계획을 수정해서 공간의 성격, 공간을 이용할 수 있는 시간만 공간의 이미지와 함께 표시하기로 의견이 절충되었다. 그렇게 우여곡절이 있었지만, 학생회 구성원들이 역할을 분담해서 정보를 조사하고, 공간 사진을 찍고, 편집하는 과정을 거쳐 지도를 완성할 수 있었다.

학생회 친구들과 함께 지도를 만들면서 학생들이 학교에서 활용할 수 있는 공간을 더 구체적으로 알 수 있었고, 후배들을 도울 수 있는 일을 한다는 보람을 느꼈다. ㉠또한 학생회장임에도 불구하고 학교 공간에 대한 이해가 부족했음을 느꼈다. 자주 사용하지 않는 공간이라서 체력 단련실 이용 시간이 학년별로 구분되어 있다는 점을 정확히 파악하지 못하고 있었다. 이러한 정보들을 진작에 파악해서 안내했더라면 작년 1학년 후배들이 불편을 겪지 않았을 것이라는 생각에 미안한 마음이 들기도 했다. 3월 초에 지도를 배포하고 신입생들로부터 지도가 유용하다는 평을 많이 들었다. 다른 학교에서도 우리처럼 지도를 만든다면 신입생들의 학교 적응을 도울 수 있을 것이라는 생각이 들었다.

나

학생 1: 교육청 소식지에 실린 ○○ 고등학교 사례처럼 신입생들을 위해 학교생활 도움 지도를 만들기로 했잖아. 오늘은 ○○ 고등학교 사례를 참고해서 지도를 어떻게 제작할지 논의해 보자. ⓐ논의할 수 있는 시간이 길지 않으니까 모두 적극적으로 의견을 얘기해 줘.

학생 2: ⓑ미리 생각해 봤는데, ○○ 고등학교에서 한 것처럼 학교 내부 공간만 지도에 담으면 활용도가 떨어질 거야. 신입생들은 학교 근처에 어떤 유용한 공간이 있는지 잘 모를 수 있잖아.

학생 3: ⓒ내가 제대로 못 들어서 그러는데, 방금 말한 내용 한 번만 더 얘기해 줘.

학생 2: 학교 외부까지 지도를 확장해서 제작해 보자는 거야.

학생 1: 그렇게 하면 더 의미 있는 지도를 만들 수 있겠다. 그럼 어떤 공간을 제시해 주면 좋을까?

학생 2: 근처에 시립 도서관이 있잖아. 거기 3층은 청소년 전용 도서관으로 운영되니까 그런 곳을 소개해 주면 좋을 것 같아. 학교 옆 주민 센터에는 청소년 예술 활동 지원 공간과 학습 공간도 있어. 그리고 저렴한 가격에 맛도 좋은 학교 인근 맛집도 소개해 주면 좋을 것 같아.

학생 3: 좋은 생각이야. ○○ 고등학교에서 조를 구성해서 조사했던데, 그럼 우리는 학교 외부 공간을 조사할 조를 별도로 구성해야겠다. 학생회의 3분의 1이 외부 공간 조사에 참여하면 어때? ⎤

학생 1: 학교 외부 공간은 아무래도 학교 내부보다 조사하는 것이 어렵고, 조사할 내용도 많을 테니 학생회 인원의 절반은 참여해야 할 것 같아. 내부 조사 한 조, 외부 조사 한 조로 구성해서 학생회를 두 개 조로 나누자. ⎬ [A]

학생 3: 학교 외부 공간은 아무래도 학교 내부보다 조사하기 어렵고, 조사할 내용이 많으니까 외부 공간 조사 인원이 충분했으면 좋겠다는 말이구나. 일리가 있네. 그렇게 하자. ⎦

학생 2: ⓓ인원을 절반씩 두 조로 나눠 각각 학교 내부와 외부를 조사하는 것으로 정리하고, 이어서 지도에 어떤 정보를 담을지 정해 보자. ○○ 고등학교에서는 공간 이미지와 공간의 성격, 활용 가능 시간을 담았다는데 우리도 그럴까?

학생 1: ○○ 고등학교 학생회에서 애초에 계획했던 것처럼 해당 공간에서 할 수 있는 활동까지도 함께 기재해 주는 게 꼭 필요하다고 생각해.

학생 3: ⓔ지도에 담으면 좋은 내용이기는 하지만 외부 공간까지 조사해야 하는 상황에서 학생회 인원만으로는 힘들지 않을까?

학생 1: 그래서 생각해 봤는데, 공간 사진 촬영이나 지도 편집은 교내 동아리의 도움을 받으면 좋을 것 같아. 지도 제작의 취지를 얘기하면 도와줄 거야. ⎤

학생 3: 좋은 생각이야. 그럼 그렇게 도움을 받고, 공간에서 할 수 있는 활동도 지도에 담자. ⎮

학생 2: 나도 동의해. 내가 동아리 회장들에게 협조 요청해 볼게. 그리고 얘기하면서 든 생각인데, 외부 공간 중에 학교 인근 맛집을 소개하는 건 학교생활 도움 지도의 취지에 맞지 않는 것 같아. 식당을 소개하는 건 상업적인 성격이 있기도 하고. ⎬ [B]

학생 3: 듣고 보니 그렇네. 맛집은 빼고, 도서관과 주민 센터를 중심으로 조사하면 되겠어. 그리고 지도를 인쇄물뿐만 아니라 온라인을 통해서도 배포하면 어떨까? 학교 공식 누리 소통망[SNS]에 올리면 편하게 확인할 수 있을 거야. ⎦

학생 1: 모두 좋은 생각이야. 오늘 논의한 결과는 내가 회의록에 적어 둘게. 그럼 조를 나누고 지도에 담을 공간에 대한 조사를 시작해 보자.

학생 2, 3: 좋아.

[24003-0109]

01 다음은 (가)를 작성하기 위한 메모이다. ㉮~㉰가 (가)에 반영된 양상으로 적절하지 <u>않은</u> 것은?

> ○ 학교생활 도움 지도를 만들게 된 이유에 관한 내용 ──────── ㉮
> ○ 학교생활 도움 지도에 담을 공간 선정에 관한 내용 ──────── ㉯
> ○ 학교생활 도움 지도 제작 과정에서 겪은 어려움에 관한 내용 ──────── ㉰

① ㉮: 학생회 구성원들이 자신들의 경험을 바탕으로 재학생들의 건의 사항을 받아들였음을 제시하였다.

② ㉯: 조사한 공간 중에서 지도에 담을 곳을 선별하다가 교과 교실을 배제하였음을 제시하였다.

③ ㉯: 서로 다른 층으로 이루어진 2개 건물에서 지도에 담을 공간을 선별하였음을 제시하였다.

④ ㉰: 학생회가 바쁜 시기에 지도를 제작하게 되어 어려움이 발생하였음을 제시하였다.

⑤ ㉰: 학생회 구성원들 간의 의견 절충을 통해서 어려움을 극복할 수 있었음을 제시하였다.

[24003-0110]

02 〈보기〉는 ㉠의 초고이다. 〈보기〉를 고쳐 쓰면서 반영한 친구의 조언으로 적절하지 <u>않은</u> 것은?

> ● 보 기 ●
>
> 또한 나 스스로 학교 공간에 대한 이해가 부족했음을 느꼈다. 자주 사용하지 않는 공간이라서 체력 단련실 이용 시간에 대해서 정확히 파악하지 못하고 있었다. 그리고 체력 단련실 운동 기구 배치에 문제가 있음을 이제야 발견했다. 이러한 정보들을 진작에 파악해서 안내했더라면 학생들이 불편을 겪지 않았을 것이라는 생각에 미안한 마음이 들기도 했다.

① 불편을 겪었을 학생의 범위를 더 구체화하는 게 어떨까?

② 글의 통일성을 해치는 문장이 있으므로 해당 문장을 삭제하는 게 어떨까?

③ 학생회의 활동에 대한 글이므로 필자의 직책을 명시적으로 밝히는 게 어떨까?

④ 학교 공간에 대한 이해가 부족했던 부분을 좀 더 구체적으로 드러내는 게 어떨까?

⑤ 문장들 사이의 연결 관계가 잘 드러날 수 있도록 담화 표지를 추가하는 게 어떨까?

[24003-0111]

03 [A], [B]에 나타난 말하기 방식에 대한 설명으로 가장 적절한 것은?

① [A]에서 '학생 2'는 '학생 1'의 질문에 대답하면서 상대가 잘못 알고 있는 내용을 바로잡고 있다.

② [A]에서 '학생 1'은 '학생 3'의 제안에 대해 이해하지 못한 바를 밝히며 추가 설명을 요청하고 있다.

③ [A]에서 '학생 3'은 '학생 1'의 발화 중 일부를 재진술한 후 동의 의사를 밝히고 있다.

④ [B]에서 '학생 2'는 '학생 1'의 제안이 실현 가능할지 '학생 3'의 의견을 묻고 있다.

⑤ [B]에서 '학생 3'은 '학생 2'가 제시한 의견에 반대 의사를 드러내며 대안을 제시하고 있다.

[24003-0112]

04 (가)를 참고할 때, (나)에서 논의한 결과로 적절하지 <u>않은</u> 것은?

일시: 2024. 5. △△.	장소: 학생회실

회의 주제: 신입생 학교생활 도움 지도 제작 계획 수립

- ○○ 고등학교 사례와 같이, 학생회 구성원을 조별로 나눠서 지도에 담을 공간에 대해 조사한다. ············ ①
- ○○ 고등학교 사례와 같이, 제작한 지도를 온라인으로도 배포하여 학생들이 편리하게 확인할 수 있도록 한다. ············ ②
- ○○ 고등학교 사례와 달리, 지도에 실린 공간에서 할 수 있는 활동도 지도에 담는다. ············ ③
- ○○ 고등학교 사례와 달리, 학교 근처의 시립 도서관, 주민 센터에 관한 정보도 지도에 담는다. ············ ④
- ○○ 고등학교 사례와 달리, 지도 제작 과정에 학생회 구성원뿐만 아니라 교내 동아리가 참여할 수 있도록 한다. ············ ⑤

[24003-0113]

05 ⓐ~ⓔ에 대한 이해로 가장 적절한 것은?

① ⓐ: 논의가 필요한 이유를 밝히며 적극적인 의견 제시를 요청하는 발화이다.

② ⓑ: 논의와 관련하여 자신이 사전에 조사한 정보가 사실인지 확인하는 발화이다.

③ ⓒ: 자신의 문제를 인정하며 상대방이 제시한 의견을 수용하는 발화이다.

④ ⓓ: 앞서 논의한 사항을 정리하고 이어서 논의할 사항을 제시하는 발화이다.

⑤ ⓔ: 상대방이 말한 내용이 논의의 주제에서 벗어나 있음을 완곡하게 지적하는 발화이다.

[01~05] (가)는 보고서 작성을 위해 학생들이 나눈 대화이고, (나)는 (가)를 바탕으로 '학생 1'이 작성한 초고이다. 물음에 답하시오.

가

학생 1: 교지에 실을 보고서 작성을 위한 논의를 시작하자. 예상 독자를 우리 학교 학생들로 설정하고 '어르신들이 경험하는 우리 지역 보행 환경'에 대한 글을 쓰기로 논의한 거 기억나지? 우선 문제와 해결 방안을 중심으로 본론 내용을 마련하고, 다음으로 서론과 결론 내용에 대해 논의하자. 지난번에 실시한 설문 조사 결과가 궁금한데, 조사 결과를 설명해 줄래?

학생 2: 한 달 전쯤 우리 지역 65세 이상 어르신 100명을 대상으로 우리 지역 보행 환경에 대해 설문 조사를 했는데, 불편하다고 응답한 어르신 중에서 52%가 보행로에서 가장 큰 불편을 겪으신다고 응답했어. 다음으로는 41%가 횡단보도를 이용할 때 불편을 겪는다고 응답하셨어.

학생 3: 불편하다고 응답한 어르신 중에서 90% 이상이 보행로와 횡단보도에서 불편을 겪는다고 응답했구나. ⊙어르신들이 보행로와 횡단보도에서 구체적으로 어떤 불편을 겪으시는지 궁금한데?

학생 2: 어르신들은 보행로에서 겪는 가장 큰 불편 사항으로 파손된 보행로를 꼽았어. ⓒ너희들도 한 번쯤 학교 앞 보행로에서 깨진 보도블록 때문에 불편했던 경험이 있을 거야. 다음으로는 보행로로 다니는 자전거로 인해 겪는 불편이 크다는 응답이 많았어.

학생 1: 그래. 나도 깨진 보도블록에 발이 걸려서 넘어졌던 경험이 있어. 파손된 보행로나 자전거 모두 움직임이 상대적으로 둔한 어르신들께 더 큰 위험이 될 수 있을 것 같아.

학생 2: 어르신들이 횡단보도에서 겪는 불편으로는 보행 신호 지속 시간이 너무 짧다는 의견이 가장 많았어. ⓒ어르신들의 걸음 속도가 느리다 보니 횡단보도를 건널 때 상대적으로 보행 신호를 짧게 느낄 수도 있을 것 같아. 다음으로 자전거 전용 횡단도가 없는 횡단보도에서 자전거와 사람들이 함께 건널 때 위협을 느낀다는 의견도 있었어. 자전거 전용 횡단도가 없는 횡단보도에서 자전거를 타고 횡단보도를 건너면 불법이라는 사실을 사람들이 잘 모르는 것 같아.

학생 3: ⓔ사실 나도 자전거 전용 횡단도가 없는 횡단보도를 자전거를 타고 건너는 행위가 불법이라는 사실은 몰랐어.

학생 2: 본론에서 문제점을 제시할 때, 보행로와 횡단보도와 같은 보행 환경별로 응답자들이 가장 많이 불편해하는 내용을 먼저 제시하는 게 좋겠지?

학생 3: 그런데 어르신들이 보행로와 횡단보도 모두에서 자전거 때문에 불편을 겪는다고 응답했으니, 자전거로 인한 불편을 가장 먼저 제시하는 건 어떨까?

학생 1: 그게 좋을 것 같아. 지금까지 논의를 정리해 보면, 문제점에 대해서는 어느 정도 논의가 된 것 같아. 그러면 해결 방안에는 어떤 내용이 들어가면 좋을지 얘기해 줘.

학생 2: 앞서 문제점을 제시한 순서대로 해결 방안을 언급하면 좋을 것 같아. 우선 보행로나 횡단보도에서 자전거가 다니는 길과 사람이 다니는 길을 명확하게 구분할 필요가 있어. 또한 파손된 보행로를 파악해서 시급히 보수해야 해. 그리고 어르신들의 경우 허리나 다리 통증을 겪는 경우가 많다는 의학 자료를 읽은 적이 있는데, 이러한 점을 고려해서 보행로 곳곳에 보행 쉼터를 설치하면 좋을 것 같아.

학생 3: 좋은 생각이야. 횡단보도의 경우, 넓은 도로의 횡단보도에서는 보행 신호 지속 시간을 늘려 주면 좋을 것 같아. 얼마 전 뉴스에서 '중앙 보행섬'을 설치해서 효과를 거두었다는 기사를 본 적이 있는데, 우리 지역 어르신들이 자주 찾는 ○○ 공원의 경우 공원 앞 도로의 폭이 넓어서 중앙 보행섬 설치가 꼭 필요해 보여.

학생 1: 좋아. 문제와 해결 방안을 제시하는 본론의 내용은 어느 정도 마련된 것 같아. 보고서의 서론과 결론에 들어갈 내용도 얘기해 보자. 서론에는 우리 지역 고령 인구 비율이 증가하면서, 보행자 사고에서 고령자가 차지하는 비율이 증가하고 있다는 기사 내용을 활용하면 어떨까? 구체적인 통계 자료도 있었는데 찾아볼게.

학생 2: 서론에서 보고서를 작성하게 된 배경으로 제시할 수 있을 것 같아. 그런데 결론에는 어떤 내용이 들어가면 좋을까?

학생 3: 아무래도 문제 해결의 필요성을 강조하면 좋을 것 같은데 어떤 내용을 넣으면 좋을까?

학생 2: ⓒ 우리 지역에서 자전거와 어르신이 횡단보도에서 부딪친 사건을 기사에서 본 적이 있는데, 결론에 활용하면 문제 해결의 필요성을 강조할 수 있을 것 같아.

학생 1: 서론의 내용과도 자연스럽게 연결되니까, 결론 내용으로 적절할 것 같아. 기사 내용 찾아서 알려 줘. 논의한 내용을 잘 정리해서 초고를 작성해 볼게.

나

Ⅰ. 서론

통계청 보고에 따르면 우리나라는 2025년에 초고령 사회에 진입하게 된다. 초고령 사회는 총인구 중에서 65세 이상 고령 인구 비율이 20% 이상인 사회를 의미한다. 우리 지역의 65세 이상 고령 인구 비율도 2019년 15%를 돌파한 후에 해마다 꾸준하게 증가하고 있는데, 이로 인해 발생하는 다양한 문제에 대한 관심이 필요하다. 특히 최근 우리 지역 보행로 및 횡단보도에서 발생하는 보행자 사고에서 고령자가 차지하는 비율이 증가하고 있는데, 어르신들이 겪는 우리 지역 보행 환경의 문제점을 살펴볼 필요가 있다. 우리 지역 보행 환경에 대한 어르신들의 인식과 만족도를 살펴보고자 우리 지역에 살고 계신 65세 이상 어르신 100명을 대상으로 설문 조사하였다.

Ⅱ. 문제와 해결 방안

가) 문제

조사 결과 어르신들은 우리 지역의 보행 환경 중에서도 보행로와 횡단보도에서 많은 불편을 겪으신다고 답변했다. 주목할 점은 보행로와 횡단보도 모두에서 자전거로 인한 불편이 언급된 것이다. 자전거 전용 도로나 자전거 전용 횡단도가 부족하다 보니, 자전거가 보행로와 횡단보도를 침범해서 상대적으로 움직임이 둔한 어르신들께서 보행에 불편을 겪고 계셨다. 또한 보행로에서 어르신들이 겪는 가장 큰 불편은 파손된 보행로로 인한 불편이었으며, 횡단보도에서 어르신들이 겪는 가장 큰 불편은 어르신들이 길을 건너기에 보행 신호 지속 시간이 충분하지 않다는 것이었다.

나) 해결 방안

　보행로와 횡단보도에서 어르신들이 겪는 불편을 개선하기 위해서는 우선 자전거로 인한 문제를 해결할 필요가 있다. 보행로와 자전거 전용 도로, 횡단보도와 자전거 전용 횡단도를 명확히 구분하여 설치해야 한다. 더불어 자전거 이용자들은 어르신들을 우선적으로 배려할 필요가 있다. 다음으로 파손된 보행로로 인한 문제를 해결하기 위해, 담당 기관에서는 파손된 보행로를 파악하여 시급히 보수해야 한다. 또한 어르신들의 경우 허리나 다리 통증을 겪고 있는 경우가 많으므로, 벤치와 같은 보행 쉼터를 마련할 필요가 있다.

　횡단보도의 경우 상대적으로 걸음과 반응 속도가 느린 어르신들을 위해 보행 신호 지속 시간을 충분히 확보할 필요가 있다. 특히 ○○ 공원 앞 도로처럼 어르신들이 즐겨 찾는 장소에는 도로에 '중앙 보행섬'을 설치하는 등 어르신들의 안전한 보행 환경 조성을 위한 노력이 필요하다. 또한 횡단보도를 건널 때 어려움을 겪는 어르신을 목격하면, 주저하지 말고 도와 드려야 한다.

Ⅲ. 결론

　얼마 전 우리 지역 신문에 횡단보도에서 자전거와 어르신이 부딪친 사건이 보도되었다. 서둘러 횡단보도를 건너던 어르신과 자전거가 부딪쳤는데, 어르신들이 길을 건너기에 충분하지 않은 보행 신호 지속 시간과 자전거 전용 횡단도의 미설치로 인해 벌어진 사건이다. 이러한 점을 고려할 때 담당 행정 기관에서는 어르신들의 보행 환경을 개선하기 위해 노력해야 한다. | ㉮ |

[24003-0114]

01 **(가)의 '학생 1'에 대한 설명으로 적절하지 않은 것은?**

① 대화 참여자들에게 이전에 논의한 내용을 환기하고 있다.

② 글의 구성과 관련하여 논의 순서를 안내하며 대화를 진행하고 있다.

③ 대화 참여자의 발언을 듣고 자신의 경험을 언급하며 응답 내용에 대해 공감하고 있다.

④ 대화 참여자 간에 대립되는 의견에 대해 중재안을 제시하며 의견을 조정하고 있다.

⑤ 대화 참여자들에게 문제에 대한 해결 방안을 제시해 줄 것을 요청하고 있다.

[24003-0115]

02 ㉠~㉤에 대한 이해로 적절하지 <u>않은</u> 것은?

① ㉠: 질문을 통해 상대방이 설명한 내용에 대한 구체적인 정보를 요청하고 있다.

② ㉡: 대화 참여자들의 경험을 환기하며 상대방의 공감을 유도하고 있다.

③ ㉢: 설문 응답 결과가 예상과 다르게 나온 이유를 설문 응답자의 특성을 바탕으로 추론하고 있다.

④ ㉣: 상대방의 발언과 관련하여 자신의 경우를 사례로 제시하고 있다.

⑤ ㉤: 상대방의 의견을 수용하며 의견을 구체화할 수 있는 방안을 제시하고 있다.

[24003-0116]

03 '학생 1'이 (가)의 대화 내용을 정리하여 작성한 글쓰기 계획 중 (나)에 반영되지 <u>않은</u> 것은?

① 통계 자료를 활용하여 보고서 작성의 배경 제시하기

② 설문 조사 응답자들의 의견을 활용하여 우리 지역 보행 환경의 문제점 제시하기

③ 뉴스에서 본 내용을 활용하여 어르신들이 횡단보도에서 겪는 불편을 개선하기 위한 방안 제시하기

④ 의학 자료에서 본 내용을 활용하여 어르신들이 보행로에서 겪는 불편을 개선하기 위한 방안 제시하기

⑤ 설문 조사 결과를 활용하여 우리 지역 횡단보도에서 어르신들이 가장 많이 불편을 호소한 문제점부터 제시하기

[24003-0117]

04 〈보기〉는 (나)를 보완하기 위해 추가로 수집한 자료이다. 이를 활용할 수 있는 방안으로 가장 적절한 것은?

●보기●

도시 환경 연구소 연구원 인터뷰

"우리나라에서 최근 3년간 발생한 보행자 사고 중 고령층 사고 발생 비율이 56.5%에 달할 정도로 높은 편입니다. 이러한 결과가 나온 것은 고령층이 상대적으로 위험에 대한 신체적 대처 능력이 떨어지기 때문입니다. 따라서 횡단보도, 중앙 분리대, 신호등 등 교통 안전시설을 점검하여 고령층의 보행자 사고를 미연에 방지할 필요가 있습니다. 정부에서는 2008년부터 노인 보호 구역인 실버 존(Silver Zone)을 도입하였습니다. 실버 존에는 노인 보호 표지판, 미끄럼 방지 시설, 과속 방지 턱 등이 설치되며 실버 존을 지나는 차량의 속도는 도로 상황에 따라 시속 30km에서 50km 사이로 제한되므로 보다 안전한 보행 환경이 조성됩니다. 하지만 어린이 보호 구역인 스쿨 존에 비해 현저하게 부족한 실정이므로 노인들의 통행량이 많은 구역을 중심으로 실버 존 지정을 확대할 필요가 있습니다."

① 최근 3년간 발생한 보행자 사고 중 고령층 사고 발생 비율이 56.5%라는 점을, 최근 우리 지역에서 발생한 어르신들의 보행자 사고 발생 비율로 'Ⅰ'에서 제시해야겠어.

② 고령층이 상대적으로 위험에 대한 신체적 대처 능력이 떨어진다는 점을, 어르신들이 보행로보다 횡단보도에서 더 많은 불편을 겪는 이유로 'Ⅱ-가)'에서 제시해야겠어.

③ 교통 안전시설을 점검하여 고령층의 보행자 사고를 예방할 필요가 있다는 점을, 우리 지역 어르신들이 보행로 개선에 대해 가장 많이 요청하는 사안으로 'Ⅱ-나)'에서 제시해야겠어.

④ 고령층의 안전한 보행 환경 조성을 위해 실버 존 지정이 필요하다는 점을, 어르신들의 안전한 보행 환경 조성을 위한 방안으로 'Ⅱ-나)'에서 제시해야겠어.

⑤ 안전한 보행 환경 조성을 위해 차량의 속도 제한이 필요하다는 점을, 어르신들의 보행 환경 개선을 위해 행정 기관이 가장 먼저 추진해야 하는 사안으로 'Ⅲ'에서 제시해야겠어.

[24003-0118]

05 다음은 초고를 읽은 학생들의 조언이다. 이를 반영하여 ㉮를 작성한 내용으로 가장 적절한 것은?

> 학생 2: 예상 독자를 고려하여 예상 독자들이 실천할 수 있는 내용을 제시하며 마무리하면 좋겠어.
>
> 학생 3: 좋은 생각이야. 글에서 언급한 실천 방안을 제시하면 글의 완결성을 높일 수 있을 것 같아.

① 우리 지역에 거주하는 어르신들도 불편한 보행 환경을 개선하기 위해 능동적으로 문제 해결에 나설 필요가 있다.

② 특히 어른들은 자전거를 많이 이용하는 자녀들을 위해 자전거 전용 횡단도 설치 확대를 담당 기관에 건의할 필요가 있다.

③ 우리 지역 보행 환경 개선을 위해 담당 행정 기관은 우리 지역 어르신들의 요청을 적극적으로 수용하여 정책에 반영할 필요가 있다.

④ 더불어 우리 청소년들도 자전거를 탈 때 어르신들을 먼저 배려하는 등 우리 지역 어르신들의 보행 환경 개선을 위해 노력할 필요가 있다.

⑤ 특히 우리 청소년들도 보행에 불편을 겪는 어르신들을 돕는 보행 도우미 제도를 행정 기관에 제안하여 우리 지역 어르신들이 도움을 받을 수 있도록 노력해야 한다.

[01~05] (가)는 학교 신문에 실을 글의 초고이고, (나)는 (가)를 수정하기 위한 대화이다. 물음에 답하시오.

가

중고 거래의 부작용과 해결책

최근 온라인 중고 거래 플랫폼이 활성화되면서 청소년들 사이에서도 온라인 중고 거래가 활발해지고 있다. 청소년의 온라인 중고 거래 실태를 파악하기 위해 올해 3월 청소년 500명을 대상으로 설문 조사를 한 결과에 따르면, 온라인 중고 거래 경험이 있다고 응답한 청소년이 전체의 74%나 되었다. 이것은 5년 전 조사에 비해 17%p나 증가한 수치라고 한다. 대표적인 온라인 중고 거래 플랫폼인 '△△장터'를 이용해 중고 거래를 직접 해 보니 중고 상품을 아주 쉽고 편하게 사고팔 수 있었다. 이를 통해 청소년의 온라인 중고 거래가 성행하는 이유가 편의성에 있음을 짐작해 볼 수 있었다.

하지만 온라인 중고 거래에는 여러 가지 우려되는 점이 있다. 우선 청소년의 과시적인 상품 소비를 부추길 수 있다는 점이다. 온라인에서 손쉽게 중고 거래를 할 수 있다 보니 싸다는 이유만으로 꼭 필요하지 않은 물건인데도 충동적으로 물건을 사는 경우가 많다. 또 자신이 소유한 물건을 손쉽게 현금화할 수 있다는 점이 청소년들의 과소비를 부추기는 원인이 되기도 한다. 1학년 강○○ 학생은 "내가 가지고 있는 물건을 온라인으로 팔아 손쉽게 현금을 갖게 되다 보니 돈 씀씀이가 커졌어요."라고 말했다.

청소년에게 해로운 상품들이 온라인 중고 거래 플랫폼을 통해 거래될 수 있다는 점도 우려된다. ◇◇ 신문의 보도 내용에 따르면 청소년들이 술과 담배는 물론이고 음란물까지 온라인 중고 거래 플랫폼을 통해 구하는 경우가 있다고 한다. 이러한 상품의 온라인 거래는 법으로 엄격하게 규제되고 있으며, 온라인 중고 거래 플랫폼에서도 금지 품목의 거래를 막기 위해 여러 가지 기술적 장치를 두고 있다. 그럼에도 불구하고 온라인 중고 거래 플랫폼을 통하지 않고 온라인으로 직거래를 할 경우 이를 원천적으로 막기는 어렵다고 한다.

마지막으로 청소년들은 온라인 중고 거래에서 사기 거래의 피해자가 되기 쉽다. 청소년들은 전자 상거래에 대한 이해도가 낮고 사기 거래에 대한 사후 조치에도 취약해 이를 노린 사기 거래가 많다고 한다. 청소년 소비 문제를 연구해 온 김□□ 박사는, "청소년들이 부모 몰래 온라인으로 중고 거래를 한 경우 사기 거래를 당해도 이를 숨기려는 경향을 보인다. 또한 청소년들은 법률 지식과 경험도 부족해서 온라인 사기 거래에 대한 대응도 미숙하다."라고 그 이유를 설명했다.

온라인 중고 거래 플랫폼을 이용한 청소년 중고 거래에는 이같이 많은 부작용이 있다. 따라서 이를 해소하기 위한 대책이 필요하다. 청소년 연구소에서 발간한 『청소년을 위한 온라인 상거래』에서 언급된 것처럼 청소년들이 합리적이고 주체적인 태도로 온라인 상거래를 할 수 있도록 소비자 교육을 강화해야 하고, 청소년 유해 상품의 온라인 거래에 대한 정부의 관리 감독도 강화해야 한다.

나

학생1: 내가 쓴 초고 다 읽어 왔지?
학생2: 청소년의 온라인 중고 거래를 다룬 초고 말이지?

학생 1: 그래 맞아. 읽어 보니까 어때? 아직 초고라 고칠 데가 많지?

학생 2: 아니야. 쉬운 주제가 아니었는데 글을 아주 짜임새 있게 잘 썼던데. 조금만 다듬으면 좋은 글
이 될 것 같아.   ⎤
                                                                                           ⎥ [A]
학생 1: 부족한 게 많은 글인데 좋게 봐 줘서 고마워. 너희들이 검토 의견을 가감 없이 말해 주면 부족 ⎦
한 실력이지만 최대한 고쳐 볼게.

학생 3: 글의 공정성을 생각해서 청소년 온라인 중고 거래의 긍정적인 면도 다루어 주면 어떨까? 청소년의
온라인 중고 거래를 너무 부정적인 측면에서만 바라본 것 같아서 걱정이 되거든. 나에게는 필요 없어
진 물건이 온라인 중고 거래를 통해 누군가에게는 요긴하게 쓰일 수 있다는 점에서 긍정적인 면도 있
잖아. 경제적 측면에서나 환경 보호의 관점에서 볼 때 청소년에게 오히려 권장할 만한 일이 아닐까?
물론 네가 우려하는 바에 대해 나도 공감하지만, 구더기가 무섭다고 장을 못 담그게 해서는 안 된다고
생각해.

학생 2: 나도 네 말에는 동의해. 그렇지만 이 글은 '청소년 문화의 문제점과 해결 방안'이라는 연재물   ⎤
의 하나로 기획된 거니까 현재 글의 흐름을 그대로 유지하면서 긍정적인 측면도 있음을 언급만   ⎥
하는 게 좋을 것 같아. 네 생각은 어때?   ⎥
                                                                                           ⎥
학생 3: 아, 그랬구나. 이 기사가 연재물로 기획된 것이라는 점을 미처 몰랐네. 미안해, 난 그런 줄도   ⎥ [B]
모르고…….   ⎥
                                                                                           ⎥
학생 1: 아니야. 내가 초고를 너희들에게 보낼 때 그 점을 분명히 밝혔으면 그런 오해가 없었을 텐데.   ⎥
내가 그런 부분까지 신경 쓰지 못해서 미안해. 글을 시작하는 부분에서 청소년 온라인 중고 거래   ⎥
에 긍정적인 측면이 있다는 점도 언급할게.   ⎦

학생 2: 그래 좋아. 제목은 어때? 뭔가 이 글의 초점이 잘 드러나지 않는 것 같은데.

학생 3: 화제의 범위가 너무 넓어서 그럴 거야. 온라인 중고 거래 플랫폼을 이용하는 청소년의 중고 거래를
다루고 있으니까 제목에서 글의 초점이 분명히 드러나게 해 주면 좋을 것 같아.

학생 1: 알겠어. 화제를 좁혀서 제목을 수정해 볼게.

학생 2: 그럼 글의 세부 내용도 검토해 보자.

학생 3: 2문단은 청소년들의 충동적인 소비와 과도한 소비의 문제를 다루고 있잖아. 그러니 '과시적인 상품
소비'라는 말은 여기에 어울리지 않아. 다른 말로 바꾸어 주는 것이 좋겠어.

학생 2: 그리고 2문단과 3문단의 연결 관계가 더 잘 드러나도록 문단이 시작할 때 담화 표지를 넣어 주면 좋
을 것 같아.

학생 1: 그래 알았어. 너희들이 말한 것을 반영해서 잘 고쳐 보도록 할게.

학생 2: 그리고 마지막 문단에는 내용을 추가하면 좋겠어. 앞에서 지적한 문제는 세 가지인데 여기서 제시
한 해결 방안은 두 가지만 있잖아.

학생 1: 아, 무슨 말인지 알겠어. 내용을 추가해서 보완할게. 더 수정할 게 없을까?

학생 3: 1문단에서 설문 자료를 인용하고 있는데, [㉮   ]도 밝혀 주면 독자에게 신뢰감을
더 높일 수 있을 것 같아.

학생 1: 좋은 의견 줘서 고마워. 오늘 나온 의견을 다 반영해서 다음 주까지 수정해 올게.

학생 2: 그런데 어쩌지? 편집할 시간이 많지 않아서 이번 주말까지는 원고를 다 수합해야 하는데. 힘
　　　　들겠지만 수정한 원고를 조금만 더 일찍 보내 줄 수 있어?　[C]
학생 1: 그래 알았어. 이번 주말까지 수정 원고를 완성해 볼게.

[24003-0119]

01 (가)에 대한 설명으로 가장 적절한 것은?

① 특정 이론을 바탕으로 중심 화제의 개념을 제시한다.
② 다른 나라의 사례를 활용하여 문제의 심각성을 강조한다.
③ 예상되는 반론을 제시하고 이를 반박하여 주장의 설득력을 높인다.
④ 경험을 바탕으로 특정 현상이 일어나는 이유에 대한 견해를 밝힌다.
⑤ 문제 상황에 대한 연령대별 인식을 제시하여 세대 간의 차이를 부각한다.

[24003-0120]

02 (가)를 작성하기 위해 학생이 세운 자료 활용 계획으로 적절하지 <u>않은</u> 것은?

① 설문 조사 결과를 근거로 들어 청소년의 활발한 온라인 중고 거래 현황을 제시해야겠어.
② 학생과의 인터뷰를 활용하여 온라인 중고 거래가 청소년 소비 성향에 미치는 부정적 영향을
　제시해야겠어.
③ 신문의 보도 내용을 인용하여 청소년의 유해 상품 온라인 거래에 대한 법적 규제의 필요성
　을 제시해야겠어.
④ 전문가의 견해를 인용하여 온라인 중고 거래에서 청소년이 사기 거래의 피해자가 되기 쉬운
　이유를 제시해야겠어.
⑤ 관련 문헌을 참고하여 청소년들이 합리적이고 주체적인 소비 태도를 가질 수 있도록 하기
　위한 방안을 제시해야겠어.

[24003-0121]

03 다음 자료를 바탕으로 [A]~[C]를 이해한 내용으로 적절하지 <u>않은</u> 것은?

● 자료 ●

　　대화를 할 때에는 상대방을 배려하고 존중하면서 공손하고 예절 바르게 말하도록 노력해야 한다. 이를 위해 지켜야 할 대화의 격률에는 다음과 같은 것들이 있다.

ㄱ. 자신에게 부담이 되는 표현 최대화하기.
ㄴ. 자신에 대해 칭찬은 줄이고 겸손하게 말하기.
ㄷ. 상대방에 대해 비방은 줄이고 칭찬을 많이 하기.
ㄹ. 상대방에게 부담을 줄 수 있는 표현을 최소화하기.
ㅁ. 상대방과의 의견 차이는 줄이고 일치점은 극대화하기.

① [A]에서 '학생 2'의 발화는 상대방 초고의 잘된 점을 중심으로 말하고 있다는 점에서 'ㄷ'이 나타나 있다.
② [A]에서 '학생 1'의 발화는 자신을 낮추는 태도로 상대방의 칭찬을 받아들이고 있다는 점에서 'ㄴ'이 나타나 있다.
③ [B]에서 '학생 2'의 발화는 자신의 양보로 상대방과의 의견 차이를 해소하고 있다는 점에서 'ㅁ'이 나타나 있다.
④ [B]에서 '학생 1'의 발화는 상대방이 오해하게 된 것을 자신의 탓으로 돌리고 있다는 점에서 'ㄱ'이 나타나 있다.
⑤ [C]에서 '학생 2'의 발화는 상대방의 부담을 덜어 주기 위해 명령의 형식 대신 질문의 형식을 활용하고 있다는 점에서 'ㄹ'이 나타나 있다.

[24003-0122]

04 **(가)와 (나)를 모두 고려할 때, ㉮에 들어갈 말로 가장 적절한 것은?**

① 설문 조사의 목적
② 설문 조사를 한 시기
③ 설문 조사를 한 주체
④ 설문 조사에 응답한 대상
⑤ 과거에 한 설문 조사와의 결과 비교

[24003-0123]

05 **(나)의 논의 내용을 반영해, (가)를 고쳐 쓰는 방안으로 적절하지 않은 것은?**

① 제목은 '청소년 온라인 중고 거래의 부작용과 해결책'으로 교체한다.
② 1문단에서 '청소년 온라인 중고 거래'의 긍정적인 면에 대해 언급한다.
③ 2문단의 '과시적인 상품 소비'를 '비합리적인 소비'로 교체한다.
④ 3문단의 맨 앞에 2문단과의 관계를 나타내는 담화 표지로 '그런데'를 넣어 준다.
⑤ 5문단에 '온라인 중고 거래 사기 피해 청소년을 위한 상담 센터를 운영해야 한다.'라는 내용
  을 추가한다.

[01~05] (가)는 동아리 학생들의 대화이고, (나)와 (다)는 대화에 참여한 학생들이 작성한 초고이다. 물음에 답하시오.

가

학생 1: 오늘은 우리 동아리의 올해 활동 계획을 세우기 위한 대화를 하기로 했지? 먼저 작년 활동을 점검하면서 긍정적인 부분과 개선해야 할 부분들을 얘기해 보는 것이 어떨까?

학생 2: 그래, 좋은 생각이야. ㉠작년에 우리 동아리에서는 '현대 사회 연구반'이라는 동아리의 정체성에 맞는 활동을 잘했다고 생각해. 우선 '님비 현상', 'MZ 세대의 특성', '초저출산' 등의 활동 주제가 시의성 있고 유의미하게 설정되었다고 봐. 게다가 주제에 대해 진지하게 고민하고 탐색하면서 현 상황, 문제의 원인, 해결 방향 등에 대해 토론하고 토론의 결과를 동아리 학술지에 게재하는 활동을 했잖아.

학생 3: 응. 맞아. 우리 동아리 내부에서는 정말 열심히 문제들을 찾아보고 원인이 무엇일지 파악하기 위해 학술 자료나 기사를 찾아 읽고, 인터뷰도 하면서 문제에 접근했어. 그런데 그렇게 하다 보니 우리가 생각한 내용이 정말 맞는 것인지, 다른 견해들은 더 없는지 등 탐색한 내용의 정확성, 객관성, 논리의 타당성 등에 대해 전문가의 의견을 듣고 싶더라고.

학생 1: ㉡맞아. 그래서 작년에 전문가 초청 좌담회 같은 활동이 필요하다는 의견이 있었는데, 동아리 예산 문제로 아쉽게도 그 활동은 하지 못했네. 그리고 나는 우리가 정말 열심히 탐색하고 토론한 결과를 동아리 내부 학술지에만 싣고 다른 학생들에게 알리지 못한 것이 아쉬워. 사실 사회 문제를 우리끼리만 인식하고 그에 대한 해결 방향을 제시한다고 해서, 사회 문제가 해결되는 것은 아닌 것 같아서 말이야. 우리가 깨닫고 인식한 사회 문제를 적어도 우리 학교 학생들에게만큼은 공유해야 하지 않을까?

학생 4: ㉢좋은 지적이네. 사회 문제가 있다면, 그와 관련된 많은 사람들이 문제의식을 공유하면서 해결을 위한 다양한 실천 방법을 모색하는 것이 맞는 것 같아. 한두 사람의 발걸음들이 모여 자국을 만들고 그러면 길이 생긴다고 하잖아.

학생 2: '보아야 알 수 있고, 알아야 해결할 수 있다.' 이런 얘기네. 올해는 우리 학교 학생들과 사회 문제에 관해 함께 생각하고, 실천 방법도 함께 고민할 수 있는 활동을 계획하면 좋을 것 같아.

학생 1: 작년 활동에 대한 평가를 정리하면, 활동 내용은 동아리의 정체성에 걸맞은 것이었지만 활동의 결과를 다른 학생들과 공유하지 못한 점이 아쉬웠다고 할 수 있겠어. 그리고 사회 문제를 탐색한 내용과 관련하여 전문가를 초청하여 함께 대화를 나누면서 배우고 의견을 듣는 자리가 없어 아쉬웠다는 의견도 있었어. ㉣그럼 이제 이런 평가 내용을 바탕으로 개선 사항을 어떻게 실현할지 얘기해 보자.

학생 3: 먼저 전문가 초청을 위해서는 예산이 필요하잖아. 현재 학교 활동으로 전문가 초청 프로그램이 진행되고 있으니, 이 프로그램에 배정된 예산의 일부를 우리 동아리에 배정해 주면 좋을 텐데…….

학생 2: 음……, 특정 동아리에만 예산을 배정하는 것은 형평성에 어긋나는 것일 거야. 하지만 우리가 진행하는 전문가 초청 좌담회에 참여할 기회를 우리 학교 학생들 모두에게 준다면 형평성에 어긋날 것 같지는 않은데? 교장 선생님께 건의해 보자.

[A]

학생 4: 그래, 좋은 생각이야. 그리고 그 건의 내용에 학생들과 문제의식을 공유하기 위한 방안도 포함하면 좋을 것 같아. 우리 동아리의 활동이 일회적인 것이 아니라, 1년 동안 지속되는 것이니만큼 게시판이 있으면 많은 도움이 될 것 같아. 관심 있는 친구들도 게시판이 있으면 찾아서 볼 수 있으니 말이야.

학생 3: 게시판에 우리 동아리가 알리고 싶은 내용뿐 아니라, 친구들의 의견을 들을 수 있는 '의견란'도 있으면 더 좋을 것 같아. 우리 동아리원들이 미처 생각하지 못한 다양한 의견들이 있을 수 있으니 말이야.

학생 2: ⓜ우리가 자주 사용하는 매체를 생각하면, 학교 누리집 동아리 소식에 게시판을 개설하는 것이 좋겠지?

학생 1: 우리 동아리원들의 적극적이고 창의적인 아이디어가 반짝반짝하네. 잠깐 정리를 해 볼까? 교장 선생님께 동아리 운영 예산 지원과 온라인 게시판 개설에 대해 건의드리자는 거지? 그리고 교장 선생님께서 우리의 건의를 수용해 주신다는 전제하에, 학교 누리집 공지란에 '현대 사회 연구반'의 탐구 내용 공유의 의미에 대한 글을 써서 알리면 좋을 것 같아. 게시판이 있어도 그것이 무엇을 위한 것인지, 왜 하는 것인지 모른다면 학생들의 관심도 얻을 수 없으니 말이야. 동아리 담당 선생님께 말씀을 드리고 초고를 써 오도록 하자.

학생 2: 그래. 그러면 학생들에게 알리면서 설득하는 글은 내가 초고를 써 올게. 같이 검토해 보자.

학생 1: 그럼 교장 선생님께 드리는 건의문은 내가 초고를 쓸게. 다음 모임에서는 그 초고들을 검토하면서 함께 수정해 보자. 오늘 모두 수고 많았어.

나 '학생 1'의 초고

교장 선생님, 안녕하세요. 저는 '현대 사회 연구반' 동아리 부장 ○○○입니다. 언제나 학교와 학생들을 위해 애써 주시는 교장 선생님께 이 자리를 빌려 먼저 감사 인사를 드립니다. 제가 이 글을 쓰는 이유는 저희 동아리 활동의 활성화를 위한 예산 편성과 저희가 동아리 활동을 하면서 탐구한 문제의식을 공유하기 위한 게시판 설치를 건의드리기 위해서입니다.

먼저 동아리 활동의 활성화를 위해 전문가 초청 좌담회가 필요합니다. 현대 사회를 탐구하는 동아리의 특성상 학생인 저희들만의 노력으로는 깊이 있는 탐구가 어려운 것이 사실입니다. 그래서 저희의 활동 내용에 대한 평가와 조언을 구할 수 있는 전문가의 도움이 절실히 필요합니다. 현재 학교 활동으로 전문가 초청 강연이나 토론회가 계획, 운영되고 있는 것으로 알고 있습니다. 그 예산의 일부를 저희 동아리의 전문가 초청 좌담회에 배정해 주시기를 부탁드립니다. 물론 학교 전체의 예산을 하나의 동아리를 위해 사용하는 것은 옳지 않다고 생각합니다. 그렇지만 저희가 계획하는 좌담회에 참여하는 학생들을 저희 동아리원으로만 한정 짓지 않고, 학교의 모든 학생들을 대상으로 참여 신청을 받아 진행한다면 예산 사용의 정당성에 무리가 없다고 생각합니다.

두 번째 건의 내용은 온라인 게시판의 개설입니다. 게시판은 저희가 토론하고 연구한 현대 사회의 여러 현상과 그에 관한 문제의식을 학교 학생들과 공유하며 다양한 해결 방법들을 모색하기 위해 필요합니다. 학교 누리집 동아리 소식에 게시판이 개설되면, 저희의 연구 결과를 공유하고 그와 관련된 학교 학생들의 의견을 청취할 수 있는 공간이 될 수 있을 것입니다.

학교는 학생의 발전과 성장을 위한 공간이라 생각합니다. ㉮이 건의가 저희 동아리만을 위한 것으로 비추어질 수도 있겠지만, 학교는 학생들의 고민과 성찰을 통해 발전할 수 있습니다. 두 가지 건의 사항을 수용해 주신다면 좀 더 발전하는 많은 학생들을 만나 보실 수 있을 것입니다. 긴 글 읽어 주셔서 감사드립니다.

다 '학생 2'의 초고

'學生'은 배우는 사람입니다. 일상에서 배우고 익혀 현재를 뛰어넘을 수 있는 사람입니다. 우리는 살면서 많은 갈등과 문제에 부딪히고 이것들을 하나씩 해결하며 성장하고 있습니다. 그렇지만 아무래도 고등학생의 입장이다 보니, 우리가 경험하는 일상은 학교와 집, 학원 등 비교적 좁은 테두리에 갇혀 있으며 대학 진학이라는 목표에 매몰되어 학업에만 내몰리고 있습니다.

그렇지만 우리는 학생이기에 앞서 이 사회를 살아가는 구성원이기도 합니다. 그렇기에 우리 사회의 모습, 사회가 해결해야 할 문제들 역시 우리가 눈감으면 안 되는 것들입니다. 물론 텔레비전이나 신문, 인터넷 등에서 우리는 아주 많은 사회 현상들, 상황들을 만날 수 있습니다. 그러나 주목하지 않으면 달리는 말 위에서 산을 보는 것처럼 자세하고 정확한 사실들을 보지 못한 채 스쳐 지나칠 수 있습니다.

저희 '현대 사회 연구반'에서는 우리가 짚어 보아야 할 사회의 모습, 이슈들에 대해서 상설 게시판을 통해 여러분에게 보여 드리고자 합니다. 저희가 망원경이 되어서, 멀어서 보이지 않는 것들을 가깝게 볼 수 있도록 하겠습니다. 여러분은 이 망원경을 통해 스쳐 지나쳤던 풍경을 확대해서 볼 수 있습니다. 그렇게 되면 그 풍경이 무엇이며, 그것에 어떤 문제가 있는지, 그 문제를 어떻게 해결할 수 있는지 생각해 볼 수 있는 기회가 될 것입니다. 그리고 여러분이 생각해 낸 해결을 위한 작은 노력을 이곳에 적어 주십시오. 저희가 그 노력과 방법을 모아 구체적인 방법들을 다시 제안할 것입니다.

학교라는 좁은, 어쩌면 닫힌 공간이지만 저희의 작은 노력들이 모여 세상을 변화시킬 수 있는 힘으로 작용할 수 있으리라 생각합니다. '보고', '알고', '생각하여', 그래서 '실천합시다'. 그렇게 세상과 우리는 함께 성장합니다.

[24003-0124]

01 담화의 흐름을 고려할 때, ㉠~㉤에 대한 설명으로 적절하지 <u>않은</u> 것은?

① ㉠: 구체적인 근거를 제시하며 작년 활동에 대해 긍정적으로 평가하고 있다.
② ㉡: 상대의 의견에 동의한 후, 작년 활동에서 아쉬웠던 부분을 지적하고 있다.
③ ㉢: 상대의 의견을 긍정적으로 평가하고, 그 의견을 재진술하면서 자신의 의견을 덧붙이고 있다.
④ ㉣: 하나의 의제를 마무리하고 다음 의제로 전환할 것을 제안하고 있다.
⑤ ㉤: 상대 의견의 일부에 대해 반대하면서 절충안을 제시하고 있다.

[24003-0125]

02 **[A]에서 '학생 2'의 발화에 대한 설명으로 가장 적절한 것은?**

① 상대의 의견을 검토하며 문제점을 해결할 수 있는 방안을 제시하고 있다.

② 자신의 상황을 구체적으로 설명하면서 상대에게 원하는 바를 요구하고 있다.

③ 상대가 언급한 상황과 유사한 사례를 제시하며 상대의 의견에 동의하고 있다.

④ 상대가 파악하지 못한 한계를 지적하며 상대의 제안이 실현 불가능함을 강조하고 있다.

⑤ 자신이 기존에 지녔던 판단의 오류를 수정하며 상대와의 의견을 최대한 일치시키고 있다.

[24003-0126]

03 **(가)의 대화 내용이 (나), (다)에 각각 반영된 양상으로 적절하지 않은 것은?**

① (가)에서 '학생 3'이 전문가의 의견을 듣고 싶은 이유에 대해 언급한 내용이 (나)의 2문단에 전문가 초청 좌담회의 필요성을 밝히는 데 제시되었다.

② (가)에서 '학생 1'과 '학생 4'가 연구 내용 공유와 그 의미에 대해 언급한 내용이 (나)의 3문단에는 게시판 설치의 의의로, (다)의 3문단에는 게시판 설치의 의의 및 활용 방안으로 제시되었다.

③ (가)에서 '학생 2'가 '보아야 알 수 있고, 알아야 해결할 수 있다.'라고 언급한 내용이 (다)의 4문단에서 '보고', '알고', '생각하여', '실천합시다' 등 독자의 변화와 행동을 촉구하는 내용으로 제시되었다.

④ (가)에서 '학생 4'가 온·오프라인 상설 게시판의 차이를 언급한 내용이 (나)의 4문단에 건의 수용의 기대 효과로 제시되었다.

⑤ (가)에서 '학생 1'이 정리한 건의문의 목적이 (나)의 1문단에 글을 쓰는 이유를 밝히는 내용으로 제시되었다.

[24003-0127]

04 작문 맥락을 고려할 때 (나), (다)에 대한 이해로 적절하지 <u>않은</u> 것은?

① 글의 유형 면에서, (나)는 구체적이고 실행 가능한 방안을 제시하며 공동체의 문제 해결을 요구하는 형식의 글이다.

② 예상 독자 면에서, (다)는 문제의식을 공유할 필요가 있는 학교의 모든 학생을 독자로 상정하고 있다.

③ 글의 주제 면에서, (다)는 학생들이 해결해야 할 시급한 문제 상황을 분석하면서 문제의 원인을 중심 내용으로 제시하고 있다.

④ 작문 목적 면에서, (나)와 (다)는 예상되는 긍정적인 효과를 언급하면서 예상 독자를 설득하고 있다.

⑤ 필자의 입장 면에서, (나)와 (다)의 필자는 모두 학교 공동체 구성원의 발전에 관심이 있음을 알 수 있다.

[24003-0128]

05 〈보기〉는 다른 학생들의 조언을 바탕으로 ㉮를 수정한 내용이다. 조언의 내용으로 적절하지 <u>않은</u> 것은?

● 보기 ●

　이 건의가 저희 동아리만을 위한 것으로 비추어질 수도 있겠지만, 열린 좌담회 개최와 열린 게시판 개설은 다른 학생들의 탐색과 활동을 이끌어 내는 마중물이 충분히 되어 줄 수 있을 것입니다. 이를 통해 우리 학교 학생들이 사회 문제에 관해 적극적으로 고민하고 탐구하며 행동하는 학생들이 될 수 있을 것이라 생각합니다.

---

① 불필요한 구절을 삭제하여 논리의 긴밀성을 갖추는 것은 어떨까?

② 건의 수용의 기대 효과를 열거하면서 좀 더 구체화하는 것은 어떨까?

③ 단어를 반복하면서 건의 사항을 핵심적으로 요약하여 제시하는 것은 어떨까?

④ 비유적 표현을 활용하여 건의 수용의 의의를 효과적으로 전달하는 것은 어떨까?

⑤ 담화 표지를 삽입하여 앞의 문장과 뒤의 문장이 대조의 관계에 있음을 분명히 하는 것은 어떨까?

[01~05] (가)는 협상이고, (나)는 (가)를 참관한 구단 관계자가 작성한 구단 소식지의 글이다. 물음에 답하시오.

가

구단 측 대표: 우리 구단과 ○○ 선수의 자유 계약 체결을 위한 두 번째 협상을 시작하겠습니다. 구단은 우리 팀에서 프로 선수로 데뷔해 국가 대표까지 된 ○○ 선수와의 계약이 꼭 필요하다고 생각합니다. 하지만 지난 협상에서 요구하신 수준의 연봉은 수용하기 어렵습니다. 이번 협상을 통해 의견 차이가 잘 조정되었으면 하는 바람입니다.

선수 측 대리인: ○○ 선수는 K구단에서 데뷔해서 이번에 자유 계약 자격을 얻기까지 뛰고 있기에 팀에 애정이 깊습니다. 저희가 원하는 계약 조건을 다소 조정해서라도 K구단에 잔류해서 우승을 경험하고자 합니다. 하지만 지난번에 말씀하신 금액으로는 계약하기 어렵습니다. 대신 저희 쪽 요구 연봉을 지난 협상에서 저희가 요구했던 것에서 10퍼센트 낮추겠습니다.

구단 측 대표: 현재 구단 사정을 고려하면 지난 협상 자리에서 말씀드렸던 수준의 연봉을 그대로 제안할 수밖에 없습니다. 말씀하신 것에서 5퍼센트포인트를 더 감액해 주셨으면 합니다. 그렇게 해 주시면 그 금액을 팀의 취약 포지션인 수비수를 영입하는 데 활용하겠습니다. 우승을 위한 전력 보강은 ○○ 선수도 원하는 바일 겁니다.

선수 측 대리인: 전력 보강에 적극적으로 나서 주신다고 하니 저희도 어느 정도 양보를 하겠습니다. 하지만 말씀하신 수준의 연봉으로 계약을 한다면, ○○ 선수가 좀 더 안정적인 환경에서 운동할 수 있도록 기존에 제시하신 3년 계약을 5년 계약으로 늘려 주십시오.

구단 측 대표: 저희가 제안한 연봉이라면 말씀하신 5년 계약을 수용하겠습니다. 다만, 4, 5년 차 연봉에 대해서는 추가 논의가 필요해 보입니다. ㉠ 내년이면 ○○ 선수의 나이가 31살이 되는데, 빠른 속도 위주의 공격이 선수의 특기인 것을 고려하면 나이에 따른 경기력 저하를 걱정할 수밖에 없습니다. 5년 계약을 하되 마지막 2년은 연봉의 80퍼센트만 보장하고, 골 기록 혹은 도움 기록이 일정 수준을 넘어서면 나머지 연봉도 모두 지급하는 것이 어떻겠습니까?

선수 측 대리인: 계약 4, 5년 차 연봉을 모두 말씀하신 것처럼 하기는 어렵습니다. 얼마 전 국가 대표 감독 인터뷰에서 거론된 것처럼 ○○ 선수는 속도가 지금보다 떨어지더라도 뛰어난 슈팅 능력으로 계약 기간 동안 충분히 활약할 수 있습니다. 5년 차 한 해 정도라면 말씀하신 조건을 수용하겠습니다. 연봉이 모두 지급되는 기준은 동료 공격수의 기량 등 다른 요소의 영향이 더 큰 도움 기록보다는 골 기록으로 하는 것이 좋겠습니다. 골 기록은 ○○ 선수가 최근 5년 동안 평균 10골을 기록했던 것을 고려하여 10골로 했으면 합니다.

구단 측 대표: 그럼 계약 4년 차까지는 연봉을 모두 보장하겠습니다. 하지만 5년 차에 연봉이 모두 지급되는 골 기록은 10골로 할 수 없습니다. ○○ 선수가 부상으로 부진했던 시즌이 있는데, 최근 5년 중에 해당 시즌의 골 기록을 제외하고 평균을 내면 12골이 됩니다. 따라서 기준은 12골이 되어야 합니다.

선수 측 대리인: 좋습니다. 4년 차 연봉까지는 보장하셨으니, 골 기준은 저희가 양보하겠습니다. 다음으로 유니폼 판매 수익금 기부에 관해 논의했으면 합니다. ㉡ ○○ 선수가 후배들을 돕는 일에 많은 관심을

가진 만큼 ○○ 선수의 유니폼 판매 수익금의 10퍼센트를 지역 고등학교 축구팀에 기부해 주시기 바랍니다. 이렇게 하면 구단의 이미지 개선에도 도움이 될 것입니다.

구단 측 대표: 유니폼 수익금 기부보다는 은퇴 후 지도자 연수를 제안하고 싶습니다. 구단에서 은퇴 후 지도자 연수를 보장받는 게 선수에게도 수익금 기부보다 더 나은 계약 조건일 겁니다.

선수 측 대리인: 선수는 은퇴 후에 지도자보다는 유소년 축구를 육성하는 축구 행정가가 되기를 원하고 있습니다. 그렇기 때문에 지도자 연수보다는 유소년 축구 육성에 기여할 수 있는 수익금 기부를 원하는 것입니다.

구단 측 대표: 선수의 의사가 그렇다면 알겠습니다. 유니폼 판매 수익금 기부는 ○○ 선수가 계약 기간 동안 구단 홍보 활동에 모두 참여하는 조건이라면 수용하겠습니다. 구단 홍보 활동은 팬 사인회와 홍보 콘텐츠 촬영으로 이뤄집니다. 언론에도 보도되어 아시겠지만, 저희 설문 조사 결과에 나타나듯이 ○○ 선수가 구단 팬들에게 인기가 가장 많은 만큼 홍보에 참여해 준다면 구단의 인기를 높이는 데에 도움이 될 것입니다. 그렇게 한다면 유니폼 판매량이 증가해서 기부금도 늘어나는 효과가 있을 것입니다.

선수 측 대리인: 말씀하신 것처럼 ○○ 선수가 홍보에 도움을 준다면, 유니폼 판매량이 늘어서 더 많은 고등학생을 도울 수 있겠네요. 그렇게 하겠습니다. 그리고 계약 마지막 해 연봉 보장과 관련된 계약 조건은 외부에 비공개로 했으면 합니다.

구단 측 대표: 네, 좋습니다. 계약 금액, 계약 기간, 유니폼 수익금 기부에 관한 사항을 담은 계약서를 마련하여 계약이 안정적으로 이루어질 수 있도록 하겠습니다. 이번 계약이 우승을 위한 좋은 밑거름이 될 것입니다.

나

○○ 선수와 FA(자유 계약) 협상 마무리, 차기 시즌 활약 기대

우리 K구단은 구단 간판스타이자 축구 대표팀 주전 공격수인 ○○ 선수와 FA 협상을 원활하게 마무리했다. 연봉은 팔억 오천만 원이며, 총 계약 기간은 5년이다. 이외의 계약 금액 관련 사항은 양측 합의에 따라 공개되지 않는다. 선수 측에서는 협상 과정에서 지역 고등학교 축구팀에 대한 기부를 요청하는 등 국가 대표 선수다운 이타적인 모습을 보였다. 이번 계약을 통해 ○○ 선수는 우리 구단의 핵심 선수로 계속 남게 되었다. 또 다른 국가 대표 공격수 □□ 선수가 이번 시즌을 앞두고 FA를 통해 B구단에서 C구단으로 이적하면서 C구단의 성적이 월등히 좋아졌기에 많은 팀이 이와 같은 효과를 노리고 ○○ 선수의 영입을 노렸지만 구단과의 의리를 지키고 잔류한 것이다.

○○ 선수가 잔류하게 된 데에는 무엇보다도 성장의 기회를 마련해 준 구단에 대한 선수의 애정이 큰 몫을 차지했다. FA 협상 과정에서 선수 측은 데뷔 시즌부터 구단으로부터 꾸준한 출전 기회를 받아 성장할 수 있었다며, 팀에 남아서 팀의 우승을 돕겠다는 의지를 드러냈다. 또한 팬들로부터 강력한 지지를 얻고 있는 것도 큰 부분을 차지한다. 우리 구단이 팬들을 대상으로 실시한 설문 조사 결과에서 53퍼센트를 득표하며 구단 내 선수 선호도 1위를 차지한 것은 ○○ 선수에 대한 팬들의 높은 지지를 여실히 보여 준다. 여기에 우

리 구단에서도 적극적인 태도로 협상에 임했기에 이번 계약을 이끌어 낼 수 있었다.

○○ 선수는 우리 팬들이 '잔디밭의 치타'라고 부를 만큼 빠른 속도와 양발을 자유자재로 사용하는 슈팅 능력으로 뛰어난 활약을 펼쳐 왔다. 얼마 전 국가 대표 감독도 언론과의 인터뷰에서 "○○ 선수는 뛰어난 슈팅 능력이 있어서 속도가 지금보다 떨어지더라도 충분히 활약할 수 있는 좋은 선수다."라고 평한 것에서 알 수 있듯이 공격수로서 ○○ 선수의 가치는 향후 수년간 지속될 것으로 예상된다. 우리 구단은 이런 훌륭한 선수와 함께 리그 우승을 차지하기 위해 경기 전략을 고도화하고 훈련 시스템을 보완하는 등 전력 개선을 위해 최선을 다할 계획이다.

앞으로 이어질 차기 시즌부터 ○○ 선수가 어떠한 활약을 보여 줄지 우리 팬들의 시선이 벌써 잔디밭으로 쏠리고 있다.

[24003-0129]

01 **(가)의 흐름을 고려할 때, ㉠, ㉡에 대한 설명으로 가장 적절한 것은?**

① ㉠은 연봉이 보장되는 조건을 완화해 달라는 상대의 요구 사항을 언급하며 자신이 양보할 수 있는 범위를 제시하는 발화이다.

② ㉠은 연봉에 대한 자신의 제안을 수용했을 때 얻을 수 있는 상대의 이익을 언급하며 상대의 양보를 이끌어 내는 발화이다.

③ ㉠은 계약 기간을 늘렸을 때 자신이 지게 될 부담을 언급하면서 상대에게 요구 사항을 철회해 달라고 요청하는 발화이다.

④ ㉡은 유니폼 판매 수익 기부라는 추가적인 요구 사항을 제시하며, 이를 통해 상대가 얻을 수 있는 이익을 언급하는 발화이다.

⑤ ㉡은 구단 이미지 개선에 동참해 달라는 상대의 요구를 일부 수용하며 자신이 얻게 될 이익이 무엇인지 확인하는 발화이다.

[24003-0130]

02 〈보기〉를 바탕으로 (가)를 이해한 내용으로 적절하지 <u>않은</u> 것은?

● 보기 ●

협상이란 의제와 관련하여 발생한 갈등을 해결하기 위한 공동 의사 결정 과정을 말하며 시작 단계, 조정 단계, 해결 단계 순으로 진행이 된다. 시작 단계에서 협상 당사자들은 협상의 의제와 대안을 파악하고, ⓐ 문제 해결의 가능성을 확인한다. 조정 단계에서는 제안을 통해 ⓑ 자신이 원하는 바와 상대방이 원하는 바를 맞교환하거나 상호 간의 양보, 새로운 대안 모색 등이 이루어진다. 이때 ⓒ 대안에 대한 협상 당사자 간의 선호도가 다른 경우가 많으므로 ⓓ 여러 가지 대안을 생각해 두고 상대가 선택할 수 있도록 하는 것이 효과적이다. 해결 단계에서는 ⓔ 합의 사항을 어떻게 이행할지에 대한 논의 등이 이루어진다.

① 계약의 필요성에 대한 구단의 의사 표명과 선수 측의 잔류 의사 표명을 통해 ⓐ를 확인할 수 있군.

② 선수 측이 구단 측에서 제안한 연봉을 수용하는 조건으로 계약 기간을 늘려 달라고 요구한 것은 ⓑ를 시도한 것으로 볼 수 있군.

③ 선수 측이 구단 측에서 제안한 내용보다 유니폼 수익금 기부를 선호하는 것은 ⓒ에 해당한다고 볼 수 있군.

④ 구단 측이 팬 사인회와 홍보 콘텐츠 촬영이라는 두 가지 조건을 제시한 것은 ⓓ에 해당한다고 볼 수 있군.

⑤ 구단 측이 협상에서 논의한 사항을 담은 계약서를 마련하기로 한 것을 통해 ⓔ를 확인할 수 있군.

[24003-0131]

03 (가)를 바탕으로 (나)를 작성하는 과정에서 '구단 관계자'가 고려한 내용으로 적절하지 <u>않은</u> 것은?

① 협상 과정에서 선수 측과 구단 측이 합의한 대로 계약 마지막 해의 연봉과 관련된 사항은 비공개로 처리한다.

② 협상 과정에서 선수 측이 은퇴 후 진로와 관련하여 요구한 조건을 언급하여 선수의 긍정적인 면모를 부각한다.

③ 협상 과정에서 구단 측이 선수 측에 밝혔던 우승을 위한 전력 개선 방안을 제시해서 우승에 대한 구단의 의지를 드러낸다.

④ 협상 과정에서 선수 측이 4년 차 연봉을 보장받기 위해 활용한 국가 대표 감독의 인터뷰 내용을 인용해서 ○○ 선수의 가치를 드러낸다.

⑤ 협상 과정에서 구단 측이 ○○ 선수의 인기와 관련하여 언급한 자료의 내용을 구체적으로 제시해서 ○○ 선수에 대한 팬들의 지지를 드러낸다.

[24003-0132]

04 **(나)를 쓰기 위해 세운 글쓰기 계획 중 글에 반영되지 <u>않은</u> 것은?**

① ○○ 선수와의 계약 조건으로 합의한 연봉과 총 계약 기간을 제시해야겠군.

② ○○ 선수의 기량이 지속해서 개선되었기에 여러 팀에서 영입을 시도했음을 밝혀야겠군.

③ ○○ 선수는 출전 기회를 꾸준히 얻어 성장할 수 있었기에 구단에 애정이 있음을 밝혀야겠군.

④ ○○ 선수의 뛰어난 능력과 관련해서 팬들이 붙인 별칭을 제시해야겠군.

⑤ ○○ 선수의 향후 활약에 대해 팬들이 관심을 보이고 있음을 제시해야겠군.

[24003-0133]

05 **(나)를 작성할 때 활용한 내용 조직 방법으로 가장 적절한 것은?**

① ○○ 선수가 지금까지 공식 경기에서 남긴 기록을 항목별로 분류한다.

② ○○ 선수가 이적하지 않고 구단에 잔류하기로 결정한 이유를 나열한다.

③ ○○ 선수가 자유 계약 자격을 획득하기까지의 과정을 시간 순서대로 제시한다.

④ ○○ 선수가 앞으로 어떤 활약을 보일 수 있을지 지난 경기 사례를 통해 분석한다.

⑤ ○○ 선수와 □□ 선수가 자유 계약 협상에서 원소속 구단으로부터 받은 대우를 대조한다.

[01~05] (가)는 비평문을 쓰기 위한 회의이고, (나)는 이를 바탕으로 작성한 초고이다. 물음에 답하시오.

사회적 현안에 대한 모둠별 비평문 쓰기 활동

[활동 1]: 모둠 활동을 통해 비평문에서 다룰 사회적 현안과 비평문의 관점 정하기

[활동 2]: 우리 학교 학생들을 예상 독자로 하여 [활동 1]의 결과를 바탕으로 비평문 작성하기

가

학생1: 비평문에서 다룰 사회적 현안과 비평문의 관점을 정하는 활동을 시작할게. ㉠지난 논의에서 모둠별 비평문 쓰기의 소재를 '개인 방송 시대'로 정하고 각자 맡은 분야의 자료를 찾아오기로 한 거 기억하지? 온라인 동영상 플랫폼을 통해 방송 제작부터 진행까지 개인이 도맡아 하는 형태의 방송을 개인 방송으로 규정하고, 자료를 준비해 오기로 했잖아.

학생2: ㉡개인 방송이 증가하는 배경에 대해 조사해 왔는데, 먼저 말해도 괜찮을까?

학생1, 3: 그럼, 물론이지.

학생2: 아무래도 개인 방송의 제작과 수용을 위해서는 스마트폰이 필수적인 것 같아서, 우리 학교 학생들을 대상으로 스마트폰 보유에 대한 설문 조사를 실시했는데, 스마트폰 보유 비율이 99%가 넘을 정도로 대다수가 스마트폰을 이용하는 것으로 집계가 됐어.

학생3: ㉢스마트폰을 보유하지 않은 비율이 5%는 넘을 줄 알았는데, 예상과는 다르네. 비평문의 도입부에서는 스마트폰의 확산을 개인 방송이 증가하는 배경으로 제시하면 좋을 것 같아. 내가 살펴본 학술 자료에서는 방송의 생산자와 수용자가 실시간 소통을 할 수 있다는 점에서 개인 방송을 긍정적으로 평가하고 있었어. 또 과학, 게임, 여행, 영화, 패션 등 시청자들이 자신의 취향에 맞는 콘텐츠를 기존 미디어보다 쉽게 찾아 즐길 수 있다는 점도 긍정적 측면으로 제시하고 있어. 한 미디어 비평가는 언론과의 인터뷰에서 개인 방송의 증가로 인해 방송 환경이 기존에 비해 수평적, 개방적, 참여적으로 변화된다는 점을 개인 방송의 긍정적 측면으로 언급했어.

학생2: ㉣개인 방송이 쌍방향 소통이 가능하다는 점은 충분히 공감할 만한 내용이야. 그런데 개인 방송이 긍정적인 면만 있는 건 아니야. 내가 본 신문 사설에서는 개인 방송이 사실에 기반하지 않고 검증되지 않은 정보를 무분별하게 유통하고 있다는 점에서 개인 방송을 부정적으로 평가했어. 개인 방송에서 유포된 가짜 뉴스로 피해를 입은 유명인에 대한 기사가 최근에 화제가 되었던 것 기억하지? 방송 제작에 제약이 적다는 점은 표현의 자유를 보장한다는 점에서 긍정적이지만, 구독자 수와 조회 수를 늘리기 위해 지나치게 자극적이고 선정적인 정보와 허위 정보를 유통한다는 점에서 비판받고 있어.

학생3: 공감해. ㉤앞서 언급한 학술 자료에서도 과장된 정보와 허위 정보, 선정적 정보가 많다는 점을 개인 방송의 단점으로 제시하고 있어.

학생 1: 개인 방송의 긍정적 측면과 부정적 측면에 대한 의견을 들어 보니 양쪽 모두 일리가 있어 보이는데, 비평문에서 어떤 관점을 취하는 게 좋을까?

학생 2: 개인 방송의 경우 아무래도 지나치게 선정적이고 검증되지 않은 정보들이 많다 보니, 특히 우리 글을 읽을 청소년들에게 부정적 영향을 끼치는 것 같아. 이러한 점을 고려해서 개인 방송의 부정적 측면에 대한 글을 쓰는 게 어떨까?

학생 3: 내가 살펴본 일부 통계 자료도 개인 방송의 증가에 대한 부정적 측면을 제시하고 있긴 하지만, 개인 방송이 증가하는 것은 시대의 흐름인 것 같아. 또 우리 사회의 작고 다양한 목소리를 나눌 수 있게 해 준다는 점에서 긍정적 측면이 크다고 생각해. 오히려 개인 방송의 긍정적 영향을 강조하는 쪽으로 비평문의 관점을 정하는 건 어떨까?

학생 1: 하긴 나도 요즘 개인 방송을 즐겨 보는데 청소년에게 도움이 될 만한 정보를 제공하는 방송도 많은 것 같아. 무작정 개인 방송을 비판하기보다는 개인 방송의 문제점에 대한 대안을 제시해 주면 좋을 것 같아.

학생 2: 그래. 너희 말을 듣고 보니, 개인 방송의 긍정적 측면을 부각하되 개인 방송의 문제점을 개선할 방안에 대해서도 살펴보는 방향으로 비평문을 쓰는 것이 괜찮을 것 같아.

학생 3: 의견을 수용해 줘서 고마워.

학생 1: 그럼 개인 방송을 긍정적으로 바라보는 관점에서 개인 방송의 문제점과 개선 방안도 함께 다루는 것으로 하자. 이제 비평문의 관점을 정했으니 초고를 작성하자.

[A]

나

제목: 개인 방송 시대, 긍정적 영향을 위해 나아갈 길

　최근 온라인 동영상 플랫폼을 통해 온라인 방송의 제작부터 진행까지 개인이 도맡아 하는 개인 방송이 꾸준히 증가하고 있다. 우리 학교 학생들을 대상으로 한 설문 조사 결과에 따르면 개인 방송을 즐겨 본다고 응답한 비율이 80%에 달했고, 개인 방송을 직접 제작해 본 경험이 있다고 응답한 비율도 43%에 달했다. 청소년은 성인에 비해 개인 방송에 노출될 가능성이 높은 만큼 개인 방송에 대해 살펴볼 필요가 있다.

　개인 방송이 증가하게 된 배경은 무엇일까? 우선 개인 방송이 증가하게 된 주된 이유로 스마트폰의 확산을 들 수 있다. 스마트폰의 확산으로 인해, 언제 어디서나 온라인 동영상 플랫폼에 접속하여 간편하게 개인 방송을 시청할 수 있게 되었으며, 비전문가도 손쉽게 개인 방송을 제작할 수 있게 되었다. 또한 천편일률적인 기존 대중 매체의 방송이 시청자의 다양한 욕구를 채워 주지 못한 점도, 그 대안으로서 개인 방송이 급부상하게 된 이유로 볼 수 있다.

　물론 개인 방송의 증가에 대한 부정적 시선도 있다. 개인 방송의 경우 방송 내용에 대한 별다른 여과 장치가 없어 시청자에게 잘못된 정보가 전달되는 경우가 많다. 얼마 전 개인 방송을 통해 급속도로 전파된 가짜 뉴스로 피해를 입은 유명인에 대한 기사가 화제가 되기도 했다. 또한 개인 방송의 경제적 이익이 조회 수나 구독자 수에 영향을 받게 되면서, 조회 수와 구독자 수를 늘리기 위한 선정적이고 자극적인 방송 내용도 증

가하고 있다. 조회 수와 구독자 수에 의존하는 방송이 늘면서 개인 방송의 소재가 다양성을 잃어 가고 있다는 점도 문제이다. 개인 방송의 장점이 대중 매체와 달리 다양한 소재를 다룬다는 것인데, 이러한 점이 사라진다면 대중 매체와의 차별성이 줄어들 수밖에 없다.

하지만 이러한 우려에도 불구하고 개인 방송은 부정적 측면보다 긍정적 측면이 더 크다. 한 학생은 "저의 취미는 희귀 도마뱀 사육인데, 대중 매체에서는 이에 대한 정보를 얻기 힘듭니다. 개인 방송을 통해 다양한 사람들과 필요한 정보를 공유할 수 있어 매우 유용해요."라며 개인 방송의 장점을 언급했다. 이처럼 개인 방송은 대중 매체 방송의 대안으로서 사회의 작은 목소리와 다양한 목소리를 담아내는 역할을 수행하고 있다. 최근 청소년들에게 영향을 줄 수 있는 유해한 방송의 증가로 인해 대중 매체 방송처럼 검열을 강화해야 한다는 목소리도 있지만, 지나친 검열은 표현의 자율성을 침해하여 개인 방송 고유의 다양하고 작은 목소리를 위축시킬 우려가 있다.

따라서 정부에서는 개인 방송의 부정적 측면을 개선하여 개인 방송이 우리 사회에 긍정적 영향을 끼칠 수 있도록 노력해야 한다. 즉 '유해한 개인 방송'을 규제하는 한편, '유익한 개인 방송'에 대해서는 지원을 아끼지 말아야 한다. ㉮

[24003-0134]

01 **㉠~㉤의 말하기 방식에 대한 설명으로 적절하지 않은 것은?**

① ㉠: 대화 참여자에게 질문을 통해 지난 회의에서 논의했던 내용을 환기하고 있다.
② ㉡: 자신이 조사해 온 내용을 언급하며 발언 순서에 대해 양해를 구하고 있다.
③ ㉢: 자신이 예상한 것과 실제 조사 결과가 차이가 있음을 언급하고 있다.
④ ㉣: 상대의 발언을 뒷받침할 만한 새로운 근거를 제시하며 공감을 드러내고 있다.
⑤ ㉤: 준비한 자료에서 상대의 발언을 뒷받침할 만한 내용을 선별하여 소개하고 있다.

[24003-0135]

02 **[A]에 대한 설명으로 가장 적절한 것은?**

① '학생 2'는 첫 번째 발언에서, 예상 독자의 흥미를 고려하여 현안에 대한 부정적 관점의 비평문을 작성할 것을 제안하고 있다.

② '학생 3'은 첫 번째 발언에서, '학생 2'가 제시한 의견과 배치되는 통계 자료를 근거로 제시하며 반론을 제기하고 있다.

③ '학생 1'은 두 번째 발언에서, '학생 3'의 의견에 대하여 자신의 경험을 근거로 반박하며 문제에 대한 해결 방안을 제시하고 있다.

④ '학생 2'는 두 번째 발언에서, 자신과 '학생 3' 간에 대립되는 의견을 조율한 중재안을 제시하고 있다.

⑤ '학생 1'은 세 번째 발언에서, 작성할 비평문의 관점을 정리하여 제시한 후 다음 활동을 수행할 것을 제안하고 있다.

[24003-0136]

03 **'활동 1'을 바탕으로 모둠원이 (나)를 작성하기 위해 세운 글쓰기 계획 중 (나)에 반영되지 않은 것은?**

① '활동 1'에서 정한 현안에 대한 관점이 드러나도록 제목을 구성해야겠군.

② '활동 1'에서 언급한 비평가의 인터뷰 내용을 인용하여 개인 방송이 증가하게 된 배경을 드러내야겠군.

③ '활동 1'에서 언급한 보도 자료를 활용하여 개인 방송에 대한 비판적인 견해를 제시해야겠군.

④ '활동 1'에서 언급하지는 않았지만, 우리 학교 학생들의 개인 방송 이용 실태를 드러내는 설문 조사 결과를 인용해야겠군.

⑤ '활동 1'에서 언급하지는 않았지만, 개인 방송의 긍정적 기능을 드러내는 학생의 인터뷰 내용을 제시해야겠군.

[24003-0137]

04 〈보기〉는 (나)를 보완하기 위해 수집한 자료이다. 자료의 활용 방안으로 가장 적절한 것은?

● 보기 ●

[자료 1] 연령대별 온라인 동영상 플랫폼 이용률 (2022년)

연령대	응답자 수(명)	이용률(%)
10대	9,564	97.4
20대	9,675	86.1
30대	9,203	80.3
40대	10,856	76.9
50대	11,530	67.3
60대	9,677	50.3
70대 이상	7,995	20.3

출처: 한국 언론 진흥 재단

[자료 2] 우리 학교 학생들을 대상으로 실시한 개인 방송 관련 인식에 대한 설문 조사 자료 (2022년, 단위: %)

설문 내용	그렇다	아니다	잘 모르겠다
개인 방송도 대중 매체의 방송 못지않게 재미있다.	59.2	16.5	24.3
주변에 개인 방송을 보는 사람들이 많은 것 같다.	54.0	21.8	24.2
개인 방송은 다양한 사람들과의 소통을 가능하게 한다.	78.5	9.5	12.0
개인 방송의 인기는 한국 사회의 외로움을 잘 보여 준다.	53.7	24.5	21.8
개인 방송은 시청자의 다양한 욕망을 표출해 주는 창구이다.	65.6	13.4	21.0

① [자료 1]: 연령이 낮을수록 온라인 동영상 플랫폼을 이용하는 비율이 높다는 점을, 1문단에서 청소년이 성인에 비해 개인 방송에 노출될 가능성이 높다는 내용의 근거로 제시한다.

② [자료 1]: 다른 연령층에 비해 10대의 온라인 동영상 플랫폼 이용률이 높다는 점을, 2문단에서 개인 방송의 수용과 제작에 청소년들이 가장 활발히 참여하고 있다는 내용의 근거로 제시한다.

③ [자료 1]: 온라인 동영상 플랫폼 이용률이 70대 이상의 연령층에서 가장 낮게 나타난다는 점을, 2문단에서 대중 매체가 70대 이상 시청자의 다양한 욕구를 채워 주고 있다는 내용의 근거로 제시한다.

④ [자료 2]: 개인 방송이 시청자의 다양한 욕망을 표출해 주는 창구라고 응답한 비율이 과반을 차지했다는 점을, 3문단에서 대중 매체와의 차별성이 줄어들면서 개인 방송의 인기가 증가하고 있다는 내용의 근거로 제시한다.

⑤ [자료 2]: 개인 방송이 다양한 사람들과의 소통을 가능하게 한다고 응답한 비율이 과반을 차지했다는 점을, 4문단에서 개인 방송이 사회의 다양한 의견을 통일시키는 긍정적 기능을 수행할 수 있다는 내용의 근거로 제시한다.

[24003-0138]

05 **다음은 모둠원의 조언에 따라 ㉮를 작성한 내용이다. 모둠원의 조언으로 가장 적절한 것은?**

> 더불어 개인이 방송을 직접 제작하고 개인이 자신의 취향에 맞는 방송을 선택하는 개인 방송의 특징을 고려할 때, 유익한 방송을 제작하고 유익한 방송을 선별하여 시청하려는 개인의 노력이 요구된다.

① 개인 방송의 특성과 관련지어 개인이 실천할 수 있는 방안을 제시하며 마무리하는 것이 좋을 것 같아.

② 개인 방송 생산자에게 책임을 떠넘기기보다는 개인 방송 수용자인 시청자의 책임을 강조하는 것이 좋을 것 같아.

③ 유해한 개인 방송의 지속 여부에 대한 결정 권한을 시청자들에게 위임할 것을 제언하며 마무리하면 좋을 것 같아.

④ 시청자의 성숙한 태도가 문제 해결의 실마리임을 강조하면서도 개인 방송도 자구책을 마련할 것을 제안하면 좋을 것 같아.

⑤ 유익한 개인 방송에 대한 정부의 지원을 늘리기 위해 개인 방송 제작자가 실천할 수 있는 방안을 제시하며 글을 마무리하면 좋을 것 같아.

[01~05] (가)는 한 학생이 학생회 누리집 게시판에 올린 건의문이고, (나)는 (가)를 읽은 학생회 학생들이 나눈 대화이다. 물음에 답하시오.

가

안녕하세요. 저는 올해 바자회에 음식 판매 팀으로 참가하기를 희망하는 2학년 ○○○입니다. 바자회를 담당하는 학생회 운영진에게 참가 팀 선정 방식의 개선을 건의하고자 이 글을 쓰게 되었습니다. 제가 드리는 건의 내용을 함께 논의해 주시기 바랍니다.

학생회에서 매년 개최하는 바자회는 우리 학교를 대표하는 행사로 많은 관심을 받고 있을 뿐 아니라 행사 수익금을 환경 단체에 기부하여 더욱 뜻깊은 행사로 자리 잡고 있습니다. 그런데 재작년부터 음식 판매 팀 수가 3개로 제한되었고 참가 팀 선정 방식도 추첨제로 바뀌었습니다. 이로 인해 바자회의 열기가 식었을 뿐만 아니라 학생들의 불만도 높아졌습니다. 우리 학교 언론 홍보 동아리가 전교생을 대상으로 실시한 설문 조사에 따르면 바자회에 대해 불만족스럽다는 응답률이 72%나 되었는데, 그 이유를 묻는 질문에 음식 판매와 관련된 응답이 대부분이었습니다.

이를 해결하기 위해 음식 판매 팀 수를 이전과 같이 9개 팀으로 늘리고 참가 팀 선정 방식도 심사제로 개선해 주기 바랍니다. 음식을 판매하는 팀 수가 너무 적다 보니 몰려드는 학생들을 팀마다 감당하기 어려웠습니다. 그러다 보니 학생들은 줄을 서서 기다리는 시간이 너무 길어 불편을 호소하였고, 바자회의 분위기도 활기차지 못했습니다. 그리고 추첨제로 참가 팀을 정하다 보니 열심히 준비한 팀이 떨어지고 준비가 부실한 팀이 선정되는 경우도 있어서, 이전에 비해 음식의 질이 낮아지고 음식의 종류도 단조로워졌다는 평가가 많았습니다. 실제로 우리와 비슷한 행사를 하고 있는 □□ 고등학교의 경우 바자회에서 음식을 파는 팀이 10개가 넘고 선정 방식도 심사제로 운영되고 있는데, 큰 문제 없이 잘 운영되고 있으며 학생들의 만족도 역시 매우 높다고 합니다.

음식 판매 팀 수의 제한을 완화하고 참가 팀 선정 방식을 심사제로 변경하면 앞에서 말한 문제들이 해결되어 학생들의 불만이 해소될 것입니다. 그러면 바자회의 열기도 다시 살아나고 학생들의 만족도도 높아질 것이라고 생각합니다. 저의 건의가 받아들여져 학생회가 주관하는 대표적 행사인 바자회가 더욱 발전하기를 바랍니다. 감사합니다.

나

학생 1: 내가 누리 소통망[SNS]으로 공유해 준 글 다 읽어 봤지? 어제 학생회 누리집 게시판에 올라온 글인데, 바자회 음식 판매 행사의 참가 팀 수와 참가 팀 선정 방식을 개선해 달라는 내용이야. 이 글에 달린 댓글을 보니 이 문제에 관해 학생회 운영진에서 논의해 달라는 요청이 많더라고. 그래서 이 건의문을 공유했으니 행사 기획을 담당하고 있는 우리가 먼저 논의해 보자. 먼저 참가 팀 수를 늘려 달라는 건의 내용에 대한 의견을 말해 줄래?

학생 2: 응, 음식을 판매하는 팀 수를 이전과 달리 세 팀으로 대폭 줄이다 보니, 행사장의 분위기가 썰렁해졌고 학생들의 불만도 많았던 게 사실이야.

학생 1: 이전에는 음식을 판매하는 팀 수가 너무 많다 보니 다른 물품 판매에 지장이 있었고, 음식 판매로 인해 배출되는 일회용품 쓰레기가 너무 많아 환경을 보호하자는 행사 취지에 어긋난다는 평가가 있었어. 그래서 참가 팀 수를 줄였는데, 그런 문제가 있었네. 참가 팀 수를 늘리자는 의견에 대해 너희들 생각은 어때?

학생 3: 참가 팀 수를 늘리는 건 필요하다고 생각해. 그렇지만 이전과 같이 9개 팀으로 운영하는 건 너무 많은 것 같아. 네가 말한 것처럼 행사의 취지가 손상될 우려도 있고 행사의 다른 프로그램에 영향을 줄 수도 있어.

학생 1: 나도 그렇게 생각해. 내 생각에는 5개 팀 정도가 적당한 것 같은데, 너희들 생각은 어때?

학생 2, 3: 나도 그게 좋다고 생각해.

학생 1: 그럼 참가 팀 수는 늘리되 5개 팀으로 제한하자. 이제 참가 팀을 선정하는 방식을 변경하는 문제에 대해 논의해 보자. 추첨 방식과 심사 방식 모두 장단점이 있겠지만 현재 우리의 상황에서 더 나은 방식이 무엇인지 말해 줄래?

학생 3: 음식 판매를 희망하는 팀들을 보니 수준 차이가 크던데. 그런 차이를 반영하지 못하는 현행 추첨 방식보다는 심사 방식이 더 좋다고 생각해.

학생 2: 나도 준비 수준이나 노력의 정도보다 운에 좌우되는 추첨 방식은 문제가 있다고 생각해. 그런데 심사는 어떻게 하지?

학생 3: 자기소개서 및 음식 판매 계획서 등과 같은 서류를 작성하도록 해서 이것으로 심사를 하면 어떨까?

학생 2: 계획과 준비가 부족한 팀을 사전에 어느 정도는 걸러 낼 수 있을 것 같아. 판매할 음식의 종류도 적절하게 안배할 수 있고. 그런데 서류 심사만으로 참가 신청 팀의 우열을 제대로 평가할 수 있을까? 음식의 질, 조리 과정의 위생 상태, 행사에 임하는 참가자들의 자세 등을 모두 평가하려면 서류만으로는 한계가 있을 것 같은데.

학생 3: 그렇다면 서류 심사와 면접 심사를 병행하면 어떨까? 서류 심사로 판단하기 어려운 것은 면접을 하면서 질의응답으로 보완할 수 있을 거야.

학생 2: ㉠그것도 좋은 방안이기는 하지만 면접을 하더라도 어떤 음식을 어떻게 만들고 어떤 상태로 판매하게 될지를 예측하는 것은 여전히 어려울 것 같은데.

학생 3: ㉡그럼 음식을 만드는 과정을 동영상으로 촬영해서 제출하도록 하면 어때? 동영상을 보면 우리가 원하는 정보를 쉽게 얻을 수 있지 않을까?

학생 2: 음식을 만드는 과정을 영상으로 볼 수 있다면 더 많은 정보를 쉽게 얻을 수 있어서 심사에 큰 도움이 될 것 같아. 요즘에는 휴대 전화로도 동영상을 쉽게 촬영할 수 있으니까 참가자들도 큰 부담은 없을 거야. 대신 동영상 촬영을 위한 음식 준비 비용은 행사 예산에서 지원해 주도록 하자.

학생 1: 좋아. 그럼 바자회 음식 판매에 참여할 팀의 선발 방식은 심사 방식으로 변경하고, 서류 심사와 동영상 평가를 병행하는 것으로 하자. 오늘 논의한 내용은 학생회 담당 선생님과 협의해야 하고 학생회 운영 위원회의 심의도 거쳐서 결정해야 하니까 회의록에 잘 정리해 두도록 하자. 이렇게 개선하면 건의문에 나타난 학생의 불만이 해소될 거야. 오늘 논의는 이것으로 마칠게.

[24003-0139]

01 〈보기〉를 참고하여 (가)를 파악한 내용으로 가장 적절한 것은?

●보기●

쓰기는 여러 가지 상황 맥락 위에서 이루어진다. 그러므로 필자는 글을 왜 써야 하는가, 어떤 주제를 다룰 것인가, 쓴 글을 누가 읽을 것인가와 관련된 다양한 맥락을 분석해야 한다. 이와 더불어 작문 맥락에 맞는 글의 유형과 작문 매체를 선택해야 한다.

① 글을 왜 써야 하는가와 관련하여, 필자는 공동체가 당면한 문제 해결을 독자에게 요청하는 것을 작문의 목적으로 설정했군.

② 어떤 주제를 다룰 것인가와 관련하여, 필자는 공동체의 문제를 해결하기 위해서는 공동체의 의견을 수렴하는 과정이 중요하다는 것을 작문의 주제로 삼았군.

③ 쓴 글을 누가 읽을 것인가와 관련하여, 필자는 자신과 같은 문제의식을 공유한 대상을 예상 독자로 설정했군.

④ 글의 유형과 관련하여, 필자는 공동체의 문제를 조사하고 분석한 결과를 보고하는 형식을 갖춘 글의 유형을 선택했군.

⑤ 작문 매체와 관련하여, 필자는 공동체에 속한 구성원 중 자신이 지정한 한 사람만 글을 볼 수 있는 작문 매체를 선택했군.

[24003-0140]

02 〈보기〉를 기준으로 하여 (가)를 평가한 내용으로 적절하지 <u>않은</u> 것은?

● 보기 ●

〈건의문이 갖추어야 할 요건〉
ⓐ 해결해야 할 현재의 문제를 분명히 제시한다.
ⓑ 문제를 사실에 근거하여 제시한다.
ⓒ 문제의 발생 원인을 분석하여 제시한다.
ⓓ 문제 해결 방안의 실행 가능성을 점검하여 제시한다.
ⓔ 문제 해결을 통한 기대 효과를 제시한다.

① 2문단에서 바자회의 열기가 식고 학생들의 불만이 높아진 상황을 언급한 내용은, 음식 판매 팀 수 제한과 팀을 선발하는 현행 방식과 관련하여 해결해야 할 문제라는 점에서 ⓐ를 충족하는군.

② 2문단에서 바자회에 대한 학생들의 불만족도가 높다고 언급한 내용은, 설문 조사 결과를 인용하여 근거로 제시했다는 점에서 ⓑ를 충족하는군.

③ 3문단에서 준비가 부실한 팀이 선정된 원인이 음식 판매 팀 수의 제한 때문이라고 언급한 내용은, 문제가 발생하게 된 이유를 제시했다는 점에서 ⓒ를 충족하는군.

④ 3문단에서 비슷한 행사를 하고 있는 학교의 사례를 언급한 내용은, 문제 해결 방안이 성공적으로 실행되었음을 보여 준다는 점에서 ⓓ를 충족하는군.

⑤ 4문단에서 음식 판매 팀 수 제한 완화 및 선발 방식 개선이 가져올 긍정적 결과를 언급한 내용은, 문제 해결을 통해 향후 얻게 될 긍정적인 효과를 제시했다는 점에서 ⓔ를 충족하는군.

[24003-0141]

03 (나)의 '학생 1'에 대한 설명으로 적절하지 <u>않은</u> 것은?

① (가)를 공유하게 된 배경을 언급하며 건의문에 포함된 건의 내용을 대화의 주제로 제시하고 있다.

② (가)에서 문제로 제기한 음식 판매 팀 수를 제한하게 된 배경을 설명하며 건의 내용에 대한 참여자의 의견을 묻고 있다.

③ (가)에서 건의한 음식 판매 팀 수와 기존의 팀 수를 절충한 새로운 안을 문제의 해결 방안으로 제시하고 있다.

④ (가)에서 제시한 음식 판매 팀 선정 방식과 관련해서 추첨제와 심사제의 장단점을 비교하고 있다.

⑤ (가)에서 제시한 학생의 불만 사항이 논의 결과를 통해 해소될 것임을 언급하며 대화를 마무리하고 있다.

[24003-0142]

04 ㉠, ㉡의 발화에 대한 설명으로 가장 적절한 것은?

① ㉠은 ㉡에서 다루게 될 내용의 범위를 제한하여 논의를 특정한 방향으로 유도하고 있다.

② ㉠은 ㉡에서 상대방이 반박할 수 있는 내용을 미리 언급하여 자신의 주장을 강화하고 있다.

③ ㉡은 ㉠에서 지적한 문제에 대해 동의를 표하면서 예상되는 문제를 추가하고 있다.

④ ㉡은 ㉠에서 제시한 의견을 뒷받침할 수 있는 근거를 덧붙이면서 공감을 드러내고 있다.

⑤ ㉡은 ㉠에서 제기한 문제점을 보완할 수 있는 대안을 제시하며 상대방의 동의를 구하고 있다.

[24003-0143]

05 (나)에서 논의한 내용을 바탕으로 할 때, ㉮~㉰에 들어갈 수 있는 내용으로 적절하지 <u>않은</u> 것은?

문제 해결을 위한 대안 생성	대안에 대한 검토	최적의 대안 도출
서류 심사 방식으로 선발	㉮	서류 심사와 동영상 심사를 병행하여 선발하기로 함.
서류 심사와 면접 심사를 병행하여 선발	㉯	
서류 심사와 동영상 심사를 병행하여 선발	㉰	

① ㉮: 서류 심사 방식의 장점은, 계획과 준비가 부족한 팀을 사전에 배제할 수 있고 판매할 음식의 종류를 적절하게 안배할 수 있다는 것이다.

② ㉮: 서류 심사 방식의 단점은, 서류 심사만으로 평가하기 어려운 요소가 있다는 것이다.

③ ㉯: 면접 심사 방식의 단점은, 열심히 준비한 팀이 운이 나빠 탈락하는 것을 막기 어렵다는 것이다.

④ ㉯: 면접 심사 방식의 단점은, 음식을 만드는 과정과 판매할 음식의 상태에 대한 정보를 얻기 어렵다는 것이다.

⑤ ㉰: 동영상 심사 방식의 장점은, 심사자가 필요한 정보를 쉽게 얻을 수 있고 참가자의 부담도 적다는 것이다.

[01~05] (가)는 텔레비전 방송의 인터뷰이고, (나)는 (가)를 시청한 후 학생이 쓴 수기의 초고이다. 물음에 답하시오.

가

진행자: '배우면 세상이 조금은 만만해진다!' 시간입니다. 2000년대 초·중반 우리나라 출판 시장에 불었던 '미시사 열풍'이 최근 다시 나타나고 있는데요. 오늘은 역사학 전문가를 모시고 미시사에 대해서 알아보도록 하겠습니다. 안녕하세요, 교수님.

전문가: 안녕하세요?

진행자: 일반 대중에게는 좀 낯선 말인데요, '미시사'라는 용어에 대해서 먼저 설명해 주시겠어요?

전문가: 미시사는 작고 사소한 것에 초점을 맞춰 역사를 기술하는 방식입니다. 이때 '미시(微視)'라는 말은 관찰 규모를 축소하고, 문헌 자료를 세밀히 분석하는 연구 방식을 가리킵니다.

진행자: 조금 더 자세하게 설명해 주실 수 있을까요?

전문가: 관찰 규모의 축소라는 것은 기존의 거시사에서 주목했던 정치나 경제 체제 등 거대한 규모가 아닌, 어떻게 보면 기존 역사에서 소외되었던 개인의 삶에 초점을 맞추는 것입니다. 또한 미시사에서 주목하는 문헌 자료는 개인의 일기나 편지, 범죄 소송 기록, 호적 문서, 토지 매매 문서 등입니다. 이러한 자료들을 세밀하게 살펴 잊혔던 사회적 관계망을 발굴하는 것이지요. 즉, 미시사는 거시사가 역사의 전체적인 모습을 그린 것과 달리 작은 규모로 역사에 접근하여, 거대 역사의 그림자 속에서 잊혀 가던 개인들의 시선을 복원하고, 개인들의 시선에서 출발하여 과거의 사회적 관계를 찾아내는 것이라 할 수 있습니다. 아직 좀 어려우시지요? 그러면 잠시 영화를 좀 볼까요? ⓐ (동영상 제시)「마르탱 게르의 귀향」이라는 영화입니다. 16세기 프랑스 농촌 마을에서 실제 있었던 진짜 마르탱 찾기 사건을 영화화한 것입니다. 이 영화는 평범한 농민을 주인공으로 하여 중세에서 근대로 이어지는 과도기 프랑스 농촌의 풍경과 농민들의 일상, 농촌 공동체, 재판 절차 등을 생생하게 재현했습니다. 그리고 그 과정에서 16세기 프랑스의 한 농촌 여인이 지닌 가치관과 생존 전략을 탐색한 것으로 평가되는 작품입니다. 사실 이 영화는 미시사 연구서인 같은 제목의 책을 영화화한 것이지요.

진행자: 그렇군요. 이 영화를 보니 예전에 읽은 신문 기사에서 미시사의 방법론을 '줌 인(Zoom-In)'이라고 했던 것이 떠오르네요. 줌 아웃으로 멀리서 전체적인 틀을 보는 것이 아니라 가깝게, 세밀하게 개인의 삶을 조망하는 것이지요? 미시사가 등장한 배경에는 어떤 것이 있을까요?

전문가: 미시사는 1970년대 유럽에서 처음 나타났습니다. 당시 경제적으로나 정치적으로 혼란했던 유럽의 상황은 기존 역사학의 확고한 신념이었던 '진보하는 역사'에 대한 회의를 가져왔고 중심의 해체를 주장하는 포스트모더니즘의 흐름 속에서 기존의 역사가 인간이 역사의 주체임을 잊었음을 비판하며 등장하게 된 것입니다.

진행자: 조금은 어렵고 딱딱한 듯하니, 분위기 전환을 위해 미시사를 다루고 있는 책 얘기를 해 주시겠어요?

전문가: ⓑ (사진 자료 제시) 이 책은 헨리 페트로스키의 『연필』이라는 책입니다. 연필의 탄생에서부터 발전 과정, 산업적 배경, 연필의 발전과 궤를 같이한 공학적 발전 과정까지를 짚으면서 작고 사소한 도구인 연필이 인간의 역사를 어떻게 바꾸어 왔고, 함께 만들어 왔는지를 분석한 책입니다. 역사의 자료로는

전혀 생각되지 않았던 '연필'을 조명하면서 관련된 인간의 삶과 사회의 변화를 기술하고 있습니다. ⓒ (그림 자료 제시) 비슷한 책으로 『설탕과 권력』, 『소금과 문명』 등이 있으며 최근에는 『세계사를 바꾼 커피 이야기』가 있습니다. 그물로 잡은 이천여 마리의 물고기를 보며 즐거워했다든가 부하들이 축조한 산성이 마음에 들어 한참을 보았다는 이순신의 개인적 기록인 『난중일기』 역시 미시사적으로 접근할 수 있는 책입니다.

진행자: 저도 『난중일기』를 읽었는데, 전쟁에 임한 장수이면서 한 개인이었던 이순신에 대해 훨씬 가깝게 알 수 있었습니다. 마지막으로 미시사의 의의에 대해서 말씀해 주세요.

전문가: 미시사는 피지배층, 여성, 시골, 신변잡사 등 기존의 역사에서 다루지 않던 일상적이고 개인적인, 비공식적인 것도 역사로 기록될 가능성을 제공한다는 점에서 역사학의 지평을 넓혔다는 평가를 받습니다. 또 이야기체로 서술하여 흥미롭고 친근하게 역사에 접근할 수 있어 역사의 대중화에 기여했다고 할 수 있습니다.

진행자: '미시사'라는 역사학의 한 분야를 들여다볼 수 있었던 시간이었습니다. 오늘 좋은 말씀 감사합니다.

나

미시사에 대해 설명한 텔레비전 인터뷰 방송을 보고, 봉사 활동에서 만난 할머니가 떠올랐다. 한 달에 두 번 주말에 요양원을 방문하여 봉사 활동을 하는데, 그때마다 할머니께서는 나를 옆에 앉혀 두고 당신께서 겪은 여러 얘기들을 해 주곤 하셨다. 마치 옛날이야기를 들려주시듯 생생하고 흥미 있게 말씀해 주시는 이야기를 들으면서 할머니께서 살아 낸 시대를 느낄 수 있었다. 특히 전쟁 중에 겪은 일에 대한 이야기는 수업 시간이나 책에서만 접했던 전쟁의 참혹함을 알게 해 주었다.

할머니 나이 예닐곱 살 무렵, 추운 겨울이었다. 피난길에 나선 할머니의 가족은 이불 보따리를 메고, 솥이며 그릇이며 싸 들고 눈 속 산길을 깜깜해질 때까지 걷다가 나무 아래서 잠을 청하셨다. 손위로 언니와 오빠들, 손아래로는 태어난 지 얼마 안 된 여동생, 그리고 부모님까지 이불 하나에 서로 껴안고 추위를 피하며 잠이 들었다. 그런데 아침에 일어나 보니, 갓난 동생이 보이지 않아 주변을 다니며 아이를 찾다가 언덕 아래에서 눈에 파묻혀 죽은 아이를 발견했다. 너무도 지쳐 모두 정신없이 잠에 빠진 탓에 아이가 굴러떨어진 지도 몰랐던 것이다. 그렇지만 슬퍼할 겨를도 없이 포탄 소리에 쫓겨 아이를 나무 아래 눈 속에 묻고 다시 피난길을 재촉해야 했다. 위험한 상황이 지나고 다시 가족들은 집으로 돌아오게 되었고, 그제야 아이를 묻었던 곳을 다시 찾아가 제대로 묻어 줄 수 있었다. 전쟁은 그렇게 갓 세상에 내려온 아이를 금방 데려가 버리고 말았다.

할머니 이야기를 들으면서 전쟁이라는 사회적 폭력과 재앙 앞에서 개인이 감내해야 하는, 아무것도 모르는, 아무 죄도 없는 아이들의 아픔과 죽음에 대해 생각해 보게 되었다. 그리고 인터뷰를 통해 알게 된 사회나 제도, 정치, 전쟁을 다루는 거시사가 아니라 개인의 일상과 그들의 관계를 조명하고 발굴하는 미시사의 가치에 대해 생각해 볼 수 있었다. 미시사의 서술 방식이 이야기체라는 것이 이해가 되기도 했다. 한 명의 개인으로서의 삶의 순간순간을 비추기 위해서는 그들의 시간과 공간을 이야기하듯 풀어 나가는 것이 필요하다는 것을 말이다.

[A]

[24003-0144]

01 (가)에 나타난 말하기 방식으로 적절하지 <u>않은</u> 것은?

① '진행자'는 '전문가'의 답변에 대한 추가 정보를 요청하고 있다.

② '전문가'는 다른 대상과의 대조를 통해 화제의 의미 및 특성을 설명하고 있다.

③ '전문가'는 다양한 예를 들어 화제에 대한 '진행자'의 요청 사항에 대해 답변하고 있다.

④ '진행자'는 자신의 경험을 언급하며 '전문가'에게 또 다른 구체적인 사례에 대해 질문하고 있다.

⑤ '진행자'는 자신의 배경지식을 활용하여 '전문가'의 설명에 대해 이해한 내용을 재진술하고 있다.

[24003-0145]

02 〈보기〉는 '진행자'가 인터뷰를 하기 위해 미리 '전문가'에게 보낸 질문지이다. (가)의 '전문가'의 답변에 반영되지 <u>않은</u> 것은?

보기

인터뷰 질문을 보내 드립니다. 이와 관련하여 답변을 준비해 주시기를 부탁드립니다. 인터뷰 과정에서 이에 대한 추가 질문을 요청할 수도 있습니다.

* 미시사라는 용어에 대해 간략하게 소개해 주시겠어요? ············· ㄱ
* 미시사의 의의에 대해서 설명해 주시겠어요? ························· ㄴ
* 미시사의 등장 배경에 대해 소개해 주시겠어요? ··················· ㄷ
* 미시사를 다룬 책들에 대해서 간단하게 소개해 주시겠어요? ········ ㄹ
* 미시사의 긍정적 측면과 함께 그 한계에 대해서도 설명해 주시겠어요? ······· ㅁ

① ㄱ　　　② ㄴ　　　③ ㄷ　　　④ ㄹ　　　⑤ ㅁ

[24003-0146]

03 다음은 ⓐ~ⓒ에 각각 제시된 자료이다. 이 자료들과 관련된 인터뷰 내용에 대한 시청자의 반응으로 적절하지 <u>않은</u> 것은?

ⓐ	[동영상] 영화「마르탱 게르의 귀향」의 몇몇 장면을 편집한 동영상			
ⓑ	[사진 자료] 헨리 페트로스키의 책『연필』의 표지 및 목차			
ⓒ	[그림 자료] 책 표지 및 삽화			
	설탕과 권력	소금과 문명	세계사를 바꾼 커피 이야기	난중일기

① ⓐ를 통해 '전문가'는 미시사의 접근 방식에 대해 구체적으로 보여 주려 하였군.

② ⓐ를 통해 '진행자'는 예전에 접했던 '줌 인'이라는 미시사의 방법론을 떠올릴 수 있었군.

③ ⓑ를 활용하여 '전문가'는 사소한 물건인 '연필'과 인간의 역사를 연관 지어 설명하는 책을 소개함으로써 미시사적인 접근을 설명하려 하였군.

④ ⓒ와 관련하여 '진행자'는 미시사의 관점으로 역사를 바라보는 것과 관련된 자신의 경험을 언급하였군.

⑤ ⓒ를 통해 '전문가'는 미시사의 서술 방식을 직접 보여 줌으로써 역사의 대중화에 기여한 미시사의 의의를 부각하려 하였군.

[24003-0147]

04 **(가)와 (나)를 고려할 때, 학생이 글을 쓰기 위해 떠올렸을 생각으로 가장 적절한 것은?**

① 인터뷰에서 미시사가 이야기체로 서술된다고 했는데, 할머니가 경험한 전쟁 체험을 이야기 하듯이 생생하게 서술해야겠다.

② 인터뷰에서 '미시'라는 말에 대해 설명했는데, 그 방법론적 측면에 주목하여 내가 경험한 사 건을 시간에 따라 분석해야겠다.

③ 인터뷰에서 미시사의 등장 배경을 포스트모더니즘과 관련짓고 있는데, 포스트모더니즘이 현대 사회에 미친 영향을 언급해야겠다.

④ 인터뷰에서 최근 우리나라 출판 시장에 미시사 열풍이 다시 나타나고 있다고 했는데, 미시 사 관련 책을 언급하면서 글을 시작해야겠다.

⑤ 인터뷰에서 미시사가 개인적이면서 비공식적인 것도 역사로 기록될 가능성을 제공한다고 했는데, 그러한 내용이 역사에 기록된 사례를 제시해야겠다.

[24003-0148]

05 **다음을 고려할 때, [A]에 추가할 내용으로 가장 적절한 것은?**

> [글쓰기 과정에서의 자기 점검]
> 　인터뷰 방송을 보고 알게 된 정보를 봉사 활동 경험을 통해 새롭게 인식할 수 있었어. 그래서 미시사에 대해 깨달은 내용과 봉사 활동 경험을 관련지어 인터뷰에 드러난 전문가의 언어가 아 닌, 나의 언어로 바꾸어 표현해야겠어.

① 기존 역사에서 소외되었던 개인의 삶에 초점을 맞추는 미시사의 의미에 대해 생각해 볼 수 있는 시간이었다.

② 할머니와의 만남을 통해 내가 가진 것을 나누어 주는 것이 아니라, 내가 가지지 못한 것을 관계를 통해 얻을 수 있는 것이 참된 봉사 활동임을 알 수 있었다.

③ 정치, 국제 관계, 사회 구조 등 거시적 시각으로 볼 때는 안 보이던 것들을 일상이나 개인 등 관찰 규모를 축소하여 미시적 시각으로 보면 볼 수 있음을 새롭게 알 수 있었다.

④ 중심을 해체한 후에야 역사의 주체가 인간이었음을 알게 되듯이 숲을 바라보는 전체적인 시 야를 포기해야 나무 밑동에서 자라는 버섯과 큰 나무들 사이의 작은 풀꽃을 볼 수 있게 됨을 생생하게 느낄 수 있었다.

⑤ 역사가 인간의 삶의 기록이라고 할 때, 그 인간에는 승리자나 지배자뿐만이 아니라 할머니 처럼 주어진 현실 앞에서 삶의 무게를 견디며 한 발 한 발 걸어가는 이 아무개, 김 아무개가 포함된다는 것을 깨달을 수 있었다.

[01~05] (가)는 심리학 동아리 학생들의 대화이고, (나)는 (가)를 바탕으로 '학생 1'이 작성한 초고이다. 물음에 답하시오.

가

학생 1: 이번에 우리 동아리에서 다음 달 교지에 실을 소비자 심리학 관련 특집 기사를 맡게 되었잖아. 지난 회의에서 '광고에 적용된 고전적 조건화의 원리'를 주제로 기사 쓰기로 한 것 기억하지? 오늘은 각자 찾아온 자료를 바탕으로 의견 나눠 볼까?

학생 2: 응. 자료 찾으면서 많은 광고가 고전적 조건화의 원리를 활용하고 있다는 사실을 알게 돼 놀라웠어.

학생 3: 맞아. 고전적 조건화의 원리가 소비자 행동과 광고 맥락에서 중요한 영향력을 발휘하는 만큼 이번 특집 기사의 주제로 의미가 있는 것 같아.

학생 1: 좋아. 그럼 찾은 자료를 바탕으로 기사에 쓸 내용들을 정리해 보자. 기사를 읽을 학생들은 고전적 조건화의 원리가 무엇인지를 가장 궁금해하지 않을까? 우선 고전적 조건화의 개념부터 설명해야 할 것 같은데 너희 생각은 어때?

학생 2: 응, 그렇겠다. 고전적 조건화는 서로 관련이 없는 두 자극, 즉 무조건 자극과 중성 자극이 연합되어 학습된 반응을 유발하는 것을 의미한다고 설명하자. 그런데 고전적 조건화의 개념을 설명하기에 앞서 소비자 심리학의 관점에서 '학습'의 개념을 먼저 제시하면 어떨까?

학생 1: 좋은 생각이야. 소비자 심리학의 관점에서 학습이란 특정 제품이나 브랜드에 관한 지식을 형성하는 과정임을 제시한 후, 이 과정에 매우 중요한 영향을 미치는 광고에 고전적 조건화의 원리가 적용되고 있음을 설명하자.

학생 3: 그러자. 고전적 조건화에서 가장 중요한 것은 연합되는 두 자극이니까 각각의 개념을 명확하게 제시해 줄 필요가 있어. 무조건 자극은 유기체로 하여금 즉각적으로 선천적 반응을 유발하는 자극이고, 중성 자극은 그 자체로는 반응을 유발하지 않는 자극임을 제시하자. 그리고 이 두 자극을 연합하여 반복적으로 제시하면, 중성 자극만 제시해도 무조건 자극에 의한 반응이 일어나는 것이 바로 고전적 조건화를 통해 이루어진 연합 학습이라고 설명하는 거지.

학생 2: 음. 그런데 학생들에게는 다소 생소한 개념이라 단순히 개념을 정의하는 것만으로는 이해하기 어려울 것 같아. 사례를 통해 고전적 조건화의 원리를 설명하면 학생들이 보다 쉽게 이해할 수 있지 않을까? 　　　　　　　　　　　　　　　　　　　　　　　　　　　　[A]

학생 3: 듣고 보니 그렇네. 그럼 개념을 설명하되, 광고에 적용된 사례를 함께 제시하면 어떨까? 예를 들어 긍정적인 반응을 유발하는 귀여운 동물, 멋있고 아름다운 인기 연예인과 같은 무조건 자극을 제품, 브랜드 등의 중성 자극과 함께 광고로 반복 제시하면, 이후 그 브랜드만 제시해도 소비자에게 무조건 자극에 의해 일어나는 긍정적인 반응을 일으킬 수 있다고 설명하면 어떨까?

학생 1: 좋은 생각이야. 그런데 소비자에게 고전적 조건화를 통한 학습이 잘 일어나게 하려면 광고를 얼마나 반복적으로 제시해야 하는 걸까? 혹시 너희들 중 이런 학습에 필요한 적절한 광고 횟수에 대해 조사한 사람 있니? 　　　　　　　　　　　　　　　　　　　　　　　[B]

학생 2: 응, 그건 내가 조사했어. 학습이 일어나기 위해서는 11회에서 12회의 반복 연합이 필요하다고 해. 또한 반복의 효과는 경쟁 광고의 횟수가 많을수록 감소하므로 실제로는 이보다 더 많은 반복이 필요하다는 것이 전문가들의 공통된 의견이야. 하지만 광고 횟수가 지나치게 많아지면 소비자가 반복되는 광고 노출에 싫증을 느끼게 될 수도 있지 않을까?

학생 3: 네 말이 맞아. 고전적 조건화를 통한 학습이 잘 일어나기 위해서는 경쟁 광고의 횟수를 고려하는 것도 중요하지만, 지나친 반복으로 인해 소비자의 거부감을 일으키지 않는 범위 내에서 광고 횟수를 조절해야 한다고 생각해. 그뿐만 아니라 내가 찾은 자료에는 유명 연예인의 광고 겹치기 출연과 같이 무조건 자극이 여러 개의 중성 자극에 동시에 과잉 연합되는 경우 그중 어떠한 자극과도 고전적 조건화가 형성되기 어렵다는 내용도 있었어.

학생 1: 정리해 보면 고전적 조건화가 잘 형성되기 위해서는 광고의 적절한 반복 횟수를 결정해야 하고, 하나의 무조건 자극에 여러 개의 중성 자극이 중복 연합되지 않도록 하는 것이 필요하겠구나.

학생 3: 그리고 자료를 찾다가, 고전적 조건화가 소비자 행동과 관련되는 '자극의 일반화'라는 특성을 통해 마케팅과 광고 전략에 활용되고 있다는 것을 알게 되었어.

학생 2: 아, 나도 조사하면서 봤어. 자극의 일반화란 학습이 이루어진 후에 본래의 중성 자극과 유사한 다른 자극에 대해서도 학습된 반응이 일어나는 것을 말하는 거지? 기업들이 자극의 일반화를 이용해서 자사의 브랜드를 확장하거나, 새로운 제품을 만들 때 기존 유명 브랜드의 제품과 유사한 모방 제품을 내놓아 소비자로 하여금 모방 제품의 브랜드를 유명 브랜드와 혼동하게 해 구매를 유도하는 것이 모두 자극의 일반화를 활용한 마케팅 전략이야.

학생 1: 모두 열심히 조사했구나. 대화를 나누면서 특정 브랜드에 대하여 우리가 가지고 있는 이미지가 고전적 조건화의 원리를 활용한 광고를 통해 학습된 결과일 수 있다는 것을 알게 되어 매우 흥미로웠어. 앞으로 광고를 볼 때 이 점을 염두에 둔다면 기업이 소비자에게 심어 주고자 하는 브랜드 이미지가 무엇인지 짐작하는 데 도움이 될 거야. 자, 이제 지금까지 나온 자료들을 정리해서 초고를 작성하면 될 것 같은데, 너희 둘이 찾은 자료를 정리해서 나한테 보내 주면 어떨까? 내가 초고를 작성해 볼게.

학생 3: 좋아. 그럼 자료가 정리되는 대로 공유할게. 초고가 완성되면 다 같이 검토하자.

나

여러분은 '학습'이 무엇이라고 생각하는가? 일반적으로 학습이라는 단어는 '공부'라는 단어와 동의어로 여겨질 만큼 학습이란 뭔가를 열심히 익히고 배우는 것이라고 생각하지만, 소비자 심리학에서 '학습'이란 지각이나 기억을 통해 특정 제품이나 브랜드와 관련된 지식을 형성하는 과정을 의미한다. 이러한 지식은 소비자가 구매 행동을 할 때 의사 결정에 대한 근거로 삼는 정보들이며, 특히 학습에서 광고는 소비자로 하여금 브랜드에 대한 지식을 습득하게 하는 정보의 원천으로 매우 중요한 역할을 한다.

학습의 가장 기본적 형태인 고전적 조건화는 서로 관련 없는 두 자극이 연합되어 학습된 반응을 유발하게 되는 것을 말한다. 즉 특정한 반응을 유발하는 무조건 자극과 그 자체로는 반응을 유발하지 않는 중성 자극을 연합하여 반복적으로 제시한 후, 중성 자극만 제시해도 무조건 자극이 유발하는 것과 동일한 반응이 일어날 때 발생하는 것이다. 이 고전적 조건화의 원리를 광고에 적용할 수 있는데, 소비자의 긍정적인 반응을 유발하는 무조건 자극인 귀여운 동물, 인기 연예인 등을 중성 자극인 제품, 브랜드 등과 연합하여 반복적으로 제시하면 중성 자극만 제시해도 소비자에게 무조건 자극에 의해 일어나는 반응을 일으킬 수 있다. 다시 말해, 인기 연예인이 광고에서 특정 브랜드를 사용하는 장면을 반복적으로 보게 된 소비자는 그 브랜드에 대해 긍정적인 감정을 형성하게 된다.

이러한 고전적 조건화의 형성 요건은 다음과 같다. 첫째, 반복 연합 경험의 횟수가 중요하다. 전문가들은 중성 자극에 대하여 조건화된 반응이 형성되기 위해서는 11회에서 12회의 반복 연합이 필요하다고 말한다. 또한 경쟁 광고의 횟수가 많을수록 반복의 효과가 감소하는 점을 감안하면, 실제로는 이보다 더 많은 반복 연합이 이루어져야 학습이 일어날 수 있으므로 이를 고려하여 적절한 반복 연합 횟수를 조절할 필요가 있다고 말한다. 둘째, 하나의 무조건 자극이 여러 개의 중성 자극에 동시에 과잉 연합되면 그중 어떠한 자극과도 고전적 조건화가 형성되기 어렵다. 가령 유명 연예인이 여러 브랜드의 광고에 동시에 겹치기 출연해서 이 제품, 저 제품과 동시에 연합이 일어나게 되면, 소비자는 그중 어떠한 브랜드와도 고전적 조건화가 형성되지 않을 수 있다.

고전적 조건화는 소비자 행동과 관련되는 '자극의 일반화'라는 특성을 통해 마케팅 전략과 광고에서 활용되고 있다. 자극의 일반화란 조건화 학습이 이루어진 후에는 중성 자극과 유사한 다른 자극에 대해서도 학습된 반응이 일어나는 것을 말한다. 자극의 일반화를 활용한 마케팅 전략에는 브랜드 확장 전략, 모방 제품 전략 등이 있다. 브랜드 확장 전략은 기존에 형성되어 있는 브랜드와 소비자의 긍정적 반응 간의 연합을 이용해서 신제품에도 기존의 브랜드명을 그대로 적용해 소비자의 긍정적 반응을 유도하는 것이다. 모방 제품 전략은 새로운 제품을 만들 때 시장 점유율이 높은 브랜드의 제품과 발음이나 시각적으로 유사한 모방 제품을 내놓아 소비자로 하여금 모방 제품을 선두 브랜드의 제품과 혼동하게 하여 구매를 유도하는 것이다.

기업들은 고전적 조건화의 원리를 활용한 다양한 마케팅 전략을 통해 소비자의 학습을 유도하고 있다. 특정 브랜드에 대하여 우리가 가지고 있는 이미지가 학습된 결과일 수 있다는 사실에 주목한다면, 기업들이 소비자의 기억 속에 자사 브랜드를 긍정적 이미지로 인식하게 하고 이를 장기적으로 유지하기 위해 광고를 활용하고 있음을 이해할 수 있을 것이다.

[24003-0149]

01 **(가)에서 '학생 1'의 발화에 대한 설명으로 적절하지 않은 것은?**

① 대화 참여자들에게 지난 회의에서 논의한 내용을 환기하며 대화 참여를 유도하고 있다.
② 독자가 궁금해할 것으로 예상되는 내용을 언급하며 이에 대한 대화 참여자들의 의견을 구하고 있다.
③ 다른 대화 참여자가 제시한 의견에 동조한 뒤 제시한 의견을 구체화하는 방안을 제안하고 있다.
④ 다른 대화 참여자들의 의견을 정리한 뒤 질문의 방식으로 자신이 이해한 내용이 맞는지 점검하고 있다.
⑤ 대화에 대한 개인적인 소감을 밝힌 뒤 이후에 다른 대화 참여자들이 수행할 일을 제안하고 있다.

[24003-0150]

02 **[A], [B]에 대한 설명으로 가장 적절한 것은?**

① [A]에서 '학생 2'는 '학생 3'의 의견에 대한 의문을 드러내며 추가적인 설명을 요청하고 있다.

② [A]에서 '학생 3'은 '학생 2'의 질문을 되물으며 '학생 2'의 의견이 지닌 한계를 드러내고 있다.

③ [B]에서 '학생 2'는 '학생 1'의 질문에 응답하며 '학생 1'의 의견 중 자신이 수긍할 수 없는 점을 밝히고 있다.

④ [A]와 [B]에서 '학생 2'는 다른 학생의 의견을 일부 인정하며 자신이 제시했던 의견을 수정하고 있다.

⑤ [A]와 [B]에서 '학생 3'은 '학생 2'가 제시한 의견에 동의하며 이와 관련한 자신의 의견을 덧붙이고 있다.

[24003-0151]

03 **(가)를 바탕으로 (나)를 작성할 때 세운 작문 계획 중 (나)에 반영되지 않은 것은?**

① 소비자의 학습에 광고가 미치는 영향에 대해 언급된 내용을 바탕으로, 1문단에서 학습의 정의를 소비자 심리학의 관점에서 제시해야겠어.

② 고전적 조건화의 개념에 대해 언급된 내용을 바탕으로, 2문단에서 고전적 조건화가 무엇인지를 설명해야겠어.

③ 고전적 조건화를 통한 학습에 필요한 광고 횟수에 대해 조사한 내용을 바탕으로, 3문단에서 고전적 조건화가 잘 형성되기 위해서는 적절한 횟수의 반복 연합이 중요함을 설명해야겠어.

④ 무조건 자극과 중성 자극 간의 중복 연합에 대해 언급된 내용을 바탕으로, 3문단에서 광고에서 고전적 조건화가 형성되기 어려운 사례를 제시해야겠어.

⑤ 마케팅 전략과 광고에 활용된 자극의 일반화에 대해 조사한 내용을 바탕으로, 4문단에서 기업이 광고에 자극의 일반화를 가장 많이 활용하는 이유에 대해 설명해야겠어.

[24003-0152]

04 **(나)에 나타난 글쓰기 방식으로 가장 적절한 것은?**

① 광고에서 무조건 자극으로 많이 활용되는 사례를 소개하며 전문가의 견해를 직접 인용했다.

② 자극의 일반화를 활용한 마케팅 전략을 유형별로 비교하며 각각의 공통점과 차이점을 나열했다.

③ 무조건 자극과 중성 자극 간의 반복 연합의 효과가 감소하는 과정을 단계별로 나누어 분석했다.

④ 학습이라는 용어에 대해 일반적으로 독자들이 가지고 있는 개념을 묻고 답하는 방식을 통해 제시했다.

⑤ 광고에 적용된 고전적 조건화의 원리를 고전적 조건화가 광고 이외의 다른 분야에 적용된 경우와 대조하며 설명했다.

[24003-0153]

05 **〈보기〉를 활용하여 (나)를 보완한다고 할 때 가장 적절한 것은?**

● 보 기 ●

△△△의 매장 점령, 패밀리 브랜딩 전략

19××년 케첩과 마요네즈를 출시한 후 최근까지도 80%를 웃도는 △△△의 압도적인 시장 점유율은 소비자가 △△△라는 식품 브랜드에 대해 느끼는 신뢰와 호감을 나타낸다. 해당 브랜드명을 활용한 이른바 '패밀리 브랜딩' 전략은 △△△ 라면, △△△ 참치 등 이후 출시된 △△△의 신제품들이 간편 조리식 시장에서 성공하는 데 효과적으로 기여하고 있다.

– ○○ 신문, 2024. ××. ××.

① 소비자가 구매를 결정할 때 브랜드에 대한 지식을 가장 중요한 정보원으로 활용한다는 1문단의 내용을 보강한다.

② 광고에서 고전적 조건화의 원리가 적용되기 위해서는 기업의 제품이나 브랜드에 대해 소비자의 긍정적인 반응이 형성되어 있어야 한다는 2문단의 내용을 보강한다.

③ 중성 자극에 대한 조건화된 반응이 형성되기 위해서는 하나의 무조건 자극이 여러 개의 중성 자극에 반복적으로 노출되어야 한다는 3문단의 내용을 보강한다.

④ 자극의 일반화를 활용하면 브랜드에 대해 이미 형성되어 있는 소비자의 긍정적 반응이 신제품에 대해서도 그대로 나타나게 유도할 수 있다는 4문단의 내용을 보강한다.

⑤ 기업이 자사 브랜드에 장기적으로 긍정적인 이미지를 부여하는 데 광고 모델의 선정이 중요하다는 5문단의 내용을 보강한다.

[01~05] (가)는 교내 토론 대회에서 실시한 토론의 일부이고, (나)는 배심원으로 참여한 학생이 토론 내용을 참고하여 논제에 대한 자신의 주장을 쓴 글의 초고이다. 물음에 답하시오.

가

사회자: 오늘의 논제는 '대형 마트 의무 휴업제를 폐지해야 한다.'입니다. 2012년 대형 마트에 대한 영업 시간 및 영업일 제한과 영업 제한 시간 중 온라인 주문에 대한 배송 제한 등의 규제를 담은 유통 산업 발전법이 시행된 지 벌써 10년이 넘게 지났습니다. 최근 일부 지자체에서 대형 마트 의무 휴업일을 평일로 바꾸는 등 규제를 완화하는 움직임을 보이면서, 이 규제가 '그때는 맞았지만, 지금 상황과는 맞지 않는다.'라며 규제를 폐지해야 한다는 목소리가 높아지고 있습니다. 그럼 토론 순서에 따라 차례로 찬반 양측의 입론과 반대 신문을 들어 보겠습니다. 먼저 찬성 측에서 입론을 하신 후 반대 측에서 반대 신문을 해 주십시오.

찬성 1: 대형 마트 의무 휴업제의 취지는 대규모 점포로부터 전통 시장을 살리고 보호하려는 것입니다. 그러나 소상공인 진흥 공단의 전통 시장 실태 조사 보고서에 따르면 전통 시장의 매출액은 2015년 21.1조 원에서 2020년 25.1조 원으로 소폭 상승했으나 이후 정체 상태를 보이고 있으며, 국내 전체 전통 시장 점포 수는 2015년 21만 개에서 2020년 20만 개로 감소하는 등 규제 시행으로 인한 상생 효과는 미미합니다. 반면 온라인 유통업체의 매출액은 2015년 54.1조 원에서 2020년 159.4조 원으로 약 3배 가까운 급격한 성장을 보였으며, 유통 시장별 시장 점유율, 즉 매출액 비중 또한 같은 기간 대형 마트와 전통 시장은 각각 9%, 4.4% 하락하였으나, 온라인 유통업체는 약 30% 이상 급격히 증가하였습니다. 이는 대형 마트에 대한 과도한 규제가 전통 시장 이용률을 높이기보다 오히려 대형 마트와 온라인 유통업체 간의 공정한 경쟁을 막고, 온라인 시장으로 소비자들을 유인하여 오프라인 유통 시장 전체가 위축되는 결과를 초래했음을 보여 주는 것입니다.

반대 2: 규제 시행으로 인한 상생 효과가 미미하다고 하셨는데, 제시하신 보고서에 따르면 규제 시행 이후 전통 시장의 매출액은 꾸준히, 점차 증가하고 있는 것이 사실 아닌가요? 또한 4조 원 이상의 매출액 증가는 상당한 규모라고 생각하는데, 이를 소폭 상승으로 단정하고 규제 시행의 효과를 미미하다고 하는 것은 지나친 비약 아닙니까?

찬성 1: 물가 상승률을 고려하면 4조 원 규모의 상승은 큰 규모라고 할 수 없습니다. 규제 도입 이후 대형 마트의 매출액이 감소했을 뿐만 아니라, 전통 시장의 매출액 역시 유의미한 증가를 달성하지 못했으므로 규제 정책 효과 달성에 실패한 것으로 볼 수 있습니다.

반대 2: 급성장하는 온라인 유통업체와의 경쟁에서 대형 마트가 밀리면서 시장 점유율이 하락하는 원인이 대형 마트 의무 휴업제 때문이라고 단정할 만한 근거 자료를 갖고 계십니까? ⎤[A]

찬성 1: 확실한 자료는 없습니다만 주말 의무 휴업일 및 영업 제한 시간에 대형 마트의 온라인 영업을 제한하는 규제 때문에 온라인 유통업체와의 공정한 경쟁이 어려워지면서 대형 마트의 매출액 감소가 가속화되었다고 생각합니다.

사회자: 이번엔 반대 측에서 입론을 하신 후 찬성 측에서 반대 신문을 해 주십시오.

반대 1: 대형 마트 의무 휴업제는 전통 시장과 같은 골목 상권 보호를 위한 최소한의 안전망입니다. 감염병 확산 이후 온라인 시장을 이용하는 비대면 유통이 대세가 되었으나 전통 시장의 디지털 전환율, 즉 전통 시장에서 온라인 시장 서비스를 제공하는 비율은 10%대에 그치고 있습니다. 변화하는 환경에 적응하기 위한 대책과 정부의 지원이 부족한 상황에서 대형 마트 의무 휴업제마저 폐지된다면 전통 시장의 영세한 소상공인들은 큰 타격을 입게 될 것이며, 이들에게 납품하는 업체들의 생계도 위협받을 수 있습니다. 또한 대형 마트 의무 휴업제가 대형 마트와 온라인 유통업체 간의 공정한 경쟁을 어렵게 한다는 주장은 미래 시장을 예측하지 못한 손해를 전통 시장의 소상공인들에게 전가하는 것에 불과합니다. 더욱이 대형 마트 의무 휴업제가 폐지된다면 월 2회 일요일 의무 휴업으로 보장되었던 대형 마트 근로자의 휴식권을 침해한다는 문제가 있습니다.

찬성 1: 대형 마트 근로자의 휴식권을 침해한다는 이유로 규제 폐지를 반대하는 것은 타당하지 않습니다. 주말에 쉬지 못하는 것은 외식업, 미용업에 종사하는 근로자도 마찬가지입니다. 업무 특성상 주말 근무는 불가피한 부분이 있으며, 순환 근무제 실시, 시간제 근로자 고용 등으로 근로자의 휴식권은 충분히 보장될 수 있지 않나요? ⌉[B]

반대 1: 대형 마트에서 일하는 통상 근로자의 경우 하루 평균 10~12시간씩 근무합니다. 시간제 근로자를 고용하면 된다지만 대형 마트 통상 근로자들의 순환 근무나 직원 추가 고용은 대형 마트 사칙에 따라 자율적으로 결정될 문제라 이를 통해 근로자들의 휴식권이 반드시 보장된다고 보기 어렵습니다.

나

대형 마트 의무 휴업제는 골목 상권 침해를 막기 위해 2012년 처음 도입되었다. 매장 면적이 3,000m²가 넘는 대규모 점포는 자정부터 오전 10시까지 영업이 제한되고, 한 달에 2차례 휴업해야 한다. 그런데 최근 이 규제에 대해 '그때는 맞았지만, 지금 상황과는 맞지 않는다.'라며 폐지해야 한다는 목소리가 높아지고 있어 규제 폐지를 둘러싼 찬반 양측의 입장을 정리하고 이 문제에 대한 나의 의견을 밝히고자 글을 쓰게 되었다.

규제 폐지 찬성 측은 규제의 실효성이 없다고 지적한다. 규제가 전통 시장과 소상공업체의 실질적 활성화로 이어지지 못하고, 소비자의 불편만 초래한다는 것이다. 대한 상공 회의소 설문 조사 결과, '대형 마트가 쉬는 날 전통 시장에서 장을 본다.'는 소비자는 10명 중 1.6명에 그쳤으며, 대부분 온라인 쇼핑 등 다른 채널을 이용하거나 영업일에 대형 마트를 다시 방문한다고 응답했다. 또한 규제 도입 이후 대형 마트와 전통 시장 및 주변 상권의 유통 시장별 시장 점유율은 동시에 감소한 반면, 온라인 유통업체의 시장 점유율이 급격히 증가하며 온라인 유통 시장만 급성장하는 이른바 '풍선 효과'만 일어났다고 주장한다.

규제 폐지 반대 측은 현행 규제는 골목 상권 보호를 위한 최소한의 안전장치이며, 건전한 유통 질서의 확립, 경제 주체의 공정한 생존권 보장을 위해 꼭 필요하다고 주장한다. 감염병 확산 이후 비대면 온라인 유통이 대세가 되었으나 전통 시장 및 소상공업체의 디지털 전환율은 매우 저조하며, 이런 상황에서 규제마저 폐지된다면 소상공인들이 겪는 어려움은 가중될 수밖에 없다는 것이다. 또한 하루 12시간 이상 근무하는 대형 마트 근로자의 휴식권과 건강권을 보장하기 위해 월 2회 강제 휴무는 반드시 필요하다는 입장이다.

규제 폐지를 둘러싼 논란이 확산되는 가운데, 얼마 전 일부 지자체에서 대형 마트 의무 휴업일을 주말에서 평일로 전환하며 지자체별로 의무 휴업 규제를 완화하고 유통업체 간의 상생을 위한 다른 방안을 모색하려는 움직임을 보이고 있다. 전문가들은 유통 환경이 변하고 국제적으로 대형 마트의 출점 및 영업에 대한 규제가 완화되고 있는 추세인 만큼, 전국적인 일괄 규제보다 지자체장이 지역별 특성을 감안하여 이해 당사자들 간의 협의를 통해 자율적으로 정책의 방향을 결정해 나갈 필요가 있다고 조언한다. 나는 이러한 전문가들의 의견에 귀를 기울일 필요가 있다고 생각한다. 지자체는 대형 마트와 전통 시장의 상생 협력 방안을 마련하여 전통 시장 활성화와 소상공인 경쟁력 강화, 대형 마트의 지역 기여 확대를 적극 추진하는 한편, 정부는 이러한 상생 협력 방안이 원활히 이행될 수 있도록 이행 상황을 지속적으로 점검하고 독려해야 할 것이다. 규제에 대한 무조건적인 찬반보다는 지금 환경에 맞는 실효성 있는 대책이 마련되어야 하며, 이를 위한 이해 당사자들 간의 상생 협의도 조속히 시작되어야 한다고 생각한다.

[24003-0154]

01 (가)의 입론에 대한 설명으로 적절하지 않은 것은?

① '찬성 1'은 구체적인 수치를 제시하며 현행 제도 폐지의 필요성을 부각하고 있다.

② '찬성 1'은 현행 제도의 입법 취지를 언급하며 규제 도입 이후의 상황을 바탕으로 의도했던 규제 효과 달성에 실패했음을 드러내고 있다.

③ '반대 1'은 전문 기관의 통계 자료를 바탕으로 현행 제도의 긍정적인 측면을 강조하고 있다.

④ '반대 1'은 찬성 측이 입론에서 진술한 내용의 일부를 언급하며 찬성 측의 주장이 타당하지 않음을 지적하고 있다.

⑤ '반대 1'은 기존 제도가 폐지될 경우 발생하게 될 상황을 제시하여 변화가 초래할 부정적인 영향에 대해 언급하고 있다.

[24003-0155]

02 [A], [B]에 대한 설명으로 가장 적절한 것은?

① [A]는 상대측이 주장한 내용의 사실 여부를 확인하고, 실현 가능성을 점검하고 있다.

② [A]는 상대측이 제시한 근거가 믿을 만한 것인지 의문을 제기하고, 자료의 출처를 요구하고 있다.

③ [B]는 상대측이 예측한 부정적 전망에 대해 언급한 후, 상대측이 제시한 대안에 대해 의문을 제기하고 있다.

④ [B]는 상대측이 제시한 근거가 타당하지 않음을 지적하고, 동일한 특수성을 지닌 사례를 들어 상대측 주장에 대해 반박하고 있다.

⑤ [A]와 [B]는 모두 상대측의 진술 내용에 이의를 제기하고, 사실 관계를 확인할 수 있는 자료를 추가로 요청하고 있다.

[24003-0156]

03 **(가)에 나타난 쟁점을 〈보기〉에서 모두 찾아 바르게 묶은 것은?**

● 보기 ●

⊙ 대형 마트 의무 휴업제로 인해 소비자의 선택권과 쇼핑의 기회가 제한되는가?

ⓒ 대형 마트 의무 휴업제의 폐지가 대형 마트 근로자의 휴식권을 침해하는가?

ⓒ 대형 마트 의무 휴업제가 대형 마트와 온라인 유통업체 간의 공정한 경쟁을 가로막는가?

ⓒ 대형 마트 의무 휴업제는 대규모 점포로부터 전통 시장을 살리고 보호한다는 입법 취지를 달성했는가?

ⓒ 대형 마트 근로자의 휴식권을 보장하는 것이 소비자의 선택권을 침해하지 않는 것보다 더 우선시되어야 하는가?

① ⊙, ⓒ, ⓒ

② ⊙, ⓒ, ⓒ

③ ⊙, ⓒ, ⓒ

④ ⓒ, ⓒ, ⓒ

⑤ ⓒ, ⓒ, ⓒ

[24003-0157]

04 **(나)를 쓰기 위해 학생이 떠올린 생각으로 적절하지 않은 것은?**

① 글을 시작하며 논제가 대두된 배경을 언급하고 글을 쓰게 된 동기를 밝혀야겠어.

② 논제에 대한 전문가의 의견을 간접 인용하면서 이를 토대로 내 나름대로 결론을 내려 봐야겠어.

③ 반대 측의 발언 내용을 들으며 생긴 의문점에 대해 배경지식을 바탕으로 판단한 내 생각을 써야겠어.

④ 토론에서 언급되지 않았던 설문 조사 결과를 제시함으로써 논제에 대한 찬성 측의 논거를 구체화해야겠어.

⑤ 찬성 측의 발언 내용을 잘 표현하는 전문 용어를 사용하여 보다 간결하고 명확하게 찬성 측의 입장을 드러내야겠어.

[24003-0158]

05 〈보기〉는 (나)의 마지막 문단(결론)을 보강하기 위해 학생이 추가로 수집한 자료이다. 자료 활용 방안으로 가장 적절한 것은?

● 보기 ●

　　미국에는 대형 마트의 출점 및 영업 규제가 없으며, 프랑스에는 두 규제가 다 있지만 각각 지역 상업 시설 위원회의 허가와 노사 합의가 있으면 조율할 수 있다. 일본은 1974년부터 강도 높은 규제를 시행했지만, 최근에는 자치 단체와의 협의에 의한 조정 정도로 규제가 크게 완화되었다. 국제적으로 대형 마트에 관한 규제가 완화되는 추세에 따라 규제 방식 또한 일률적인 법 적용이 아닌, 도시별 상황과 특수성을 고려하여 자율적으로 결정하는 '도시 계획'의 관점으로 전환되고 있다. 실제로 프랑스에서 관광지는 예외적으로 대형 마트의 영업시간을 연장할 수 있으며, 일본은 점포 면적이나 영업 일수가 아닌, 교통이나 소음 등 사회적 영향 관리에 초점을 맞추어 규제 기준을 조정하고 있다.

① 대형 마트 의무 휴업제를 유지해야 하는 이유로 외국의 사례와는 달리 아직 규제 기준에 대한 사회적 합의가 이루어지지 못한 우리나라의 상황을 제시할 수 있겠군.

② 대형 마트 의무 휴업제를 폐지해야 하는 이유로 우리나라가 다른 나라와 비교하여 규제 기간은 짧은 반면 규제의 강도가 높다는 불합리성을 해소하기 위함을 제시할 수 있겠군.

③ 정부의 지속적인 설득을 통해 이해 단체 간 상생 방안에 대한 합의를 이끌어 낸 외국의 사례를 제시하여 문제를 해결하기 위해 정부의 역할이 무엇보다도 중요함을 강조할 수 있겠군.

④ 대형 마트 영업에 대한 전국적인 획일적 규제가 세계적 추세와도 맞지 않는다는 점을 강조하고 각 지자체별로 자율적인 적용이 가능하다는 것을 외국의 사례를 통해 보여 줄 수 있겠군.

⑤ 특정한 지역에 한하여 예외적으로 영업시간 규제를 적용하지 않고 있는 외국의 사례를 근거로 휴업일을 주말에서 평일로 전환하는 것보다는 대형 마트 영업일의 영업시간을 연장하는 것이 더 효율적인 대안임을 부각할 수 있겠군.

통합

[01~05] (가)는 학교 공간 재구조화와 관련하여 학생 대표가 학생들의 의견을 모아 작성한 제안서이고, (나)는 (가)를 바탕으로 시행사와 학교 측이 한 협상의 일부이다. 물음에 답하시오.

가

이번 학교 공간 재구조화 프로젝트는 ○○고 학생들에게 시급하면서도 중요한 사업이라고 생각합니다. 노후된 학교 공간을 고교 학점제 시행 준비를 위해 새롭게 개선함은 물론, 교실 및 교과 교실, 과학실 등의 학습 공간, 휴게 공간이나 동아리실 등 각 공간의 기능이 최적화되도록 바꾸는 좋은 기회가 될 것이라고 기대하고 있습니다. 특히 이번 프로젝트는 학생 참여형 방식으로 진행된다는 점에서도 의의가 있다고 할 수 있습니다.

그런데 얼마 전 학교 공간 재구조화 최종 설계 발표에서 학생들이 학생회를 통해 건의한 공간 재구조화 의견 중 일부가 설계에 반영되어 있지 않다는 것을 알게 되었습니다. 특히 사물함을 교실 내에 배치하지 않고 복도로 이동해 달라는 학생들의 의견이 반영되지 않았는데요, 현재 교실 공간이 협소하여 충분한 공간 확보가 필요하므로 사물함을 교실 외부에 배치해 달라는 의견은 반드시 수용해 주시길 바랍니다. 또한 고교 학점제에 따라 선택 과목이 증가하게 되어 학생들의 이동 수업이 많아졌는데요, 이로 인해 사물함을 교실 밖에 놓는 것은 편의성의 측면에서도 장점이 있습니다. 예를 들어 이동 수업 중에 자신의 책이나 자료 등을 갑자기 가지러 가야 할 경우, 사물함이 교실 내에 배치되어 있으면 다른 수업에 방해가 될 수도 있으므로 사물함을 교실 밖에 배치하는 것이 필요합니다.

그리고 학교 공간 재구조화 최종 설계에는 학생들의 휴게 공간이 부족해 보입니다. 2층 중앙에 휴게 공간이 생기는 것은 반가운 일이나, 3층, 4층의 중앙에도 학생들이 앉아 서로 이야기를 나눌 수 있는 휴게 공간이 확보되어야 할 것 같습니다. 이동 수업이 많아질 경우, 교실에 머무는 경우보다는 중앙의 휴게 공간에서 다른 교실로 이동하는 경우가 많아질 수 있기 때문입니다. 따라서 중앙의 휴게 공간은 단순한 휴게 공간을 넘어 다음 수업을 준비하는 홈 베이스와 같은 기능을 할 수 있습니다. 또한 수행 평가나 동아리 활동 등 학생들의 교육 활동에서 진행되는 소규모 모둠 활동을 위해서라도 학생들이 모여 의견을 나눌 수 있는 공간은 필요합니다. 각 층 중앙의 휴게 공간에 학생들이 논의할 때 이용할 수 있는 협의용 테이블과 의자가 함께 준비된다면 학생들의 다양한 활동을 지원하는 다목적실로서의 기능도 수행할 수 있을 것입니다. 그리고 지난 10월 실시한 학교 공간 재구조화를 위한 학생 설문 조사 결과 중 "학교 공간 재구조화 프로젝트를 통해 어떤 공간이 확충되기를 바라는가"라는 설문 항목에서 '학생 휴게 공간'이라고 응답한 비율이 65%로 가장 높게 나타났음을 고려해 주셨으면 합니다. 더불어 최근 학교 공간 재구조화 프로젝트를 마친 인근 △△고의 경우, 학생 휴게 공간을 확충하여 학생 만족도가 크게 향상되었다는 점도 참고해 주시길 바랍니다.

학교 공간 재구조화를 통해 가장 큰 변화를 체감하게 될 학교 공동체 구성원은 바로 학생입니다. 그리고 이번 프로젝트에 도입된 새로운 진행 방식을 기억하시나요? 바로 학생 참여형 방식입니다. 이렇듯 학생 참여형 방식으로 진행되는 프로젝트인 만큼 학생들의 의견이 적극적으로 반영되기를 희망합니다. 특히 이번 공간 재구조화의 취지가 고교 학점제의 시행 준비를 위한 공간 구성에 있으므로 학생들이 선택 과목에 따라 이동 수업을 할 때 발생하는 어려움이 최소화될 수 있도록 공간을 구성해 주시길 다시 한번 부탁드립니다.

나

시행사 담당자: 학교에서 보내 주신 학생 대표의 제안서는 잘 보았습니다. 이번 공간 재구조화 프로젝 ─┐
트에 많은 관심을 보여 주셔서 감사드립니다. 하지만 현재 학교 공간 재구조화를 위한 최종 설계
가 완료되어 변경이 어려운 상황입니다. 최종 설계 역시 여러 차례에 걸친 학교 측과의 의견 교
환 결과로 완성된 것임을 고려해 주시길 바랍니다.

학교 측 대표: 네. 그동안 학교 측에서 제안한 여러 내용이 최종 설계에 반영되었음을 저희도 확인하였
습니다. 그런데 보내 드렸던 학생 대표의 제안서 내용도 타당하다는 생각이 들어, 이렇게 의견
조정을 위한 자리를 마련하게 되었습니다. 학생들이 제안한 내용은 크게 두 가지입니다. 먼저
사물함을 교실 밖으로 이동하여 복도에 배치해 달라는 것이고요, 다른 하나는 학생 휴게 공간을   [A]
확충해 달라는 것입니다. 학교 공간의 변화를 가장 크게 실감하게 될 학생들의 의견인 만큼 변경
할 수 있는 부분은 없는지 검토 바랍니다.

시행사 담당자: 이미 최종 설계가 나온 상태에서는 설계의 변경이 어렵습니다. 특히 이렇게 변경의 폭
이 클 경우 추후에 여러 문제가 발생할 수 있으며, 예산 측면에서도 예산의 증액이 필요합니다.
먼저 현재 각 층 복도에는 학교 측 요청에 따라 중간중간에 벤치형 의자를 배치하도록 설계되어
있어, 설계를 변경하여 사물함을 교실에서 복도로 이동할 경우 복도의 이동 공간이 협소해질 우
려가 있습니다. 다음으로 휴게 공간으로 바꾸어 달라고 요청하신 3층과 4층 중앙은 현재 공연이
나 전시를 위한 개방형 공간으로 계획되어 있어, 예산 문제로 인해 변경이 용이하지 않습니다. ─┘

학교 측 대표: 그 부분은 충분히 공감하고 있습니다. 하지만 정해진 예산으로 진행할 수밖에 없는 상황이므
로 예산의 증액은 어렵습니다. 그리고 먼저 사물함 이동과 관련하여 말씀드리면, ㉠만약 복도 중간중
간에 배치하기로 한 의자를 배치하지 않는다면 사물함을 복도로 이동하는 것이 가능할지요?

시행사 담당자: 그렇다면 복도의 이동 공간이 확보되므로, 사물함을 복도로 이동하는 것은 가능할 것 같습
니다.

학교 측 대표: 네. 그렇다면 복도에 의자를 배치하는 대신 사물함을 복도로 이동해 주시면 좋겠습니다. 그런
데 이동 공간 확보를 위해 복도에 두기로 한 벤치형 의자가 사라진다면 3층과 4층에 휴게 공간이 더
필요할 것 같은데요, 혹시 공연이나 전시를 위한 공간으로 구성하려고 했던 계획을 수정하여 학생들
이 편하게 앉아서 쉬기도 하고 서로 이야기를 나눌 수 있는 공간으로 재구성하는 것은 어려울까요?

시행사 담당자: ㉡그렇게 변경할 경우 학생들이 앉을 수 있는 소파나 의자, 협의용 테이블을 구입해야 하는
데 이를 위해서는 구입 예산이 확보되어야 합니다. 만약 다른 쪽에서 예산이 절감되어 구입 예산이 확
보될 수 있다면, 휴게 공간으로의 변경은 고려해 볼 수 있습니다.

학교 측 대표: 복도에 의자를 배치하지 않게 되면 조금이나마 예산을 절약할 수 있을 것 같은데요, 만약에
학교 1층 로비의 가구를 줄여서 최소한으로 배치한다면 나머지 부족한 예산을 확보할 수 있지 않을
까요?

시행사 담당자: 현재도 1층 로비에는 가구가 조금만 배치될 예정이어서 예산 확보에 큰 효과가 없을 것으로
생각됩니다만, 1층 로비에 최소한의 가구만 배치하는 것으로 바꾸어 조정해 보도록 하겠습니다. 조정

후 예산이 확보되는 범위 내에서 3층과 4층의 휴게 공간을 구성하면, 아마도 3층, 4층의 휴게 공간은 2층보다 가구가 적게 배치되어 휴게 공간이 작게 구성될 것 같습니다. 그래도 괜찮으실지요?

학교 측 대표: 네. 좋습니다. 학생들의 제안과 같이 3층과 4층 중앙이 휴게 공간으로 변경될 수 있다면 작아도 괜찮습니다. 휴게 공간의 규모와 관련해서는 다시 학생들과 이야기를 나누어 보도록 하겠습니다.

[24003-0159]

01 **(가)에 나타난 글쓰기 방법으로 적절하지 않은 것은?**

① 설문 조사 결과를 활용하여 자신의 주장에 대한 근거를 제시하고 있다.
② 다른 학교의 경우를 사례로 들어 제안의 긍정적 효과를 부각하고 있다.
③ 비유적 표현으로 글을 마무리하여 문제 해결이 시급함을 나타내고 있다.
④ 묻고 답하는 방식을 활용하여 자신의 제안이 수용되어야 함을 강조하고 있다.
⑤ 자신의 주장이 이번 프로젝트의 본래 취지에 부합함을 들어 주장의 타당성을 높이고 있다.

[24003-0160]

02 **다음은 (가)를 쓰기 위해 계획한 내용이다. ⓐ~ⓔ 중 (가)에 반영된 것만을 있는 대로 고른 것은?**

> ⓐ 학교 공간 재구조화 프로젝트의 필요성과 중요성을 제시해야겠어.
> ⓑ 편의성과 관련하여 사물함이 복도에 배치되어야 하는 이유를 밝혀야겠어.
> ⓒ 학교 노후 공간 개선 사업과 학교 공간 재구조화 프로젝트의 차이점을 강조해야겠어.
> ⓓ 학교 공간 재구조화 프로젝트가 진행되기 위해서 많은 노력과 희생이 있었음을 부각해야겠어.
> ⓔ 홈 베이스 및 다목적실로 활용이 가능하도록 학생 휴게 공간이 확충되어야 함을 제안해야겠어.

① ⓐ, ⓔ　　　　　② ⓑ, ⓒ
③ ⓐ, ⓑ, ⓔ　　　④ ⓐ, ⓒ, ⓓ
⑤ ⓑ, ⓒ, ⓓ

[24003-0161]

03 **협상의 진행 과정을 고려할 때, ㉠과 ㉡에 대한 설명으로 가장 적절한 것은?**

① ㉠은 사물함 이동에 관한 상대방의 요구 사항을 언급하며 자신의 양보 가능한 범위를 제시하는 발화이다.

② ㉠은 사물함 이동이 상대방과 자신 모두에게 이익이 됨을 언급하며 자신의 주장을 강화하는 발화이다.

③ ㉠은 사물함 이동 시 예상되는 상대방의 이익과 자신의 부담을 언급하며 추가적인 요구 사항을 제시하는 발화이다.

④ ㉡은 휴게 공간으로의 변경과 관련하여 상대방의 제안은 기대 이익이 낮아 요구를 수용하기 어려움을 드러내는 발화이다.

⑤ ㉡은 휴게 공간으로의 변경과 관련하여 자신이 상대방의 요구를 수용하는 데 필요한 조건을 제시함으로써 상대방의 제안과 절충을 시도하는 발화이다.

[24003-0162]

04 **(가)와 (나)의 맥락을 고려할 때, (가)를 쓴 학생이 (나)를 참관하면서 [A]에 대해 보일 수 있는 반응으로 적절하지 않은 것은?**

① (가)에서 문제로 제기했던 최종 설계의 사물함 교실 배치는, 복도의 이동 공간을 확보하기 위한 것이었군.

② (가)를 작성하게 된 계기였던 최종 설계는 학교 측과 시행사 측 간 여러 차례에 걸친 의견 교환을 통해 완성된 것이었군.

③ (가)에서 문제로 제기했던 최종 설계에서의 휴게 공간 부족은, 시행사 측에서 안전상의 이유로 3층, 4층 중앙에 개방형 공간을 마련해야 한다고 주장했기 때문에 발생하였군.

④ 학교 측 대표는 (가)의 주요 내용을 사물함 이동, 학생 휴게 공간 확충 두 가지로 요약·정리하여 의견 조정에 참여하였군.

⑤ 학교 측 대표는 (가)의 제안이 타당하다고 판단하여 학생의 의견이 반영될 수 있도록 최종 설계에 대한 의견 조정의 자리를 마련하였군.

[24003-0163]

05 (나)의 참여자에 대한 이해로 적절하지 <u>않은</u> 것은?

시행사 담당자	○ '학교 측 대표'에게 최종 설계가 완료되어 변경이 어렵다는 자신의 기본 입장을 밝히고 있다. ────────── ①
	○ '학교 측 대표'에게 사물함을 복도로 이동할 경우 이동 공간이 협소해질 우려가 있음을 설명하며, 학교 측의 요구를 수용하기 어려움을 제시하고 있다. ────────── ②
	○ '학교 측 대표'가 이동 공간을 확보하기 위해 복도에 의자를 배치하지 않는다는 의견을 제시하자, 상대방의 제안을 수용하고 있다. ────────── ③
학교 측 대표	○ '시행사 담당자'가 예산의 문제를 지적하자, 1층 로비의 가구를 줄이는 새로운 방법을 대안으로 제시하여 합의를 이끌어 내려 하고 있다. ────────── ④
	○ '시행사 담당자'가 3층, 4층의 휴게 공간을 작게 구성하는 방안을 제안하자, 변경안의 예산 확보에 대한 실현 가능성을 점검하고 있다. ────────── ⑤

[01~05] (가)는 '도서관 책 도우미 모집 공고문'에 따라 학생이 작성한 자기소개서이고, (나)는 (가)를 바탕으로 실시한 면접의 일부이다. 물음에 답하시오.

[도서관 책 도우미 모집 공고문]

○○ 도서관에서 4세~7세 유아에게 책을 읽어 주는 봉사 활동에 참여할 책 도우미를 모집합니다. 책 읽어 주기 봉사 활동에 관심 있는 많은 학생들의 지원 바랍니다.

○ 모집 대상: ○○구 거주 고등학생
○ 모집 기간: 2024. 3. 30.~2024. 4. 15.
○ 신청 방법: 자기소개서를 작성하여 ○○구 도서관 누리집에 제출
○ 선발 방법: 자기소개서 심사 및 면접 평가

가

제가 책을 좋아하게 된 것은, 어린 시절 제게 동화책을 읽어 주시던 어머니 덕분이었습니다. 아직 한글을 몰랐을 때 어머니께서 읽어 주시는 동화책 속 이야기는 저를 새로운 세상으로 안내하기도 하고, 여태까지 만나 보지 못했던 신기한 동물들도 만나게 해 주었습니다. 이런 자유로운 상상은 어머니께서 동화책을 읽어 주시는 시간에 대한 기다림으로 바뀌었고, 나중에는 책에 대한 기대와 설렘으로 이어지게 되었습니다. 어머니께서 읽어 주시던 동화책의 기억이 저를 책을 좋아하는 아이로 성장하게 해 준 셈이지요.

중학생, 고등학생이 되면서 책은 더 폭넓은 지식의 세계로 저를 이끌어 주었습니다. 궁금한 것이 있거나 관심 있는 것이 생기면 학교 도서관이나 ○○구 도서관에서 책을 찾아 읽는 것이 습관이 되었습니다. 이러한 책에 대한 관심으로 학교 도서관에서 활동하는 도서부에도 가입하여 친구들에게 책을 추천하는 활동이나 독서 주간 행사 활동, 서고 정리 봉사 활동 등 책과 관련된 다양한 활동에 참여하였습니다. 또한 저에게 ○○구 도서관은 친숙하고도 재미있는 공간인데 얼마 전 도서관 책 도우미 모집 공고문을 보게 되었고, 저의 경험을 살려 어린아이들에게 재미있게 책을 읽어 주면 좋겠다는 생각이 들어 지원하게 되었습니다.

저의 진로 희망은 유치원 교사입니다. 평소 아이들을 좋아하고, 작은 것들을 하나하나 배워 가는 아이들의 모습을 보면 가르치는 일이 중요하면서도 보람 있는 일이라는 생각이 들어 이 진로를 희망하게 되었습니다. 최근에 읽은 『△△△』는 유치원 교사의 다양한 경험을 솔직하게 담아낸 책으로, 교사라는 직업의 가치를 깨닫게 해 주었습니다. 또한 이 책을 통해 앞으로 어떤 유치원 교사가 되어야 하는지에 대해 생각해 보게 되었습니다. 이러한 아이들에 대한 애정은 책을 통한 아이들과의 만남에 도움을 줄 수 있으리라 생각됩니다. 만약 도서관 책 도우미로 선발된다면 동화책을 따뜻하게 읽어 주는 것은 물론, 아이들이 궁금해하는 것을 함께 찾아가는 책 도우미가 될 수 있도록 노력하겠습니다.

나

지원자: 안녕하십니까? 지원자 김□□입니다.
면접관 3: 안녕하세요? 긴장한 것 같은데요, 편안한 마음으로 말씀하시면 됩니다.
지원자: 네. 잘 알겠습니다.

면접관 3: 최근에 『△△△』라는 책을 읽어 보았다고 했는데, 인상 깊은 내용이 있었다면 이야기해 줄
　　　　 수 있을까요?

지원자: 네. 저는 『△△△』에서 읽은 내용 중, 교육에서 가장 기본이 되어야 하는 것은 공감적 이해의
　　　　 태도라는 부분이 인상적이었습니다. 교육은 지식만을 가르치는 것이 아니라 인간에 대한 깊이
　　　　 있는 이해가 바탕이 되어야 하므로, 이를 위해서는 피교육자에 대한 공감적 이해의 태도가 중요
　　　　 하다는 내용에 깊이 공감했습니다. ［A］

면접관 1: 책에서 좋은 내용을 찾았네요. 잘 들었습니다. 만약 도서관 책 도우미가 된다면 어린아이들
　　　　 과의 소통이 쉽지 않을 때도 있을 텐데요, 그런 경우에는 어떻게 대처할 생각인가요?

지원자: 저에게는 어린 동생이 있는데요, 동생을 보고 있으면 어린아이들은 자신만의 소통 방식이 있
　　　　 다는 생각이 듭니다. 무엇을 원하는지 어떤 이야기를 하고 싶은지에 대해 언어적 소통을 시도해
　　　　 보겠지만, 그것이 쉽지 않을 때에는 아이들이 보여 주는 표정이나 눈빛 등과 같은 비언어적인 소
　　　　 통 방식을 이해하려고 노력하면서 아이들의 눈높이에 맞추어 소통할 수 있도록 노력하겠습니다. ［B］

면접관 2: 네. 그럼 혹시 '라포르(rapport)'가 무엇인지 알고 있나요?

지원자: 상담에서 말하는 '라포르'를 말씀하시는 건가요?

면접관 2: 맞습니다.

지원자: 라포르란 상호 간의 공감적인 인간관계나 친밀도를 말합니다.

면접관 2: 네. 잘 알고 있네요. 아까 답변 중에 아이들의 눈높이에 맞추어 소통할 수 있도록 노력하겠
　　　　 다는 말이, 라포르 형성을 위해 노력하겠다는 말과 비슷한 것 같아 물어보게 되었습니다. 그럼,
　　　　 이제 마지막 질문입니다. 책 도우미 활동이 필요한 이유는 무엇이라고 생각하나요?

지원자: 어릴 적 어머니께서 저에게 동화책을 읽어 주시는 시간은, 하루 중 가장 행복하고 따뜻한 시
　　　　 간이었습니다. 어린 시절의 제가 그러했듯이, 책 도우미 활동은 아이들에게 책이 주는 즐거움과
　　　　 따뜻한 기억을 선물할 수 있으므로 필요한 활동이라고 생각합니다. 또한 책 도우미 활동은 함께
　　　　 책을 읽는다는 점에서 이야기를 듣는 사람은 물론, 책을 읽어 주는 사람에게도 의미 있는 활동이
　　　　 라고 생각합니다. 책을 소리 내어 읽으며 저 역시 책의 내용을 새롭게 발견할 수 있고 아이들과
　　　　 의 교감을 통해 책 읽는 즐거움을 나누는 보람을 얻을 수 있다고 생각하기 때문입니다. 그래서
　　　　 저는 도서관 책 도우미 활동이 매우 중요한 활동이라고 생각합니다. ［C］

[24003-0164]

01 〈보기〉의 ㉠~㉤ 중, (가)에 반영되지 <u>않은</u> 것은?

> **보기**
>
> 자기소개서는 자신을 알리고자 하는 의도로 다른 사람에게 자신을 드러내는 글이다. 자기소개서에는 ㉠지원 동기, ㉡성장 배경, ㉢성격의 장단점, ㉣지원 분야와 관련된 의미 있는 활동, ㉤지원자의 다짐 등이 포함될 수 있다.

① ㉠ 　　② ㉡ 　　③ ㉢ 　　④ ㉣ 　　⑤ ㉤

[24003-0165]

02 (가)에 나타난 글쓰기 방법에 대한 설명으로 가장 적절한 것은?

① 비유적 표현을 통해 지원 분야에 대한 지원자의 의지를 나타내고 있다.
② 지원 분야의 역량에 대한 분석 결과를 인용하여 지원자의 전문성을 나타내고 있다.
③ 지원자에 대한 전문가의 평가를 활용하여 지원 분야에 대한 적합성을 나타내고 있다.
④ 자신의 관련 경험을 시간의 흐름에 따라 제시하여 지원 분야에 대한 관심을 나타내고 있다.
⑤ 지원 분야와 관련하여 대학교 진학 이후의 학업 계획을 언급하며 지원자의 포부를 나타내고 있다.

[24003-0166]

03 (나)에 나타난 면접 참여자들의 의사소통 방식에 대한 설명으로 적절하지 <u>않은</u> 것은?

① '지원자'는 '면접관 1'의 질문 의도를 잘못 파악하였음을 인정하며 추가 답변을 하고 있다.
② '지원자'는 '면접관 2'에게 질문의 의미를 되묻는 방식으로 질문 내용을 확인하고 있다.
③ '면접관 2'는 '지원자'의 답변 내용을 재진술하며 자신이 질문을 하게 된 이유를 밝히고 있다.
④ '면접관 3'은 면접의 도입부에 '지원자'의 긴장을 풀어 주는 말을 하고 있다.
⑤ '면접관 1'과 '면접관 2'는 모두 '지원자'의 답변에 대해 긍정적으로 호응하고 있다.

[24003-0167]

04 **[A]~[C]에서의 질문 분석과 답변 전략을 연결한 것으로 가장 적절한 것은?**

● 보 기 ●

[질문 분석]
ⓐ 자기소개서에서 제시한 내용과 관련하여 추가적인 설명을 요구하는군.
ⓑ 책 도우미 활동의 필요성에 대해 답변할 것을 요구하는군.
ⓒ 책 도우미 활동과 관련된 상황을 제시하여 수행 능력을 확인하고자 하는군.
⋮

[답변 전략]
㉮ 자기소개서에서 언급하지 않은, 경험을 통해 깨달은 내용을 제시된 상황에 적용하여 답변해야겠군.
㉯ 자기소개서에서 언급한 책의 내용을 바탕으로 자세하게 답변해야겠군.
㉰ 자기소개서에서 언급한 경험을 통해 느낀 점을 이유로 들어 답변해야겠군.
⋮

		질문 분석	답변 전략
①	[A]	ⓐ	㉮
②	[A]	ⓑ	㉯
③	[B]	ⓐ	㉰
④	[B]	ⓒ	㉮
⑤	[C]	ⓑ	㉯

[24003-0168]

05

〈보기〉는 면접 이후에 보인 면접관들의 반응이다. 〈보기〉에 나타난 면접관들의 반응을 이해한 내용으로 가장 적절한 것은?

● 보 기 ●

면접관 1: 책 읽기를 좋아하는 학생이라 책 도우미 활동에 대한 진정성 있는 태도가 느껴져서 좋네. 어머니와의 좋은 기억도 책 도우미 활동에 성실하게 참여하는 데에 도움이 될 것 같고.

면접관 2: 유치원 교사가 꿈이라고 하니, 어린아이들을 이해하려는 태도를 갖추고 있을 것 같아서 선발해도 괜찮겠어.

면접관 3: 자기소개서에 쓴 책에 대해 질문했을 때 책에 대한 감상을 체계적으로 이야기하는 것으로 보아, 독서 역량이 있는 학생인 것 같네. 인상 깊게 읽은 다른 분야의 책을 소개해 보라고 추가 질문을 했으면 좋았을 텐데. 책을 얼마나 골고루 읽는 학생인지 궁금했는데 말이지.

① '면접관 1'은 '면접관 3'과 달리 지원자가 책을 얼마나 골고루 읽는 학생인지를 궁금해하고 있다.

② '면접관 2'는 '면접관 3'과 달리 지원자의 독서 역량에 집중하여 평가하고 있다.

③ '면접관 3'은 '면접관 1'과 달리 지원자가 책 도우미 활동에 성실하게 참여할 수 있는지에 대해 관심을 갖고 있다.

④ '면접관 1'과 '면접관 2'는 모두 지원자가 책 도우미 활동에 도움이 되는 태도를 지니고 있다는 점에서 긍정적으로 평가하고 있다.

⑤ '면접관 2'와 '면접관 3'은 모두 지원자의 진로 희망과 책 도우미 활동에 대한 역량을 관련지어 평가하고 있다.

[01~05] (가)와 (나)는 모두 문학 작품을 비평하는 수업의 활동 결과물로, (가)는 주인공의 행동을 옹호하는 발표이고 (나)는 (가)를 들은 후 (가)와 다른 관점으로 주인공의 행동을 바라보는 글이다. 물음에 답하시오.

가

여러분 안녕하세요. 얼마 전 문학 시간에 단편 소설을 읽고 우리들끼리 의견을 나누었지요. 소설 제목과 내용을 기억하시나요? (청중의 반응을 살피며) 네, 소설 제목은 이태준의 「돌다리」였습니다. 주인공 '창섭'은 서울에서 의사로 일하는 인물로 고향에 내려가 농군인 '아버지'께 땅을 팔 것을 제안했다가 거절당하고 '아버지'의 뜻을 존중하며 서울로 다시 올라갑니다. 지금부터 저는 "'창섭'의 제안을 들은 '아버지'의 선택은 과연 옳았는가?"라는 질문에 대한 저의 생각을 발표해 보겠습니다.

먼저 '창섭'의 제안을 못마땅해하는 '아버지'의 모습은 가족을 위하는 것과는 거리가 있어 보였습니다. '창섭'의 제안은 진정으로 가족을 사랑하는 마음의 발로입니다. '창섭'이 의사가 되기로 결심한 것은 어린 시절 '누이'가 오진으로 인해 허무한 죽음을 맞았기 때문이지요. 그의 삶에서 가족은 이토록 큰 부분이기에 의사로 성공한 '창섭'은 이제 '아버지'를 서울에서 제대로 모시고 싶다는 마음을 간직하고 있습니다. '아버지'께서 땅을 스스로 일구어 농사를 지으시기에는 노쇠하셨고 소작인에게 맡기기에는 마음이 불편하실 것임을 잘 알고 있는 것이지요. 또한 '어머니' 역시 아들 내외 및 손자와 함께 살고 싶어 하시는 마음을 은근히 드러내는 부분에서 저는 '어머니'가 참 안타깝다는 생각이 들었습니다. (손바닥을 가슴에 대며) 여러분도 그녀에 대해 안타까움을 느끼셨을 거라 생각합니다.

다음으로 '아버지'의 선택은 합리적이지 못한 면이 있습니다. '아버지'는 '창섭'보다 앞선 세대의 가치관을 대변하는 인물입니다. (한 손바닥이 바닥을 보도록 하며) 그에게 땅이란 조상들과의 인연을 품고 있는 존재입니다. 땅을 자신의 뿌리처럼, 천지 만물의 근거로 여기지요. 하지만 땅을 돈으로 교환하는 것이 삶의 터전으로서 땅에 감사하고 조상을 기리는 마음을 버리는 일이 되는 것은 아닙니다. 그런 '아버지'의 믿음을 '창섭'은 '종교적'이라 생각하고, 자신의 계획이 '이단적'으로 여겨질 줄 알지만 가족 모두를 위해 조심스레 '아버지'께 말을 건넵니다. 저는 이 장면에서 다른 가족 구성원의 의견을 도외시하는 '아버지'의 모습이 고집스럽게 느껴졌던 것은 물론이고, 가부장의 선택을 가족 모두가 좋든 싫든 따라야 하는 1940년대 가정의 모습이 보여 참으로 답답했습니다.

마지막으로 '아버지'가 '창섭'의 제안을 따르는 것의 효용이 훨씬 큽니다. '창섭'은 '아버지'가 시골에 땅을 계속 둘 경우 일 년에 삼천 원 정도의 이익이 생기지만 땅을 팔아 서울에 새로 병원 건물을 마련하는 데 보태면 (호흡을 한 번 끊으며) 일 년에 일만 원 정도의 이익을 볼 수 있다고 하였습니다. 쌀 가격을 기준으로 1940년대의 일만 원을 지금의 가치로 환산하면 일억 원이 넘는 큰돈입니다. 그리고 '창섭'이 병원을 확장하려는 이유를 기억하시죠? (청중의 반응을 살피며) 맞습니다. 환자는 느는데 입원실이 부족하기 때문이었습니다. '창섭'이 건물을 마련하여 병원을 확장하면 '창섭'처럼 사명감 있는 의사에게 적합한 치료를 받을 기회가 더 많은 환자에게 돌아가니 공적으로도 그 효용이 커집니다.

여러분, 이태준의 소설 「돌다리」는 서로 다른 세계관을 지닌 세대 간 갈등을 압축적으로 보여 주는 소설입니다. '창섭'이 '아버지'께 땅을 팔기를 제안한 것은 '아버지'를 비롯한 가족이 당면한 상황을 고려하였을 때 최선의 제안이었습니다. 일제에 강점된 이후 급격한 근대화를 경험한 '아버지'의 심정을 헤아리지 못하기 때문이 아닙니다. 인간은 시간의 흐름과 사회의 변화에 발맞추어 알맞은 선택을 할 줄 알아야 한다는 것이 저의 생각입니다.

나

이태준의 소설 「돌다리」는 주인공 창섭이 아버지를 뵈러 고향에 도착하는 장면으로 시작한다. 아버지는 몇 년 전 장마에 무너진 돌다리를 동네 사람들과 보수하고 있었다. 나무다리가 새로 놓였음에도 굳이 돌다리를 고치려 안간힘을 쓰는 아버지, 그는 돌다리를 받침돌로 단단히 괴어 이제 무너지지 않도록 고쳐 놓는다. 아버지에게 돌다리는 곧 인생 속 굵직한 사건들을 함께 지낸 동반자이다.

아버지에게 자신이 일구고 있는 땅은 자신의 삶을 받치는 받침돌과도 같다. 창섭의 제안에 대한 아버지의 선택은 그 자체로 존중받아야 한다. 그에게 땅은 대대로 삶의 기반이 되어 준 터전이자 돈으로 환산할 수 없는 가치를 지닌 대상이다. 아버지의 관점에서 아버지의 선택은 합리적이고 당연한 것이다. 오랜만에 고향에 온 창섭이 굳이 땅을 팔기를 제안한 것은 아버지의 사고방식을 도외시한 처사였다. 특히 아버지 소유의 땅에서는 연간 삼천 원의 실리가 나지만 그것을 병원 확장에 쓰면 연간 일만 원의 이익을 뽑을 수 있다는 이야기를 한 것은, 땅에 대한 아버지의 인식과 태도를 감안했을 때 무례한 일이었다.

창섭은 땅에 대한 아버지의 믿음이 종교적이라고까지 말하며 아버지를 이해할 수 없다는 듯 말했지만, 아버지는 창섭의 처지를 이미 헤아리고 있다. 집안에서 대대로 공들여 일군 땅을 이제 다른 이의 손에 맡겨야 할 상황이 애석함에도 자식의 삶을 존중하기에 땅을 물려받아 농사를 지으라고 창섭에게 요구하지 않는다. 이러한 아버지를 고집스러운 인물이라 치부할 수 있을까? 창섭은 자식으로서 아버지가 자신을 존중하는 만큼 아버지를 존중해야 한다. 더 많은 돈을 더 빨리 벌기 위해 아버지가 땅을 팔기를 바라는 것은 장성한 자식이 보일 모습으로 적절하지 않다.

소설 속 창섭의 생각을 따라가다 보면 창섭은 자신의 이익이 곧 가족의 이익이라고 생각하며 아버지와의 대화를 이어 나간다. 아버지에게는 아버지의 삶을 받치는 받침돌과 같은 신념과 그로부터 비롯되는 행복이 있다는 것을 이해하지 못했기 때문이다. ⓐ하지만 아버지와 대화를 마치고, 창섭은 '코허리가 찌르르'함을 느끼며 서울로 떠난다. 자기의 세계를 아버지와 격리하기로 한 것인데, 이는 아버지를 있는 그대로 받아들이겠다는 뜻이다. 창섭은 아버지와의 대화를 통해 인간으로서 한 단계 성장할 수 있었다.

[24003-0169]

01 학생이 (가)를 준비하면서 세운 계획을 발표 이후 스스로 점검한 내용으로 적절하지 <u>않은</u> 것은?

계획	점검 결과	
	반영	미반영
발표를 시작하면서 발표의 배경이 되는 상황을 청중과 공유하고 있음을 환기하자.	✔		…… ①
작중 인물의 경험과 유사한 경험을 한 적이 있음을 언급하여 발표 내용에 대한 관심을 높이자.	✔		…… ②
발표 중간중간에 질문을 하여 작중 상황에 관한 견해에 청중이 동조하는지를 확인하자.		✔	…… ③
발표 내용 파악이 용이하도록 순서 담화 표지에 이어 등장인물에 관한 판단을 요약적으로 제시하자.	✔		…… ④
작품의 배경이 되는 시대와 관련하여 주관적으로 도출한 작품의 의미를 언급하며 발표를 끝맺자.	✔		…… ⑤

[24003-0170]

02 (가)에 대한 설명으로 적절하지 <u>않은</u> 것은?

① '창섭'의 됨됨이를 설명하고자 그의 유년기 경험을 제시한다.
② '아버지'의 행동을 당대의 일반적 경향과 연결 지어 평가한다.
③ '창섭'의 행동을 청중이 신뢰할 만한 사람과 비교하여 평가한다.
④ '어머니'에 대한 발표자의 심정을 드러내며 비언어적 표현을 활용한다.
⑤ '창섭'이 따지는 이익의 규모를 오늘날을 기준으로 환산하여 제시한다.

[24003-0171]

03

다음은 수업에서 (가)를 듣고 (나)를 읽은 후 받은 학습지에 한 학생이 자신의 생각을 정리하여 적은 것이다. 그 내용으로 적절하지 <u>않은</u> 것은?

[질문] 땅에 대한 '아버지'의 인식은 어떠한가?

(가), (나) : 아버지는 땅을 대대로 삶의 기반이 되는 터전으로 여기며 사고팔 수 있는 대상이 아니라고 본다. ─────── ㉠

[질문] 땅을 팔자는 '창섭'의 제안은 '아버지'를 위한 것인가?

(가) : 땅을 팔자는 제안은, 땅을 직접 일구기 어려운 아버지의 나이와 남에게 땅을 맡기는 것에 대한 아버지의 생각을 고려했을 때 아버지를 배려하는 일이다. ─────── ㉡

(나) : 땅을 팔자는 제안은, 병원을 확장하려는 창섭의 마음에서 비롯한 것일 뿐이며 땅에 대한 아버지의 마음을 고려했을 때 아버지를 존중하는 처사가 아니다. ─────── ㉢

[질문] 병원의 확장을 위해 땅을 파는 것은 적절한가?

(가) : 땅을 팔아 병원을 확장하여 얻을 수 있는 이익이 땅을 그대로 두었을 때의 이익보다 크며, 병원을 증축하면 더 많은 환자를 살릴 수 있기에 땅을 파는 것은 적절하다. ── ㉣

(나) : 병원 확장을 집안의 과업으로 여기기를 주저하는 아버지 앞에서, 땅을 팔아 얻는 금액을 계산에 넣어서까지 병원 확장을 진행하려 하는 창섭의 태도는 적절하지 않다. ── ㉤

① ㉠   ② ㉡   ③ ㉢   ④ ㉣   ⑤ ㉤

04 [24003-0172]

(나)를 쓰기 전에 학생이 떠올린 생각 중 글에 반영된 것으로 가장 적절한 것은?

① 작품 속 소재의 상징적 의미를 등장인물의 사고방식과 엮어 제시해야지.

② 갈등이 해소되는 부분에 초점을 맞추어 각 등장인물의 반응을 드러내야지.

③ 제3의 인물에 대한 주요 인물들의 상반된 견해를 행동과 연관 지어 드러내야지.

④ 등장인물 간의 대립이 빚어진 이유를 인물의 성격 변화와 관련지어 제시해야지.

⑤ 주인공이 상대방과의 의견 절충을 통해 문제를 해결하고자 한 이유를 제시해야지.

05 [24003-0173]

ⓐ는 선생님의 조언에 따라 다음을 고쳐 쓴 것이다. 조언의 내용으로 가장 적절한 것은?

> 하지만 아버지와 대화를 마치고, 창섭은 소설의 끝부분에서 결국 아버지를 있는 그대로 받아들이기로 마음먹는다.

① 주인공의 심정과 행동을 제시하고, 그 의미를 토대로 주인공의 변화를 긍정적으로 평가하며 글을 끝맺는 것이 좋겠어.

② 주인공의 심정과 행동을 제시하고, 그로 말미암아 소설의 결말을 예측할 수 있었음을 설명하며 글을 끝맺는 것이 좋겠어.

③ 주인공의 행동을 요약하여 드러내고, 그 내용에 대해 논평함으로써 작품의 주제 의식을 강조하며 글을 끝맺는 것이 좋겠어.

④ 주인공의 태도가 변화한 이유를 밝히고, 변화의 과정에서 중요하게 여겨진 요소에 대해 언급하며 글을 끝맺는 것이 좋겠어.

⑤ 주인공의 태도가 변화한 이유를 밝히고, 변화의 결과를 토대로 하여 바람직한 인간상을 제시하며 글을 끝맺는 것이 좋겠어.

[01~05] (가)는 학교 신문에 실을 기사를 작성하기 위한 학생들의 대화이고, (나)는 (가)를 바탕으로 '학생 3'이 작성한 초고이다. 물음에 답하시오.

가

학생 1: 지난달 발간한 학교 신문에서 '고등학생의 삶의 질'을 주제로 한 특집 기사가 좋은 반응을 얻었어. 이와 관련하여 이번 호 기사의 글감을 정했던 거, 다들 잘 기억나는지 모르겠어.

학생 3: 지난 모임 때 했던 말들이 기억나는데, 하필 그 글감이 명확히 떠오르지가 않네. 휴가에 대해 얘기하기로 했었나?

학생 2: 그때 휴식이라고 하면 길게 여행을 떠나는 휴가도 포함할 수 있으니 기사에서는 집이나 학교에서 '하던 일을 멈추고 잠깐 쉬는 일'이라는 의미로서의 휴식에 대해 다루자고 했었어. ⎤ [A]

학생 1: 맞아. 그러면 학교에서 생활하는 중에 짬짬이 휴식을 취할 때 어떻게 하는 것이 좋을지를 자연스레 언급할 수 있을 테니 우리 학교 학생들에게 도움이 될 거야. ⎦

학생 2: 나는 오늘 통계청에서 2019년에 발표한 고등학생의 생활시간 조사 결과를 인쇄해 왔어. 그걸 보니 고등학생들이 학습에 쏟는 시간 중 평일 학습 시간은 여덟 시간에 육박하더라.

학생 3: 그 말을 들으니 시험 기간에 임박한 교실의 모습이 떠올랐어. 어떤 학생들은 쉬는 시간에도 자리에 앉아서 공부를 하는 등 휴식 없이 공부에 몰두하는 경우도 많아.

학생 2: 맞아. 그럼 기사의 처음에는 학생들이 학업에 많은 시간을 쏟고, 휴식 시간이 충분하지 못한 경우가 종종 있음을 언급하면 좋겠다.

학생 3: 그런데 휴식이 필요하긴 하지만, 시험에 임박할수록 집중은 둘째 치고 일단 앉아 있자는 마음이 더 커질 때가 있지 않아? ⎤

학생 2: 운동을 한 번에 오래 지속적으로 하는 것보다 중간에 휴식을 취하면 우리 몸은 오히려 운동을 더 효과적으로 이어 갈 수 있잖아. 우리의 뇌 역시 근육처럼 에너지를 소비하는 기관이라 인지에 쓰이는 자원을 한 번에 오래 지속해서 사용하면 스트레스를 받고 효율이 저하돼. 몰두하려 해도 몰두하기가 힘든 상태가 되는 거지. ⎥ [B]

학생 1: 자료를 찾다 한 논문을 봤어. 그 연구에서는 피험자들이 간단한 동작을 수행하는 중간중간 짧게 가만히 휴식을 취하도록 했는데 그때 뇌의 신경 세포가 재생되는 속도가 급격히 높아지는 걸 확인했대. 짧은 휴식 시간 동안 뇌는 방금 연습한 바를 기억하고 강화하려 한다는 거야. ⎦

학생 2: 나도 비슷한 내용의 연구 결과를 봤어. 피험자들에게 여러 이야기들을 들려준 뒤 한 시간 뒤에 질문을 하고 대답을 확인하는 과정에서 한 시간 사이에 가만히 휴식을 취한 피험자들이 그렇지 않은 피험자들보다 10~30% 이상 더 많은 내용을 기억했대.

학생 1: 그렇구나. 그 연구 결과 자료를 나에게 공유해 줄래? 좀 더 자세히 읽어 보고 싶어. ⎤

학생 2: 그래, 알겠어.

학생 1: 그럼 기사의 흐름을 생각한다면, 이제는 무엇을 하며 휴식 시간을 보내는 것이 좋은지에 대해서 얘기해 보면 좋겠다. ⎥ [C]

학생 3: 그건 내가 얘기할 수 있겠어. 예전에 본 책의 내용이 기억나. 사람이 휴식을 취하는 방법이 뒤 ⎦

따라 이어지는 과제를 수행하는 데에 어떠한 영향을 미치는지를 연구한 결과가 나와 있었어. 결과가 어땠을 거 같아?

학생 1: 더 앞서 얘기한 연구에서 휴식 때 피험자들을 가만히 쉬게 한 데는 이유가 있었을 것 같아. 가만히 쉬는 쪽이 과제를 더 잘 수행했을 것 같아.

학생 3: 맞아. 인지적 자원을 거의 소모하지 않는 휴식을 취한 경우 후속 과제에 대한 수행도가 높았고, 그렇게 가만히 휴식을 취한 경우엔 휴식 이전에 갖고 있던 부정적인 정서 역시 유의미하게 낮아졌대.

학생 1: 인지적 자원을 거의 소모하지 않는 게, 그야말로 멍하니 있는 게 최고의 휴식이 될 수 있겠군.

학생 3: 또 책에서는 외부에서 오는 자극을 없애고 우리의 뇌를 가만히 두면 그 과정에서 뇌가 불필요한 정보를 지우게 되는데 그러면서 정보를 저장할 여지가 늘어난다고 했어.

학생 2: 그런데 통계청의 조사 보고서를 보니 청소년들은 하루 네 시간 정도 여가를 보낸대. 그중 두 시간 이상을 미디어 이용이나 게임 등의 취미 활동으로 보낸다고 나와 있고, 휴식을 취하는 시간은 10분이 안 된다니 걱정이야.

학생 3: 학생들이 이번 호의 특집 기사를 주의 깊게 읽고 실천하면 좋겠어. 지난 모임 때 초고는 내가 쓰기로 했었지? 오늘 얘기한 내용을 잘 담아 볼게.

나

시험 기간이 다가올 때면 많은 학생들이 집중해서 공부하는 시간을 조금이라도 늘리기 위해 노력한다. ㉠그때는 쉬는 시간에도 책을 손에서 놓지 않는 학생들이 많다. 휴식 시간을 꼭 필요한 시간이 아니라, 급할 때 걸러도 되는 시간으로 생각하는 듯하다. 과연 휴식 시간에도 쉬지 않고 공부에 몰두하는 것이 효과적인지 알아보자.

뇌 역시 다른 신체 기관처럼 산소와 포도당을 ㉡소모하여 활동하는 기관이기에 쉬지 않고 사용할 경우 지치고 생산성이 떨어진다. 운동을 할 때 중간중간에 휴식을 취하면 운동 시간을 더 길게 하고 운동 효과가 커질 수 있는 것처럼 우리의 뇌 역시 중간중간 휴식이 꼭 필요하다. 휴식이 곧 충전인 셈이다. 한 연구에서는 피험자들에게 여러 이야기를 들려준 뒤 한 시간이 지난 후에 질문을 하고 대답을 확인했는데, 한 시간 사이에 가만히 휴식을 취한 피험자들이 휴식을 취하지 않은 피험자들보다 이야기를 더 뚜렷이 기억하는 것으로 나타났다. 학습 도중 휴식을 취하면 그 사이에 뇌가 빠른 속도로 학습 내용에 관한 기억을 강화하는 한편 불필요한 정보를 지우게 되어 학습 능률이 올라가기 때문이다.

그럼 휴식 시간에는 짬짬이 무엇을 하며 쉬는 것이 좋을까? 쉴 때는 외부 자극을 최대한 줄이고 뇌를 가만히 두는 것, ㉢그야말로 아무것도 하지 않는 것이 효과적이다. 가만히 휴식만을 취해야 부정적인 정서나 이전 행동으로 인해 쌓였던 스트레스가 가라앉고 뒤이어 다른 과제를 원만히 수행할 수 있다. ㉣하지만 대부분의 학생들은 공부하다 쉴 때 휴대 전화를 손에 든다. 웹에서 어떤 정보를 볼지 말지, 새로 온 메시지를 읽을지 말지, 메시지에 어떻게 답할지 등을 고민하는 것도 뇌가 인지적 자원을 계속 사용하도록 만드는 일이다. 제대로 된 휴식을 위해서는 휴식 중 휴대 전화 사용을 피해야 한다.

　　2019년 발표된 통계 자료에 따르면 우리나라 고등학생들은 대개 평일 하루의 여덟 시간 이상을 학습에 쓰고, 네 시간 동안 여가를 보내는데 그중 두 시간은 미디어 이용이나 게임에 쓴다고 한다. 휴식에 쓰이는 시간은 10분이 채 되지 않았다. 이는 마치 하루 중에 가만히 있는 시간을 조금도 허락하지 ⓜ않으려는 것이다. 독일의 문학가 괴테는 '아무것도 하지 않는 것에도 가치가 있다.'라는 말을 하였다. 오늘날에는 여러 연구를 통해 아무것도 하지 않는 휴식 시간이 우리 삶에서 중요한 시간이 될 수 있음이 실증적으로 밝혀지고 있다. 오늘만이라도 짬짬이 쉴 때는 휴대 전화를 손에서 놓고 잠시 동안이라도 가만히 멍하니 쉬어 보는 것은 어떨까?

[24003-0174]

01 **[A], [B]에 대한 설명으로 가장 적절한 것은?**

① [A]에서 '학생 1'은 '학생 2'의 견해를 보강하는 한편 '학생 3'의 견해에 이의를 제기하고 있다.

② [B]에서 '학생 1'은 '학생 2'와 '학생 3'의 견해가 대립하는 상황에서 양측에 절충안을 제시하고 있다.

③ [A]에서 '학생 2'는 '학생 3'의 의문에 대답하고, [B]에서 '학생 1'은 '학생 2'가 잘못 이해하고 있는 바를 바로잡아 주고 있다.

④ [A]와 [B] 모두 '학생 3'이 다른 학생들에게 대답을 요구하자 '학생 1'과 '학생 2'가 상충되는 견해를 제시하고 있다.

⑤ [A]와 [B] 모두 '학생 3'이 스스로 확신하지 못하는 내용에 대해 말하면 '학생 2'가 바르게 알려 주고 '학생 1'이 부가 설명을 해 주고 있다.

[24003-0175]

02 **[C]에서 '학생 1'의 말하기 방식에 대한 설명으로 적절하지 않은 것은?**

① 상대방의 말을 재진술하며 자신의 생각을 드러내고 있다.

② 앞서 언급되었던 정보를 이용하여 질문에 대답하고 있다.

③ 물음의 형식을 활용하여 자신의 요구를 상대방에게 전하고 있다.

④ 자신이 실제로 체험한 바를 제시하여 앞선 발화를 보충하고 있다.

⑤ 대화의 목적을 고려하여 뒤이어 다룰 화제로 적절한 것을 제안하고 있다.

[24003-0176]

03 **(가)를 바탕으로 (나)를 작성할 때 세운 작문 계획 중 (나)에 반영되지 않은 것은?**

① 다수 학생들이 시험 기간에 임박하여 보이는 모습을 바탕으로, 1문단에서 휴식 시간에 대한 학생들의 인식을 드러내야겠어.

② 운동과 공부는 모두 한정된 자원을 소비하는 활동이라는 점을 바탕으로, 2문단에서 뇌를 쉬게 하는 휴식 시간이 필요한 이유를 설명해야겠어.

③ 휴식을 취한 피험자들에게서 나타난 변화를 조사한 연구 결과를 바탕으로, 2문단에서 가만히 휴식을 취하는 일의 효용이 무엇인지 제시해야겠어.

④ 휴식 때 하는 행동과 후속 과제에 대한 수행도가 서로 연관이 있다는 연구 결과를 바탕으로, 3문단에서 휴식 때 적절한 자극이 필요한 이유를 학습 효율과 연관 지어 설명해야겠어.

⑤ 청소년이 무엇을 하며 하루의 시간을 보내는지에 대한 통계 자료를 바탕으로, 4문단에서 청소년들이 휴식 시간을 보내는 방식에 변화가 필요함을 드러내야겠어.

[24003-0177]

04 **(나)에 나타난 글쓰기 방식으로 적절하지 않은 것은?**

① 1문단에서 청유형 문장을 사용하여 휴식에 대한 학생들의 일반적인 생각에 문제를 제기했다.

② 2문단에서 학습과 휴식의 차이를 설명하며 휴식 중 뇌의 변화 과정을 순차적으로 제시했다.

③ 3문단에서 효과적으로 잠깐의 휴식을 취하는 방법을 설명할 때 묻고 답하는 방식을 사용했다.

④ 3문단에서 학생들이 일반적으로 휴식을 취하는 방법이 부적절함을 드러내고자 여러 사례를 나열했다.

⑤ 4문단에서 휴식 시간에 가만히 쉬는 일이 필요하다는 글의 주제 의식을 강조하고자 격언을 인용했다.

[24003-0178]

05 **㉠~㉤을 고쳐쓰기 위한 방안으로 가장 적절한 것은?**

① ㉠: 문단의 중심 내용과 어울리지 않는 문장이므로 삭제해야겠어.

② ㉡: 문맥상 단어 사용이 적절하지 않으므로 '소요하여'로 바꾸어야겠어.

③ ㉢: 뒤의 단어와 의미가 중복되므로 삭제해야겠어.

④ ㉣: 문맥의 흐름을 볼 때 접속 표현이 적절하지 않으므로 '그리고'로 바꾸어야겠어.

⑤ ㉤: 문장 성분 간의 호응이 적절하지 않으므로 '않는 것과 같다'로 고쳐야겠어.

[01~05] (가)는 한 학생이 학생회 누리 소통망[SNS]에 올린 글이고, (나)는 이를 바탕으로 학생회 학생들이 나눈 대화이며, (다)는 학생회 학생들이 작성한 건의문이다. 물음에 답하시오.

가

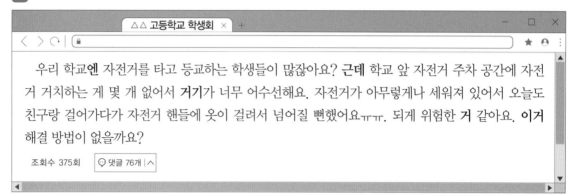

우리 학교엔 자전거를 타고 등교하는 학생들이 많잖아요? **근데** 학교 앞 자전거 주차 공간에 자전거 거치하는 게 몇 개 없어서 **거기**가 너무 어수선해요. 자전거가 아무렇게나 세워져 있어서 오늘도 친구랑 걸어가다가 자전거 핸들에 옷이 걸려서 넘어질 뻔했어요ㅠㅠ. 되게 위험한 **거** 같아요. **이거** 해결 방법이 없을까요?

조회수 375회 　💬 댓글 76개 | ∧

나

학생 1: **아까** 우리 학생회 SNS에 올라온 글 봤어?

학생 2: 아, 자전거 주차 공간 문제? **방금** 봤는데 조회 수가 되게 높고 공감하는 댓글도 많더라.

학생 3: 나도 봤어. 나도 자전거를 타고 다녀서 자전거 거치대가 적다는 게 크게 공감되더라고.

학생 1: 응. 그래서 말인데 학교 올 때 자전거 타고 오는 학생들이 많으니까 안전한 등굣길을 위한 조치가 필요할 **거** 같아. 이를 위해 자전거를 잘 세워 두자고 학생회 차원에서 캠페인을 벌이면 어때?

학생 3: 학생들을 설득하자는 말이지? ㉠ (힘 있는 어조로) 그 방법도 의미는 있지만 이 문제는 자전거 거치대 수가 적어서 생긴 문제라 학생들만 노력해서는 해결이 어려워 보여.

학생 2: 맞아. 거긴 자전거 거치대를 더 설치할 여유 공간이 있으니까 추가로 설치해 달라고 요청하는 게 먼저인 거 같아. 자전거 거치대의 관리 주체는 ◇◇구청이니까 우선 구청에 건의문을 써서 전달하고, 그 이후에 캠페인을 계획하면 어떨까?

학생 1: ㉡ (고개를 끄덕이며) 듣고 보니 그러네. 그게 더 효과적일 것 같아. 그러면 먼저 자전거 거치대 증설을 구청장님께 건의하기로 하고 지금부터 건의문에 쓸 내용을 함께 생각해 보자.

학생 2: 구청장님은 주민들의 안전에 관심이 많으시겠지? 학생회 SNS의 글을 언급해서 현재 자전거 거치대 주변에 자전거가 아무렇게나 세워져 있어 위험하다는 점을 언급해야겠어.

학생 3: 그래. (목소리를 높이며) 그런데 자전거를 아무렇게나 세우는 건 이용하는 학생들의 잘못이기도 하지만 근본적으론 자전거 거치대가 부족하기 때문이야.

학생 2: 네 말은 자전거 거치대 주변이 지금처럼 위험해진 근본적인 원인이 자전거 거치대의 부족 때문이라는 거구나.

학생 1: 그렇다면 많은 학생들이 이 문제가 해결되길 바라고 있다는 점을 건의문에 드러내면 좋겠네. 근데 구청장님도 우리 학교 앞 자전거 거치대가 어수선하다는 사실을 알고 계실까?

학생 3: 그건 모르겠네. 그럼 자전거 거치대에 대한 학생들의 생각을 조사해서 제시하면 어떨까?

[A]

학생 1: 좋은데? ⓒ (간절한 말투로 '학생 2'에게) 네가 기획력이 좋아서 구성을 잘할 거 같은데 너한테 설문 조사 계획을 좀 부탁해도 될까? 계획을 세워서 알려 주고 실제 설문 조사는 우리랑 함께하자.

학생 2: ⓓ (웃음을 지으며) 좋아. 그건 내게 맡겨. 문제 해결의 필요성은 이 정도로 충분할 거 같은데?

학생 1: ⓔ (엄지손가락을 치켜들며) 우아, 넌 역시 우리 학생회에 꼭 필요한 인재야. **고마워.**

학생 2: 그 정도쯤이야. 근데 자전거 거치대 증설로 기대되는 효과는 뭘까? 편리함 같은 장점 말이야.

학생 3: 음, 자전거로 등하교하기 좋아지는 점이 크지 않을까? 자전거 거치대가 적어서 등교할 때 자 ┐
전거를 세우기가 힘들고, 하교할 때도 엉켜 있는 걸 빼내기가 힘들었거든. │

학생 2: 네가 생각한 장점은 자전거를 더 쉽게 세우고 **뺄** 수 있어서 지금보다 등하교가 편리해진다는 ├ [B]
거구나. 그러면 모든 자전거를 수용할 수 있도록 충분한 수량을 설치해 달라고 해야겠다. ┘

학생 1: 응, 그리고 거치대가 설치되면 주민들이 그 주변을 안전하게 오갈 수 있다는 장점도 있어. (손으로 펜을 가리키며) 거기 있는 **그거** 좀 줄래? 잊지 않게 간단히 메모하는 게 좋을 거 같아서.

학생 2: ('학생 1'에게 펜을 건네며) **여기** 있어. 그리고 시설만 보강한다고 해서 문제가 해결되지 않는다고 생각하실 수 있잖아. 우리가 캠페인을 벌일 예정이라는 점도 밝히면 어떨까?

학생 3: 좋은 생각이야. 어쨌든 자전거 거치대가 추가로 설치되어야 그 모든 문제가 해결될 수 있을 테니까 마지막엔 건의 사항을 빨리 수용해 달라고 요청하는 게 좋겠어.

학생 1: 알겠어. 우선 이야기한 내용을 간단하게 적어 둘게. 그러면 오늘은 이쯤에서 마무리하고, 먼저 설문 조사부터 진행하자. 그런 뒤에 내가 건의문 초안을 작성해 볼게.

다

구청장님, 안녕하십니까? 저희는 △△ 고등학교 제37대 학생회입니다. 항상 주민들의 안전과 편의를 위해 애써 주셔서 **고맙습니다.** 저희 학교**에는** 평소 학교에 올 때 자전거를 타고 오는 학생들이 많아 학교 앞 자전거 거치대가 항상 붐빕니다. 그래서 **이것**과 관련하여 한 가지 건의를 드리고자 합니다.

최근 저희 학생회 SNS에 글이 하나 올라왔습니다. 친구와 학교 앞 자전거 주차 공간을 지나다가 넘어질 뻔했다는 내용의 글이었는데, 학생들의 많은 관심과 공감을 받았습니다. 그래서 저희가 학생 200명을 대상으로 설문 조사를 진행해 보니, 응답자의 75%가 학교 앞 자전거 주차 공간을 매우 위험하게 느끼고 있었습니다. 현재 학교 앞에는 자전거 거치대가 10개 있습니다. **그런데** 주차된 자전거는 일평균 30대 정도로 조사되었습니다. 자전거 거치대를 이용하는 공간 자체가 좁은 **것**은 아니지만, 자전거 거치대가 몇 개 없다 보니 많은 학생들이 자전거를 그 주변에 세워 두어 다른 학생들과 주민들의 통행을 방해하고 있었습니다. 또한 아무렇게나 엉킨 자전거에 주민들이 자칫 걸려서 넘어질 위험이 있습니다. 자전거 주차 공간이 주민들의 보행 안전을 위협하게 된 근본적인 원인은 자전거 거치대의 부족에 있습니다. 따라서 구청장님께 학교 앞에 20개의 자전거 거치대를 추가로 설치해 주실 것을 건의드립니다.

자전거 거치대가 늘어나면 저희 학생회 SNS에서 언급된 문제를 해결할 수 있습니다. 모든 자전거를 거치대에 세울 수 있게 되어 주민들이 그 주변을 안전하게 통행할 수 있을 것이기 때문입니다. 그리고 자전거를 이용하는 학생들의 등하교가 편리해질 것입니다. 자전거를 이용하는 학생들도 현재 상황을 대부분 불편하게 생각하고 있기 때문입니다. 현재 자전거 거치대의 주변은 공간이 넓**으므로** 자전거 거치대 20개를 충분히 추가로 설치할 수 있을 것입니다. 또한 자전거 거치대가 추가로 설치되면 저희 학생회에서 학생들을 대상으로 자전거 안전하게 세우기 캠페인도 벌일 예정입니다.

많은 학생들이 문제가 해결되기를 바라고 있습니다. 이러한 학생들의 염원이 실현될 수 있도록 저희의 건의 사항을 가급적 빠른 시일 안에 수용해 주시기를 부탁드립니다.

[24003-0179]

01 〈보기〉를 참고하여 (가)~(다)를 이해한 내용으로 적절하지 <u>않은</u> 것은?

● 보기 ●

우리는 누구와 어떤 상황에서 의사소통하는지에 따라 표현을 다르게 사용하게 된다. 예를 들어 개인적으로 친구와 소통할 때는 격식을 갖추어 표현하지 않아도 되지만, 윗사람을 대상으로 하거나 공식적인 상황에서 소통하는 경우는 예의와 격식을 갖춰 표현하게 된다. 한편 의사소통을 매개하는 언어가 무엇인지에 따라서도 표현이 달라지기도 한다. 음성 언어를 매개로 소통할 때는 구어적인 표현이 많이 쓰이고 문자 언어로 소통할 때보다 표현의 생략과 축약이 자유로우며, 대개 의사소통 참여자들이 시간적·공간적 맥락을 공유하므로 표현에 담긴 의미를 발화 현장의 상황 안에서 파악할 수 있는 경우가 많다. 하지만 상황에 따라서는 문자 언어로 소통하면서도 구어적인 표현을 그대로 사용해 나타내기도 한다.

① (가)의 '거기', (나)의 '그거', '여기'는 의사소통 참여자들과 같은 시·공간에 있는 대상을 가리키므로, (가)와 (나)의 소통이 이루어지는 현장에서만 그 의미를 파악할 수 있음을 알 수 있군.
② (가)의 '거', '이거'를 (나)의 '그거', '거', (다)의 '이것', '것'과 비교할 때, (가)는 문자 언어로 내용을 표현하고 있지만 구어적인 표현이 사용되고 있음을 알 수 있군.
③ (가)가 올라온 시점과 이를 확인한 시점을 (나)에서 각각 '아까', '방금'으로 일컬은 것을 볼 때, (나)의 의사소통 참여자들은 시간적 맥락을 공유하며 소통하고 있음을 알 수 있군.
④ (나)에서 '고마워'와 같은 인사말이 (다)에서는 '고맙습니다'로 표현된 것을 볼 때, (나)에 비해 (다)가 의사소통의 대상에게 예의와 격식을 갖춘 표현을 사용하고 있음을 알 수 있군.
⑤ (다)의 '에는', '그런데'와 같은 표현이 (가)에서는 '엔', '근데'와 같이 나타난 것을 볼 때, (가)는 문자 언어로 소통이 이루어지지만 (다)에서보다 축약된 표현이 많이 쓰였음을 알 수 있군.

[24003–0180]

02 **[A], [B]에 대한 설명으로 가장 적절한 것은?**

① [A]에서 '학생 1'은 '학생 2'의 발화를 듣고 자신의 경험을 근거로 들어 '학생 2'의 의견을 뒷받침하고 있다.

② [A]에서 '학생 2'는 '학생 3'의 의견의 실현 가능성을 검토하며 '학생 3'의 의견이 지닌 한계를 지적하고 있다.

③ [B]에서 '학생 2'는 '학생 3'이 제시한 의견에 동의하며 기존에 자신이 제시했던 의견을 수정하여 언급하고 있다.

④ [A]와 [B]에서 모두 '학생 2'는 자신이 앞서 말한 내용과 관련지어 '학생 3'이 발화한 내용을 정리하여 제시하고 있다.

⑤ [A]와 [B]에서 모두 '학생 3'은 자신의 관점과 상반되는 의견이 있음을 언급하며 이를 반박함으로써 자신의 의견이 지닌 차별성을 부각하고 있다.

[24003–0181]

03 **㉠～㉢에 대한 설명으로 적절하지 <u>않은</u> 것은?**

① ㉠: 상대방의 제안이 지닌 한계를 지적하는 언어적 표현과 이를 강조하는 준언어적 표현이 사용되었다.

② ㉡: 상대방에게 문제에 대한 조언을 구하는 언어적 표현과 이를 강조하는 비언어적 표현이 사용되었다.

③ ㉢: 상대방에게 특정한 일을 부탁하는 언어적 표현과 이를 강조하는 준언어적 표현이 사용되었다.

④ ㉣: 상대방의 부탁을 흔쾌히 수용하는 언어적 표현과 이를 강조하는 비언어적 표현이 사용되었다.

⑤ ㉤: 상대방에 대한 감탄과 인정을 표하는 언어적 표현과 이를 강조하는 비언어적 표현이 사용되었다.

[24003-0182]

04 〈보기〉는 (나)를 바탕으로 (다)를 쓸 때 고려한 내용 전개이다. 이에 따라 (나)와 (다)를 관련지어 이해한 내용으로 적절하지 <u>않은</u> 것은?

보기

ⓐ 배경 소개 → ⓑ 문제 상황 제시 → ⓒ 해결 방안 제시 → ⓓ 예상 효과 구체화 → ⓔ 행동 당부

① ⓐ: (나)에서 안전한 등굣길을 위한 조치가 필요한 이유로 언급된 것을 반영하여, (다)에서는 학생들의 자전거 이용 실태를 언급함으로써 건의의 배경을 소개하고 있다.

② ⓑ: (나)에서 아무렇게나 세워진 자전거가 위험하다는 인식을 드러낸 것을 반영하여, (다)에서는 혼잡한 자전거 주차 공간이 주민들의 보행 안전을 위협하고 있음을 제시하고 있다.

③ ⓒ: (나)에서 자전거 거치대의 부족이 자전거를 아무렇게나 세우게 된 근본적인 원인이라고 언급한 것을 반영하여, (다)에서는 자전거 거치대의 증설을 해결 방안으로 제시하고 있다.

④ ⓓ: (나)에서 시설 보강만으로는 문제가 해결되지 않는다고 생각할 수 있다는 의견을 반영하여, (다)에서는 학생회가 진행할 캠페인을 통해 나타날 수 있는 긍정적 변화를 구체화하고 있다.

⑤ ⓔ: (나)에서 건의문에 많은 학생들이 이 문제가 해결되길 바라고 있다는 점을 드러내자는 의견을 반영하여, (다)에서는 학생들의 입장을 바탕으로 독자가 건의를 속히 수용하기를 당부하고 있다.

[24003-0183]

05 (다)에 활용된 쓰기 전략으로 가장 적절한 것은?

① 다른 방안과 대조하는 방식으로 건의 사항이 지닌 강점을 부각하고 있다.

② 개인적인 경험을 사례로 들어 건의 사항의 실현 가능성을 뒷받침하고 있다.

③ 묻고 답하는 방식을 활용하여 건의가 수용되어야 할 필요성을 강조하고 있다.

④ 조사를 통해 얻은 결과를 바탕으로 학생들의 인식과 문제의 원인을 밝히고 있다.

⑤ 시간의 흐름에 따라 학생들의 불만이 제기되어 온 과정을 순서대로 제시하고 있다.

[01~05] (가)는 '활동 1'에 따른 학생의 발표이고, (나)는 (가)를 발표한 학생이 '활동 2'에 따라 작성한 글이다. 물음에 답하시오.

> [활동 1] 학급 친구들에게 알려 주고 싶은 환경 문제를 조사하여 발표하기.
> [활동 2] '활동 1'을 수행한 후 자신의 발표에 대해 성찰하는 글을 써서 발표를 들은 친구와 공유하기.

가

  지난 2015년과 2019년 인도네시아에서는 두 차례의 대형 산불이 발생했습니다. 이 두 번의 산불로 서울 면적의 약 70배 규모의 산림이 불에 탔는데요, 이에 우리나라 산림청에서는 인도네시아와 협력하여 산림의 복원을 돕기 위한 사업을 추진하고 있습니다. 인도네시아의 산림을 왜 우리나라 산림청이 나서서 복원하려 하는 것일까요? 그 이유는 바로 인도네시아의 산림이 동남아시아에서 '이탄지'를 가장 많이 품고 있기 때문입니다. 오늘은 여러분께 이탄지에 대해 말씀드리겠습니다.

  혹시 이탄지에 대해 들어 보셨나요? (청중의 반응을 살핀 후) 예상한 대로 잘 모르시는 분들이 많네요. 화면의 자료를 함께 보면서 설명하겠습니다. (㉠자료를 보여 주며) 이탄지는 유기물이 완전히 썩지 않고 쌓여 만들어진 습지를 말합니다. 이렇게 주로 늪이나 얕은 호수와 같은 분지 지형의 물웅덩이에서 만들어집니다. (㉡자료를 가리키며) 보시는 것처럼 이탄지는 이렇게 물웅덩이 주변에 수생 식물이나 습지 식물들이 자라면서 만들어지기 시작하는데요, 식물의 잔해나 곤충 사체와 같은 유기물이 물에 잠기게 되면 산소가 부족해서 매우 느리게 분해되는데, 분해되는 속도보다 퇴적되는 속도가 더 빨라서 제대로 분해되지 않은 유기물이 장기간에 걸쳐 쌓이면 이탄지가 만들어집니다. 이렇게 형성된 이탄지는 미네랄을 포함하고 비옥하기에 다양한 생물들의 서식지가 됩니다.

  이탄지는 지구 온난화와 아주 밀접한 관련이 있습니다. 먼저, 이탄지는 탄소 흡수에 탁월합니다. 전 세계 열대림 이탄지에서 흡수하는 탄소의 양은 연간 약 148기가톤에 이를 정도라고 합니다. (㉢자료를 보여 주며) 그리고 보시는 것처럼 이탄지는 도시공원과 비교해 단위 면적당 적게는 10배, 많게는 100배 많은 탄소를 저장할 수 있습니다. 전 세계를 통틀어 이탄지가 차지하는 면적은 지구 표면의 약 3% 정도에 불과하지만, 세계 전체 토양에 저장된 탄소량의 44%가량이 이탄지에 저장되어 있을 정도로 탄소 저장 능력이 뛰어납니다. 이처럼 이탄지는 탄소를 흡수하고 저장하여 지구 온난화를 완화하는, 지구의 탄소 저장고라고 할 수 있지요.

  하지만 그동안 이탄지를 보유한 국가들은 경제적 효과만을 앞세워 이탄지를 훼손해 왔습니다. 인도네시아에서도 이탄지를 대규모 농장 부지로 개발하면서 토양의 생산성을 높이기 위해 물을 빼고 의도적으로 불을 내는 등 개간 작업을 실시했습니다. 그 결과 많은 이탄지가 훼손되었습니다. (㉣자료를 가리키며) 이처럼 도시공원보다 훨씬 많은 양의 탄소를 저장하는 이탄지가 훼손되면 지구 온난화를 일으키는 온실가스의 공급원이 됩니다. 물에 잠겨 있던 유기물이 공기 중에 노출되면서 기존에 저장된 탄소가 온실가스로 배출되기 때문입니다. (㉤자료를 보여 주며) 전 세계 이탄지의 훼손으로 인해 배출되는 온실가스는 연간 약 13억 톤으로 추정되는데, 이는 지난 2020년 우리나라 전체에서 배출한 온실가스 총량의 두 배에 이르는 엄청난 양입니다. 이는 지구 온난화와 관련해 이탄지의 훼손이 미치는 문제의 심각성을 보여 줍니다. 또한 훼손된 이탄지는 화재에 취약해지므로 심각한 산불이 발생하게 됩니다.

이에 훼손된 이탄지를 복원하기 위해 인도네시아에서는 이탄지 관련 법을 제정하고 별도의 기관을 설치했고, 우리나라 산림청에서도 이들과 협력하여 이탄지 복원을 위한 사업을 함께 이어 가고 있습니다. 이는 우리나라도 생태 복원 사업에 대한 역량을 키우고 국제적인 생태 협력 시스템을 구축하는 경험을 쌓기 위해서입니다. 구체적인 사업 내용으로 이탄지 복원 기술의 개발을 위한 공동 연구, 환경 개선과 온실가스 감축을 위한 협력 사업, 이탄지 지역 주민 대상 간담회 등을 추진하고 있다고 합니다. 그리고 이러한 사업의 일환으로 2019년부터 축구장 약 280개 면적에 해당하는 이탄지 200ha를 대상으로 건조해진 땅을 습윤화하고 자생이 가능한 수종을 심어 생태계의 복원을 도운 결과, 해당 이탄지에서 복원 전에 비해 약 1,200톤의 탄소를 추가로 흡수했을 것으로 예측된다고도 합니다. 대단하지요? (시간을 확인한 뒤) 앗, 벌써 시간이 다 되었네요. 이탄지 복원 사업 현장의 사진도 보여 드리려고 준비했는데, 이것은 시간 관계상 우리 학급 학습방에 올리도록 하겠습니다. 제가 발표한 내용이 잘 이해되셨나요? 제 발표로 여러분도 이탄지의 가치와 복원의 필요성에 관심을 가지게 되시길 바랍니다. 이상 발표를 마치겠습니다.

나

얼마 전 환경 시간에 할 발표를 위해 뉴스 기사를 검색하다가 인도네시아에 두 차례나 대규모의 산불이 발생했다는 사실을 알게 되었다. 서울 면적의 약 70배 규모의 산림이 불탄 정도의 대형 화재였는데, 분명 그때 당시 꽤 중요한 뉴스로 다루어졌을 텐데, 아마도 다른 나라의 일이라는 이유로 관심을 덜 가졌었는지 이제야 알게 되었다. 불에 탄 지역에는 이탄지가 많이 포함되어 있었기에 국제 사회에서 인도네시아를 주요 온실가스 배출국으로 인식하는 계기가 되었다고 한다. 평소 기후 변화 문제에 관심이 있는 편이라고 생각했는데 이와 관련한 사실들을 모르고 있었다는 것이 부끄러웠다. 그래서 나는 이탄지에 대해 조사하여 발표해야겠다고 결심했다.

조사를 하면서 이탄지가 탄소 흡수 능력이 뛰어나다는 점, 도시공원과 비교해 탄소 저장 능력이 현저히 뛰어나다는 점, 다양한 생물들의 서식지라는 점을 새롭게 알게 되었다. 가장 놀라웠던 점은 오랑우탄, 수마트라 호랑이, 말레이 곰 등의 멸종 위기종들도 이탄지에 서식한다는 사실이었다. 하지만 이탄지 보유국들이 농장 조성 등을 위해 이탄지를 훼손하는 경우가 많다는 것도 알게 되었다. 특히 최근 A 국가에서는 이탄지가 포함된 30여 곳의 땅을 경매로 내놓아 화제가 되었다고 한다. 경제 위기를 극복하기 위해 석유와 가스가 매장된 곳을 팔기로 했다는 것이다. 이 사실을 알고 나는 걱정이 되었다. 자원을 캐기 위해 이탄지를 훼손하면 이탄지에 저장된 탄소가 공기 중으로 배출될 것이기 때문이다. 그래서 나는 이탄지 훼손 문제가 비단 이탄지 보유 국가만의 문제가 아니라 전 세계 모두가 관심을 가져야 하는 문제라는 것을 친구들에게 알려 줘야겠다고 생각했다.

하지만 실제 발표가 생각처럼 순탄하지만은 않았다. 발표를 준비하면서 이탄지의 기본적인 정보부터 철저하게 내용을 마련했다. 그러나 기본 정보를 설명하는 데 너무 많은 시간을 할애한 나머지, 이탄지 복원 사업과 관련해 준비한 사진까지는 보여 줄 수 없었다. 발표 이후에 이루어진 평가 시간에 친구들에게서 이탄지 복원 사업의 사진을 보여 주지 않아 아쉬웠다는 평가를 듣고, 발표 분량을 적절하게 조절하지 못한 점을 후회했다. 그래서 앞으로는 발표를 준비할 때 발표 시간에 맞춰 분량을 꼼꼼히 점검해야겠다고 다짐했다. 그래도 이탄지 복원 사업의 성과를 언급했을 때 친구들이 놀라워하는 모습을 보고 발표 주제를 이탄지로 선정한 것에 뿌듯함을 느꼈다. 그리고 환경과 관련해 새로운 사실을 발견하고 내가 알게 된 점을 친구들과 공유할 수 있었다는 점에서 이번 발표는 나에게 무척 의미 있는 경험이었다.

[24003-0184]

01 **(가)의 발표에 대한 설명으로 가장 적절한 것은?**

① 청중에게 친숙한 사례를 들어 개념 간의 차이를 부각하고 있다.
② 청중의 경험을 물어본 뒤 이를 화제 선정의 계기와 연결 짓고 있다.
③ 발표 내용에 대한 청중의 배경지식을 확인한 후 발표 순서를 안내하고 있다.
④ 발표 내용과 관련된 과학적 지식을 전문가의 설명을 인용하여 제시하고 있다.
⑤ 발표 내용과 관련하여 청중에게 바라는 바를 언급하며 발표를 마무리하고 있다.

[24003-0185]

02 **다음은 (가)에 활용된 자료이다. 발표자의 자료 활용에 대한 설명으로 적절하지 않은 것은?**

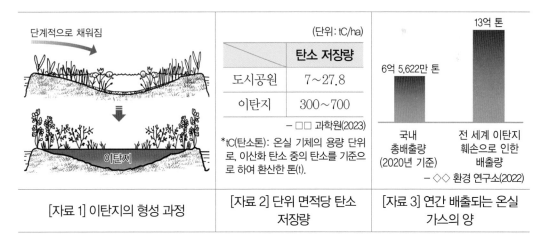

① ㉠에서 [자료 1]을 보여 주며 이탄지가 형성되는 지형에 대해 설명하였다.
② ㉡에서 [자료 1]을 가리키며 이탄지가 만들어지게 되는 과정을 설명하였다.
③ ㉢에서 [자료 2]를 보여 주며 전 세계 도시공원과 이탄지의 면적을 비교하여 설명하였다.
④ ㉣에서 [자료 2]를 가리키며 훼손된 이탄지가 온실가스의 공급원이 되는 이유를 설명하였다.
⑤ ㉤에서 [자료 3]을 보여 주며 이탄지 훼손이 지구 온난화에 미치는 문제의 심각성을 설명하였다.

[24003-0186]

03 (가)의 발표를 바탕으로 할 때, 〈보기〉의 [A]에 들어갈 청중의 질문으로 가장 적절한 것은?

● 보기 ●

[발표 후 질의응답]

• 청중 : [A]

• 발표자 : 네. 그것은 이탄지를 이루는 이탄의 특성과 관련이 있습니다. 유기물이 물에 잠겨 형성된 이탄은 상대적으로 발열량이 적긴 하지만 석탄의 일종이라고 할 수 있는데, 탄소 저장량이 많은 이탄이 지속적인 배수로 건조해지면서 불이 일어나기 좋은 환경이 만들어지기 때문입니다.

① 훼손된 이탄지가 화재에 취약해진다고 하셨는데, 원래 습지였던 땅임에도 대형 산불이 발생한 이유는 무엇인가요?

② 이탄지가 온실가스의 공급원이 된다고 하셨는데, 인도네시아에서 이탄지 복원을 위한 기관을 설치한 이유는 무엇인가요?

③ 인도네시아에서 이탄지를 대규모 농장 부지로 개발했다고 하셨는데, 이탄지에 일부러 불을 내서 개간하는 이유는 무엇인가요?

④ 이탄지가 지구 표면의 약 3% 정도에 불과하다고 하셨는데, 이러한 이탄지에 다양한 생물들이 서식할 수 있는 이유는 무엇인가요?

⑤ 유기물이 물에 잠기게 되면 매우 느리게 분해된다고 하셨는데, 유기물이 퇴적되는 속도보다 분해되는 속도가 더 느린 이유는 무엇인가요?

[24003-0187]

04 (가)와 (나)의 맥락을 고려할 때, [활동 2]에 따라 (가)를 들은 친구가 (나)에 대해 보일 수 있는 반응으로 적절하지 <u>않은</u> 것은?

① (나)의 1문단에서는 (가)에서 언급했던 인도네시아 산림 복원 사업이 추진된 배경과 관련하여 스스로에 대해 성찰한 내용을 제시하고 있군.

② (나)의 2문단에서는 (가)에서 언급했던 서식지로서 이탄지가 지닌 이점과 관련하여 이탄지에 서식하는 동물의 예와 조사 과정에서 놀라웠던 점을 함께 제시하고 있군.

③ (나)의 2문단에서는 (가)에서 언급했던 경제적 효과로 인해 훼손되는 이탄지와 관련하여 최근 화제가 된 사건과 관련해 이탄지 훼손 문제를 걱정했음을 제시하고 있군.

④ (나)의 3문단에서는 (가)에서 발표 시간이 부족해 준비한 사진을 보여 주지 못한 것과 관련하여 발표 이후 후회했던 점과 다짐하게 된 점을 제시하고 있군.

⑤ (나)의 3문단에서는 (가)에서 이탄지 복원 사업의 대상 면적과 그 성과로 제시한 내용과 관련하여 발표 준비 과정에서 예상한 청중의 반응을 제시하고 있군.

[24003-0188]

05 (나)를 작성할 때 활용한 내용 조직 방법으로 가장 적절한 것은?

① 1문단에서 인도네시아에 산불이 발생한 원인을 다각적으로 분석한다.

② 2문단에서 이탄지에 대해 조사하면서 알게 된 이탄지의 장점을 나열한다.

③ 2문단에서 이탄지 보유국에서 이탄지를 개발하는 방법을 목적에 따라 분류한다.

④ 3문단에서 이탄지 복원 사업에 대해 조사한 과정을 시간 순서에 따라 제시한다.

⑤ 3문단에서 이탄지에 대한 발표가 지닌 의미를 다른 발표 경험과 비교하여 설명한다.

3부

실전 학습

[01~03] 다음은 학생의 발표이다. 물음에 답하시오.

안녕하세요, 여러분! 오늘 저는 클래식 음악 작곡가 하이든에 대해 발표하려고 합니다. 하이든이라는 이름은 우리들에게 익숙하지만, '교향곡의 아버지', '현악 4중주의 아버지'라고 불리는 하이든이 늘 모차르트와 비교당했다는 사실은 잘 모르시죠? (청중의 반응을 보고) 그 이유는 활동했던 시기와 지역이 같았기 때문인데요, 다행스럽게도 모차르트는 하이든을 무척 존경하여 두 사람은 음악사에서 보기 드물게 사이가 좋았다고 합니다. 까다롭기로 유명한 모차르트가 좋아한 것을 보면 하이든에게 분명 특별한 매력이 있었을 것 같지 않나요? 오늘 발표는 하이든의 인간적인 매력에 초점을 맞춰 보았습니다.

모차르트가 타고난 신동으로 유명했던 것과 달리, 하이든은 대기만성의 예술가였습니다. 말년에도 대표작을 여럿 창작할 만큼 평생 실력을 연마하는 데 엄격했지요. 이런 하이든이지만, 주변 사람들에게는 언제나 유쾌한 사람이었습니다. 대부분의 예술 대가들이 괴팍하고 까칠한 경향이 있는데, 하이든만은 예외여서 그는 누구나 만나고 싶어 하는 사람이었지요. 하이든의 음악에서 재치와 유머가 느껴지는 것은 흥겨운 농담을 좋아하던 그의 유쾌한 성격이 반영된 것이라고 할 수 있습니다.

하이든의 삶과 음악은 헝가리의 명문 귀족 에스테르하지가(家)를 빼고는 이야기할 수 없습니다. 그는 30년 동안이나 이 집안을 섬겼는데요, 여름에는 늘 에스테르하지가의 여름 궁전에 머물며 날마다 열리는 음악회를 준비했다고 합니다. 많은 사람들을 즐겁게 해 주는 일은 까다롭고 긴장되는 일이었지만 정작 하이든 본인은 근무 환경에 대해 불평하는 일이 없었습니다. 오히려 생활의 어려움 없이 음악에 정진할 수 있다는 사실에 만족해했다고 합니다. 이런 낙천성이 있기에 세상에서 가장 명랑하고, 기분 좋고, 행복한 교향곡을 탄생시킬 수 있었던 것이 아닐까요?

하이든의 또 다른 매력을 보여 주는 유명한 일화가 있습니다. 당시 여름 궁전의 단원들은 대공이 그곳에 머무는 동안에는 집으로 돌아갈 수 없었는데요, 어느 해에는 대공이 예정된 기간에서 두 달이 넘도록 궁전에 머물며 연회를 지속했다고 합니다. 가족들을 만나지 못해 애가 탄 단원들은 하이든에게 매달렸습니다. 하지만 하이든도 휴가를 보내 달라는 말을 하기는 어려운 처지였지요. 고민하던 하이든은 묘수를 생각해 냅니다. 여느 때처럼 저녁 연주회에서 활기차게 하이든의 교향곡이 연주되고 있을 때, 4악장에 이르자 오보에를 필두로 연주자들이 자기가 맡은 파트를 끝내면 악기를 들고 퇴장하도록 했답니다. 이렇게 한 명씩 떠나고 나니, 교향곡이 끝났을 때는 텅 빈 무대만 남았지요. 이때 연주한 곡이 바로 하이든의 '교향곡 45번 f#단조'로, 우리가 '고별 교향곡'이라고 알고 있는 그 유명한 작품입니다. 대공에게 대놓고 말하기 어려운 휴가 요청을 우아하게 음악으로 표현할 수 있었던 것은 단원들의 불편을 해결해 주고 싶었던 하이든의 마음이 있었기 때문입니다. 다행히 대공이 그 메시지를 알아듣고 흔쾌히 여름 궁전을 떠나자, 단원들 또한 모두 행복하게 집으로 돌아갔다고 하네요. 이렇게 힘들 때마다 자신들을 보듬어 주는 하이든을 단원들은 '파파 하이든'이라고 부르며 따랐다고 합니다. 아랫사람을 위하는 그의 마음이 정말 존경스럽지 않나요?

뛰어난 작곡 실력에 유쾌한 성격과 낙천성, 그리고 아랫사람을 보듬는 훌륭한 성품까지 갖추었으니 이런 하이든을 어찌 좋아하지 않을 수 있겠습니까? 그래서인지 저는 하이든의 음악을 들으면 늘 힘이 솟습니다. 여러분도 기분이 처지는 날에는 저처럼 하이든의 음악을 통해 유쾌하고 긍정적인 힘을 얻어 보시기 바랍니다. 이상 발표를 마치겠습니다.

[24003-0189]

01 **위 발표에 대한 설명으로 가장 적절한 것은?**

① 정보의 출처를 언급하여 발표 내용의 신뢰성을 높이고 있다.

② 내용을 요약하며 마무리하여 발표의 중심 내용을 강조하고 있다.

③ 발표의 순서를 제시하여 청중이 내용을 예측하며 듣게 하고 있다.

④ 발표에서 제시한 용어의 개념을 설명하여 청중의 이해를 돕고 있다.

⑤ 스스로 묻고 대답하는 형식을 활용하여 청중의 관심을 유발하고 있다.

[24003-0190]

02 **다음은 발표자가 위 발표를 준비하면서 작성한 메모와 발표 계획이다. 발표 내용에 반영되지 <u>않은</u> 것은?**

	메모		발표 계획
①	까다롭기로 유명한 모차르트도 하이든을 존경하고 좋아했음.	→	하이든이 인간적인 매력을 지닌 인물임을 밝혀야지.
②	하이든은 대기만성의 예술가였음.	→	하이든이 말년까지 꾸준히 창작하며 자기 연마에 힘썼다는 것을 강조해야지.
③	하이든은 주변 사람들과의 관계가 좋음.	→	하이든은 누구나 만나고 싶어 하는 사람이었다는 점을 부각해야지.
④	하이든의 낙천적인 성격이 그의 음악에 반영됨.	→	관객에게 기쁨을 줘야 한다는 책임을 느끼며 엄격한 근무 조건을 견뎠음을 설명해야지.
⑤	하이든은 재치가 있고 자애로운 성품을 지님.	→	'고별 교향곡'을 연주하게 된 배경과 그 결과를 제시하여 하이든의 성품을 부각해야지.

[24003-0191]

03 〈보기〉는 위 발표를 들은 학생들의 반응이다. 〈보기〉에 드러난 학생들의 듣기 방식에 대한 설명으로 가장 적절한 것은?

● 보 기 ●

학생 1: 하이든의 음악을 들으면 재치와 유머를 느낄 수 있다고 했는데, 음악은 구체적인 내용이 아니라 선율로 표현되는 것이라서 재치와 유머를 느낀다는 것은 사람에 따라 다르지 않을까?

학생 2: 하이든이 귀족 집안을 30년 동안이나 섬기면서도 생활의 어려움이 없다는 점에 만족했다는 내용이 인상적이었어. 경제적 지원 없이는 음악가로 활동한다는 것이 어려웠던 걸까?

학생 3: 모차르트와 하이든이 같은 시대에 같은 지역에서 활동한 음악가라서 늘 비교당했다고는 하지만, 신동이었던 데다 까다롭기로 유명했던 모차르트에 비해 하이든에 대한 이야기는 다소 화제성이 덜했을 거야.

① '학생 1'은 발표 내용과 전문가의 견해를 비교함으로써 발표 내용의 정확성을 검토하며 들었다.

② '학생 2'는 발표를 들으며 갖게 된 의문을 해결하며 들었다.

③ '학생 3'은 발표에서 직접적으로 언급하지 않은 내용을 추론하며 들었다.

④ '학생 1'과 '학생 3'은 모두 사전 경험을 바탕으로 정보의 효용성을 점검하며 들었다.

⑤ '학생 2'와 '학생 3'은 모두 발표를 통해 알게 된 새로운 정보를 활용하여 자신의 기존 지식을 수정하며 들었다.

[04~08] (가)는 상담 선생님을 대상으로 학생들이 수행한 인터뷰이고, (나)는 이를 바탕으로 '학생 1'이 작성한 기사의 초고이다. 물음에 답하시오.

가

학생 1: 안녕하세요, 선생님. 이번 학교 신문의 특집 기사로 누리 소통망, 즉 SNS 활동에서 나타나는 인정받고 싶은 욕구에 대해 다루려고 합니다. 인간의 욕구를 5단계로 나눈 이론을 함께 읽었는데, 몇 가지 궁금한 점이 있어 선생님께 여쭈어보고자 이렇게 찾아뵙게 되었습니다. [A]

선생님: 매슬로의 동기 이론을 읽으셨군요. 그 이론에서 타인에게 인정받고 싶은 욕구는 5단계 중 4단계에 해당하지요. 가장 높은 5단계는 자기만족을 느끼게 되는 자아실현 욕구이고요.

학생 2: ㉠타인에게 인정받고자 노력한다는 것은 곧 자신을 발전시키려고 노력하는 것일 텐데, 왜 인정받고 싶은 욕구가 최근 사회적 문제로 대두되고 있는 것일까요?

선생님: 타인의 인정은 삶에 활력을 불어넣어 줄 수 있어요. 문제는 타인에게 인정받으려는 욕구가 과도하거나 잘못된 방향으로 확대되어 자신의 삶을 피폐하게 만드는 경우랍니다. [B]

학생 2: 인정받고자 하는 욕구가 지나치면 오히려 삶을 망칠 수도 있다는 거군요. 그렇다면 인정받고자 하는 욕구는 왜 생겨나는 걸까요?

선생님: 최근 하버드대 뇌 과학 연구팀에서 그 원인을 밝혀냈습니다. 실험 참가자들에게 "당신은 독서를 얼마나 즐기는가?"라는 질문과 "대통령은 독서를 얼마나 즐기는가?"라는 질문에 답하게 한 뒤 뇌의 작용을 촬영했는데, 자신의 존재감을 보여 줄 수 있는 본인 이야기를 할 때 도파민을 분비하는 뇌 부위가 활성화됐다고 합니다. 도파민은 쾌감을 느끼게 하는 물질인데 중독성이 있어요. [C]

학생 2: SNS 활동에서 '좋아요'를 통해 타인의 인정을 확인하면 자신의 존재감을 보여 주었다고 생각하기 때문에 도파민이 분비돼 쾌감을 경험하게 되는 것이군요?

선생님: 맞습니다. 그런데 한번 쾌감을 얻고 나서 같은 수준의 쾌감을 얻으려면 보다 많은 타인의 인정을 받아야 해요. 그러다 보니 사람들은 점점 더 SNS 활동에 몰입하게 되고, 이런 현상이 심해지면 관심 중독으로까지 진행되는 거지요.

학생 1: 저희 청소년들은 또래의 인정을 얻기 위해 노력하는 경우가 많은데, 그것도 지나치면 안 되겠군요. 그리고 보니 저도 운동하는 과정을 SNS에 올린 뒤 친구들의 인정을 받고 뿌듯해했던 적이 있었어요. 그리고 그 뿌듯함을 다시 느끼고 싶어서 좀 무리했던 경험도 있고요. [D]

선생님: 지금은 또래 관계가 중심이겠지만, 성인이 되면 이성의 관심을 끌거나 직장 상사의 인정을 받기 위해 다양한 방법을 생각하겠죠? 그런데 인정받고자 위험과 불이익을 감수하는 상황이 되면 삶이 얼마나 고단하겠어요? 그러니 인정받고자 하는 자신의 욕구에 대한 점검이 필요합니다.

학생 1: ㉡인정받고자 하는 자신의 욕구에 대한 점검이 필요하다는 것은 타인의 평가에 지나치게 의존하지 않도록 자기 스스로 인정받고자 하는 욕구를 조절할 수 있어야 한다는 말씀이시지요?

선생님: 네, 그렇습니다. 인정을 받기 위한 노력과 인정을 받음으로써 나타나는 결과를 이성적으로 저울질해 볼 필요가 있어요. 인정받는 것에 대한 과도한 욕구는 자신을 사실보다 크게 나타내 보이는

형태로 표출되기 때문에 허상을 좇을 수 있어요. 타인의 인정은 삶의 활력소가 될 수 있지만 거기에 지나치게 의존하면 삶이 피폐해지니까 이성의 힘으로 인정받고자 하는 욕구를 조절해야 하는 거지요.

학생 2: 선생님 말씀을 들으니 무엇보다도 인정받고자 하는 욕구를 객관화하고 조율할 수 있는 능력을 길러야 하겠네요. 그러면 타인의 시선에 얽매이지 않게 되어 자신감 있는 삶을 살아갈 수 있게 될 테니까요. ⌐[E]⌐

선생님: 맞습니다.

학생 1, 2: 좋은 말씀 정말 감사합니다. 오늘 인터뷰를 활용하여 좋은 기사를 작성해 보도록 하겠습니다.

나

사회적 동물인 인간은 공동체에 소속돼 다수의 타인과 교류하며 살아간다. 이 과정에서 공동체 내의 다른 구성원에게 자신의 능력과 가치를 인정받으면 긍정적인 인간관계가 형성되지만, 인정을 받지 못하는 경우에는 좌절감을 느끼거나 인간관계에 어려움을 겪곤 한다. 타인의 인정이 우리의 삶에 활력을 불어넣어 주는 요인인 것은 맞지만, 최근 인정받고자 하는 갈망이 지나쳐 스스로를 병들게 하는 경우가 빈번하게 발생하고 있어 문제가 되고 있다.

인정받고자 하는 욕구를 제한적으로 해소할 수밖에 없던 전통 사회 구성원들과 달리 현대인들은 인정받고자 하는 욕구를 과도할 정도로 표출한다. 최근 누리 소통망[SNS]에 올라오는 글, 사진, 영상 등의 80%가 개인들이 자신의 생활을 타인들에게 내보임으로써 그에 대한 관심을 유발하려는 의도를 담고 있다. 하버드대 뇌 과학 연구팀은 자신의 존재감을 보여 줄 수 있는 본인 이야기를 할 때 쾌감을 느끼게 해 주는 도파민을 분비하는 뇌 부위가 활성화된다는 사실을 밝혀냈다. 이는 인정받고자 하는 인간의 욕구가 생기는 원인이 쾌감을 통한 보상 작용이라는 사실을 보여 주는 것이다.

SNS 활동을 하면서 '좋아요'를 통해 타인의 관심과 인정을 확인한 사람은 뇌에서 도파민이 나와 쾌감을 경험한다. 그런데 이후에 같은 수준의 쾌감을 얻으려면 보다 많은 타인의 인정을 받아야 하기 때문에 사람들은 SNS 활동에 점점 더 몰입하게 된다. 특히 현대 사회는 인정받고자 하는 욕구를 표출할 대상이 세계인으로 확대되었기 때문에 이런 과도한 몰입 행위가 '관심 중독'으로 이어질 가능성이 커졌다. 즉 현대 사회는 인정받고자 하는 욕구를 자극하는 환경이고, 우리는 그 한복판에 놓여 있는 셈이다.

그러나 현대 사회에는 SNS를 통해 인정받고자 하는 욕구를 내뿜는 사람들이 넘쳐나고 있다. 하지만 타인의 평가에 지나치게 의존하는 삶은 행복할 수가 없다. 실존주의 철학자 사르트르가 던진 '타인은 지옥이다'라는 말은 이런 상황에 대한 경고라 할 수 있다. 따라서 식욕을 조절하듯 인정받고자 하는 욕구도 이성의 힘으로 통제할 수 있어야 한다. 인정받고자 하는 욕구가 과도하면 사실이 아닌 모습으로 자신을 드러내게 되고 결국 그것은 허상을 추구하는 일이 되기 때문이다.

[24003-0192]

04 **(가)의 [A]~[E]에 나타난 의사소통 방식으로 적절하지 않은 것은?**

① [A]: '선생님'께 화제를 제시하며 인터뷰의 목적을 밝히고 있다.
② [B]: '학생 2'의 배경지식 중 사실과 다른 부분에 대해 수정하고 있다.
③ [C]: 구체적인 연구 결과를 제시하여 '학생 2'의 질문에 답하고 있다.
④ [D]: 자신의 경험을 들어 '선생님'의 답변 내용에 동조하고 있다.
⑤ [E]: 인과의 방식을 활용하여 자신이 깨달은 바를 밝히고 있다.

[24003-0193]

05 **㉠, ㉡의 발화에 대한 이해로 가장 적절한 것은?**

① ㉠은 상대가 언급한 내용에 의문을 제기하며 그와 상반된 의견을 제시하는 발화이다.
② ㉠은 상대가 언급한 내용에 대한 동의를 유보하며 그것을 뒷받침하는 근거를 요구하는 발화이다.
③ ㉡은 상대가 언급한 내용을 구체화하며 그 내용의 타당성을 검토하는 발화이다.
④ ㉡은 상대가 언급한 내용을 재진술하며 상대의 발화 내용을 자신이 제대로 이해했는지 확인하는 발화이다.
⑤ ㉠과 ㉡은 모두 상대가 설명한 내용 중 이해되지 않는 부분에 대한 상대의 추가 설명을 요청하는 발화이다.

[24003-0194]

06 다음은 (가)에 참여한 '학생 1'이 (나)를 쓰기 위해 '학생 2'와 나눈 대화의 일부이다. (가)와 (나)를 고려할 때, ⓐ에 들어갈 말로 가장 적절한 것은?

> 학생 2: 선생님과의 인터뷰 내용을 활용해서 기사를 쓴다고 했잖아. 어떻게 내용을 구성할 생각이니?
>
> 학생 1: 응, _____ ⓐ _____

① 인정받고 싶은 욕구의 긍정적인 면을 살펴본 후, 인터뷰 내용을 바탕으로 타인에게 인정받아야 하는 이유와 그 방법에 대해 설명하는 기사를 써 보려고 해.

② 인정받고 싶은 욕구가 다양한 양상으로 나타나고 있다는 점을 언급한 후, 인터뷰 내용을 바탕으로 인정받고 싶은 욕구의 유형별 특징에 대해 설명하는 기사를 써 보려고 해.

③ 인정받고 싶은 욕구를 바라보는 상반된 관점을 제시한 후, 인터뷰 내용을 바탕으로 인정받고 싶은 욕구가 적절하게 충족되었을 때 나타나는 효과에 대해 설명하는 기사를 써 보려고 해.

④ 인정받고 싶은 욕구가 과도해지고 있는 최근의 사회 경향을 언급한 후, 인터뷰 내용을 바탕으로 인정받고 싶은 욕구가 생기는 원인과 그 욕구를 조절할 필요성에 대해 설명하는 기사를 써 보려고 해.

⑤ 인정받고 싶은 욕구로 인해 생겨나는 긍정적인 현상과 부정적인 현상을 분석한 후, 인터뷰 내용을 바탕으로 타인에게 인정받기 위해 필요한 요인에는 어떤 것들이 있는지 설명하는 기사를 써 보려고 해.

[24003-0195]

07 다음 학교 신문 편집장의 조언에 따라 (나)에 내용을 추가하고자 할 때, 가장 적절한 것은?

> "기사의 마지막 부분에서는 앞서 언급한 문제 상황을 극복하기 위해 개인이 할 수 있는 방법을 제시하고, 그 방법이 적절히 진행되었을 때 나타나는 긍정적인 결과를 덧붙이면서 마무리하면 어떨까요? 비유적인 표현을 사용하는 것도 효과적일 것 같습니다."

① 사회적 동물인 인간이 타인의 시선을 의식하지 않는다면 우리 사회는 혼란에 빠지게 될 것이다. 인간은 자신을 인정해 주는 사람이 많을수록 자신의 삶을 더 나은 방향으로 이끌고자 노력하는 존재이기 때문이다.

② 타인에 대해 함부로 평가해서도 안 되겠지만 타인의 평가가 나쁘다고 해서 마음에 불편함을 느낄 필요도 없다. 열심히 자신의 삶을 영위해 나가는 과정에서 타인의 긍정적인 평가라는 것은 자연스럽게 생겨나게 마련이다.

③ 타인의 인정을 얻고자 노력하는 것은 삶의 활력을 높일 수 있는 방안이다. 하지만 타인의 인정에 지나치게 의존하는 태도가 자신을 공격하는 칼이 된다는 인식이 확산됨에 따라 자기 자신을 인정하는 일의 중요성이 부각되고 있다.

④ 타인의 인정에 집착하는 노력은 자제할 필요가 있다. 타인에 의해서가 아니라 내가 스스로 가치를 찾을 수 있는 일에 노력을 기울여야 타인의 시선에 일희일비하며 살아가는 지옥의 늪에 빠지지 않고 자신을 건강하게 지킬 수 있다.

⑤ 타인의 인정에 지나치게 기대면 행복해질 수 없다는 것은 개인이 자신의 삶에 주체성을 지녀야 함을 알려 준다. 모든 개인이 자신과 타인의 삶을 평행선처럼 진행시키고자 노력한다면 타인과의 관계에서 모든 갈등은 사라지게 될 것이다.

[24003-0196]

08 (나)에 대한 '학생 2'의 평가 내용으로 적절하지 **않은** 것은?

	'학생 2'의 평가 내용
잘한 점	과거와 비교하며 최근 중심 화제의 양상이 어떻게 나타나는지 선명하게 부각한 점 ……………… ①
	문제 상황을 유발하는 원인과 그에 따른 결과를 제시하여 문제 발생의 양상을 구체적으로 드러낸 점 ……………… ②
	글을 마무리할 때 인용의 방법을 활용하여 문제 상황을 다시 강조한 점 ……………… ③
수정할 점	2문단에서 글의 흐름과 어긋나는 문장을 사용하여 통일성을 떨어뜨린 점 ……………… ④
	4문단에서 맥락에 적합하지 않은 담화 표지를 사용하여 앞 문단과 내용을 자연스럽게 연결하지 못한 점 ……………… ⑤

[09~11] 다음은 작문 상황을 바탕으로 작성한 학생의 초고이다. 물음에 답하시오.

○ 작문 상황: '지구촌 초대형 재난에 대한 공동 대응'에 관한 글을 써서 교지에 실으려 함.

○ 학생의 초고

올해 초 발생한 튀르키예와 시리아의 강진은 공식 사망자만 5만 명 이상이고, 경제적 손실도 GDP 대비 4% 규모라고 추정되는 등 그 피해 규모가 이전과는 비교할 수 없을 정도이다. 이는 초대형 재난이 인류의 생명과 안전을 얼마나 심각하게 위협할 수 있는지를 생생히 보여 주었다. 이에 따라 국가를 초월한 글로벌 협력을 통해 재난으로 인한 피해는 최소화하고 지원 효과는 극대화해야 한다는 목소리가 커지고 있다.

재난이 발생했을 때 피해 주민에게 식수, 식량, 의약품, 의류 등을 지원하는 것은 물론 임시 주거용 텐트와 간이 화장실, 컨테이너 가설 주택 등을 신속하게 다량으로 제공하는 것은 인도주의적 차원에서 당연히 이루어져야 한다. 거기에 더해서 임시 수술실과 검사 시설을 갖춘 긴급 야전 병원도 운반할 수 있어야 한다. 이 모든 것들을 가능하게 하기 위해서는 제대로 된 공중, 해상 수송 능력을 갖춘 국가의 참여가 필수적일 수밖에 없다. 최근 발생한 지구촌의 초대형 재난에 대해 선진국들이 앞장서서 동참한 것도 이런 맥락에서 글로벌 협력의 필요성을 공유했기 때문이다.

이번 튀르키예·시리아 지진에 대해 일부 중견 국가들이 보여 준 긴급 구조, 구호 활동도 새롭게 대두된 글로벌 협력 전략 중 하나였다. '도스트(친구) 작전'이라는 명칭을 붙이고 야전 병원까지 현지에 마련하여 '준비된 재해 지원국'의 면모를 보여 준 인도나, 정부 차원의 긴급 구호·구조 팀에 더해 민간단체들까지 긴급 구호 팀으로 파견한 인근 다른 나라들의 사례들은 재난 앞에서는 국가를 초월해 하나로 뭉쳐야 한다는 인식이 확산되고 있음을 보여 준 것이다. 이뿐만 아니라 정치적인 입장 차이로 튀르키예와 갈등을 빚었던 스웨덴, 핀란드, 그리스 등도 대지진 직후 인도주의적 지원에 적극 앞장섬으로써 초대형 재난 앞에서는 글로벌 협력이 최고의 가치라고 여기는 지구촌의 분위기를 명확히 보여 주었다.

한 가지 우려되는 것은 지구촌의 초대형 재난이 뚜렷한 증가세를 보이고 있다는 점이다. 전문가들은 최근 급증하는 초대형 재난 중 상당수가 지구 온난화 등에 따른 결과라는 점에 주목하고 있다. 이는 초대형 재난에 대한 글로벌 협력의 일환으로 지구 환경을 보호하는 일이 병행되어야 한다는 점을 시사한다. 지구 환경 보호를 위한 협력이 초대형 재난을 줄이는 필수적인 방안인 것이다. 이제 지구 환경을 보듬고, 초대형 재난에 대비하며, 발생한 재난에 대응하기 위해 협력해야 한다는 인식은 지구촌 모든 나라에 필수적인 의무로 빠르게 수용되고 있다.

09

[24003-0197]

다음은 초고를 작성하기 전에 학생이 떠올린 생각이다. ㉠~㉤ 중, 학생의 초고에 반영되지 <u>않은</u> 것은?

> *초대형 재난이 발생한 지역에는 어떤 지원이 이루어져야 하는지 설명해야겠어. ········· ㉠
>
> *지구촌 초대형 재난에 대해 국제 사회가 공조하게 된 배경을 설명해야겠어. ········· ㉡
>
> *튀르키예·시리아 지진에서 확인된 초대형 재난에 대한 글로벌 협력 사례를 제시해야겠어.
> ·································· ㉢
>
> *초대형 재난 앞에서는 정치적 갈등 관계인 국가들도 협력한다는 점을 제시해야겠어. ··· ㉣
>
> *초대형 재난에 대한 각국의 대응 전략에 차이가 나는 이유를 정리하여 제시해야겠어. ··· ㉤

① ㉠   ② ㉡   ③ ㉢   ④ ㉣   ⑤ ㉤

10

[24003-0198]

다음은 초고를 쓴 학생이 교지 편집장에게 보낸 이메일의 일부이다. ⓐ에 들어갈 내용으로 가장 적절한 것은?

> 초고에 대한 검토 의견 중 (ⓐ   ) 요청에 따라 첫 문단을 아래와 같이 수정했습니다.
>
> > 올해 초 발생한 튀르키예와 시리아의 강진은 초대형 재난이 인류의 생명과 안전을 얼마나 심각하게 위협할 수 있는지를 생생히 보여 주었다. 그리고 각국 정부나 개별 국제기구 단위의 기존 방식으로는 최근 급증하는 초대형 재난에 효과적으로 대처하기가 힘들다는 인식을 지구촌 전체에 심어 주었다. 이에 따라 국가를 초월한 글로벌 협력을 통해 재난으로 인한 피해는 최소화하고 지원 효과는 극대화해야 한다는 목소리가 커지고 있다.

① 튀르키예·시리아 지진 피해 상황을 삭제하고, 초대형 재난이 초래할 피해를 예측하여 추가해 달라는

② 튀르키예·시리아 지진 피해 상황을 삭제하고, 초대형 재난에 대한 효과적인 대처 방안을 추가해 달라는

③ 튀르키예·시리아 지진 피해 상황을 삭제하고, 초대형 재난의 대처 방식에 대한 세계적인 인식 변화를 추가해 달라는

④ 튀르키예·시리아 지진에 대한 공동 대응 사례를 삭제하고, 초대형 재난의 감소를 위한 국가별 노력 양상을 추가해 달라는

⑤ 튀르키예·시리아 지진에 대한 공동 대응 사례를 삭제하고, 국제기구 단위의 기존 대처 방식에 대한 비판을 추가해 달라는

[24003-0199]

11 〈보기〉는 학생이 초고를 보완하기 위해 추가로 수집한 자료이다. 자료 활용 방안으로 적절하지 않은 것은?

● 보기 ●

ㄱ. 신문 기사

  지난해 파키스탄에서는 폭우로 강이 범람하여 국토의 30% 이상이 침수되고, 520만 명 이상의 이재민이 발생했다. 파키스탄 총리는 유엔 연설에서 "탄소 배출량이 적은 제삼 세계 국가들이 서방 국가들이 초래한 지구 온난화 재앙의 최대 피해자"라며 최근 발생한 재난에 대한 서방 선진국들의 책임 있는 행동이 필요하다고 주장했다.

ㄴ. 연구 자료

  최근 20여 년 동안 지구촌 초대형 재난은 비교적 안전했던 국가로까지 확대되며 동시다발적으로 발생하고 있다. 특히 최근의 재난은 이전보다 강도가 크고 피해도 막대한데, 1970년대에 비해 발생 건수는 6배, 경제적 손실 규모는 10배 가까이 증가하였다.

ㄷ. 전문가 인터뷰

  "과거 초대형 재난이 발생하면 국제기구인 북대서양 조약 기구(NATO)가 단독으로 구호를 담당했습니다. 하지만 이번 튀르키예·시리아 지진에서는 NATO가 유럽 연합 국가들과 공조하여, 지진 발생 세 시간 만에 '코페르니쿠스 비상 관리 시스템'을 가동해 우주에서 수집한 재난 지도 데이터를 피해 국가 정부와 국제 구호 기관에 제공했습니다. 이 데이터는 지진 피해 지역의 건물과 도로 파괴 상황을 소상히 제공하여 구조 및 구호 작업에 크게 기여했습니다."

---

① ㄱ을 활용하여, 지구 온난화로 인한 초대형 재난에 대해 선진국들의 책임을 묻는 제삼 세계의 주장을, 지구촌 초대형 재난에 대응하기 위해 협력하는 일에 선진국들이 앞장서서 동참해야 하는 이유로 2문단에 추가한다.

② ㄴ을 활용하여, 지구촌 초대형 재난이 비교적 안전했던 국가에서도 발생하고 있다는 사실을, 국제 사회가 유기적으로 결합하여 재난의 동시다발적인 발생을 막는 전략을 모색하게 된 배경으로 3문단에 추가한다.

③ ㄴ을 활용하여, 1970년대와 비교한 지구촌 초대형 재난의 발생 건수와 피해 규모의 증가 추세를, 지구 온난화 등으로 인한 지구촌의 초대형 재난이 뚜렷한 증가세를 보인다는 사실을 뒷받침하는 자료로 4문단에 추가한다.

④ ㄷ을 활용하여, NATO가 지구 관측 프로그램을 활용하여 신속하게 재난 지도 데이터를 피해 국가 정부와 국제 구호 기관에 제공했다는 사실을, 지구촌 초대형 재난에 대한 글로벌 협력 전략의 내용을 구체화하는 자료로 3문단에 추가한다.

⑤ ㄷ을 활용하여, 국제기구가 이전과 달리 유럽 연합 국가들과 공조하여 구호 작전을 펼쳐 큰 성과를 냈다는 내용을, 초대형 재난에 대해서는 국가들이 협력해야 한다는 인식이 확산되고 있음을 뒷받침하는 자료로 4문단에 추가한다.

[01~03] 다음은 수업 중 학생의 발표이다. 물음에 답하시오.

안녕하세요? 오늘의 5분 과학 용어 발표를 맡은 ○○입니다. 과학자들은 나이로 치면 46억 살인 지구의 역사를 선캄브리아대, 고생대, 중생대, 신생대와 같은 지질 시대로 구분하고, 포유류가 왕성해진 신생대를 다시 일곱 개의 세(世)로 구분합니다. 현재 지질학계는 우리가 살고 있는 시대인 홀로세 다음으로 '인류세'라는 명칭을 공식화할 것을 논의 중입니다. 인류세란 1995년 노벨 화학상을 받은 과학자 파울 크뤼천이, 지난 7만 년 동안 인류가 지구 생태계의 독보적 변인으로서 지구에 끼친 영향이 너무 크다는 의미에서 이 시기의 지질 시대를 별도로 부르자며 제안한 용어입니다.

인류세를 공식적인 지질 시대로 인정할지의 여부는 아직 논의 중이지만, 46억 년 전에 생명이 처음 출현한 이래 모든 생명체가 자연과 공동 진화를 이루어 온 것과 달리 호모 사피엔스라는 단일종이 자연과 분리되어 혼자 힘으로 지구 생태계를 바꿔 놓았다는 점에는 이견이 없습니다. 문제는 이 단일종이 미친 영향이 아주 짧은 시간에 엄청난 규모로 나타났다는 것입니다. 46억 년에 이르는 지구의 역사를 24시간으로 나타낼 때, 호모 사피엔스의 출현에서부터 현생 인류에 이르기까지의 시간은 마지막 77초에 불과합니다. 지질학의 분야 중 하나로 지층이 형성된 순서를 연구하는 층서학자들은 핵 실험, 대기·수질·토양 오염, 지구 온난화 등이 지구에 흔적을 본격적으로 남기기 시작한 20세기 중반을 인류세의 시작으로 삼자고 잠정적으로 합의한 상황입니다.

지구를 형성하는 지질학적 과정에 의해 암석에 물리적인 흔적이 남아야만 지질학적 연대표를 직접 구성할 수 있기 때문에, 지질학자들은 인류세를 지질 시대로 인정할 수 있는 증거를 탐색하고 있는 중입니다. 이런 가운데 2010년대 중반부터 플라스틱과 모래 혹은 화산암 등이 뒤엉켜 형태가 바뀐 암석인 플라스티글로머레이트가 세계 각지에서 발견되면서 이것이 '인류세의 근거'라는 의견이 나오고 있습니다. 연구진은 '자연 현상으로 여겨졌던 암석 형성에 폐플라스틱이 기여한다는 것은 지질 시대의 규정에 인류가 영향을 끼칠 수 있다는 것'이라며 이 새로운 암석에 주목했습니다. 이전 지질 시대에는 볼 수 없었던 플라스티글로머레이트가 아주 오랜 시간이 흐른 뒤에는 인류세를 대표하는 화석으로 남을 것으로 보기 때문이지요. ('사진 1'을 보여 주며) 암석 양쪽에서 검은 점이 박힌 파란색 부분이 플라스틱이 녹아 융합된 부분이라고 합니다. ('사진 2'를 보여 주며) 작년 학교 수련회 장소 부근의 바닷가에 온갖 플라스틱 쓰레기들이 몰려 있던 모습입니다. (청중의 반응을 확인하며) 이렇게 우리가 무심코 내다 버린 일상의 쓰레기와 오염 물질이 암석의 일부로서 지구가 위기 상황에 처했음을 증명하는 지질학적 구성물이 될 수 있습니다.

이런 사례로부터 알 수 있듯이, 인류세라는 용어가 제안된 것은 인류가 직면한 환경 오염 및 기후 변화 등의 위기 상황과 밀접한 관련성을 지닙니다. 2019년에는 해양에 떠다니는 미세 플라스틱 입자가 171조 개에 이른다는 연구 결과가 국제 학술지에 발표돼 해양 오염에 대한 경각심이 커졌지요. 이 논문은 국제적으로 특별한 대책이 나오지 않으면 미세 플라스틱의 바다 유입량이 2040년에는 약 2.6배로 늘어날 것으로 전망합니다. 지구의 역사와 인간의 역사가 별개로 진행된다는 과거의 시각에서 벗어나, 이제 인간이 지구의 모습을 바꾸고 변화된 지구가 인간에게 영향을 주고 있다는 인식의 전환이 필요한 때입니다.

[24003-0200]

01 **위 발표에 대한 설명으로 가장 적절한 것은?**

① 청중이 얻을 수 있는 효용을 제시하며 실천을 촉구하고 있다.

② 발표 중간중간에 질문을 제시하여 청중의 반응을 유도하고 있다.

③ 발표 내용과 관련하여 바라는 바를 언급하며 발표를 마무리하고 있다.

④ 발표 내용에 대한 청중의 이해 정도를 확인하며 순서를 조정하고 있다.

⑤ 청중과 공유하는 기억과 관련지어 발표 제재 선정의 계기를 밝히고 있다.

[24003-0201]

02 **다음은 발표자가 제시한 자료이다. 발표자의 자료 활용에 대한 설명으로 가장 적절한 것은?**

[사진 1]	[사진 2]
[플라스티글로머레이트 사진]	

① [사진 1]을 활용해 문제 상황을 집약적으로 드러내고, [사진 2]를 활용해 이 상황의 해결 가능성을 암시하였다.

② [사진 1]을 활용해 설명 대상을 시각적으로 제시하고, [사진 2]를 활용해 그 형성 원인이 일상과 밀접한 것임을 강조하였다.

③ [사진 1]을 활용해 설명 대상이 생성된 과정을 제시하고, [사진 2]를 활용해 이러한 과정의 출발점에 대한 주목을 유도하였다.

④ [사진 1]을 활용해 설명 대상의 특징을 보여 주고, [사진 2]를 활용해 유사한 특징을 지닌 다른 대상으로 설명의 범위를 확장하였다.

⑤ [사진 1]을 활용해 설명 대상이 여러 지역에서 발견되고 있음을 문제 상황으로 제시하고, [사진 2]를 활용해 이 상황이 이르게 될 결과를 보여 주었다.

[24003–0202]

03 발표 내용을 바탕으로 할 때, 〈보기〉에 나타난 학생들의 반응에 대한 이해로 적절하지 <u>않은</u> 것은?

> **● 보기 ●**
>
> 학생 1: 암석에 대해 내가 알고 있는 것에 비춰 봤을 때 플라스티글로머레이트를 암석이라고
>   할 수 있을지 의문이야. 도서관에 들러서 암석의 형성 과정에 대해 좀 더 알아봐야겠어.
> 학생 2: 얼마 전 파이로플라스틱을 재료로 활용한 설치 미술 전시회를 방문한 적이 있어. 버려
>   진 플라스틱이 풍화 작용으로 변형되어 조약돌 모양을 띠게 된 파이로플라스틱이 세계
>   곳곳의 해변에서 발견되고 있다고 하더라. 그때 절감했던 환경 문제의 심각성을 다시
>   떠올릴 수 있었다는 점에서 좋은 발표라고 생각해.
> 학생 3: 층서학이라는 학문이 있다는 것을 처음 알게 되어서 흥미를 느꼈어. 다음 주에 제출할
>   진로 탐색 보고서에 희망 진로 분야를 지질학으로만 정해 놓는데, 층서학에 대해 좀
>   더 탐색해 본 후 보고서의 내용을 구체화할 수 있을 것 같아.

① '학생 1'은 자신의 배경지식과 비교하여 발표 내용에 대한 의문을 제기하고 있다.

② '학생 2'는 발표에서 언급된 제재와 유사한 대상에 대한 경험을 환기하고 있다.

③ '학생 3'은 부여된 과제와 관련지어 발표 내용의 효용성을 긍정적으로 평가하고 있다.

④ '학생 1'과 '학생 2'는 모두, 발표를 통해 새롭게 알게 된 정보가 사실에 부합하는지 판단
하고 있다.

⑤ '학생 1'과 '학생 3'은 모두, 발표에서 언급된 내용과 관련하여 추가적인 정보를 탐색하려
하고 있다.

[04~08] (가)는 서체 디자이너를 대상으로 학생이 수행한 인터뷰이고, (나)는 (가)를 수행한 이후 학생의 동아리에서 작성한 초고이다. 물음에 답하시오.

가

학생: 안녕하세요? 오늘 이렇게 시간 내주셔서 감사합니다. 저는 ○○고 디자인 동아리에서 활동하는 □□□입니다. 교지에 실을 직업 탐방기를 작성하기 위해 인터뷰를 요청드렸습니다. 간단한 자기 소개 부탁드립니다.

디자이너: 안녕하세요? 서체 디자이너 △△△입니다. 제 이름은 잘 모르시겠지만 모바일 게임 ◇◇◇은 잘 아시지요? 20년 이상의 역사를 지닌 게임의 개정판을 출시하면서, 게임의 오랜 역사에서 비롯된 정체성과 가치를 담은 서체를 개발해 달라는 부탁을 받고 이 게임의 전용 서체를 만들게 되었습니다. 요즘 고등학생들의 인터뷰 요청이 자주 들어오는 것을 보면서 게임의 영향력을 실감하고 있습니다. [A]

학생: 저는 그 게임은 잘 모르지만, 인터넷에서 보이는 게임 홍보 이미지나 영상에 사용된 서체가 정말 매력적으로 느껴졌어요. 우리 동아리에서 디자이너님께 인터뷰 요청을 드리게 된 계기이기도 하고요. 제 친구들도 많이 궁금해할 사항인 것 같아 가장 먼저 질문드립니다. 새로운 서체는 어떤 과정을 거쳐서 탄생하는지 알고 싶어요. [B]

디자이너: 서체 개발은 무수히 많은 관련 사항들을 고려해야 하는 과정이기에 짧게는 3개월에서 1년, 길게는 몇 년이 걸리기도 합니다. 서체를 의뢰받으면 먼저 의뢰한 브랜드의 모든 것을 조사합니다. 이 브랜드가 어떤 가치와 문화를 추구하는지, 어떤 키워드를 가지고 있는지, 기존에 어떤 서체를 사용했는지 등을 찾아보며 막연했던 이미지를 구체화하지요. 이 자료를 기반으로 시안을 작업합니다. 앞서 언급했던 게임의 전용 서체에는 게임에서 자주 등장하는 용이나 검의 이미지를 반영하려고 노력했고요, 아기 곰을 주 캐릭터로 사용했던 문구 업체의 서체는 획을 짤막하게 만들고 글자 틀의 모서리를 둥글게 잡아 귀여운 이미지를 살렸죠. 시안 작업을 할 때는 용도를 많이 생각하지요. 서체가 텍스트 위주로 사용될 것인지, 이미지를 강조하는 방식으로 사용될 것인지 등에 따라 방향성을 정합니다. 방향성을 정하면 시안을 반영한 짧은 문장부터 만들고 점점 디자인을 적용한 글자 수를 늘려 가는 방식으로 제작하지요. 마지막 단계는 서체의 이름을 정하는 것입니다. 서체의 특징이 잘 부각되고, 이름만 들어도 인상과 정보를 한번에 알 수 있고, 서체와 결합되어 시너지를 낼 수 있는 이름을 짓는 것이지요. 서체 개발의 마지막 도장을 찍는 일이랄까요. [C]

학생: (고개를 끄덕이며) 몇 년이 걸리기도 한다니, 정말 지난하고 어려운 작업일 수 있겠네요. 작업 과정에서 가장 어려운 점은 무엇일까요?

디자이너: (잠시 생각하다) 내가 만든 서체와 비슷한 서체가 이미 존재하지 않을까 하는 고민이 가장 크지요. 미세한 차이로는 서체의 개성을 표현하기가 어려운 상황에서, 한눈에 다르게 보이면서도 질적으로 뛰어난 서체를 구현하기가 쉽지 않아요.

학생: 오늘 많은 이야기를 들었는데요. 우리 한글의 멋을 살린 한글 서체를 제작하기 위해 노력해야 할 점은 무엇이라고 생각하시나요?

디자이너: 한글 서체를 문화적으로 더 열린 마음으로 보는 태도가 필요합니다. 아직도 우리 한글만이 아름답고 우수한 문화유산이라는 경직된 사고방식을 지닌 디자이너가 많아요. 당연하지만 한글을 포함한 모든 문자는 평등하고, 각기 다른 저마다의 형태적 아름다움을 갖고 있습니다. 중요한 건 모든 문자들 중 한글이 왜 유독 아름다운지를 말할 것이 아니라, 어떻게 해야 한글이 다른 문자들과 함께 어우러지면서 그 아름다움을 꽃피워 낼 수 있을지를 고민하는 것이지요.

학생: (양손을 맞부딪치며) 멋진 말씀이네요! 국제화, 다문화 시대에 서체를 만드는 사람들이 반드시 고민해야 할 점인 것 같아요. 저희가 준비한 마지막 질문입니다. 앞으로 서체 디자이너를 꿈꾸는 학생들에게 조언 부탁드립니다.

디자이너: 서체 개발의 미래를 준비하는 학생들이라면 서체의 과거에 대해서도 잘 알아야 합니다. 서체 개발의 역사를 살펴보면 특정한 사건들이 서체의 발전에 변혁을 가져온 경우가 많습니다. 다양한 서체를 개발하는 과정에서 세로쓰기와 같은 과거의 형식으로부터 새로운 아이디어를 얻기도 하고요. 실제로 서체를 제작해 보기 전에 서체의 역사나 본질에 대한 기본적인 배경지식을 튼튼히 쌓기를 권하고 싶습니다.

학생: 예, 잘 들었습니다. 우리 동아리 부원들을 포함해서 서체 디자이너를 꿈꾸는 학생들에게 많은 도움이 될 것 같아요. 다시 한번 감사드립니다.

나

직업 탐방기 – 아름다운 한글 서체를 디자인하는 사람들, 서체 디자이너

한글 서체의 역사는 훈민정음 창제와 함께 시작되었다. 한자 문장의 해석을 다는 데 부수적으로 이용되었던 한글 활자는 광복 이후 가로쓰기의 도입과 함께 큰 변혁을 맞이하였다. 세로쓰기용 서체는 모든 글자를 같은 높이로 맞추기 위해 동일한 크기의 네모꼴 안에 짜 넣어야 하며, 따라서 네모꼴 서체를 디자인하기 위해서는 자음과 모음 스물네 개의 조합으로 만들어지는 수많은 글자들을 모두 만들어야 한다. 그러나 1900년대 중반 타자기의 도입과 함께 쪽자 스물네 개의 디자인만으로도 수많은 통자를 만들 수 있는 탈네모꼴 서체가 등장하였고, 이는 가로쓰기의 도입과 함께 한글 서체가 폭발적으로 성장하는 계기가 되었다.

현재 우리가 사용하는 다양한 한글 서체들은 서체 디자이너의 손에서 탄생한다. 일반적으로 좋은 서체란 가독성, 심미성, 판독성을 지니면서 학습 능력에 기여할 수 있는 서체를 가리키며, 서체 디자이너들은 좋은 서체를 만들어 잘 읽히면서 아름답고, 전달하고자 하는 정보를 한눈에 파악할 수 있게 하는 글을 구현해 내는 데 가장 큰 역할을 하는 사람들이다. 하지만 이러한 서체를 만드는 디자이너의 길은 힘들고 어렵다. 한글 초성, 중성, 종성에 자음, 모음을 조합한 총 글자 수는 1만 1172자로, 서체에 따라서는 이들을 모두 디자인해야 하기도 하는 고달픈 작업의 연속이다. 게다가 서체는 사람들에게 저작물로 인식되지 않아, 힘들게 만든 서체가 저작권에 대한 의식 없이 불법적으로 사용되는 사례도 많다. 그럼에도 불구하고 현재 수많은 서체 디자이너들이 아름다운 서체를 제작하기 위해 심혈을 기울이고 있으며, 이를 바탕으로 학습자들의 개별성을 고려한 서체, 외국어 문자와 잘 어울리는 한글 서체 등의 제작에도 눈을 돌리고 있다.

[Ⓐ   ]

[24003-0203]

04 **(가)에 나타난 학생의 말하기에 대한 설명으로 적절하지 않은 것은?**

① 자신의 소속과 인터뷰 목적을 밝히며 인터뷰를 시작하고 있다.

② 질문의 순서를 미리 밝혀 인터뷰의 진행 방향을 제시하고 있다.

③ 상대방의 말을 일부 인용하며 그에 대한 공감을 드러내고 있다.

④ 비언어적 표현을 사용하여 언어적 표현의 내용을 강조하고 있다.

⑤ 현실의 상황과 관련지어 상대방이 답변한 내용의 의의를 규정하고 있다.

[24003-0204]

05 **[A]~[C]로 진행되는 대화의 진행 양상에 대한 설명으로 가장 적절한 것은?**

① 게임의 영향력에 대한 언급이 [A]에서는 가치 중립적으로, [B]에서는 긍정적으로, [C]에서는 부정적으로 평가되고 있다.

② 서체 작업 과정에 대한 언급이 [A]에서는 직업의 차원에서, [B]에서는 학생들의 관심사 차원에서 제시된 후 [C]에서 통합을 이루고 있다.

③ 특정 게임 서체에 대한 언급이 [A]에서는 개발 배경과 함께, [B]에서는 여러 서체가 주는 인상과 비교하면서, [C]에서는 해당 서체 특유의 개발 과정과 함께 진술되고 있다.

④ 특정 게임 서체에 대한 언급이 [A]에서는 인터뷰 대상자에 대한 정보의 일부로, [B]에서는 인터뷰 대상자 선정의 계기로, [C]에서는 대화 내용 중의 구체적 사례로 활용되고 있다.

⑤ 서체의 개성에 대한 언급이 [A]에서는 인터뷰 대상자에 대한 정보의 일부로, [B]에서는 질문자의 궁금증과 관련지어, [C]에서는 서체의 이름에 반영되는 양상과 함께 설명되고 있다.

[24003-0205]

06 **(가)와 (나)를 고려할 때, 학생이 (나)를 쓰기 위해 떠올렸을 생각으로 적절하지 <u>않은</u> 것은?**

① 인터뷰에서 서체의 역사를 아는 것이 중요하다고 했으니, 한글 서체의 역사를 개괄하면서 글을 시작해야겠어.

② 인터뷰에서 브랜드의 이미지에 부합하는 서체를 개발하고자 노력한다고 했는데, 사례를 들어 주어 독자의 이해를 도와야겠어.

③ 인터뷰에서 서체 개발 작업 과정의 어려움을 언급했는데, 개발 후의 문제도 추가해서 서체 디자인의 길이 쉽지 않음을 강조해야겠어.

④ 인터뷰에서 짧은 문장부터 시작해 글자 수를 늘려 가는 과정이 언급되었는데, 구체적인 수치를 제시해서 서체 개발의 어려움을 부각해야겠어.

⑤ 인터뷰에서 한글 서체를 제작하면서 염두에 두어야 할 점에 대한 언급이 있었는데, 서체 디자이너들의 노력을 서술하면서 관련 내용을 포함해야겠어.

[24003-0206]

07 **(나)에 활용된 글쓰기 방식으로 가장 적절한 것은?**

① 특정 이론을 활용하여 중심 화제의 개념을 규명한다.

② 접속 부사를 활용하여 중심 화제의 변천 기점을 드러낸다.

③ 다른 나라의 사례와 대조하여 문제 해결의 필요성을 부각한다.

④ 비유적 표현을 포함한 제목을 달아 글의 내용을 압축적으로 제시한다.

⑤ 중심 화제에 대한 인식을 시기별로 제시하여 그 변화 과정을 드러낸다.

[24003-0207]

08 다음은 (나)를 읽은 동아리 친구의 조언이다. 이를 고려할 때, Ⓐ에 들어갈 내용으로 가장 적절한 것은?

이 탐방기가 인터뷰를 거쳐 작성되었다는 점을 밝혀 주면 어떨까? 그리고 서체 디자인에 관심을 가진 글 작성자의 입장과 바람을 제시하면서 글을 마무리하는 것이 좋겠어.

---

① 모바일 게임 ◇◇◈의 서체는 글씨만 보고도 게임의 장면을 떠올리게 하는 힘이 있다. 서체 디자이너에 대한 꿈을 키우는 사람이라면 누구나 이런 힘을 가진 서체를 만들고 싶어 하지 않을까?

② 영화 자막부터 도로 표지판까지, 우리의 일상을 둘러싼 모든 것은 서체와 함께 표현된다. 서체 디자이너 △△△ 님과의 인터뷰는 일상을 다채롭게 표현하는 서체의 중요성과 아름다움을 깨달을 수 있는 좋은 기회였다.

③ 탐방기를 작성하기 위해 만난 서체 디자이너 △△△ 님과의 인터뷰를 통해 다양한 서체를 디자인하는 작업의 노고와 매력을 동시에 느낄 수 있었다. 인터뷰의 자세한 내용은 우리 디자인 동아리의 누리집에서 확인할 수 있다.

④ 서체 디자이너 △△△ 님과의 인터뷰는 이와 같은 서체 디자이너의 노고를 알 수 있는 좋은 계기가 되었다. 디자인 동아리에서 활동하면서 서체의 아름다움에 눈뜬 후 작성한 이 탐방기가 비슷한 진로를 희망하는 다른 친구들에게 도움이 되었으면 좋겠다.

⑤ 서체 디자인 과정에 대해 자세히 알아보며 절감한 것은 실제 서체 제작 경험이 중요하다는 것이다. 이는 여러 유명 서체 디자이너들의 말에서 공통적으로 확인할 수 있는 내용이기도 하다. 이 점이 서체 디자이너의 길을 꿈꾸는 친구들에게 유용한 깨달음을 줄 것이다.

[09~11] 다음은 학생들이 작성한 보고서의 초고이다. 물음에 답하시오.

가 [보고서 작성 과정에서 고려한 사항]

▶ 다루는 문제의 중요성을 강조하면서 보고서를 시작해야겠어. ┈┈┈┈┈┈┈┈┈┈┈ ㉠

▶ 서론에서 보고서의 작성 취지를 간명하게 제시해야겠어. ┈┈┈┈┈┈┈┈┈┈┈ ㉡

▶ 문제 상황을 다각도로 제시하여 시야의 확장을 유도해야겠어. ┈┈┈┈┈┈┈┈ ㉢

▶ 문제 해결 주체들 간의 관계를 규명하며 해결 방향을 드러내야겠어. ┈┈┈┈ ㉣

▶ 다양한 개선책의 장단점을 비교하고 우위를 평가해야겠어. ┈┈┈┈┈┈┈┈┈┈ ㉤

나 [보고서의 초고]

제목: 아동·청소년 정신 건강 증진 사업의 실태와 개선 방안

내용

Ⅰ. 서론

　아동·청소년기는 신체적 발달뿐만 아니라 정서적, 행동적 발달 또한 급격하게 일어나는 시기이다. 이 시기에 잠재되어 있는 정신 건강 문제가 미래의 심각한 문제로 이어질 수 있다는 점에서 이에 대한 적절한 대처가 필수적이다. 국가에서도 이러한 문제점을 인식하고 아동·청소년 정신 건강 증진 사업을 시행하고 있다. 이 사업은 지역 사회 내 만 18세 이하 아동·청소년 및 가족, 그 관계자를 대상으로 하여, 지역 사회의 아동과 청소년의 정신 건강을 증진하고 문제를 예방함으로써 이들이 건강한 사회 구성원으로 성장, 발달하도록 돕는 사업이다.

　하지만 무기력이나 우울, 불안과 같은 부정적 감정을 겪는 아동·청소년이 나날이 늘어 가는 상황에서 이 사업이 실제로 얼마나 효과를 발휘하고 있을까? 이러한 질문에서 출발하여 문제를 파악하고 해결 가능성을 모색해 보기 위해 이 보고서를 작성하였다. 보고서 작성을 위해 먼저 아동·청소년의 정신 건강 문제와 관련된 실태를 조사하고 문제의 심각성을 파악하였다. 이후 다양한 자료 탐색 및 인터뷰를 진행하여 문제의 원인과 개선책을 찾고자 하였다.

Ⅱ. 문제 상황

　　1. 해당 사업의 중심 대상인 아동·청소년들은 정신 건강상의 문제가 알려질 경우 자신에 대한 부정적 인식이 형성될 것을 두려워하여 사업 참여를 기피하는 경향을 보인다.

　　2. 지나치게 다양한 프로그램들이 사업의 효과를 저하시키는 측면이 있다.

　　3. 학교급에 따라 주요한 정신 건강의 이슈가 다를 수 있으며, 교사의 역할 또한 학교급에 따라 다르나 이러한 점이 감안되지 않고 있다. [A]

　　4. 보건 복지부, 여성 가족부, 교육부에서 각각의 사업으로 시행되고 있으며, 보건 복지부에서는 정신 건강 증진 센터를 통해, 여성 가족부에서는 청소년 상담 복지 센터를 통해, 교육부에서는 학생 정서 행동 발달 선별 검사를 통해 사업을 수행한다. 세 부처에서 유사한 형태로 사업

을 진행하기에 부서별 통합이 요구되고 있으나 이와 같은 요구를 수용하는 것이 현실적으로 쉬운 일은 아니다. 또한 이들 부처에서 시행하는 사업은 학교, 지역 사회, 의료 기관 등으로 대상이 분리되어 있어, 총체적 연계에 기반한 대응을 하기가 어렵다.

5. 성인 정신 건강 증진 사업과 함께 진행하기에는 무리가 있음에도 불구하고 자원 및 예산 투입에서 독립성을 확보하지 못하고 있다.

Ⅲ. 개선 방안

1. 사업 대상의 구별과 대상에 따른 내용의 차별화
   (1) 청소년 대상의 교육 – 개인 정보 보호에 대해 명확히 인식하도록 하고, 정신 건강의 문제를 일부 구성원의 문제가 아닌 사회 구성원 전체의 일로 간주하도록 하는 교육이 필요하다.
   (2) 사업 대상에 따른 효과적인 콘텐츠 개발 – 대상이나 목적에 따른 콘텐츠 개발의 방향이 그 근거와 함께 제시되어야 한다. 학생, 교사, 학부모를 대상으로 별도의 콘텐츠가 제작되어야 하며, 학교급에 따라 차별화된 콘텐츠를 제공받을 수 있어야 한다.

2. 사업 시행 주체의 구별과 체계성의 확보
   (1) 보건 복지부, 여성 가족부, 교육부 세 부처에서 따로 시행하고 있는 사업이 체계적으로 통합되어야 한다. 분산된 역량을 집중하고 시행 사업의 효과를 학교, 지역 사회, 전문가 집단 등으로 확장해야 한다.
   (2) 가족, 학교, 의료 기관 및 지역 사회를 연계하여 사업을 시행해야 하며, 독립성을 확보하여 성인 정신 건강 증진 사업과는 별도의 자원 및 예산 지원이 이루어져야 한다.

Ⅳ. 결론

아동·청소년의 정신 건강 문제에 대응하는 국가, 지역 사회, 의료 기관, 학교, 가족 등은 유기적으로 긴밀하게 연결됨으로써 효율적으로 기능할 수 있는 하나의 생태계를 형성한다. 정신 건강 생태계의 이들 구성 요소가 모두 합심할 때 정신 건강의 문제를 극복하고자 하는 청소년도 용기를 내어 적극적으로 해결에 나설 수 있을 것이다.

[24003-0208]

09 **(가)의 ㉠~㉤ 중 (나)에 반영되지 않은 것은?**

① ㉠   ② ㉡   ③ ㉢   ④ ㉣   ⑤ ㉤

[24003–0209]

10 〈보기〉는 (나)를 보완하기 위해 수집한 자료이다. 자료의 활용 방식에 대한 설명으로 적절하지 <u>않은</u> 것은?

● 보 기 ●

[자료 1]

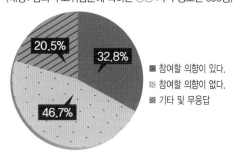

[자료 2]

☐1 아동 · 청소년 정신 건강 증진 사업에 참여한 경험이 있는 교사 인터뷰

"중학교, 고등학교에서 상담 교사로 일하면서 수많은 학생들을 상담했는데, 불안, 우울 등의 부정적 감정을 느끼는 원인과 정도가 학교급에 따라 크게 다릅니다. 이런 차이에도 불구하고 정신 건강 증진 사업에서 중학생과 고등학생에게 동일한 프로그램이 제공되고 있어요. 사실 큰 효과를 기대하기 힘든 상황입니다."

☐2 학생 인터뷰

"우울감에 대해 상담받은 내용이 부모님께 전달되어 힘들어하는 친구를 본 적이 있어요. 저도 학교에서 진행되는 정신 건강 증진 사업에 참여하고 싶은데, 제가 불안함과 우울감을 느낀다는 것을 부모님이나 다른 친구들이 알게 될까 봐 두려워서 참여하기가 꺼려지기도 해요."

[자료 3] 학술지 논문

… 우울감은 신체 증상으로 발현되기도 한다. 특히 청소년은 스트레스나 우울감과 같은 정서적 어려움을 어지러움, 메스꺼움, 소화 불량과 같은 신체 증상과 함께 인식하는 경우가 많다. 이러한 신체 증상은 청소년기의 신체 발달을 저해함은 물론 학교 수업과 같은 교육 활동에 대한 소극적 참여를 유도하여 이후의 인지적 발달 및 뇌 성장에도 부정적인 영향을 미치는 것으로 나타났다.

① [자료 1]의 ①을 활용하여, 10대 청소년의 우울감 경험률 및 우울증으로 진료받는 인원이 증가하고 있음을 들어 청소년기의 정신 건강 문제가 미래의 심각한 문제로 이어질 수 있다는 서론의 내용을 강조한다.

② [자료 2]의 ①을 활용하여, 'Ⅲ-1-(2)'에서 사업 대상별로 차별화된 콘텐츠 제작의 필요성을 강조한다.

③ [자료 3]을 활용하여, 청소년기의 부정적 감정이 관리되지 않을 때 뇌 성장이 저해될 수 있다는 점을 서론에 추가한다.

④ [자료 1]의 ②와 [자료 2]의 ②를 활용하여, 자신이 부정적 감정을 느낀다는 사실이 주변에 알려지게 될 것을 우려하여 정작 사업 참여가 필요한 학생들이 이를 꺼리고 있다는 'Ⅱ-1'의 내용을 강조한다.

⑤ [자료 2]의 ①과 [자료 3]을 활용하여, 'Ⅲ-1'에서 학교급의 차이를 감안한 콘텐츠 제작을 주장하는 것은 청소년기의 우울감이 신체에 끼치는 영향에 차이가 있기 때문임을 드러낸다.

[24003-0210]

11 〈보기〉는 [A]를 수정한 것이다. 그 과정에서 반영된 조언으로 가장 적절한 것은?

● 보기 ●

Ⅱ. 문제 상황

1. 사업 대상별 문제

    (1) 학생 – 자신에 대한 부정적 인식이 형성될 것을 우려하여 사업 참여 자체를 꺼림.

    (2) 학부모 – 가장 큰 효과를 볼 수 있는 대상임에도 프로그램이 전무하다시피 함.

    (3) 교사 및 학교 – 학교급의 차이를 감안하지 않고 일괄적으로 사업을 시행하고 있음.

2. 사업 시행 주체와 체계성의 문제

    (1) 사업 시행 주체의 복잡성

        – 보건 복지부, 여성 가족부, 교육부에서 각각 별도의 사업으로 시행하고 있음.

    (2) 체계성의 문제

        – 사업의 실행 단계가 학교 등에 일차원적으로 국한되어 효과적으로 대응하기 어려움.

        – 성인 정신 건강 증진 사업과 함께 진행하기에는 무리가 있음에도 자원 및 예산 지원이 성인 정신 건강 증진 사업과 분리되어 이루어지지 않음.

① 항목이 범주화되어 있지 않아서 내용을 이해하기 어려워. 대상을 학생으로 한정하고 내용을 축소하는 게 어때?

② 보건 복지부 등 국가 부처에서 담당하는 사업에 대한 설명이 부족해. 각 사업 간의 유사성을 추가해서 통합의 필요성을 드러내는 게 어때?

③ 아동·청소년 정신 건강 증진 사업의 독립성을 확보하는 것이 시급한 문제라고 생각해. 성인 대상 사업과의 차별성을 명확히 강조해 주는 게 어때?

④ 문제 상황만 제시하고 있을 뿐 상황의 원인이 나타나 있지 않아. 개선 방안과 연계하기 위해서 문제 상황의 원인별로 항목을 나누어 주는 게 어때?

⑤ 문제 상황이 단순 나열식으로 제시되어 파악하기 어렵고, 항목별로 중복된 내용을 포함하고 있어. 문제 상황을 범주화하고 중복된 내용을 제거하는 게 어때?

고2~N수 수능 집중 로드맵

수능 입문 →	기출 / 연습 →	연계+연계 보완 →	고난도 →	모의고사

수능 입문
- 윤혜정의 개념/패턴의 나비효과
- 수능 감(感)잡기
- 수능특강 Light

강의노트
- 수능개념

기출 / 연습
- 윤혜정의 기출의 나비효과
- 수능 기출의 미래
- 수능 기출의 미래 미니모의고사
- 수능특강Q 미니모의고사

연계+연계 보완
- 수능연계교재의 국어 어휘
- 수능연계교재의 VOCA 1800
- 수능연계 기출 Vaccine VOCA
- 연계
  - 수능특강
  - 수능완성
- 수능특강 사용설명서
- 수능특강 연계 기출
- 수능 영어 간접연계 서치라이트
- 수능완성 사용설명서

고난도
- 수능연계완성 3/4주 특강 고난도·신유형
- 박봄의 사회·문화 표 분석의 패턴

모의고사
- FINAL 실전모의고사
- 만점마무리 봉투모의고사
- 만점마무리 봉투모의고사 시즌2

구분	시리즈명	특징	수준	영역
수능 입문	윤혜정의 개념/패턴의 나비효과	윤혜정 선생님과 함께하는 수능 국어 개념/패턴 학습	●	국어
	수능 감(感) 잡기	동일 소재·유형의 내신과 수능 문항 비교로 수능 입문	●	국/수/영
	수능특강 Light	수능 연계교재 학습 전 연계교재 입문서	●	국/영
	수능개념	EBSi 대표 강사들과 함께하는 수능 개념 다지기	●	전 영역
기출/연습	윤혜정의 기출의 나비효과	윤혜정 선생님과 함께하는 까다로운 국어 기출 완전 정복	●	국어
	수능 기출의 미래	올해 수능에 딱 필요한 문제만 선별한 기출문제집	●	전 영역
	수능 기출의 미래 미니모의고사	부담없는 실전 훈련, 고품질 기출 미니모의고사	●	국/수/영
	수능특강Q 미니모의고사	매일 15분으로 연습하는 고품격 미니모의고사	●	전 영역
연계 + 연계 보완	수능특강	최신 수능 경향과 기출 유형을 분석한 종합 개념서	●	전 영역
	수능특강 사용설명서	수능 연계교재 수능특강의 지문·자료·문항 분석	●	국/영
	수능특강 연계 기출	수능특강 수록 작품·지문과 연결된 기출문제 학습	●	국/영
	수능완성	유형 분석과 실전모의고사로 단련하는 문항 연습	●	전 영역
	수능완성 사용설명서	수능 연계교재 수능완성의 국어·영어 지문 분석	●	국/영
	수능 영어 간접연계 서치라이트	출제 가능성이 높은 핵심만 모아 구성한 간접연계 대비 교재	●	영어
	수능연계교재의 국어 어휘	수능 지문과 문항 이해에 필요한 어휘 학습서	●	국어
	수능연계교재의 VOCA 1800	수능특강과 수능완성의 필수 중요 어휘 1800개 수록	●	영어
	수능연계 기출 Vaccine VOCA	수능-EBS 연계 및 평가원 최다 빈출 어휘 선별 수록	●	영어
고난도	수능연계완성 3/4주 특강	단기간에 끝내는 수능 고난도·신유형 문항 대비서	●	국/수/영/과
	박봄의 사회·문화 표 분석의 패턴	박봄 선생님과 사회·문화 표 분석 문항의 패턴 연습	●	사회탐구
모의고사	FINAL 실전모의고사	수능 동일 난도의 최다 분량, 최다 과목 모의고사	●	전 영역
	만점마무리 봉투모의고사	실제 시험지 형태와 OMR 카드로 실전 훈련 모의고사	●	전 영역
	만점마무리 봉투모의고사 시즌2	수능 완벽대비 최종 봉투모의고사	●	국/수/영

ALL BARUN 참 인재 양성을 위한
유연한 학사제도

KGU 경기대학교

경기도를 대표하는
대한민국 명품대학

신입생 학부 내 전공선택 완전 자율화

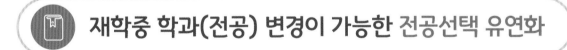
재학중 학과(전공) 변경이 가능한 전공선택 유연화

캠퍼스 구분 없이 전과(부) 가능

캠퍼스 간 교차수강 가능

홈페이지 **enter.kyonggi.ac.kr** 상담문의 **031-249-9997~9**

KGU
KYONGGI
UNIVERSITY

취/업/사/관/학/교
경동대학교
KYUNGDONG UNIVERSITY

4년 연속
취업률 전국 1위

205개 4년제 대학 전체 취업률 **1위(82.1%, 2019 정보공시)**
졸업생 1500명 이상, 3년 연속 **1위(2020~2022 정보공시)**

Metropol Campus
메트로폴캠퍼스
[경 기 도   양 주]

Medical Campus
메디컬캠퍼스
[원 주   문 막]

Global Campus
글로벌캠퍼스
[강 원 도   고 성]

www.kduniv.ac.kr
입 학 문 의 : 033)738-1287,1288

정답과 해설

수능특강

국어영역

화법과 작문

2025학년도 수능 연계교재

본 교재는 대학수학능력시험을 준비하는 데 도움을 드리고자 국어과 교육과정을 토대로 제작된 교재입니다.
학교에서 선생님과 함께 교과서의 기본 개념을 충분히 익힌 후 활용하시면 더 큰 학습 효과를 얻을 수 있습니다.

100%
자유전공제니까!

내가 하고 싶은 공부, 내게 필요한 공부.
무엇이든. 마음껏. 자유롭게.

문제해결능력과 혁신적 사고를 기르는 교육
외국어와 인공지능 활용에 강한 대학
세계관의 차원이 다른 글로벌 유니버스

| 부산외국어대학교 |

수능특강

국어영역 화법과 작문

1부 교과서 개념 학습

1강 화법과 작문의 본질과 태도

본문 10~13쪽

문제로 이해하기   예시 답안

01 (1) ㉠: (의미) 한국인들은 약속 시간을 정확히 지키지 않는다. (말에 담긴 인식) 부정적
ㄴ: (의미) 한국 기업의 주가가 비슷한 수준의 외국 기업의 주가에 비해 낮다. (말에 담긴 인식) 부정적
ㄷ: (말에 담긴 인식) 긍정적
(2) Ⓐ 사회적 의사소통 Ⓑ 사회적 담론
02 맥락
03 ⑤
04 자신이 제시한 해결 방안의 실현 가능성

01 화법의 다양한 성격 이해

(1) 발표자는 우리나라의 인지도가 어떻게 변화해 왔는지 설명하기 위해, 우리나라의 영어 이름인 '코리아'와 관련된 몇 가지 말을 소개하고 있다. 그중 '코리안 타임'은 한국인들은 약속 시간을 정확히 지키지 않는다는 부정적 인식을 담고 있고, '코리아 디스카운트'는 한국 기업의 주가가 비슷한 수준의 외국 기업의 주가에 비해 낮다는 의미로, 분단국가라는 우리나라의 상황에 대한 경제 분야의 부정적 인식이나 한국 기업들의 수준 자체가 낮다는 부정적인 인식을 담고 있다. 이에 비해 '코리아 프리미엄'은 국가 브랜드의 가치 상승에 따라 나타나는 우리나라에 대한 선호 현상을 이르는 말로 긍정적인 인식을 담고 있다.

(2) 화법은 사회 구성원 간에 말을 주고받는 의사소통 행위이다. 화법의 사회적 기능으로는 사회적 담론을 형성한다는 것과, 의사소통 문화를 형성하여 사람들의 언어 환경에 영향을 미친다는 것이 있다. 발표자가 청중 앞에서 발표를 하고, 청중이 발표 내용에 공감하며 이를 수용하는 과정은 사회적 의사소통 행위라 할 수 있다. 이런 과정을 통해 사회 구성원들의 공통적인 생각이나 의견을 만들어 가는 것을 사회적 담론의 형성이라고 한다.

02 다양한 맥락을 고려한 화법

화법에서는 맥락을 고려하는 일이 중요한데, 화법의 맥락을 구성하는 요소에는 발신자(화자), 수신자(청자), 주제, 목적, 매체, 시간, 장소 등이 있다. 이때 맥락에 따라 적절한 내용과 표현을 선택해야 화법 활동을 통한 의사소통의 목적을 효과적으로 달성할 수 있다.

03 다양한 맥락을 고려한 작문

1문단의 세 번째 문장과 2문단 마지막 부분의 '이러한 개선안을 감안하여, 우리 구에서도~'로 보아 이 건의문의 예상 독자는 구청에서 관련 사안을 담당하는 공무원임을 알 수 있다. 따라서 이 글이 지역 공동체의 모든 구성원을 독자로 상정하고 있다는 설명은 적절하지 않다.

04 작문을 통한 의사소통과 사회적 상호 작용

3문단의 앞부분을 바탕으로 필자가 '가지치기 횟수에 따른 비용의 차이'로 인해 건의가 실현되지 않을 가능성을 인식하고 있음을 알 수 있다. 따라서 건의문 작성의 태도에 대한 〈보기〉의 설명을 감안할 때, 이 건의문은 경제적 측면에서 제시한 해결 방안의 실현 가능성을 생각하고 있는 글이라 평가할 수 있다.

2강 화법의 원리

문제로 이해하기 **예시 답안**   본문 18~21쪽

01 ⓐ, ⓒ, ⓓ, ⓔ

02 ㉮: 객관적 ㉯: 갈등

03 ○, ×, ×, ○

04 ㉮: 1문단에서 연설자가 자신을 '20년 넘게 전문 연구소에서 한국 노동 환경과 제도에 대해 연구하고 있는 사람'이라고 밝힌 부분.
  ㉯: 4문단에서 연설자가 '현재의 작은 관심이 미래의 내 삶의 질을 크게 높일 수 있다고 상상해 보십시오. 이 얼마나 값진 투자입니까?'라고 말한 부분.

01 대화 내용 이해, 평가하기

ⓐ 지민은 '이번 시간에는 ~ 자료를 조사해서 공유하기로 했지?'와 '~ 의견을 나눠 보자.'라며 대화 참여자에게 대화의 목적을 밝히며 참여를 이끌고 있다.

ⓒ 지민은 대화 참여자인 기철의 '~ 다양한 업종에서 현금 결제를 막으면서 소비자들이 불편을 겪고 있어.'라는 발언에 대해 '현금 없는 버스 외에 현금 결제가 불가해지면서 소비자가 불편을 겪는 예로 어떤 경우가 더 있니?'라는 질문을 던지며 추가적인 설명을 요청하고 있다.

ⓓ 지민은 영수가 '아마 카드로만 결제하라고 강요하는 것이 일종의 통제 사회와 같은 느낌을 주기 때문인 것으로 보여.'라고 한 말에 대해 '사용자의 불편을 무시한 채 새로운 제도를 강행하는 것을 보며 사람들이 통제당한다는 생각에 불편을 느꼈다는 말이네.'라고 반응하며 대화 참여자의 발언 내용에 대해 자신이 이해한 바를 정리하여 제시하고 있다.

ⓔ 지민은 영수와 기철이 현금 없는 버스에 대해 비판적인 내용을 언급하자 그와 관련하여 '그래도 현금 없는 버스의 운행이 확대되는 데는 어떤 긍정적인 이유가 있지 않을까?'라는 의문을 제기하고 있다. 이는 대화 참여자가 화제에 대해 더 깊이 있게 사고해 볼 수 있도록 유도하는 것이다.

오답이 오답인 이유

ⓑ 지민이 대화 참여자에게 자신이 정리한 내용이 이해되는지 확인하는 부분은 제시되지 않았다.

02 대화 표현 전략 사용하기

'나 – 전달법'은 자신이 문제로 인식한 상대의 행동이나 상황을 객관적으로 제시해야 하는데, ㉠에서는 상대방이 자료를 제대로 조사해 오지 않아서 일정에 차질이 생길 수밖에 없었던 상황을 제시하며 상대방의 행동을 비난하고 있다. 이런 발화는 상대방의 기분을 상하게 하여 갈등을 증폭시킬 우려가 있다. 이런 점에서 ㉠은 적절하지 못한 표현이라고 할 수 있다. 이에 비해 설명 부분의 밑줄 친 내용은 상황을 객관적으로 제시하여 갈등을 증폭시키지 않고 처리하고 있다.

03 연설 맥락 분석하기

ㄱ. 연설자는 청자가 고등학생인 점을 고려하여 '미래의 직장인인 여러분'이라거나 '여러분도 몇 년 후면 직장인이 되실 텐데' 등의 표현을 통해 연설 제재가 청자의 삶과 어떻게 관련되는지 알려 주고 있다.

ㄴ. 연설자가 연설 중에 간혹 질문을 던지고 있기는 하지만, 이는 특정한 대답을 유도하는 것이 아니라 청자의 관심을 자극하는 정도의 효과를 기대한 것이기 때문에 청자가 특별히 어떤 대답을 하지는 않았을 것이라 짐작할 수 있다. 연설자가 청자의 대답에 적극적으로 반응하는 상황은 연설에 드러나 있지 않다.

ㄷ. 서비스업, 제조업 등 업종을 나타내는 용어를 학교 일에 빗대어 설명하지는 않았다.

ㄹ. 연설자는 고등학생인 청자가 주 4일제 근무에 대해 잘 모를 수 있다는 판단 아래, '월화수목일일일'이라는 말을 활용하여 주 4일제 근무의 개념에 대해 설명하고 있다. 이는 연설의 제재가 지닌 의미를 잘 드러낼 수 있는 인상적인 표현을 사용하여, 연설의 제재에 대한 청자의 지식을 보완해 주는 것이라 할 수 있다.

04 연설 표현 전략 사용하기

㉮ 연설자는 자신을 '20년 넘게 전문 연구소에서 한국 노동 환경과 제도에 대해 연구하고 있는 사람'이라고 소개하고 있는데, 이런 인성적 설득 전략은 청중이 연설자가 전문성을 갖춘 사람이라고 믿게끔 유도하는 효과가 있다.

㉯ 연설자는 '현재의 작은 관심이 미래의 내 삶의 질을 크게 높일 수 있다고 상상해 보십시오. 이 얼마나 값진 투자입니까?'라고 말하는데, 이는 청중으로 하여금 미래의 삶의 질을 높일 수 있다는 기대를 품게 하고, 지금 기울이는 관심이 '값진 투자'가 된다는 말로 직장 근무제에 대해 관심을 가질 것을 설득하는 감성적 설득 전략이라고 할 수 있다.

3강 작문의 원리

본문 26~29쪽

문제로 이해하기   예시 답안

01 ㉠: 독자가 낯설게 느낄 수 있는 용어의 개념을 시각 이
      미지로 제시하여 이해를 쉽게 한다.
   ㉡: 섬유 산업에서 확인되는 초과 생산 및 낮은 재활용
      비율의 문제 / 식량 유통 과정에서 확인되는 분배의
      불균형과 지나친 낭비 현상
   ㉢: 중간-3

02 ⑤

03 ㉠, ㉢

04 ⑤

01 정보 전달 글쓰기 자료, 매체 활용하기

㉠: ㉮는 낯선 용어인 '도넛 경제'의 개념을 시각적으로 나타
냄으로써 개념에 대한 독자의 이해를 돕는다.

㉡: ㉯는 과도한 낭비가 확인되는 섬유 산업의 현황을 설명하
고 있다. 또한 ㉯를 통해 유통 과정에서 버려지는 식량의 10%
만으로도 지구의 기아 문제를 해결할 수 있음을 알 수 있다.
이는 유통 과정에서 분배의 효율성을 고려한다면 식량 자원을
낭비하지 않고도 기아 문제를 해결할 수 있음을 의미한다.

㉢: ㉰는 도넛 경제의 실천 사례로, 이를 중심 내용으로 한
'중간-3'에서 활용하는 것이 적절하다.

02 정보 전달 글쓰기 내용 조직하기

'초고 일부'에서 1문단은 현재의 기후 위기 상황을 다루고 있
고, 2문단은 이에 대한 대안으로 제시된 도넛 경제 체제를 설
명하고 있다. 이 두 문단은 문제-해결의 구조로 조직되어 기
후 위기 문제에 대한 독자의 관심을 불러일으키고 그 문제의
해결 방안을 제시하고 있다.

03 비평 글쓰기 표현 전략 사용하기

'학생의 초고'는 법률 용어와 문장을 이해하기 어렵다는 국민
이 10명 중 6명에 달한다는 한국 법제 연구원의 설문 조사와,
민사 사건에서 원고와 피고가 모두 변호사를 선임한 경우와
선임하지 않은 경우의 비율을 밝힌 대법원 자체 조사 결과를
언급하여 상황의 심각성을 보여 주고 있다. 또한 2문단의 마

지막에서는 쉬운 판결문의 사례를 '국민의 권리를 보장하기
위한 유의미한 시도'라 평가하며 그 의의를 드러내고 있다.

04 비평 글쓰기 내용 이해, 평가하기

법적 효력을 가진 문서가 이중으로 존재할 수 있다는 것은 '쉬
운 판결문'을 추가할 경우 우려되는 점에 해당한다. 쉬운 판결
문을 추가하는 것은 필자가 선택한 관점에 부합하는 해결 방
안이다. 따라서 이를 근거로 필자가 선택하지 않은 관점을 비
판하고 있다는 설명은 적절하지 않다.

2부 적용 학습

01 화법
본문 32~38쪽

01 ② 02 ③ 03 ① 04 ③
05 ⑤ 06 ④

01 발표 표현 전략 사용하기
답 ②

정답이 정답인 이유

② 3문단에서 학교 화단의 영산홍을 사례로 든 청중의 말을 듣고, 다른 개체에 비해서 개화가 느린 것들은 그림자로 인해 햇볕을 받지 못한 개체들이라는 설명을 덧붙이며 청중과 상호 작용을 하고 있다.

오답이 오답인 이유

① 발표자가 발표 도입부에서 발표할 내용의 순서를 밝히고 있지는 않다.

③ 발표 내용의 효용성을 언급하면서 발표 주제를 선정하게 된 계기를 밝히고 있지는 않다.

④ 문학 시간의 경험과 같이 청중과 공유하고 있는 배경지식을 언급하고는 있다. 하지만 이 발표 상황에서 청중들이 의문을 제기하고 있는 부분은 없다. 따라서 청중이 제기한 의문을 해소하고 있다는 진술은 적절하지 않다.

⑤ 발표 중에 청중이 질문을 하지 않았고, 청중이 잘못 파악하고 있는 정보를 드러내는 발표자의 답변도 나타나지 않는다.

02 발표에서 자료, 매체 활용하기
답 ③

정답이 정답인 이유

③ 3문단에서 [자료 2]를 제시하면서 개화 시기가 일조량 등에 따라 차이가 있다고 설명하고는 있으나, 일조량 차이가 개화에 미치는 영향을 고려해서 자료에 정렬된 사진의 순서를 조정했다고 밝히고 있지는 않다.

오답이 오답인 이유

① 발표자는 [자료 1]을 제시하며 철쭉, 진달래, 영산홍이 모두 진달랫과에 속하기 때문에 꽃의 모습에 큰 차이가 없다고 밝히고 있다.

② 발표자는 [자료 1]을 [자료 2]로 변환하는 과정에서 세 종류의 꽃을 구별하는 기준 중 하나인 개화 시기를 적용했음을 밝히고 있다.

④ 발표자는 [자료 3]을 제시하며 세 종류의 꽃을 개화 시에 잎이 있는 철쭉과 영산홍, 개화 시에 잎이 없는 진달래로 나눌 수 있다고 밝히고 있다.

⑤ 발표자는 [자료 4]를 제시하며 청중이 꽃잎에 있는 반점의 유무를 기준으로 철쭉과 영산홍을 구별해 보도록 하고 있다.

03 발표 내용 이해, 평가하기
답 ①

정답이 정답인 이유

① '학생 1'은 발표자가 밝힌 것과 같이 자신도 학교 앞 공원의 꽃이 진달래라고 오해했음을 드러내며, 발표를 통해서 알게 된 내용을 집 근처에 핀 꽃을 관찰하는 데에 활용해 보겠다고 밝히고 있다.

오답이 오답인 이유

② '학생 2'는 진달래와 철쭉에 대해 자신이 알고 있는 내용을 밝히며 발표에서 영산홍과 관련된 정보를 제시해 주지 않았음을 아쉬워하고 있다. 발표 내용에 잘못된 정보가 포함되어 있다는 점을 파악하여 지적하고 있지는 않다.

③ '학생 3'은 발표를 통해 새롭게 배운 철쭉과 진달래의 구별법을 누리 소통망에 소개하려 하고 있다. 하지만 발표에서 철쭉과 진달래를 잎의 생김새로 구별할 수 있다고 밝히고 있지는 않다.

④ '학생 1'과 '학생 2' 모두 자신이 필요하다고 생각하는 정보를 발표에서 제시하지 않은 이유를 추론하고 있지 않다.

⑤ '학생 2'가 발표에서 새롭게 알게 된 내용을 바탕으로 자신의 평소 생각을 수정하는 모습은 나타나지 않는다.

04 다양한 맥락을 고려한 화법
답 ③

정답이 정답인 이유

③ '찬성 1'은 ©에서 '플리바게닝을 도입하지 않은 국가의 수가 더 많은 것은 맞지만'이라며 상대가 밝힌 내용을 일부 인정하면서, 통계 자료를 근거로 플리바게닝에 대한 관심이 커지고 있는 추세라는 자신의 생각을 드러내고 있다.

오답이 오답인 이유

① ㉠은 상대방의 주장에 관해 자신이 파악한 내용이 맞는지 확인하는 발화이다.

② ㉡은 플리바게닝의 사회 질서 유지 효과에 관해 상대방과

다른 관점을 가지고 있음을 밝히는 발화이다.

④ ⓔ은 답변을 유보하는 발화이지만, 상대가 질문한 내용에 잘못된 정보가 포함되어 있음을 지적하고 있지는 않다.

⑤ ⓜ은 상대의 주장과 관련하여 플리바게닝에 대한 부정적 여론이 나타나고 있음을 밝히는 발화지만, 해당 여론이 발생한 이유를 밝히고 있지는 않다.

05 토론 내용 생성하기 답 ⑤

정답이 정답인 이유

⑤ '반대 1'은 입론에서 플리바게닝이 도입되면 허위 진술로 인한 잘못된 수사를 바로잡기 위한 추가 비용이 발생할 수 있다고 밝히고 있다. 하지만 범죄자의 진술을 이끌어 내기 위해 투입되는 비용이 증가할 것이라고 밝히고 있지는 않다.

오답이 오답인 이유

① '찬성 1'은 입론에서 플리바게닝이 도입되면 범죄자가 자신의 죄를 은폐하는 대신 스스로 인정하게 되어 반성의 기회를 제공하는 점에서 긍정적이라고 밝히고 있다.

② '찬성 1'은 입론에서 플리바게닝이 도입되면 범죄 수사 및 형량 선고 과정에서 발생하는 경제적 비용을 절약할 수 있다고 밝히고 있다.

③ '반대 1'은 입론에서 플리바게닝이 도입되면 적법한 범죄 입증 과정 없이 범죄 행위에 대한 처벌이 결정된다는 점에서 사회적 질서를 훼손할 수 있다고 밝히고 있다.

④ '반대 1'은 입론에서 범죄자는 형량을 감경받기 위해 계산된 행동을 할 것이기 때문에 플리바게닝이 범죄자에게 반성의 기회를 제공하지는 못할 것이라고 밝히고 있다.

06 토론 내용 이해, 평가하기 답 ④

정답이 정답인 이유

④ '반대 1'은 반대 측 입론 단계에서 플리바게닝을 도입한 국가의 수가 상대적으로 적다고 밝히고 있을 뿐, 도입한 국가 중에서 긍정적인 효과를 거두고 있는 국가가 상대적으로 적다는 점을 밝히고 있지는 않다.

오답이 오답인 이유

① '찬성 1'은 찬성 측 입론 단계에서 처벌을 받지 않고 풀려난 강력 범죄자가 시민들에게 또 다른 강력 범죄를 저지를 수 있다며 강력 범죄자에 대한 처벌이 이루어지지 않으면 생길 수 있는 문제의 심각성을 밝히고 있다.

② '반대 2'는 반대 측 반대 신문 단계에서 '찬성 1'에게 '생각

이 너무 짧으신 것 아닌가요?'라며 인신공격성 발언을 하고 있으며, 이는 부적절한 토론 태도에 해당한다.

③ '찬성 1'은 반대 측 반대 신문 단계에서 플리바게닝 도입이 형량 흥정을 유발해 사회적 질서를 훼손할 수 있다며 타당성 문제를 제기한 '반대 2'에게 플리바게닝 역시 법질서를 따르는 제도임을 밝히며 답변하고 있다.

⑤ '찬성 1'은 찬성 측 반대 신문 단계에서 '반대 1'이 입론에서 언급한 전문가 대상 설문 조사의 결과가 자신이 알고 있는 내용과 다르다며 자료의 신뢰성에 의문을 제기하는 질문을 하고 있다.

02 화법 본문 39~44쪽

01 ④ **02** ③ **03** ④ **04** ③
05 ⑤ **06** ①

01 강연 표현 전략 사용하기 답 ④

정답이 정답인 이유

④ 나열된 숫자의 의미에 대해 청중에게 질문한 후 청중의 반응을 확인하고 있지만, 보충 질문을 통해 청중의 배경지식을 환기하고 있지는 않다.

오답이 오답인 이유

① 강연 도입부에서 지난 강연 내용을 일부 언급하며, 청자와 공유하는 경험을 제시하고 있다.

② 목간이라는 단어를 낯설게 생각하는 청자를 고려하여 목간의 개념을 풀이하여 설명하고 있다.

③ 『삼국유사』나 「광개토 대왕 비문」처럼 우리 역사 속 여러 자료에 기록되어 있는 구구단 활용 사례를 제시하며 강연 내용을 뒷받침하고 있다.

⑤ 구구단이 한반도를 거치지 않고 곧바로 중국에서 일본으로 건너갔다는 주장을 듣게 될 경우, 이를 바로잡아 줄 것을 청중에게 당부하며 강연을 마무리하고 있다.

02 강연에서 자료, 매체 활용하기 답 ③

정답이 정답인 이유

③ 강연자는 백제 시대의 구구단이 현재의 것보다 간결한 형태라는 점을 설명하기 위해 ⓛ에서 [자료 2]를 활용하고 있다.

오답이 오답인 이유

① 강연자는 선조들이 천문 분야에서 숫자를 활용한 사례를 설명하기 위해서가 아니라, 백제 시대의 목간에 적힌 구구단을 설명하기 위해 ㉠에서 [자료 1]을 활용하고 있다.

② 강연자는 숫자가 적힌 백제 시대 목간의 실제 모습을 보여주기 위해서가 아니라, 백제 시대 구구단이 간결한 형태라는 점을 설명하기 위해 ㉡에서 [자료 2]를 활용하고 있다.

④ 강연자는 백제 시대의 구구단이 2단이 아닌 9단부터 시작한 이유를 설명하기 위해서가 아니라, 구구단이 고대 동양에서 갖는 의미를 설명하기 위해 ㉢에서 [자료 3]을 활용하고 있다.

⑤ 강연자는 우리 선조들의 셈법이 중국의 셈법보다 우수함을 강조하기 위해서가 아니라, 구구단이 고대 동양에서 갖는 의미를 설명하기 위해 ㉢에서 [자료 3]을 활용하고 있다.

03 강연 맥락 분석하기　　　　답 ④

정답이 정답인 이유

④ '청중 1'은 구구단 계승과 관련하여 강연을 듣기 전부터 궁금했던 점을 바탕으로 강연 내용과 관련지어 질문을 계획하고 있다. 하지만 '청중 3'은 강연을 들으며 새롭게 알게 된 정보를 바탕으로 질문을 계획하고 있으므로 강연을 듣기 전부터 궁금했던 점을 바탕으로 질문을 계획한 것은 아니다.

오답이 오답인 이유

① '청중 1'은 강연을 통해 백제 이후에 구구단이 어떻게 계승되었는지에 대해 알 수 없었던 것에 대해 아쉬움을 드러내며, 이를 바탕으로 질문을 계획하고 있다.

② '청중 2'는 백제인들이 실용성을 추구했다는 사실에 대한 흥미를 바탕으로 구구단 외에 다른 사례가 없는지 질문을 계획하고 있다.

③ '청중 3'은 강연을 통해 새롭게 알게 된, 구구단을 활용한 표현과 관련된 정보를 바탕으로 질문을 계획하고 있다.

⑤ '청중 2'는 백제인들의 실용성을 알 수 있는 사례에 대한 질문을 계획하고 있으며, '청중 3'은 구구단이 활용된 표현과 관련이 있는 사례에 대한 질문을 계획하고 있다.

04 협상 내용 이해, 평가하기　　　　답 ③

정답이 정답인 이유

③ 학교장은 웅비관 개방에 대한 시청 담당자의 요청에 대해 잠시 고민하지만, 생각할 시간을 별도로 요청하고 있지는 않다.

오답이 오답인 이유

① 시청 담당자는 지역 근대 건축 문화유산으로서의 웅비관의 가치를 언급하고 있으며, 학교장은 웅비관의 지역 만세 운동 준비지로서의 역사적 가치를 언급하고 있다.

② 학교장은 첫 번째 발화에서 학교 부속 건물인 웅비관의 보존 가치를 언급하며 건물 보수 예산을 요청하게 된 상황을 설명하고 있다.

④ 시청 담당자는 협상을 마무리하면서 협상의 원활한 이행을 위해 협상 내용이 담긴 합의문을 작성하는 것에 대해 학교장의 동의를 구하고 있다.

⑤ 시청 담당자는 웅비관 개방을 제안하고, 이미 학교 내의 3·1 운동 의거비를 찾는 방문객이 있다는 사실을 언급하고 있다.

05 협상 맥락 분석하기　　　　답 ⑤

정답이 정답인 이유

⑤ 웅비관의 교실 공간 활용에 대해, 학교장은 교육 활동을 위해 교실 공간의 보전을 요청하였고, 이에 대해 시청 담당자는 학교장의 요청을 먼저 수용한 후 요청을 수용하는 것과 별개로 일제 강점기 시대 교실의 모습을 반영하여 교실을 조성하자는 의견을 제안하고 있다. 따라서 시청 담당자가 자신의 제안을 수용해 줄 것을 전제로 학교장의 요청을 수용하고 있는 것은 아니다.

오답이 오답인 이유

① 웅비관 보수를 위한 예산에 대해, 학교장은 학교 예산만으로는 충당하기 어려움을 토로했고, 시청 담당자는 웅비관을 지역 근대 건축 문화유산으로 지정할 경우 예산 지원이 가능함을 언급하고 있다.

② 지역 만세 운동 기념관 조성에 대해, 시청 담당자는 웅비관의 가치를 고려하여 웅비관을 지역 만세 운동 기념관으로 조성할 것을 제안하였고, 학교장은 긍정적으로 답변하였다.

③ 웅비관 개방에 대해, 시청 담당자는 웅비관을 지역 만세 운동 기념관으로 새롭게 조성한 후 시민들에게 개방할 것을 제안하였고, 학교장은 주말과 공휴일에만 개방하는 것을 전제로 제안을 수용하였다.

④ 학교 시설에 대한 방문객 출입 제한에 대해, 학교장은 웅비관을 제외한 학교의 다른 시설에 방문객 출입을 제한하는 방안을 마련해 줄 것을 요청하였고, 시청 담당자는 사전 안내와 안내 표지판 설치를 통해 방문객의 출입을 제한하겠다고 답변하였다.

06 협상 표현 전략 사용하기 답 ①

정답이 정답인 이유

① ㉮에서 시청 담당자는 웅비관 개방 시 학생들의 교육 활동 수행에 어려움이 있을 것이라는 학교장의 발언을 듣고, 학생들이 등교하지 않는 주말과 공휴일에만 건물을 개방하는 것은 가능한지 묻고 있다. 이는 조정안을 제시하여 상대방과의 의견 차이를 줄이려는 발화로 볼 수 있다.

오답이 오답인 이유

② 상대방의 발화에 동조하는 사례를 제시하고 있지는 않다.
③ 상대방의 발언에 대한 반론을 제시하고 있지는 않다.
④ 주말과 공휴일에만 웅비관을 개방하자는 제안은 상대방이 예상하지 못한 부분을 제시한 것으로 볼 수 있지만, 상대방의 동의를 구하는 것이지 상대방으로 하여금 문제 해결 방안을 도출하도록 유도하는 발화는 아니다.
⑤ 상대방의 의견을 수용할 경우 예상되는 결과를 제시하고 있지는 않다.

(03) 화법 본문 45~50쪽

01 ⑤ 02 ④ 03 ② 04 ②
05 ⑤ 06 ③

01 연설 표현 전략 사용하기 답 ⑤

정답이 정답인 이유

⑤ 연설자가 연설을 마무리하며 자신이 말한 내용을 요약하고는 있지만, 연설 중간중간에 자신이 말한 내용을 요약하고 있지는 않다.

오답이 오답인 이유

① '한반도 면적의 7배', '전체 해양 플라스틱 오염 물질의 30%' 등 구체적인 수치를 밝혀 주장하는 내용의 근거로 활용하였다.
② 지난 세계 시민의 날 행사 때 교내 방송으로 함께 보았던 북태평양의 거대 쓰레기 섬에 대한 내용을 환기하여 청중의 관심을 유도하였다.
③ '노력을 합시다.', '의류 소비부터 자제합시다.' 등 청유의 문장을 사용하여 문제 해결에 동참할 것을 요구하였다.

④ 미세 플라스틱이 넓은 바다를 얼마나 오염시킬 수 있겠느냐는 반론을 예상하고, 이를 반박하는 근거로 전체 해양 플라스틱 오염 물질의 30%를 미세 플라스틱이 차지한다는 자료를 제시하였다.

02 연설 내용 이해, 평가하기 답 ④

정답이 정답인 이유

④ 합성 섬유 소비를 줄이고 천연 섬유 사용을 늘리자는 내용은 반영되었으나, 탄소 배출 감축을 위해 합성 섬유 생산 공정을 개선해야 한다는 내용은 강연에 반영되어 있지 않다.

오답이 오답인 이유

① '미세 플라스틱의 해양 오염'과 관련된 내용은 2문단에 반영되어 있다.
② 바다에서 검출되는 미세 플라스틱 중 상당량이 합성 섬유 소재 의류의 세탁 과정에서 배출되고 있다는 내용은 3문단에 반영되어 있다.
③ 패스트 패션이 미세 섬유 플라스틱 배출을 가속화하고 있다는 내용은 4문단에 반영되어 있다.
⑤ 미세 섬유 플라스틱 배출을 줄이기 위해서는 합성 섬유 소재 의류를 덜 입고 불필요한 세탁 횟수를 줄이려는 노력이 필요하다는 내용은 4문단에 반영되어 있다.

03 연설 내용 이해, 평가하기 답 ②

정답이 정답인 이유

② 우리가 매일 입는 옷이 바다를 오염시키지 않도록 미세 섬유 플라스틱을 줄이기 위해 우리가 할 수 있는 일부터 실천하자는 것은 연설의 취지에 부합하는 내용이다. 또한 ㉠에 사용된 '날개'와 '골칫덩이'라는 비유적 표현도 적절하게 활용되었다.

오답이 오답인 이유

① 플라스틱 제품의 사용을 자제하자는 주장은 연설의 취지에 부합한다고 볼 수 있다. 그러나 옷의 수명이 짧아지는 것이 플라스틱 제품의 사용 때문은 아니므로, 플라스틱 제품의 사용을 자제하여 옷의 수명이 더 길어질 수 있도록 하자는 주장은 친구들을 설득할 말로 적절하지 않다.
③ 무작정 유행만 좇아 많은 옷을 사는 태도에서 벗어나자는 것은 연설의 취지에 부합하지만, 자신의 개성을 살리는 옷을 입도록 하자는 것은 연설의 취지에 부합하는 내용으로 보기 어렵다.

④ 옷이 아름다운 지구를 위협하는 골칫덩이가 되어 간다는 주장은 설득을 위해 필요한 말이지만, 옷으로 펼칠 수 있는 아름다움에 대해 더 많은 관심을 갖도록 하자는 것은 연설의 취지에 부합하는 내용으로 보기 어렵다.

⑤ 미세 플라스틱처럼 함부로 버려지는 옷들도 저마다 가치가 있음을 잊지 말자는 것은 연설의 취지에 부합하는 내용으로 보기 어렵다.

04 면접 내용 이해, 평가하기   답 ②

정답이 정답인 이유

② '다른 연기자들과 조화를 잘 이룰 수 있는가?'라는 내용은 면접자의 질문 내용에 반영되어 있지 않다. 따라서 ㄴ은 면접에 반영된 평가 기준으로 보기 어렵다.

오답이 오답인 이유

① '인물의 특성을 잘 표현할 수 있는가?'라는 내용은 '대본에서 그레고르가 독백하는 이 부분을 연기해 볼 수 있나요?'라는 요청에 반영되어 있다. 따라서 ㄱ은 면접에 반영된 것으로 볼 수 있다.

③ '공연하려는 연극의 주제를 잘 파악하고 있는가?'라는 내용은 '연극에서 전달하려고 하는 핵심 내용이 무엇인지 알고 있나요?'라는 질문에 반영되어 있다. 따라서 ㄷ은 면접에 반영된 것으로 볼 수 있다.

④ '자신이 맡고 싶은 배역의 성격과 심리를 잘 이해하고 있는가?'라는 내용은 '그레고르는 어떤 인물이라고 생각하시나요?'라는 질문에 반영되어 있다. 따라서 ㄹ은 면접에 반영된 것으로 볼 수 있다.

⑤ '연극에서 중요하게 표현해야 할 점에 대한 자신의 의견이 있는가?'라는 내용은 '이 연극에서 중요하게 표현해야 할 점이 뭐라고 생각하는지 알고 싶은 겁니다.'라는 말 속에 반영되어 있다. 따라서 ㅁ은 면접에 반영된 것으로 볼 수 있다.

05 면접 표현 전략 사용하기   답 ⑤

정답이 정답인 이유

⑤ ㅁ에서 '면접 대상자'는 연극의 연출 방향과 관련한 '면접자'의 질문에 대해 자신이 질문 의도를 잘못 파악했다는 점을 인정하고 '면접자'의 질문 의도에 맞는 답변을 하였다. 그러나 자신의 대답이 '면접자'의 질문 의도에 맞는 답변인지 확인하지는 않았다.

오답이 오답인 이유

① ㄱ에서 '면접자'는 '면접 대상자'가 긴장을 푸는 데 도움이 될 수 있도록 친한 선배와 대화를 나눈다는 마음으로 편안하게 답변하라는 조언을 해 주었다.

② ㄴ에서 '면접 대상자'는 '면접자'에게 '연극의 주제를 말씀하시는 건가요?'와 같이 되묻는 방식으로 자신이 파악한 질문 내용을 확인하고 있다.

③ ㄷ에서 '면접자'는 그레고르라는 인물의 특성을 분석한 '면접 대상자'의 답변 내용을 요약하며 관련된 다른 질문으로 연결하고 있다.

④ ㄹ에서 '면접자'는 '면접 대상자'의 답변에 대해 '의지가 정말 대단하네요.'와 같이 긍정적으로 평가하며 다음 질문을 이어 가고 있다.

06 면접 표현 전략 사용하기   답 ③

정답이 정답인 이유

③ '면접 대상자'는 '면접자'가 [A]에서 한 달 정도는 주말에도 나와서 연습을 할 수 있는지에 대해 질문을 하자, 이것이 연극 연습의 수행 의지를 확인하는 질문이라고 파악하였다. 그래서 연습과 관련된 자신의 의지를 밝히기 위해 학원 일정을 조정하고 새벽 시간을 이용해 학업 보충을 하겠다는 계획을 주말에 연습해야 하는 상황과 연관 지어 답변하였다.

오답이 오답인 이유

① [A]의 질문은 지원 분야 활동의 필요성에 대해 근거를 들어 답할 것을 요구한 것이 아니므로, ㉮의 질문 분석은 적절하지 않다.

② [A]의 질문에 대한 분석도 적절하지 않을 뿐만 아니라, 객관적인 근거를 활용하여 답변을 구성한 것도 아니다.

④ [A]의 질문이 지원 분야 활동과 관련된 상황을 제시하여 '면접 대상자'의 수행 의지를 확인하고자 한 것은 맞다. 그렇지만 주변 사람들의 도움을 많이 받고 있다는 것은 답변에 포함된 내용이 아니다.

⑤ [A]의 질문에 담긴 의도는 지원 분야 활동에 필요한 개인의 수행 의지를 파악하고자 하는 것이다. 따라서 개인의 수행 능력을 확인하고자 한다는 질문 분석은 적절하지 않다.

04 화법
본문 51~56쪽

01 ①	02 ④	03 ③	04 ④
05 ④	06 ⑤		

01 발표 표현 전략 사용하기
답 ①

정답이 정답인 이유

① '혹시 다리의 종류에 대해 아시나요?', '혹시 이 다리들을 건너 보셨나요?' 등의 질문을 하고 답변을 들으면서 '현수교와 아치교를 아시는 분이 있으시네요.', '다리를 건너 보시거나 실제로 보신 분들이 꽤 많네요.'라고 말하며 소통하고 있다.

오답이 오답인 이유

② 발표자가 자신이 관심을 가진 내용에 대해 소개하고 있을 뿐, 청중의 관심을 확인하여 발표 내용을 조정하고 있지 않다.
③ 2문단에서 다리의 기원에 대해 추측하면서 그 발전을 간략하게 제시하고 있지만, 다리가 지닌 한계를 제시하고 있지는 않다.
④ 발표 내용인 '다리'와 청중의 관련성을 언급하며 주의 집중을 요청하는 부분은 없다.
⑤ 현수교나 아치교, 이순신 대교, 서해 대교 등의 사례를 들고 있기는 하지만 이를 바탕으로 청중의 잘못된 이해를 바로잡고 있지 않다.

02 발표 내용 이해, 평가하기
답 ④

정답이 정답인 이유

④ '학생 2'는 발표 내용 중 긍정적인 부분을 평가하면서 이와 관련한 자신의 생각을 확장하여 인류의 문명에 대한 견해를 밝히며 사례를 들고 있다. 다리가 인류의 호기심과 도전의 결과라는 발표 내용을 바탕으로 인류 문명에 대해 추론하고 있다고 할 수 있다. '학생 3'은 다리의 종류를 알 수 있어서 좋았다고 하면서 발표를 들으면서 생긴 궁금한 내용에 대한 탐구 계획을 세우고 있다. 하지만 '학생 3'은 발표자가 언급하지 않은 내용을 추론하고 있지는 않다.

오답이 오답인 이유

① '학생 1'은 발표를 듣고 이순신 대교와 서해 대교가 같은 종류의 다리라고 생각했던 잘못된 인식을 수정하고 있다.
② '학생 2'는 발표에 대해 다리의 형성이 인류의 호기심과 도전의 결과라고 한 부분이 좋았다고 평가하고 있다. 또한 우주선을 사례로 언급하면서 이 역시 호기심과 도전, 극복의 결과

라고 말하고 있다.
③ '학생 1'은 '사장교와 현수교의 사례를 좀 더 찾아봐야겠어.'라고 말하고, '학생 3'은 '각각의 다리가 어떤 조건에서 건설되는지 조사해 봐야겠어.'라고 말하면서 추가적인 탐구 계획을 세우고 있다.
⑤ '학생 1'은 '유용했어.', '학생 2'는 '참 좋았어.' '학생 3'은 '좋았어.'라며 발표 내용에 대해 긍정적으로 평가하고 있다.

03 발표에서 자료, 매체 활용하기
답 ③

정답이 정답인 이유

③ [자료 2]는 교각으로 지지하는 다리의 구조와 케이블로 지지하는 다리의 구조를 각각 설명하기 위한 것으로, '교각', '들보', '상판', '케이블', '주탑' 등의 다리를 구성하는 요소를 보여 주고 있다. 교각으로 지지하는 다리와 케이블로 지지하는 다리 둘 사이의 공통된 구조를 제시하고 있지 않다.

오답이 오답인 이유

① [자료 1]~[자료 4]는 발표 내용과 관련한 사진이나 그림 자료로, 이러한 시각 자료를 통해 내용에 대한 구체적인 이해를 돕고 있다.
② [자료 1]을 보여 주며 발표자는 '무언가 향수를 불러일으키는 다리들이지요?'라며 설명 대상이 환기하는 정서를 의문의 형식으로 드러내고 있다.
④ [자료 3]은 구조에 따른 다리의 종류를 그림을 통해 보여 주는 것으로, 이를 통해 구조에 따른 다리들의 차이를 설명하고 있다.
⑤ [자료 4]는 우리나라 현수교를 대표할 수 있는 이순신 대교와 높은 주탑을 가진 사장교 형식의 서해 대교를 보여 주고 있다.

04 대화 표현 전략 사용하기
답 ④

정답이 정답인 이유

④ ②은 독서 프로그램이 점심시간 중의 남는 시간을 효과적으로 이용할 수 있는 점에서 의미가 있음을 밝히고 있다. 열람실 운영의 일환으로서 독서 프로그램이 지닌 장단점을 균형 있게 제시한 것은 아니다.

오답이 오답인 이유

① 개가식 운영을 할 경우 발생할 수 있는 문제를 해결하기 위해 지켜야 할 사항을 미리 공지하자는 방안에 더해서, 이동식 책 선반 확충에 대한 필요성을 제시하고 있다.
② 개가식 운영을 하게 될 경우, 점심시간뿐 아니라 방과 후에

도 당번을 정하여 일을 하는 것이 필요하다는 내용을 언급하고 있다.

③ 도서부원들의 일이 많아져 힘들 것이라는 현실적 상황을 고려하여 월, 수, 금은 개가식으로, 나머지 이틀은 폐가식으로 운영하자는 절충안을 제시하고 있다.

⑤ 도서부 소식지와 관련한 얘기를 나누자는 다음 모임의 안건을 소개하며 대화를 마무리하고 있다.

05 대화 내용 이해, 평가하기   답 ④

정답이 정답인 이유

④ [A]는 개가식 도서관 운영에 대해 학생들의 접근이 용이하고, 학생들이 직접 다양한 책을 보면서 독서 목적에 적합한 책을 선택할 수 있다는 등의 이점을 언급하고 있다. [B]는 개가식 운영을 할 경우 도서관 본연의 기능 수행에 보다 적합할 것이라는 이점을 언급하는 한편, 학생들이 책을 빼어 본 후 아무 곳에나 두어 책을 찾기 어려운 경우가 발생한다는 현실적 문제를 제기하고 있다.

오답이 오답인 이유

① [A]는 감염병이 어느 정도 진정된 상황에서 학생들이 보다 쉽게 책에 접근할 수 있으며, 다양한 책들을 직접 보면서 자신의 독서 목적에 적합한 도서 선택을 할 수 있다며 개가식 운영이 필요하다고 말하고 있다. 학교와 학생의 입장으로 나누어 개가식 운영 도입의 당위성을 제시하고 있는 것은 아니다.

② [B]는 개가식 운영의 장점과 함께 발생할 수 있는 현실적 문제점을 제시한 것으로, 개인적 측면뿐 아니라 학교 공동체의 측면에서 개가식 운영의 의의를 부각하는 것은 아니다.

③ [A]는 학생들의 인식 변화를 언급하고 있지 않으며, [B]에서 학교의 업무 지원에 대해 언급하고 있지도 않다.

⑤ [A], [B] 모두 예상되는 반론을 언급하지 않았다. [B]의 경우 예상되는 문제점을 지적하고 이에 대한 해결 방안을 제시하고 있는 것이지, 예상되는 반론을 언급한 후에 이를 반박한 것은 아니다.

06 대화 내용 이해, 평가하기   답 ⑤

정답이 정답인 이유

⑤ 대화 내용을 보면, 학기별로 스탬프를 많이 받은 학생을 선정하여 상(마음밥상)을 수여하자는 언급이 있다. 그런데 공지에는 '학년 말'이라고 제시하고 있어서 적절하지 않다.

오답이 오답인 이유

① '도서부장'의 두 번째 발화에서 개가식 운영에 대한 내용을 확인할 수 있다.

② '도서부원 2'와 '도서부원 3'의 첫 번째 발화에서 도서관 이용자가 책을 빼어 본 후 책 수레에 책을 두는 것을 확인할 수 있다.

③ '도서부장'의 두 번째 발화에서 일주일에 월, 수, 금요일, 삼 일만 개가식으로 운영한다는 것을 확인할 수 있다.

④ '도서부원 2'의 세 번째 발화와 '도서부원 1'의 세 번째 발화를 통해 매일 20분 이상 책을 읽은 학생에게 스탬프를 찍어 주자는 내용을 확인할 수 있다.

05 화법   본문 57~63쪽

01 ④	02 ②	03 ③	04 ②
05 ①	06 ④		

01 발표 표현 전략 사용하기   답 ④

정답이 정답인 이유

④ 학생은 발표를 마무리하며 청중에게 질문을 하고 있으나, 질문을 통해 청중의 이해 여부를 점검하고자 한 것은 아니다.

오답이 오답인 이유

① 학생은 발표의 서두에서 '여러분도~있으시지요?'라고 하면서 청중의 경험을 환기한 후, 이를 폐지의 분리배출과 재활용이라는 발표 내용과 연결 짓고 있다.

② 3문단에서 '종이 팩'이라는 용어에 대한 설명을 통해 청중의 이해를 돕고 있다.

③ 1문단에서 발표의 순서를 밝혀 청중이 발표의 흐름을 파악할 수 있도록 하고 있다.

⑤ 2문단에서 환경부에서 발표한 내용을, 3문단에서 환경부 통계를 활용하였음을 제시하여 청중이 발표 내용에 대해 신뢰감을 갖도록 하고 있다.

02 발표 내용 이해, 평가하기　　　답 ②

정답이 정답인 이유

② 발표자는 3문단에서 우리나라의 폐지 회수율이 미국, 중국과 비교하여 매우 높은 편임을 언급하고 있다. 또한 2문단에서 재활용 공정을 거친 우리나라 폐지가 유럽과 일본 등 다른 나라에 품질 면에서 밀린다고 언급하고 있다. 따라서 우리나라가 다른 국가와 비교하여 재활용된 폐지의 품질이 우수하다는 내용은 적절하지 않다.

오답이 오답인 이유

① 2문단에서 전 세계적인 경기 침체의 여파로 우리나라의 폐지 재고량이 급격하게 증가하고 있음을 설명하고 있다.

③ 3문단에서 종이 팩이 일반 폐지와 섞여 배출되면 종이 팩만 골라내는 작업을 거쳐야 하며, 이 과정에서 비용이 발생함을 언급하고 있다.

④ 3문단에서 생활 쓰레기와 섞이면서 오염 물질이 묻은 폐지는 오염 제거에 상당한 시간과 비용이 소요되어 재활용 업체에서 폐지를 처리하지 않고 쌓아 두는 경우가 늘고 있다고 언급하고 있다.

⑤ 4문단에서 일반 폐지 및 종이 팩의 올바른 분리배출 방법에 대해 설명하고 있다.

03 발표 내용 이해, 평가하기　　　답 ③

정답이 정답인 이유

③ '학생 3'의 '~이런 부분에 대한 언급이 없어 아쉬워.'라는 반응을 통해 자신의 배경지식을 바탕으로 종이 팩을 분리배출하는 데 필요하다고 생각하는 정보가 발표에서 언급되지 않았음을 아쉬워하고 있음을 알 수 있다.

오답이 오답인 이유

① '학생 1'은 '폐지'를 대체할 새 용어로 '종이 자원'이 선정되었다는 기사를 읽은 과거의 경험을 떠올리고 있으나, 이를 바탕으로 발표 내용에 의문을 제기하고 있지는 않다.

② '학생 2'는 발표 내용을 바탕으로 자신의 경험을 떠올리거나, 발표 내용과 관련하여 추가적인 활동을 하고자 하는 태도를 보일 뿐, 발표에 제시된 정보가 사실에 부합하는지 점검하고 있지는 않다.

④ '학생 2'의 '종이 팩을 씻어서~깨닫게 되었어.'라는 반응으로 보아 발표에서 알게 된 내용을 통해 평소 자신이 했던 생각을 수정하고 있음을 알 수 있으나, '학생 1'은 그렇지 않다.

⑤ '학생 3'의 '지자체 누리집을 통해서 직접 조사해 봐야겠어.'

라는 반응을 통해 발표 내용과 관련하여 추가적인 활동을 할 계획을 세우고 있음을 알 수 있으나, '학생 1'은 그렇지 않다.

04 연설 표현 전략 사용하기　　　답 ②

정답이 정답인 이유

② 학생은 자신의 개인적인 경험과 관련하여 연설 주제를 선정하게 된 동기를 밝히고 있지는 않다.

오답이 오답인 이유

① 2문단에서 '생물 다양성 협약'이라는 용어의 의미를 '지구상의 생물 다양성 보호를 위해 국제적 대책을 마련하고 관련 국가 간의 권리 및 의무 관계를 규정한 국제 협약'이라고 설명하고 있다.

③ 1문단에서 '여러분, 5월 22일이 무슨 날인지 아시나요?', '여러분, 생물 다양성 협약에 대해 들어 보신 적은 있으신가요?'를 통해 중심 화제와 관련된 청중의 사전 지식을 확인하고 있음을 알 수 있다.

④ 5문단에서 '자연과의 조화로운 삶을 목표로 인류의 지속 가능한 삶을 위해 지금은 행동을 취해야 할 때가 아닐까요?'라고 질문 형식을 활용해서 청중의 능동적인 실천을 촉구하며 연설을 마무리하고 있다.

⑤ 연설 마무리에서 목소리를 높여 말하는 준언어적 표현을 활용하였고, 문제의 해결 방안을 제시하면서 손가락을 펼치는 비언어적 표현을 활용하고 있다.

05 연설에서 자료, 매체 활용하기　　　답 ①

정답이 정답인 이유

① 학생은 전문가 인터뷰에서 언급된 기후 변화, 팬데믹과 같이 인류가 직면한 다른 위기와 생물 다양성 손실이 상호 관련이 있다는 내용을 바탕으로 [A]에서 생물 다양성의 보존이 중요한 이유에 대하여 말하고 있다.

오답이 오답인 이유

② 지구 온난화와 같은 기후 변화가 가속화되고 있다는 내용은 〈보기〉를 통해 확인할 수 있지만, 그동안의 국제적인 노력이 실패한 원인을 분석한 내용은 [A]에서 확인할 수 없다.

③ 인간의 무분별한 개발로 자연 서식지가 심각하게 훼손되고 있다는 내용은 〈보기〉를 통해 확인할 수 있지만, 환경 오염, 생태계 파괴 등으로 인한 부정적인 영향들에 대처하는 데 전 세계적으로 막대한 경제적 비용이 발생하고 있음을 부각한 내용은 [A]에서 확인할 수 없다.

④ 생태계의 다양성을 복원하는 것이 인류가 당면한 위기를 해결할 수 있는 길이라는 내용은 [A]에서 확인할 수 있다. 하지만 숲이 이산화 탄소를 흡수하여 지구 생태계의 균형을 유지하는 데 중요한 역할을 한다는 〈보기〉의 내용을 이산화 탄소를 흡수하는 숲의 기능이 지구 생태계의 균형을 깨뜨리는 원인이 되었다고 이해하는 것은 적절하지 않다.

⑤ 야생 동물을 매개로 한 신종 바이러스가 전 세계적으로 확산되고 있다는 내용은 〈보기〉를 통해 확인할 수 있지만, 과도한 밀렵과 야생 동물 거래에 대한 국제적 규제 강화에 대한 내용은 [A]에서 확인할 수 없다.

06 연설 맥락 분석하기 　　　　　　　　 답 ④

정답이 정답인 이유

④ 학생은 대규모의 생태계 복원 정책은 지역별로 환경적 특수성을 고려하여 이루어져야 하고, 시행 전에 과학적 조사와 검토가 선행되어야 한다고 밝히고 있다. 이러한 답변을 이끌어 내기에 적절한 질문으로는 환경적 특수성을 고려하지 않은 복원 사업의 위험성과 관련된 질문이 적절하다.

오답이 오답인 이유

① 답변에서는 대규모 복원 정책이 시행될 때 고려해야 할 점에 대해 밝히고 있는데, 질문은 대규모 복원 사업이 실제로 성공한 사례가 있는지 묻고 있다. 이를 고려할 때 답변을 이끌어 낸 질문으로 적절하지 않다.

② 학생은 연설에서 생태계 복원에 관하여 다른 사람들에게 알리고자 하는 노력이 필요하다고 주장하였으나, 답변에서 이와 관련한 언급을 하지는 않았다. 이를 고려할 때 답변을 이끌어 낸 질문으로 적절하지 않다.

③ 답변에서는 대규모 복원 정책이 시행될 때 고려해야 할 점에 대해 밝히고 있는데, 질문은 인간의 적극적인 개입을 통한 대규모 복원이 필요한 이유를 묻고 있다. 따라서 답변을 이끌어 낸 질문으로 적절하지 않다.

⑤ 답변에서는 대규모 복원 정책이 시행될 때 고려해야 할 점에 대해 밝히고 있는데, 질문은 댐과 같은 기반 시설을 철거하는 대규모 복원 사업이 경제적으로 큰 손실을 발생시키지 않을지 묻고 있다. 따라서 답변을 이끌어 낸 질문으로 적절하지 않다.

06 화법 　　　　　　　　　　　 본문 64～69쪽

01 ⑤	02 ⑤	03 ④	04 ④
05 ①	06 ⑤		

01 강연 표현 전략 사용하기 　　　　　　　 답 ⑤

정답이 정답인 이유

⑤ 강연의 도입 부분에서 '표현의 자유'라는 강연의 주제는 제시하였으나, 강연 내용의 순서를 제시하고 있지는 않다.

오답이 오답인 이유

① 시각 자료를 활용하여 강연의 주제를 제시하고, 밀의 해악의 원리에 대한 정보를 제공하고 있다.

② '여러분도 누리 소통망[SNS]으로 친구들과 소통하거나 개인 방송을 시청한 적이 있을 텐데요'와 같이 강연 내용과 관련된 청중의 경험을 언급하며 주의를 환기하고 있다.

③ '표현의 자유는 자신의 생각이나 의견을 제약받지 않고 마음대로 표현할 권리를 의미합니다.'와 같이 강연의 주제로 다루는 용어의 의미를 설명하여 청중의 이해를 돕고 있다.

④ 질문을 통해 청중의 반응을 살피면서 청중이 강연 내용을 이해하고 있는지를 점검하고 있다.

02 강연 내용 생성하기 　　　　　　　　　 답 ⑤

정답이 정답인 이유

⑤ 강연의 마무리 부분에서 인터넷 매체를 활용할 경우 해악의 원리에 대해 더 깊이 고려할 필요가 있음을 밝히고 있으나, 자신의 구체적인 경험을 사례로 제시하고 있지는 않다.

오답이 오답인 이유

① 1문단에서 인터넷 매체에서의 표현의 자유를 언급하여, 표현의 자유라는 주제가 현대 사회와 관련된 주제임을 드러내고 있다.

② 2문단에서 "자유롭게 토로하고 토론할 완벽한 자유가 존재해야 한다."와 같이 강연에서 다루고자 하는 주제와 관련하여 밀이 『자유론』에서 밝힌 내용을 인용하고 있다.

③ 2문단에서 밀이 표현의 자유를 옹호하는 이유를 제시하여, 표현의 자유가 지닌 가치를 짐작할 수 있도록 하고 있다.

④ 3문단에서 밀이 주장한 해악의 원리를 제시하여, 표현의 자유가 제한되는 경우가 있음을 밝히고 있다.

03 강연 내용 이해, 평가하기   답 ④

정답이 정답인 이유

④ 강연 내용과 관련하여 '학생 1'은 인터넷 댓글을 썼던 경험을, '학생 3'은 학급 회의에서 소수의 주장이 소홀히 여겨졌던 경험을 각각 떠올리고 있다.

오답이 오답인 이유

① '학생 1'은 인터넷 매체에서는 표현의 자유와 관련하여 해악의 원리에 대해 더 깊이 고려할 필요가 있다고 보았으며, 해악의 원리가 특정 상황에 적용되지 않을 수 있음을 언급하지는 않았다.

② '학생 2'는 밀이 주장했을 당시에 해악의 원리가 공감을 얻었는지 궁금해하였으며, 현대 사회에서 해악의 원리가 긍정적 평가를 받고 있는지에 대한 의문을 제기하지는 않았다.

③ '학생 3'은 강연의 내용과 학급 회의 상황을 관련지어 소수의 의견도 존중해야겠다고 생각하였으며, 다수의 의견이 존중받아야 하는 이유에 대해 공감하지는 않았다.

⑤ '학생 2'는 해악의 원리가 현재에도 여전히 유효하다고 하면서 해악의 원리의 긍정적 측면을 밝히고 있다. 그리고 '학생 3'은 밀이 주장했던 표현의 자유와 관련하여 이를 자신의 생활 속에 적용해 보려고 하고 있다. 따라서 '학생 2'와 '학생 3'은 모두 해악의 원리가 지닌 부정적 측면을 점검하지는 않았다.

04 대화 표현 전략 사용하기   답 ④

정답이 정답인 이유

④ ㉣은 상대방의 제안을 되물으면서 내용을 확인하는 발화이며, 이어지는 발화에서 '난 좋아.'라고 표현하는 것으로 보아 동의의 의미를 드러내고 있음을 알 수 있다. 따라서 상대방의 의견 중에 이해가 되지 않은 내용에 대한 추가 설명을 듣기 위해 되묻고 있다는 진술은 적절하지 않다.

오답이 오답인 이유

① ㉠은 상대방의 염려에 대해 서로 도와주다 보면 봉사 활동 준비도 잘할 수 있을 것이라는 자신의 의견을 질문의 방식으로 드러내고 있다.

② ㉡은 함께 논의해야 할 화제인 봉사 활동의 주제에 대해 상대방의 의견을 묻고 있다.

③ ㉢은 논의해야 할 화제에 대해 '친구들이 공감하고 함께할 수 있는 주제를 정해서 캠페인 활동을 해 보면 어떨까?'와 같이 자신의 의견을 제안하고 있다.

⑤ ㉤은 '어떻게 그런 생각을 했어?'와 같이 질문의 방식으로

상대방이 좋은 의견을 제안했음을 강조하고 있다.

05 대화 내용 이해, 평가하기   답 ①

정답이 정답인 이유

① [A]의 '학생 1'은 자신이 찾은 인터넷 자료를 활용하여 탄소 중립의 개념과 관련된 새로운 정보를 제시하고 있다. 또한 [B]의 '학생 1' 역시 자신이 자료를 찾아 파리 협정과 관련된 새로운 정보를 제시하고 있다.

오답이 오답인 이유

② [C]의 '학생 1'은 앞서 '학생 2'가 언급한 생활 속 탄소 중립의 실천 방법에 대한 구체적인 예를 밝히고 있다. 그러나 [A]의 '학생 2'는 앞서 '학생 1'이 언급한 탄소 중립의 개념에 대해 구체적인 예를 제시하지 않았으며, 그 의미를 다시 한번 설명하고 있다.

③ [A]의 '학생 1'과 [B]의 '학생 3'은 모두 통계 자료를 활용하고 있지 않다.

④ [A]의 '학생 1'과 [C]의 '학생 2'는 모두 자신이 직접 경험한 사례를 제시하고 있지 않다.

⑤ [B]의 '학생 3'과 [C]의 '학생 3'은 모두 다른 학생이 제안한 의견의 한계를 지적하며 대안을 제시하고 있지 않다.

06 대화 내용 점검, 조정하기   답 ⑤

정답이 정답인 이유

⑤ ⓑ '학생 3'의 네 번째 발화를 보면, 파리 협정의 목표는 지구의 평균 기온이 산업화 이전 대비 2℃ 이상 상승하지 않도록 하고 평균 기온 상승을 1.5℃로 제한하기 위해 노력하는 것임을 알 수 있다.

ⓒ '학생 1'의 여섯 번째 발화를 보면, 생활 속 탄소 중립 실천 방안으로 음식물 쓰레기와 일회용품 줄이기, 분리배출 철저히 하기를 제안하였음을 알 수 있다.

ⓓ '학생 3'의 다섯 번째 발화를 보면, 생활 속 탄소 중립 실천 방안으로 저탄소 제품 구매하기를 제안하였음을 알 수 있다.

오답이 오답인 이유

ⓐ '학생 1'의 네 번째 발화를 보면, 탄소 중립의 개념은 대기 중 온실가스 농도가 인간 활동에 의해 더 증가되지 않도록 순 배출량이 0이 되도록 하는 것임을 알 수 있다.

ⓔ 다음 모임 때까지 생활 속 탄소 중립 실천 방안에 대해 좀 더 조사해 보기로 하였으므로, 다음 모임 준비 사항으로 생활 속 탄소 중립 방안을 직접 실천해 본 후에 경험 정리해 오기는 적절하지 않다.

07 화법
본문 70~75쪽

| 01 ④ | 02 ⑤ | 03 ② | 04 ③ |
| 05 ④ | 06 ⑤ | | |

01 협상 맥락 분석하기
답 ④

정답이 정답인 이유

④ ㉠은 '선생님'이 주문 수량을 늘려 달라는 요구를 수용한 후, 기념품 수량이 넉넉하면 어떤 점이 긍정적으로 작용할 수 있는지를 언급한 것이다. ㉡은 '선생님'이 업체명 노출에 대한 요구를 수용하는 과정에서 추가된 부채 보관함이 긍정적으로 작용할 수 있음을 언급한 것이다. 따라서 ㉠과 ㉡은 모두 상대의 요구를 수용한 결과가 자신에게 어떠한 효용을 미칠 수 있을지를 덧붙이는 발화이다.

오답이 오답인 이유

① ㉠과 ㉡은 각각 '선생님'이 '공방 대표'의 제안을 수용한 뒤에 이어지는 발화이다. '선생님'의 제안으로 '공방 대표'가 떠올릴 수 있는 의문에 '선생님'이 선제적으로 대답한다는 내용은 ㉠과 ㉡의 공통점으로 적절하지 않다.

② ㉠과 ㉡에는 '선생님'이 '공방 대표'의 제안을 수용하고 있음이 드러나므로, '선생님'이 '공방 대표'의 제안에서 예상 가능한 문제점을 지적하며 앞서 수용했던 바를 번복한다는 것은 적절하지 않다.

③ ㉠과 ㉡에서 '선생님'이 '공방 대표'의 제안 중 자신이 파악하지 못한 것을 언급하며 추가로 설명을 요청하는 내용은 찾을 수 없다.

⑤ ㉠과 ㉡에는 '공방 대표'의 제안을 따랐을 때 '선생님' 측에서 기대할 수 있는 효과가 언급되어 있다. '선생님'의 제안을 '공방 대표'가 따랐을 때의 기대 효과는 ㉠과 ㉡에 제시되어 있지 않다.

02 협상 표현 전략 사용하기
답 ⑤

정답이 정답인 이유

⑤ [A]에서 '선생님'은 부채 주문 수량을 늘려 달라는 '공방 대표'의 제안을 일부 수용하고 난 다음에 접부채의 모서리에 동아리명을 작게 넣는 것을 무료로 해 달라는 요구를 드러내고 있다. '공방 대표'는 접부채의 모서리에 동아리명을 작게 넣는 것을 무료로 해 주겠다고 수용한 다음에 업체명을 접부채에 넣을 수 있는지를 묻고 있다. 이는 상대의 요구를 수용하려는

의사를 밝힌 다음 자신의 요청 사항을 상대에게 제시하는 협상 전략으로 볼 수 있다.

오답이 오답인 이유

① [A]에서 '선생님'과 '공방 대표'는 모두 상대의 요구를 수용하려는 의사를 밝히면서 상대에게 자신의 요구 사항을 전달하고 있는데, 그 과정에서 자신의 제안을 수용하는 일이 상대의 능력으로 실현 가능하다는 점을 언급하고 있지는 않다.

② '공방 대표'는 접부채 모서리에 업체명을 넣는 것이 수용되지 않자 부채 보관함에 업체명을 넣는 방안을 제시하였다. 이는 제안이 거절당한 경우에 차선책을 대안으로 제시하여 협상을 이어 가는 것으로 볼 수 있으나, [A]의 '선생님'의 발화에서는 그와 같은 부분을 찾을 수 없다.

③ [A]에서 '선생님'과 '공방 대표'는 모두 상대의 제안에 이어 그 수용 여부를 드러내고 있다. [A]에서 '선생님'과 '공방 대표'가 제안에 대한 수용 여부를 드러내기 전에 먼저 필요한 조건이 무엇인지를 드러낸다는 것은 적절하지 않다.

④ '선생님'은 접부채에 업체명을 넣을 수 있는지를 묻는 '공방 대표'의 제안을 거절하기 전에, 접부채는 동아리 부원들끼리 만든 결과물을 기념품화하는 것임을 '공방 대표'에게 또 밝히고 있다. 이는 상대의 요구를 거절하기 전에 자신의 상황을 상대에게 다시금 환기하는 것으로 볼 수 있으나, [A]의 '공방 대표'의 발화에서는 그와 같은 부분을 찾을 수 없다.

03 협상 내용 이해, 평가하기
답 ②

정답이 정답인 이유

② '선생님'은 '공방 대표'가 접부채의 종류를 바꾸거나 수량을 더 늘려 달라고 하자 접부채의 종류를 바꾸는 것은 이미 동아리 부원들 간 논의가 끝난 상황이기에 불가능하다고 하였다. '선생님'이 접부채의 종류를 바꿔 달라는 제안을 거절한 것은 납품 시기와는 관련이 없다.

오답이 오답인 이유

① '공방 대표'는 접부채 주문 수량을 50개는 늘려야 단가를 낮출 수 있다고 하였으나 '선생님'은 예산을 보니 40개까지 늘리는 것이 가능하다고 하였다.

③ '선생님'은 접부채 100개를 단가 1만 5천 원에 맞추고 싶다고 '공방 대표'에게 제안했으나, '공방 대표'는 업체의 사정이 어려움을 들어 '선생님'의 제안대로 맞춰 줄 수 없다고 하였다.

④ '공방 대표'는 공방의 부채가 여러 사람에게 홍보되면 좋겠다는 입장을 토대로 '선생님'에게 부채 보관함에 업체명을 넣을 수 있다면 부채 보관함의 단가를 원래 단가인 1천5백 원보

다 낮출 수 있다고 제안하였다.
⑤ '신생님'은 학생들만의 멋진 접부채가 만들어시기를 바란
다는 입장이지만, 부채 보관함을 제작하는 데 드는 비용을 줄
이기 위해 부채 보관함에 동아리명과 더불어 업체명을 표시하
자는 '공방 대표'의 제안을 수용했다.

04 대화 내용 이해, 평가하기   답 ③

정답이 정답인 이유

③ (나)에서 '학생 2'는 '여럿이 한마음'이라는 달리기 종목을
설명하며 행동을 통해 시범을 보여 주고 있지만 (가)에서는 몸
짓이나 표정 등을 통해 대화 내용을 보강하고 있는 부분을 찾
을 수 없다.

오답이 오답인 이유

① (가)의 '학생 1'은 해요체, '선생님'은 주로 해체를 사용하여
대화하고 있고, (나)의 학생들은 주로 해체를 사용하여 대화하
고 있다. (가)와 (나)의 참여자들은 대부분 비격식체를 사용하
여 대화하고 있다.
② (가)와 (나)에서 대화 참여자들이 외적 갈등을 완화하고자
자신의 감정을 진솔하게 드러내는 부분은 찾을 수 없다.
④ (가)와 (나)에서 대화 참여자들이 상대의 태도를 변화시키
고자 공신력 있는 자료를 보여 주고 있는 부분은 찾을 수 없다.
⑤ (가)와 (나)의 대화에서는 모두 묻는 쪽과 대답하는 쪽이 구
분되어 있지 않다.

05 대화 맥락 분석하기   답 ④

정답이 정답인 이유

④ [A]에서 '학생 3'은 작년에 체육 대회가 학교 운동장에서
열려 배경 음악을 틀지 못했던 것을 떠올렸고, 이인삼각 달리
기를 체육 대회 종목에서 빼자는 의견을 제시했다. [A]에서
'학생 3'은 체육 대회가 실내에서 개최된다는 사실(㉠)이 체육
대회에서 특정 종목을 진행할 수 있을지 여부를 결정하는 데
에 필수적 조건이 된다는 것을 언급하고 있지 않다.

오답이 오답인 이유

① '학생 1'은 본격적으로 체육 대회의 종목을 정하기에 앞서,
두 번째 발화에서 선생님께서 체육 대회의 종목을 정할 때 더
많은 학생이 안전하게 참여할 수 있도록 하자고 당부하셨다는
말씀을 전달하였다.
② '학생 2'는 첫 번째 발화에서 ㉠을 고려하여 체육 대회가
진행될 때 학생들이 더 신나게 운동할 수 있도록 배경 음악을

틀어 놓는 방안을 제시하였다.
③ '학생 2'는 세 번째 발화에서 ㉡과 관련하여 자신은 작년에
이인삼각 달리기 선수로 뽑히지 못해 아쉬웠다고 말하였다.
⑤ '학생 3'은 세 번째 발화에서 이인삼각 달리기의 진행 방식
이 ㉢에 어긋날 수 있음을 들어 이인삼각 달리기를 체육 대회
종목에서 빼야 한다는 자신의 견해를 보강하고 있다.

06 대화 내용 이해, 평가하기   답 ⑤

정답이 정답인 이유

⑤ [B]에서 '학생 2'는 이인삼각 달리기를 대체할 종목으로
'꼬리잡기'를 제안하였고, '학생 3'은 '꼬리잡기'는 작년에 했
던 '이인삼각 달리기'보다 많은 학생이 참여할 수 있는 종목이
아니라는 점을 들어 '학생 2'의 제안에 대한 반대 의사를 표시
하였다. 또한 '학생 2'가 '여럿이 한마음'이라는 종목을 제안
하자, '학생 3'은 '이인삼각 달리기'를 했을 때를 떠올리며 새
로 제안된 종목은 부상의 위험이 적다는 점을 들어 찬성 의사
를 표시하였다. 이를 통해 [B]에서 '학생 3'은 기존 종목이었
던 '이인삼각 달리기'를 경험했던 것에 비추어 '학생 2'가 제
안한 대안이 적절한지를 따지고 있음을 알 수 있다.

오답이 오답인 이유

① [B]에서 '학생 1'은 '학생 2'와 '학생 3'의 의견을 절충하고
있지 않고, 새로운 대안을 도출하고 있지도 않다.
② [B]에서 '학생 2'가 '여럿이 한마음'이라는 달리기 종목을
제안하자, '학생 1'은 그에 대해 긍정적인 반응을 보이고 있다.
③ [B]에서 '학생 2'가 '학생 1'의 제안을 수용하고 있는 부분
은 찾을 수 없다.
④ [B]에서 '학생 1'은 '여럿이 한마음'이라는 새로운 달리기
종목을 긍정적으로 평가하고 있고, '학생 3'은 자신의 배경지
식을 활용하여 '학생 1'의 평가를 보강하고 있다.

08 화법
본문 76~82쪽

01 ④	02 ⑤	03 ③	04 ⑤
05 ⑤	06 ②		

01 면접 내용 이해, 평가하기
답 ④

정답이 정답인 이유

④ ㉣에서 지원자는 자신이 제안한 정책이 현실에서 성공적으로 이루어지기 위해 뒷받침되어야 하는 부분이 무엇인지에 대한 면접관의 질문에 대해 청소년의 자기 주도적인 참여가 뒷받침되어야 한다고 답변하고 있다. 이는 또래 상담 요원의 확보와 또래 상담 프로그램의 활성화를 위해 자신이 생각한 방안을 이야기한 것이다. 하지만 ㉣에서 이 방안의 타당성을 강조하기 위해 실제 있었던 사건을 사례로 제시하고 있지는 않다.

오답이 오답인 이유

① ㉠에서 지원자는 청소년 참여 위원회 활동에 대한 면접관의 질문에 대해, 청소년 참여 위원회가 청소년의 권익을 위해 활동하는 단체이며, 지역 청소년을 위한 정책과 사업을 제안하고 사업들을 모니터링하기도 하며 다양한 교류 활동을 하는 단체라고 답변하고 있다. 이는 친구에게 들어서 알고 있는 내용 외에 추가 조사를 통해 알게 된 구체적인 활동 내용을 덧붙인 것이다.

② ㉡에서 지원자는 기존 청소년 참여 위원회의 정책 제안 활동 중에서 그 성과로 특별히 기억에 남는 것은 무엇이냐는 면접관의 질문에 대해 정책의 구체적인 성과까지 모두 조사하지는 못했다고 답변하고 있다. 이는 자신이 조사하지 않은 내용임을 밝히며 잘 모른다는 점을 솔직하게 인정한 것이다.

③ ㉢에서 지원자는 정책 제안으로 해결하고 싶은 문제에 대한 면접관의 질문에 대해 또래 상담 활성화 정책을 제안하고 싶다고 답변하고 있다. 답변에서 지원자는 예전에 친구 관계로 힘든 시간을 보냈을 때 또래 상담으로 위안을 얻은 적이 있다고 언급하고 있다. 그리고 ○○시에도 자신과 비슷한 문제를 겪는 친구들이 많이 있었다고 언급하고 있다. 이는 자신의 경험을 바탕으로 정책의 필요성을 뒷받침한 것이다.

⑤ ㉤에서 지원자는 우리 지역의 청소년 권익 수준이 어느 정도라고 생각하느냐는 면접관의 질문에 대해 작년까지 □□시와 ◇◇시에서 제정된 청소년 관련 조례 수를 들어 답변하고 있다. 이는 ○○시의 상황을 다른 지역과 비교한 결과를 활용하여 청소년 권익 수준이 낮은 문제에 대한 자신의 생각을 밝힌 것이다.

02 면접 표현 전략 사용하기
답 ⑤

정답이 정답인 이유

⑤ 면접관은 여덟 번째 발화에서 지역 청소년의 권익 수준에 관한 문제의 해결을 위해 어떤 것이 필요할지 질문하여 지원자가 청소년의 권익 증진과 관련해 자신의 포부를 진술할 수 있게 했다. 이는 ㉺를 확인하기 위한 질문이라고 볼 수 있다. 하지만 면접관의 발화에서 ㉹와 관련해 청소년 관련 정책을 제안할 때 겪을 수 있는 문제 상황을 언급하고 있는 부분은 없다.

오답이 오답인 이유

① 면접관은 두 번째 발화에서 청소년 참여 위원으로 지원한 동기를 물어본 뒤, 친구가 조언을 해 줬다는 지원자의 답변과 연결 지어 친구가 청소년 참여 위원회 활동에 대해서도 알려 주었는지를 추가로 질문했다. 이는 ㉮와 관련해 지원자가 기존 청소년 참여 위원회 활동에 관심이 있었는지를 확인하기 위한 질문이라고 볼 수 있다.

② 면접관은 네 번째 발화에서 ㉮와 관련해 기존 청소년 참여 위원회의 정책 제안 활동의 성과에 대해 질문했고, 이에 지원자가 잘 모르겠다며 당황하자 질문을 다른 내용으로 바꿔서 지역 청소년들을 위해 지원자가 정책을 제안하여 해결하고 싶은 문제를 질문했다. 이는 지원자가 긴장을 풀고 답변할 수 있도록 유도한 것이며, ㉯와 관련해 지원자가 청소년과 관련한 정책을 제안하는 과정에 참여하고자 하는지를 확인하기 위한 질문이라고 볼 수 있다.

③ 면접관은 또래 상담 활성화 정책을 제안하고 싶다는 지원자의 앞선 발화와 관련하여, 여섯 번째 발화에서 또래 상담 활성화 정책이 채택되었다고 가정할 때 정책이 현실에서 성공적으로 이루어지기 위해 어떤 부분이 뒷받침되어야 한다고 생각하는지를 질문했다. 이는 지원자가 이전 답변에서 제안한 정책에 대해 추가로 설명할 수 있도록 질문한 것이며, ㉯와 관련해 지원자가 청소년과 관련한 정책을 제안하는 과정에 참여하고자 하는지 구체적인 생각을 확인하기 위한 질문이라고 볼 수 있다.

④ 면접관은 청소년 참여 위원회가 청소년의 권익을 위해 활동하는 단체라는 지원자의 앞선 발화에 대해, 일곱 번째 발화에서 현재 우리 지역의 청소년 권익 수준이 어느 정도라고 생각하는지를 질문했다. 이는 청소년 참여 위원회의 활동 목적과 관련해 지원자가 앞서 응답한 내용을 다시 언급하여 질문한 것이며, ㉹와 관련해 지원자가 청소년의 권익 증진에 대한 의식이 투철한지를 확인하기 위한 질문이라고 볼 수 있다.

03 면접 내용 생성하기 답 ③

정답이 정답인 이유

③ [A]에서 지원자는 지역 청소년의 권익 수준이 낮은 편이라는 문제가 해결되기 위해서 청소년들이 주인 의식을 가지고 자신의 권익을 지키기 위해 나서야 한다고 답변하고 있다. 그리고 청소년 참여 위원이 청소년들을 일깨우는 역할을 해야 한다는 생각을 밝히며, 청소년 참여 위원으로서 자신이 수행하고 싶은 활동들을 진술하고 있다. 이를 통해 지원자가 청소년 참여 위원으로서 활동하기 위해 어떠한 마음가짐과 계획을 지니고 있는지 확인하기 위한 것으로 질문의 의도를 파악했음을 알 수 있다.

오답이 오답인 이유

① [A]에 앞서 지원자는 여덟 번째 발화에서 자신이 알고 있는 우리 지역의 청소년 관련 조례 현황을 인근 지역과 비교하여 제시하였다. 이 답변에 대해 면접관은 지역 청소년의 권익 수준이 낮은 문제가 해결되려면 어떤 것이 필요할지를 지원자에게 질문하였다. 이는 청소년의 권익 수준을 높이기 위한 활동 계획을 나름대로 마련하고 있는지 알아보려는 질문이라고 볼 수 있다. 그리고 [A]에 청소년의 권익 수준과 관련해 지원자가 알고 있는 지역 청소년의 현황을 구체적인 통계 수치를 언급하여 답변하고 있는 부분도 없다.

② [A]에서 지원자는 누리 소통망[SNS]을 활용하여 지역 청소년들과 소통하기 위한 창구를 만들겠다고 답변하고 있다. 이는 지역 청소년들이 목소리를 낼 수 있도록 청소년 참여 위원으로서 그들을 일깨우는 역할을 해야 한다는 자신의 생각을 뒷받침하기 위한 것이다. [A]에서 지원자가 다양한 매체를 활용할 수 있다는 점을 다양한 매체들을 나열하며 내세우고 있지는 않다.

④ [A]에서 지원자는 지역 청소년들과 소통하기 위한 창구를 만들어 캠페인을 벌이고 청소년들의 의견을 수렴하여 지자체에 목소리를 내고 싶다는 포부를 밝히고 있다. [A]에서 지원자가 지역 청소년과의 소통을 언급하기는 하지만, 청소년 위원회 구성원들과 융화하는 데 문제가 없다는 점을 다른 조직에서의 경험을 바탕으로 내세우고 있지는 않다.

⑤ [A]에서 지원자는 지역에 필요한 것들을 조사하여 지자체에 관련 조례를 제정해 줄 것을 요청할 계획임을 밝히고 있다. 그러나 [A]에서 지원자가 지자체에 의견을 개진하는 절차를 순서대로 설명하고 있지는 않다.

04 토론 맥락 분석하기 답 ⑤

정답이 정답인 이유

⑤ 사회자의 발화 중 토론에서 발언할 때 주의해야 할 사항을 밝히고 있는 부분은 없다.

오답이 오답인 이유

① 사회자는 첫 번째 발화에서 요즘 누리 소통망[SNS]에 부모들이 자녀와 관련된 사진이나 영상을 올리는 경우가 많다고 토론의 배경을 소개하며, 토론의 화제인 셰어런팅의 개념을 정의하고 있다.

② 사회자는 첫 번째 발화에서 셰어런팅에 대해서는 긍정적인 시선도 있지만 우려하는 목소리도 적지 않은 상황이고 법적 규제 측면에서 우리나라가 외국의 경우와 차이가 있음을 언급하며, '셰어런팅을 법적으로 금지해야 한다'를 논제로 소개하고 있다.

③ 사회자는 토론의 진행 절차에 맞추어 찬성 측의 입론, 반대 측의 반대 신문, 반대 측의 입론, 찬성 측의 반대 신문 순으로 각 측이 발언할 순서를 안내하고 있다.

④ 사회자는 두 번째 발화에서 찬성 측의 입론을, 네 번째 발화에서 반대 측의 입론을 각각 요약하여 제시하고 있다.

05 토론 내용 이해, 평가하기 답 ⑤

정답이 정답인 이유

⑤ '반대 1'은 반대 신문 단계에서 아동의 개인 정보 자기 결정권과 초상권을 부모의 것이라고 보는 것이냐는 '찬성 1'의 질문에 개인 정보 자기 결정권과 초상권은 아동에게도 법적으로 보장되는 기본적인 권리라고 답변하였다. 따라서 만 14세 미만 아동의 개인 정보 자기 결정권과 초상권을 부모가 소유하게 된다고 정리한 것은 적절하지 않다.

오답이 오답인 이유

① '찬성 1'은 입론에서 셰어런팅이 주로 자녀의 의사와 상관없이 이루어진다는 점을 언급하며, 이는 개인 정보 자기 결정권과 초상권에 위배된다고 주장하고 있다.

② '찬성 1'은 입론에서 셰어런팅으로 인해 아동이 범죄의 위험에 노출될 수 있다고 언급하며, 이를 뒷받침하기 위해 한 방송국에서 진행한 실험의 내용을 근거로 제시하고 있다.

③ '반대 1'은 입론에서 개인 정보 보호법을 근거로 부모가 만 14세 미만 자녀의 개인 정보 처리에 대한 권한을 갖는다고 밝히고 있다. 또한 셰어런팅으로 인한 범죄에 대응하는 법적 규제는 기존의 아동 복지법, 아동·청소년 성보호법, 성폭력 처

벌법 등에 이미 마련되어 있음을 밝히고 있다.

④ '찬성 1'은 아동의 개인 정보가 심각한 범죄에 악용될 수 있다는 것은 지나친 우려가 아니냐는 반대 측의 질문에 대한 답변에서 일본에서 2011년에 벌어진 유괴 사건과 호주의 한 범죄 사이트에서 발견된 사진의 절반가량이 SNS에 업로드된 아동 사진이었던 사례를 언급하고 있다. 그리고 이를 바탕으로 셰어런팅으로 인한 범죄 가능성은 전 세계가 우려하고 있는 문제임을 제시하고 있다.

06 토론에서 자료, 매체 활용하기 답 ②

정답이 정답인 이유

② 찬성 측은 셰어런팅이 자녀의 의사와 상관없이 이루어지므로 법적으로 금지하여 개인 정보에 대한 아동의 권리를 보호해야 한다고 주장하고 있다. 그리고 〈보기〉에서는 모든 사람은 신분, 재산, 종교, 나이, 국적과 관계없이 자신의 사생활을 존중받을 권리가 있다는 프랑스 민법의 내용과, 자녀의 동의 없이 사진이나 동영상을 게시한 부모를 처벌할 수 있다는 형법의 규정을 설명하고 있다. 따라서 개인 정보에 대한 당사자의 결정권을 법적으로 보호해야 한다는 찬성 측의 주장을 〈보기〉의 자료를 활용하여 뒷받침할 수 있다.

오답이 오답인 이유

① 〈보기〉는 사생활을 존중받을 자녀의 권리와 이를 보호하기 위한 프랑스 법의 내용을 제시하고 있다. 이는 아동이 범죄의 위험에 노출될 수 있다는 내용과는 직접적인 관련이 없다.

③ '반대 1'은 입론에서 셰어런팅이 육아에 대한 정보를 나누고 육아에서 오는 감정을 공유할 수 있는 유용한 수단이 될 수 있다고 주장하고 있다. 하지만 〈보기〉의 내용은 반대 측이 주장한 내용과는 관련이 없으므로 이를 반박하는 근거로 활용하기 어렵다.

④ 〈보기〉는 신분, 재산, 종교, 나이, 국적과 관계없이 모든 사람은 자신의 사생활을 존중받을 권리가 있다는 프랑스 법의 내용을 제시하고 있다. 아동은 성인과 비교해 개인 정보에 대한 권리 행사가 미숙할 수 있다는 주장은 〈보기〉의 내용과 상충하는 내용이므로 이를 뒷받침하는 자료로 활용하기 어렵다.

⑤ '반대 1'은 입론에서 개인 정보 보호 위원회가 잊힐 권리의 제도화를 추진하고 있음을 언급하고 있다. 이는 국내에서 추진 중인 제도로, 프랑스 법의 내용을 제시하는 〈보기〉와는 관련이 없다.

01 ⑤   02 ④   03 ⑤   04 ④
05 ⑤   06 ③

01 정보 전달 글쓰기 내용 조직하기 답 ⑤

정답이 정답인 이유

⑤ 2문단에 수면 장애의 원인이 제시되어 있기는 하지만 이를 분석하여 각 원인에 따라 유발되는 증상이 무엇인지 밝히고 있지는 않다.

오답이 오답인 이유

① 2문단에서 수면 장애의 유형으로 불면증, 기면증, 하지 불안 증후군을 나열하여 수면 장애의 다양한 양상을 제시하고 있다.

② 1문단에서 인간의 수면을 렘수면과 비렘수면으로 구분하여 수면의 기능을 각각 정신적 기능과 신체적인 기능의 회복이라고 설명하고 있다.

③ 3문단에서 수면 장애로 인해서 발생한 졸음운전 교통사고 사례를 통해 사회적 피해 상황을 제시하고 있다.

④ 4문단에서 수면 관련 연구 단체의 의견을 인용하여 수면 장애를 해결할 수 있는 방법인 생활 습관 개선에 관해 소개하고 있다.

02 정보 전달 글쓰기 자료, 매체 활용하기 답 ④

정답이 정답인 이유

④ 〈보기〉의 ㄱ에는 수면 장애 환자 수 증가 현황이 제시되어 있으며, ㄴ에는 청소년들이 겪고 있는 수면 장애 문제에 관한 내용이 제시되어 있다. 하지만 해당 자료들을 통해서 수면 장애를 경험하는 사람들 중에 청소년이 차지하는 비중이 커지고 있다는 내용을 도출할 수는 없으므로 적절한 자료 활용 방안이 아니다.

오답이 오답인 이유

① 〈보기〉의 ㄱ에는 수면 장애로 인해 건강 보험 지출이 증가했다는 내용이 제시되어 있다. 이를 바탕으로 수면 장애 극복으로 다양한 이점을 얻을 수 있다는 초고의 내용에 수면 장애 치료와 관련된 사회적 비용을 절약할 수 있다는 내용을 추가하는 것은 적절하다.

② 〈보기〉의 ㄴ에는 청소년들이 수면 장애로 인해 겪을 수 있는 문제들이 제시되어 있다. 이를 바탕으로 수면 장애가 유발

하는 문제를 다루고 있는 초고의 내용에 청소년들이 겪을 수 있는 문제도 있다는 점을 추가하는 것은 적절하다.
③ 〈보기〉의 ㄷ에는 수면과 관련된 좋은 생활 습관이 있는 사람은 심혈관 질환으로 인한 사망 위험이 상대적으로 낮다는 조사 결과가 제시되어 있다. 이러한 내용을 활용하여 수면 장애가 심혈관 질환과 관련이 있다는 내용을 뒷받침하는 자료를 추가하는 것은 적절하다.
⑤ 〈보기〉의 ㄴ에는 청소년 수면 장애 문제 해결을 위해 생활 습관 개선이 필요하다는 내용이, ㄷ에는 수면 관련 생활 습관이 특정 질병으로 인한 사망 위험과 관련이 있다는 내용이 제시되어 있다. 이러한 내용을 수면 장애 해소를 위해 생활 습관 개선이 필요하다는 내용을 뒷받침하는 근거로 추가하는 것은 적절하다.

03 정보 전달 글쓰기 내용 점검, 조정하기 　　　 답 ⑤

정답이 정답인 이유
⑤ ㉠과 비교할 때 〈보기〉에는 '생활 습관 개선부터 실천해 보는 것'이라는 내용이 추가되었다. 이는 예상 독자에게 권유하는 내용이 보다 구체적으로 드러나도록 고쳐 쓴 것이다.

오답이 오답인 이유
① 글의 도입에서 '수면 장애란 무엇일까?'라는 질문을 하고 있다. 하지만 해당 질문에 대한 답이 〈보기〉에 드러나지는 않는다.
② 예상 독자가 얻게 될 효용이 ㉠에 비해 〈보기〉에 더 다양하게 드러나지는 않는다.
③ 글의 주제에 대한 필자의 관점은 바뀌지 않았고, 관점이 바뀐 이유가 〈보기〉에 드러나지도 않는다.
④ 〈보기〉에서 문제의 심각성을 강조하는 내용이 반복적으로 드러나지는 않는다.

04 정서 표현 글쓰기 표현 전략 사용하기 　　　 답 ④

정답이 정답인 이유
④ 4문단에 무령왕릉은 천마총과 달리 문화재 보호를 위해 왕릉 내부를 공개하지 않는다는 내용이 제시되어 있지만, 대조를 통해 문화재 관리의 문제점을 부각하고 있는 것은 아니다. 해당 내용을 통해 답사와 관련된 사전 조사를 제대로 해야겠다는 필자의 반성을 드러내고 있다.

오답이 오답인 이유
① 3문단에 공산성 안내판에서 확인한 내용이 인용되어 있다. 이를 통해 공산성에 대한 정보를 전달하고 있다.

② 4문단에서 '우리가 이곳을 찾은 이유는 무엇일까?', '그것은 바로 무령왕릉이 백제 최고의 유적이라 불리고 있기 때문이다.'와 같이 스스로 묻고 답하는 방식이 활용되고 있다. 이를 통해 '무령왕릉과 왕릉원'을 찾은 이유를 강조하고 있다.
③ 5문단에서 모형을 통해 확인한 무령왕릉 내부를 묘사하면서 백제의 건축술이 뛰어나다는 점을 보여 주고 있다.
⑤ 2문단에 매화가 오랜만에 만나는 친구처럼 환영해 주는 것 같았다는 비유적 표현이 제시되어 있으며, 이를 통해 일정이 시작될 때의 설렘을 드러내고 있다.

05 정서 표현 글쓰기 내용 생성하기 　　　 답 ⑤

정답이 정답인 이유
⑤ 6문단에 '진묘수가 우리를 반겨 주는 것 같아 고마운 마음이 들었다.'라는 내용이 제시되어 있으나, 이는 진묘수가 자신을 반겨 주는 것 같아 고마움을 느꼈다는 것이지 유물을 잘 지켜 준 데 대해 진묘수에게 고마웠다는 것이 아니다. 또한 진묘수에 대한 고마움은 백제의 유물들을 보고 나서 느낀 것이 아니라 유물을 보러 가는 길에 느낀 것이다.

오답이 오답인 이유
① 첫 답사지인 공산성에서 '백제인들과 함께 금강을 바라보는 듯한 경험'을 했다는 내용이 3문단에 제시되어 있다.
② 두 번째 답사지인 '무령왕릉과 왕릉원'을 답사하는 과정에서 무령왕릉에 대한 사전 조사가 부족했다는 점이 아쉬웠다는 내용이 4문단에 제시되어 있다.
③ '웅진 백제 역사 문화관'을 방문하기로 했던 기존의 계획을 '국립 공주 박물관'을 가는 것으로 변경하는 과정에서 친구들이 선뜻 동의해 주어서 다행스러웠다는 내용이 5문단에 제시되어 있다.
④ 사전 조사 내용과 같이 공산성에 백제 시대 성곽이 거의 남아 있지 않은 것을 보고 그 이유를 추측해 보았다는 내용이 3문단에 제시되어 있다.

06 정서 표현 글쓰기 내용 점검, 조정하기 　　　 답 ③

정답이 정답인 이유
③ [A]에는 '얼마 전 동아리 시간에 했던 백제 역사 탐구 토론 활동과 답사를 연계하는 것이 좋겠다는 의견에 따라 공주를 답사하기로 했다.'라는 내용이 추가되었다. 따라서 원래 고려했던 경주 대신 공주를 답사할 도시로 선택한 이유가 무엇인지 드러나게 〈보기〉를 수정했다고 볼 수 있다.

오답이 오답인 이유

① [A]와 〈보기〉에서는 동아리에서 답사를 추진하게 된 계기를 각각 '좀 더 생생한 배움의 기회를 얻고자', '역사의 현장에서 공부해 보는 기회를 얻고자'로 제시하고 있다. 〈보기〉에 이미 답사를 추진하게 된 계기가 제시되어 있으므로, 답사 추진 계기가 드러나게 글을 수정한 것은 아니다.

② [A]와 〈보기〉 모두에 답사 일정을 지난 주말로 정한 이유가 드러나 있지 않다. 따라서 답사 일정을 지난 주말로 정한 이유가 드러나게 글을 수정한 것은 아니다.

④ [A]와 〈보기〉 모두 공주가 유네스코 세계 유산으로 지정되었다는 점을 밝히고 있다. 따라서 공주가 공신력 있는 기관에서 역사적으로 의미가 있다고 인정받았음이 드러나게 글을 수정한 것은 아니다.

⑤ [A]와 〈보기〉 모두 동아리에서 답사를 준비하면서 겪은 갈등에 관한 내용은 제시하고 있지 않다. 따라서 답사를 준비하면서 겪은 갈등을 어떻게 해소했는지 드러나게 글을 수정한 것은 아니다.

⑫ 작문

01 설득 글쓰기 표현 전략 사용하기　　답 ②

정답이 정답인 이유

② 2문단에서 수입 농산물과 같이 푸드 마일리지가 높은 식재료의 단점을 제시하고 있지만, 이는 반론의 논거를 제시한 것이 아니라 필자의 주장을 뒷받침하는 논거를 제시한 것으로 볼 수 있다.

오답이 오답인 이유

① 1문단에서 푸드 마일리지와 관련된 통계 자료의 출처가 국립 환경 과학원임을 명확히 밝힌 것은 논거의 신뢰성을 높이기 위한 것으로 볼 수 있다.

③ 2문단에서 지역 생산 식재료를 이용하게 되면 지역 경제 활성화에 도움이 된다고 언급하여 주장이 공익성을 지니고 있음을 제시하고 있다.

④ 1문단에서 국립 환경 과학원 연구원의 의견을 인용한 것은 푸드 마일리지에 대한 소견 논거를 제시함으로써 논거의 타당성을 높이기 위한 것으로 볼 수 있다.

⑤ 4문단에서 지역 생산 식재료를 구할 수 있는 여러 방법을 소개함으로써 우리 지역에서 생산된 식재료를 이용하자는 주장의 실현 가능성이 높다는 것을 제시하고 있다.

02 설득 글쓰기 내용 생성하기　　답 ②

정답이 정답인 이유

② [A]에서는 학교 급식에 지역 농산물의 비중을 늘린 결과 5년 전에 비해 학생 1인당 푸드 마일리지가 50% 이상 낮아졌다는 인근 학교의 사례를 제시하고 있다.

오답이 오답인 이유

① [A]에서는 학교 급식에 지역 농산물의 비중을 늘려 보다 좋은 품질의 급식을 공급할 수 있게 되었다는 점은 제시하고 있지만, 푸드 마일리지의 높고 낮음에 따른 학교 간 급식 품질을 비교하고 있지는 않다.

③ [A]에서는 학교 급식에 지역 농산물의 비중을 늘린 결과를 늘리기 전과 비교하여 제시하고 있지만, 식단표의 구성 항목을 비교하여 제시하고 있지는 않다.

④ [A]에서는 학교 급식에 지역 농산물의 비중을 늘린 이후에 실시한 급식 만족도 조사 결과를 제시하고 있지만, 이를 그 이전의 조사 결과와 비교하여 제시하고 있지는 않다.

⑤ [A]에서는 학교 급식에 지역 농산물의 비중을 늘린 학교의 경제적 효과를 제시하고 있지만, 지역 농산물의 비중을 늘린 학교와 그렇지 않은 학교의 급식 비용 차이를 비교하고 있지는 않다.

03 설득 글쓰기 자료, 매체 활용하기　　답 ①

정답이 정답인 이유

① 2문단에서는 로컬 푸드 이용의 지역 경제 활성화 효과로 지역 내 소비 증가와 지역 농산물을 생산하는 농가의 소득 증가를 언급하고 있는데, ㄱ에는 이 외에도 '관련 일자리 창출 효과'가 제시되어 있으므로, 2문단에 로컬 푸드 이용의 지역 경제 활성화 효과로 관련 일자리 창출 효과를 추가하는 것은 적절하다.

오답이 오답인 이유

② ㄱ에는 로컬 푸드를 급식에 활용할 경우에 발생하는 비용 절감 측면의 이점에 대한 내용이 제시되어 있지 않으므로 이를 활용하여 3문단에 이와 관련된 정보를 추가하는 것은 적절

하지 않다.

③ ㄴ에 세시된 정보는 지역 농산물 비율이 급식에서 높아질수록 푸드 마일리지가 감소하였음을 보여 주고 있다.

④ ㄷ에서 로컬 푸드 사업으로 농약 살포량이 감소하게 된다는 정보를 확인할 수 있으므로, 2문단에 푸드 마일리지 지수가 높아지면 농약 사용이 감소한다는 정보를 추가하는 것은 적절하지 않다.

⑤ ㄷ에는 로컬 푸드 사업이 지역 농산물 생산자들의 만족도 증가에 기여했다는 정보가 제시되어 있는데, 이를 바탕으로 2문단에 로컬 푸드 사업이 지역 농산물 소비자의 만족도 증가에 기여했다는 정보를 추가하는 것은 적절하지 않다.

04 친교 표현 글쓰기 내용 생성하기 　　답 ⑤

정답이 정답인 이유

⑤ 민속 박물관에서 개인 소장품의 관리가 제대로 이루어지지 않고 있는 것에 대한 아쉬움은 드러나고 있으나, 문화재 관리와 관련된 학과가 많지 않은 것에 대한 아쉬움이 제시되어 있지는 않다.

오답이 오답인 이유

① 박물관 견학에서 박물관 뒤뜰에 놓인 무인석을 인상 깊게 본 경험을 제시하고 있다.

② 박물관 견학 이후 담임 선생님과 부모님의 조언을 듣고 문화재학과에 진학하기로 결심하게 되었음을 제시하고 있다.

③ 문화재학과 재학생과 졸업생들로부터 진로에 대한 조언을 듣고자 게시판에 글을 남긴다는 목적을 밝히고 있다.

④ 민속 박물관 견학 전에 문화재에 별 관심이 없었으며 문화재에 대해 옛것, 낡은 것이라는 생각을 하고 있었음을 제시하고 있다.

05 친교 표현 글쓰기 맥락 분석하기 　　답 ⑤

정답이 정답인 이유

⑤ ㅁ과 관련하여 3문단에서 해외에 반출된 우리 문화재의 현황에 대한 자료를 체계적으로 정리할 계획을 세우고 있다는 내용은 제시하고 있지만, 환수에 성공한 문화재의 현황 및 환수 과정에 대한 자료를 정리할 계획을 제시하고 있지는 않다.

오답이 오답인 이유

① ㄱ과 관련하여 2문단에서 문화재가 해외로 유출된 경로를 추적하고 문화재가 고국으로 돌아올 수 있도록 계획을 수립한다는 내용을 제시하고 있다.

② ㄴ과 관련하여 2문단에서 대학원에 진학하여 국제법을 전공하고 실제 문화재 환수 사례를 바탕으로 문화재 환수 과정에 대해 공부하였음을 제시하고 있다.

③ ㄷ과 관련하여 2문단에서 문화재 환수 과정이 긴 시간을 요하는 일이므로 문화재 환수 전문가로서 인내심과 끈기가 필요하다는 점을 제시하고 있다.

④ ㄹ과 관련하여 2문단에서 문화재 환수 일을 시작하며 처음으로 문화재를 환수해 왔을 때의 감동이 특별히 기억에 남는다는 내용을 제시하고 있다.

06 친교 표현 글쓰기 내용 점검, 조정하기 　　답 ①

정답이 정답인 이유

① 자신의 고등학생 시절 경험을 언급하여 '학생'과 공감대를 형성하고 있다.

오답이 오답인 이유

② 수정 후의 내용에 학과 교육 과정에 대한 정보는 제시되어 있지 않다.

③ 고등학생 시절 진로를 정하지 못해 방황한 내용은 제시되어 있지만, 유년 시절 힘이 되었던 말을 인용하고 있지는 않다.

④ 수정 후의 내용에 문화재학과 졸업 이후 진로와 관련된 정보는 제시되어 있지 않다.

⑤ 직업적 특성상 겪게 되는 막연함이라는 문제점은 수정 전의 내용이며 문화재 환수 과정에서 겪는 문제점과 이를 극복하기 위한 방법은 제시되고 있지 않다.

03 작문 　　본문 96~102쪽

01 ③	02 ⑤	03 ③	04 ①
05 ①	06 ④		

01 비평 글쓰기 내용 생성하기 　　답 ③

정답이 정답인 이유

③ 초고의 1문단에서 ㄷ을 고려하여 팬데믹 아포칼립스 소설을 대표하는 작가의 작품을 언급한 것은 맞지만, 그 작품의 줄거리와 함께 소개한 것은 아니다.

오답이 오답인 이유

① 초고의 1문단에서 '팬데믹 아포칼립스'에 포함된 두 단어의

뜻을 설명하여 용어의 개념을 정의하였다.
② 초고의 1문단에서 감염병과 세상의 종말을 다룬 팬데믹 아포칼립스 소설에 사람들이 주목하는 이유를 스스로 묻고 답하는 방식으로 제시하였다.
④ 초고의 3문단에서 팬데믹 아포칼립스 소설을 자주 접할 경우 감염병에 대한 과도한 불안감이 생길 수 있다는 우려의 목소리가 있음을 언급하였다.
⑤ 초고의 3문단에서 감염병과 당당히 맞서는 소설 속 인간의 모습을 통해 팬데믹 아포칼립스 소설이 우리 사회에 던져 주는 긍정적인 메시지를 재조명하였다.

02 비평 글쓰기 표현 전략 사용하기 　　답 ⑤

정답이 정답인 이유

⑤ 초고에 따르면, 팬데믹 아포칼립스 소설이 담고 있는 주제 의식은 인간이 감염병을 이겨 낼 수 있다는 것으로 우리에게 용기와 희망을 주는 내용이다. 표제와 부제에 이러한 관점이 담겨 있을 뿐 아니라 부제에 '인류의 무기'라는 비유적 표현도 사용되었다.

오답이 오답인 이유

① 표제나 부제에 팬데믹 아포칼립스 소설의 주제 의식과 필자의 관점이 반영되어 있다고 보기 어렵다. 또한 부제에서 비유적 표현도 사용되지 않았다.
② 부제에 '지친 우리 사회', '망원경이 되다' 등과 같은 비유적 표현이 사용되었으나, 표제나 부제에 팬데믹 아포칼립스 소설이 담고 있는 주제 의식이 반영되어 있지는 않다.
③ 표제나 부제에 팬데믹 아포칼립스 소설이 담고 있는 주제 의식이나 필자의 관점이 반영되어 있지 않다.
④ 부제에 '소설이라는 거울' 등과 같은 비유적 표현이 사용되었고, 표제나 부제에 팬데믹 아포칼립스 소설이 담고 있는 주제 의식도 어느 정도는 반영되어 있다고 볼 수 있다. 그러나 소설 속에 나타난 우리 사회의 무력함을 직시해야 한다는 것은 필자의 관점과는 거리가 있다. 물론 필자는 인간의 힘을 과신해 온 것에 대해 반성해야 한다는 메시지를 전달하고 있지만, 그렇다고 우리 사회를 무력하다고 평가한 것은 아니다.

03 비평 글쓰기의 내용 점검, 조정하기 　　답 ③

정답이 정답인 이유

③ 팬데믹 아포칼립스 소설이 과도한 불안감을 부추길 수 있다는 예상 반론에 대해 필자는 꼭 그렇지 않을 것이라는 자신

의 입장을 밝혔다. 따라서 이에 대한 필자의 입장을 밝히지 않았다는 점을 고려하여 ⓒ에 '아니요'라고 반응하는 것은 적절하지 않다.

오답이 오답인 이유

① 세계적인 감염병의 대유행을 겪어 온 상황을 언급하며 글을 시작했으므로, ⓐ에 '예'라고 답할 수 있다.
② 인간이 결국 감염병을 극복할 수 있다는 용기와 희망의 메시지를 전해 준다는 점을 들어, 초고에서는 팬데믹 아포칼립스 소설을 긍정적인 시각에서 평가하고 있다. 따라서 ⓑ에 '예'라고 답할 수 있다.
④ 팬데믹 아포칼립스 소설의 매출이 증가했다는 자료의 출처를 초고에서 구체적으로 밝히지 않았으므로 ⓓ에 '아니요'라고 답할 수 있다.
⑤ 인간의 힘을 과신해 온 우리의 생각을 반성하자는 내용은 이 글의 주제와 어울리지 않는 내용으로 통일성을 해치고 있으므로 ⓔ에 '예'라고 답할 수 있다.

04 성찰 글쓰기 표현 전략 사용하기 　　답 ①

정답이 정답인 이유

① '학생 1'과 '학생 2'는 모두 『남한산성』을 읽고 자신이 깨달은 바를 과거에 자신이 가졌던 생각과 연결하여 제시하였다. '학생 1'은 양공의 고사에 대해 자신이 가졌던 생각을 언급하며 누구의 관점에서 문제를 보느냐가 중요하다는 깨달음을 제시하였다. 또한 '학생 2'는 이사를 했던 경험과 그때 아버지에 대해 가졌던 자신의 생각을 언급하며 누군가의 결정 속에 담긴 내적 고뇌를 먼저 헤아려 볼 줄 알아야 한다는 깨달음을 제시하였다.

오답이 오답인 이유

② '학생 1'과 '학생 2'는 모두 자신을 돌아보고 있지만, 스스로 묻고 답을 하는 방식으로 글을 전개하지는 않았다.
③ '학생 1'은 명분에만 치우친 선택이 문제가 될 수 있다는 생각을 드러내고 있다. '학생 2'는 이와 관련된 관점을 드러내지 않았다.
④ '학생 1'과 '학생 2'는 모두 자신이 직접 겪은 일을 바탕으로 바람직한 삶의 태도를 제시했다. 두 사람 모두 타인의 조언을 바탕으로 자신의 태도를 드러내고 있지는 않다.
⑤ '학생 1'과 '학생 2'는 모두 자신의 모습을 스스로 돌아보며 자기반성의 계기로 삼고 있다. 타인의 눈에 비친 자신의 모습이나 자신의 눈에 비친 타인의 모습에 대해 언급하고 있지는 않다.

05 성찰 글쓰기 내용 점검, 조정하기　　　　답 ①

정답이 정답인 이유

① '같은 맥락에서'라는 연결 표지가 첫 문장에 사용된 것은 맞지만, 이것이 인과 관계를 알려 주는 것은 아니다.

오답이 오답인 이유

② 세 번째 문장의 내용은 앞 문장과 거의 유사하다. 따라서 [A]에서는 이 두 문장이 핵심 내용을 담은 한 문장으로 교체되어 있다.

③ 네 번째 문장인 '인류의 역사에서 전쟁은 수많은 희생과 함께 많은 문학 작품을 탄생시켰다.'는 문단의 자연스러운 흐름에서 벗어나 있는 문장이다. 따라서 [A]에서는 해당 문장이 삭제되어 있다.

④ 다섯 번째 문장에서 '전쟁에서 전사한'에는 전쟁이라는 의미가 중복되어 있다. 따라서 [A]에서는 '전쟁에서'가 삭제되어 있다.

⑤ 필자가 깨달은 내용을 '우리가 세상을 볼 때는 얼마나 잘 보느냐도 중요하지만 누구의 눈으로 보느냐도 중요하다.'라는 문장으로 요약해서 그 문장을 글의 맨 뒤에 추가하였다.

06 성찰 글쓰기 내용 이해, 평가하기　　　　답 ④

정답이 정답인 이유

④ ㄹ에서 '소영'은, 고민의 주안점을 판단하기 어려운 상황에서 누군가의 짊어진 짐의 무게를 함부로 추측하기 어렵다고 하였다. 따라서 '학생 2'와 다른 측면에 주안점을 두고 상대방의 입장을 고려할 것을 주장했다고 보기는 어렵다.

오답이 오답인 이유

① ㄱ에서 '소영'은 '학생 2'가 역사적 인물의 입장에서 그의 선택을 이해하고 공감하자고 한 글의 내용에 대해 의문을 제기하며 상대의 생각을 묻고 있다.

② ㄴ에서 '현우'는 역사학자인 콜링우드의 말을 인용하여 '학생 2'가 글에서 밝힌 생각을 긍정적으로 평가하였다.

③ ㄷ에서 '소영'은 왕이 나라의 운명과 백성들의 안위에 대해 걱정했을 것이라는 '학생 2'의 생각을 일부 인정하면서 왕실의 운명과 개인의 안위에 대해서도 고민했을 것이라는 자신의 의견을 밝히고 있다.

⑤ ㅁ에서 '현우'는 '소영'의 의견을 반박하며 역사적 인물의 내적 고뇌에 공감하고자 한 '학생 2'의 생각을 긍정적으로 평가하였다.

04 작문　　　　본문 103~108쪽

01 ①	02 ③	03 ②	04 ②
05 ⑤	06 ④		

01 건의 글쓰기 맥락 분석하기　　　　답 ①

정답이 정답인 이유

① 이 글은 경로당 프로그램과 관련된 불만 문제를 해결하기 위해 구청 복지 정책 담당자에게 보내는 건의문의 초고이다. 예상 독자인 구청 복지 정책 담당자들을 설득하기 위해 □□구나 △△군에서 운영되는 다양한 경로당 프로그램을 모범 사례로 제시하고 있다.

오답이 오답인 이유

② 개인적인 실천을 당부하는 글이 아니라, 문제 상황을 인식하고 이러한 문제의 해결 방안을 건의하는 글이다.

③ 사회 문제를 분석한 전문가의 의견이 인용되고 있지 않으며, 보도문도 아니다.

④ 경로당 프로그램의 부실한 운영이 글을 쓴 학생에게 직접적으로 피해를 주는 것은 아니다.

⑤ 문제 해결을 촉구하고 있기는 하지만, 그 대상은 구청의 담당자이다. 지역 공동체의 모든 구성원이 독자인 것은 아니다.

02 건의 글쓰기 내용 생성하기　　　　답 ③

정답이 정답인 이유

③ 지압 프로그램이 운영되던 날, 필자가 어르신들께 확인한 어르신들이 희망하는 프로그램에 대한 답변 내용이 글에서 언급되고 있다. 경로당에 오시는 이유에 대한 인터뷰는 나타나지 않는다.

오답이 오답인 이유

① 1문단에 경로당 봉사 활동을 다니면서 느꼈던 문제의식을 바탕으로 경로당 개선에 대한 건의를 드리기 위해서라는 내용이 나타나 있다.

② 2문단에 '프로그램이 다양하지 못하다', '관심 없는 프로그램이 제공되고 있다'와 같은 설문 조사 결과를 인용하여 경로당에 다니시는 노인분들의 불만 사항을 문제 상황으로 제시하고 있다.

④ 마지막 문단에서 다양하고 흥미 있는 프로그램 마련을 통해 어르신들이 매일 아침 경로당 가는 시간을 기다리시는 날이 빨리 왔으면 좋겠다는 내용을 확인할 수 있다.

⑤ 2문단에 경로당 관련 설문 조사 결과가, 4문단에 다른 지역 경로당의 프로그램 사례 등이 나타나 있다.

03 건의 글쓰기 내용 점검, 조정하기　　답 ②

정답이 정답인 이유

② [A]를 고쳐 쓴 글에는 [A]에 있는 불필요한 내용이 삭제되었고, 건의 내용을 설문 결과와 관련지어 구체적으로 진술한 내용이 들어 있다. 그렇지만 경로당 프로그램의 부실한 운영 원인에 대한 언급은 나타나 있지 않다.

오답이 오답인 이유

① '지역 행정 복지 센터 누리집에 접속해 보아도 경로당의 자세한 위치나 시설, 프로그램 등에 대한 내용은 찾기가 어려웠습니다.'라는 통일성을 해치는 문장이 삭제되었다.
③ '노인분들의 실질적인 요구를 반영하여 다양하고 정기적인 프로그램을 개발하고 운영하는 것'과 같이 설문 조사 결과를 반영한 프로그램의 운영 방향을 제시하고 있다.
④ '앞에서 언급했던 설문 결과에서 볼 수 있듯이'를 통해 해결 방안이 설문 결과를 분석한 것임을 언급하고 있다.
⑤ '노인을 공경하는 집'이라고 경로당의 의미를 풀이하면서 '이름에 걸맞은 시설'이라는 구절을 구체화하고 있다.

04 소개 글쓰기 내용 생성하기　　답 ②

정답이 정답인 이유

② 박물관 관람이나 궁궐 탐방 등의 체험 활동을 언급하고, 그러한 활동에서의 자신의 자세와 생각을 드러내고 있다. 그러한 활동에서 깨달은 진로를 위해 필요한 자질에 대한 언급은 나타나지 않는다.

오답이 오답인 이유

① 1문단에 '지리가 단순히 땅에 대한 학문이 아니라 그 땅에 사는 사람들의 일상이나 문화와 매우 밀접한 학문임을 알 수 있었습니다. 이렇게 땅과 거기에 사는 사람들의 이야기에 관심'이라는 내용이 언급되어 있다.
③ 3문단에 '해설사 선생님의 재미있으면서도 깊이 있는 설명을 들으며 내가 보고 있는 것들, 닫고 있는 것들에 대해 자세히 알 수 있었습니다.'라고 제시되어 있다.
④ 2문단에 '고등학교에 입학한 후 지리·역사 동아리인 'IN 누리'에 들어가 학교 근처의 상권을 조사하여 '우리들의 맛집 지도', '우리가 즐겨 가는 곳은 어디?' 등 주제별 지도를 작성하면서 고등학생이 좋아하는 곳, 고등학생의 소비 등에 대해

서 생각하고 탐색해 보기도 했습니다. 또 박물관 관람을 할 때는 가기 전에 박물관에 전시된 내용이 무엇인지, 전시 초점이 무엇인지 등을 미리 살펴보기도 하고, 궁궐을 탐방할 때는 관련 책을 찾아 읽어 보기도 했습니다.'라고 제시되어 있다.
⑤ 4문단에 '지역 사회 명소는 우리 지역의 이름난 공간입니다. 제가 지역 사회 명소 해설사가 된다면 그 공간이 왜 유명해진 것인지를 해당 시대의 사회적·역사적 상황을 통해 살펴볼 것입니다. 그리고 제가 살고 있는 지역 사회의 땅과 문화, 그곳에 남은 생활의 흔적들을 직접 짚어 가며 걸으면서 그곳에 대해, 그곳에서의 삶과 흔적에 대해 그곳을 찾아온 사람들에게 설명할 것입니다. 체험 활동에서 만난 해설사 선생님이 그러했듯이 제 얘기를 듣는 사람들을 과거의 그 삶의 무대로 생생하게 인도하고 싶습니다.'라고 제시되어 있다.

05 소개 글쓰기 표현 전략 사용하기　　답 ⑤

정답이 정답인 이유

⑤ 지역 사회 명소 해설사 활동을 하면서 겪을 수 있는 어려운 점을 예상하여 언급한 부분은 없다.

오답이 오답인 이유

① 1문단에 '작물 분포도, 풋살장 현황도, 선별 진료소 분포도, 제주도의 지질도' 등 주제별 지도의 구체적 사례를 제시하고 있다.
② 2문단에 동아리에서 주제별 지도를 작성한 활동, 탐방 활동 등을 제시하고 이를 통해 '우리가 사는 땅과 역사, 사람에 대해 많은 생각'을 할 수 있었다고 배운 점을 제시하고 있다.
③ 3문단에 '해설사 선생님들의 설명은 때로는 원시 시대로, 때로는 조선 왕조로, 때로는 신라의 무덤으로, 때로는 작가의 서재로 저를 이끌었습니다.'라고 제시되어 있다.
④ 4문단에 '이번에 모집하는 '지역 사회 명소 해설사'는 저의 이러한 관심과 진로 희망에 딱 들어맞는 활동입니다.', '먼저 지역 사회 명소에 대해 자세히 알아보고, 전문적인 내용들은 찾아 가고 물어 가며 연구할 것입니다. 또한 정확하면서도 흥미롭게, 그리고 생생하게 내용을 전달하기 위해서도 노력할 것입니다.'라는 내용이 제시되어 있다.

06 소개 글쓰기 내용 점검, 조정하기　　답 ④

정답이 정답인 이유

④ [A]에서 학생은 행복한 마음을 지닌 해설사로 활동하고, 그 행복감을 해설을 듣는 사람에게도 전하겠다는 포부를 밝히고 있다. ④에서는 '그림책'이라는 비유적 표현을 사용하여 해설

사 선생님이 주신 행복감을 드러내고 있으며 자신도 그런 해설사가 되고 싶다고 밀하고 있다.

오답이 오답인 이유

① '무지개', '무지개 공장' 등의 비유적 표현은 있지만, 해설을 듣는 사람들에게 행복한 마음을 안겨 주는 해설사가 되고 싶다는 내용이 나타나지 않는다.

② '파수꾼'이라는 비유적 표현이 사용되었지만, [A]에서 언급하고 있는 행복한 마음을 지니고 해설사 활동을 하면서 해설을 듣는 사람들이 행복한 마음을 안고 갈 수 있도록 하겠다는 포부가 나타나지 않는다.

③ 비유적 표현이 드러나지 않는다.

⑤ 비유적 표현이 드러나지 않는다.

(05) 작문
본문 109~115쪽

| **01** ⑤ | **02** ⑤ | **03** ④ | **04** ② |
| **05** ④ | **06** ① | | |

01 건의 글쓰기 표현 전략 사용하기
답 ⑤

정답이 정답인 이유

⑤ 예상 독자인 교장 선생님의 심리적 부담에 대한 이해와 공감을 표현한 내용은 드러나 있지 않다.

오답이 오답인 이유

① 예상 독자에 대한 예의를 갖추기 위해 '하십시오체'의 높임 표현을 사용하고 있다.

② 매점 이용 실태에 관한 서술이 이루어지는 2문단에서 직접 목격하거나 전해 들은 경험 사례들을 제시하여 매점 이용 개선을 위한 건의 내용의 설득력을 높이고 있다.

③ 5문단에서 학생회에서 매점 이용에 대한 여러 사항을 책임감 있게 관리하는 것에 적극 협조하여 학생들이 질서 있고 안전하게 매점을 이용할 수 있도록 하는 데 협력할 것을 약속하고 있다.

④ 2문단에서 건의 내용이 학생들을 대상으로 실시한 설문 조사 결과를 바탕으로 한 것임을 밝히며 예상 독자가 건의 내용을 수용해 주기를 촉구하고 있다.

02 건의 글쓰기 자료, 매체 활용하기
답 ⑤

정답이 정답인 이유

⑤ 〈보기〉에서는 대부분 최고가 입찰제 방식으로 운영되는 학교 매점은 학생들을 상대로 최대한 수익을 올리기 위해 고열량·저영양 식품 위주로 메뉴를 구성할 수밖에 없으며, 학생들이 이를 많이 섭취할 경우 건강상의 문제가 발생할 수 있음을 언급하고 있다. 또한 매점 운영 주체나 운영 방식을 변경하여 다양한 친환경 먹거리를 판매하는 학교의 사례를 제시하고 있다. 따라서 자료를 활용하여 매점 운영 주체 및 운영 방식을 변경하여 매점 판매 품목을 질적으로 개선함으로써 장기적으로는 학생들의 건강한 성장과 발달을 도모할 수 있음을 강조할 수 있다.

오답이 오답인 이유

① 〈보기〉에서는 대다수의 학교 매점이 최고가 입찰제로 운영되고 있고, 구매력이 부족한 학생들을 상대로 최대한의 수익을 올리고자 저가의 고열량·저영양 식품 위주로 판매 품목이 구성됨을 언급하고 있다. 그러나 매점이 최고가 입찰제로 운영되는 이유가 학생들의 구매력 수준과 관련이 있다고 보기는 어렵다.

② 학생들이 출자한 자본으로 매점을 운영하는 것과 학생들의 구매력 수준의 향상은 관계가 없다. 또한 건의 내용은 매점의 판매 수익을 올리는 방안에 대한 것이 아니며 이는 건의의 목적에도 부합하지 않는다.

③ 〈보기〉에서는 매점에서 주로 판매하는 품목이 학생들이 선호하는 고열량·저영양 식품이어서 이를 많이 섭취할 경우 건강상의 문제가 발생할 수 있음을 언급하고 있다. 그러나 건의 내용은 매점 판매 품목을 다양화하고 매점 판매 품목의 질적인 개선을 도모하기 위해 운영 방식을 변경하는 것이 필요하다는 것이지, 매점 판매 품목을 친환경 먹거리 위주로 구성해야 한다는 것이 아니므로 적절하지 않다.

④ [A]에서 학생이 건의한 내용은 학교 측과 매점 사업자 간의 협상을 통해 매점 측이 '건강한 먹거리'를 포함하여 다양하게 판매 품목을 구성하게 함으로써 학생들이 매점 음식 선택의 폭을 넓힐 수 있도록 해 달라는 것이지, 매점의 임대료를 적절한 수준으로 낮춰 달라는 것이 아니므로 이는 적절하지 않다.

03 건의 글쓰기 내용 이해, 평가하기
답 ④

정답이 정답인 이유

④ 학교 측과 매점 사업자 간의 협상을 통해 학생들의 요구 사

항을 반영할 수 있도록 하는 방안이 매점 사업자 측에도 이익이 됨을 밝힌 부분은 제시되어 있지 않으며, 이러한 해결 방안이 공동체적 가치에 부합함을 드러내고 있다고 볼 수도 없다.

오답이 오답인 이유

① 2문단에서 학생들의 무질서한 매점 이용 실태와 안전사고 발생의 위험성을 관련지으며 독자의 공감을 이끌어 매점 운영 및 이용 방안에 개선이 필요함을 표현하고 있다.
② 3문단에서 필자는 '판매 창구 앞 한 줄 서기' 캠페인 실시와 매점의 판매 창구 증설이라는 구체적인 문제 해결 방안을 제시하고 있다.
③ 3문단에서 현재 사용하지 않고 보관 중인 다목적실의 탁자와 의자를 활용하면 매점 안의 편의 시설이 부족한 문제를 바로 해결할 수 있음을 언급하여 문제 해결을 위한 요구 사항의 합리성과 실현 가능성을 드러내고 있다.
⑤ 마지막 문단에서 건의 사항이 수용되었을 때 학생들의 질서 의식이 높아지고, 안전사고 발생을 예방할 수 있다고 하여 요구 사항이 실현되었을 때 나타날 수 있는 긍정적 효과를 제시하고 있다.

04 정보 전달 글쓰기 내용 조직하기 답 ②

정답이 정답인 이유

② 학생이 작성한 초고에서는 여러 가지 구독 경제의 유형을 기준에 따라 분류한 내용을 찾아볼 수 없다.

오답이 오답인 이유

① 3문단에서 구독 경제의 국내 시장 상황과 미국, 유럽, 중국 등을 중심으로 한 세계적인 추세를 차례로 제시하며 구독 경제의 현황을 구체화하고 있다.
③ 2문단에서 구독 경제의 대표적인 사례를 제시하여 구독 경제의 개념에 대한 독자의 이해를 돕고 있다.
④ 2문단에서 최근 구독 경제가 급성장하게 된 배경을 20~30대 젊은 세대의 소비 성향과 관련지어 설명하고 있다.
⑤ 4문단에서 구독 경제의 긍정적인 면뿐만 아니라 구독 경제의 예상되는 문제점도 제시하고 있다.

05 정보 전달 글쓰기 내용 점검, 조정하기 답 ④

정답이 정답인 이유

④ 첫 문단을 수정한 〈보기〉의 글을 보면, '집을 중심으로 한 일상생활이 장기간 지속되면서'와 같이 중복되는 내용이 삭제되었다. 또한 '식재료 및 신선 식품의 주기적 배송', '동영상,

음악, 전자책 등의 디지털 콘텐츠 정기 구독 서비스' 등과 같이 감염병 대유행 시기에 활성화된 구독 경제의 사례가 추가되어 있다.

오답이 오답인 이유

① 구독 경제가 세계 경제에 미친 영향은 추가되지 않았다.
② 구독 경제가 기업들의 안정적 매출 확보에 도움이 된 내용은 추가되지 않았다.
③ 세계 경제 위기 시기에 활성화된 구독 경제에 대한 내용을 구체화한 부분은 없다.
⑤ 구독 경제가 감염병 대유행 시기에 급성장한 이유는 추가했으나 화제와 관련이 없어서 삭제된 내용은 없다.

06 정보 전달 글쓰기 자료, 매체 활용하기 답 ①

정답이 정답인 이유

① (가)는 구독 경제가 다양한 분야에서 그 사업 규모가 빠르게 확장되며 국내 기업들이 업종을 불문하고 구독 경제에 뛰어들고 있다는 내용을 담고 있다. 또한 소비자의 구매력이 갈수록 약해지고 있는 가운데 구독 경제가 새로운 시장을 모색하는 기업들의 대안이 될 수 있다는 내용을 담고 있다. 그러나 (가)를 활용하여 소비자의 구매력을 높이는 데 구독 경제가 대안이 될 수 있다는 점을 제시한다고 한 계획은 적절하지 않다.

오답이 오답인 이유

② (가)에서는 구독 경제가 OTT 플랫폼뿐만 아니라 유통업계, 엔터테인먼트, 패션 등 다양한 분야에서 빠르게 확장되고 있다는 점을 제시하고 있다. 따라서 이를 활용하여 확장되고 있는 구독 경제의 여러 분야를 제시하여 3문단을 보완할 수 있다.
③ (나)-1은 국내 구독 경제 시장 규모가 확대되고 있는 추이를 보여 주고 있다. 따라서 이를 활용하여 3문단을 구체화할 수 있다.
④ (나)-2는 구독 서비스 이용자 증가 추이에 대한 미국과 영국의 사례를 제시하고 있다. 따라서 이를 활용하여 3문단을 뒷받침할 수 있다.
⑤ (다)는 장기적인 관점에서 소비자에게 미칠 구독 경제의 부정적 영향에 대한 전문가의 견해를 제시하고 있다. 따라서 이를 활용하여 4문단을 보완할 수 있다.

06 작문
본문 116~121쪽

01 ⑤ **02** ④ **03** ⑤ **04** ③
05 ⑤ **06** ①

01 비평 글쓰기 표현 전략 사용하기　　답 ⑤

정답이 정답인 이유

⑤ '만약 독일군 장교가 그의 연주를 알아봐 주지 않았다면 어땠을까? 주인공은 아마 소중한 일상으로 돌아오지 못했을 것이다.'와 같이 묻고 답하는 방식을 활용하여 인물의 행동이 지닌 의미를 나타내고 있다.

오답이 오답인 이유

① 다양한 특성을 대조하고 있지 않으며, 여러 인물 간의 차이점도 제시되어 있지 않다.

② 다른 작품과 장단점을 비교하고 있지 않다.

③ "직업이 무엇인가요?"와 같이 대사를 인용하고 있지만, 이를 활용하여 인물이 다른 인물에게 지닌 적대감을 보여 주고 있지는 않다.

④ 인물이 처한 내적 갈등의 심각성을 설명하고 있지 않다.

02 비평 글쓰기 내용 이해, 평가하기　　답 ④

정답이 정답인 이유

④ 영화를 추천하고 싶은 대상과 그 이유는 제시되어 있지 않다.

오답이 오답인 이유

① 영화를 보게 된 동기는 제시되어 있지 않다.

② 전쟁의 발발로 인한 주인공의 고난과 관련된 영화의 중요한 사건을 정리하여 2, 3문단에서 제시하고 있다.

③ 영화가 개봉되었을 당시에 이 영화는 영화계에서 큰 호평을 받았으며, 작품성도 인정받았음을 1문단에서 제시하고 있다.

⑤ 주인공이 독일군 장교와 단둘이 마주치는 장면을 영화에서 인상 깊은 장면으로 선정하였으며, 그 장면을 고른 이유를 함께 3문단에서 제시하고 있다.

03 비평 글쓰기 내용 생성하기　　답 ⑤

정답이 정답인 이유

⑤ 영화에 활용된 아름다운 음악의 기능에 대해 서술하였으며, 음악의 아름다움과 삶에 대한 의지, 삶에서 소중한 것을 끝까지 지켜 가는 태도 등 영화를 통해 깨달은 점에 대해 서술하고 있다.

오답이 오답인 이유

① 영화를 통해 깨달은 점은 서술되어 있지만, 영화에 활용된 음악의 기능은 서술되어 있지 않다.

② 영화에 활용된 음악의 기능에 대해 서술되어 있지만, 영화를 통해 깨달은 점은 서술되어 있지 않다.

③ 영화를 통해 깨달은 점은 서술되어 있지만, 영화에 활용된 음악의 기능은 서술되어 있지 않다.

④ 영화에 활용된 음악의 기능과 영화를 통해 깨달은 점 모두 서술되어 있지 않다.

04 소개 글쓰기 내용 조직하기　　답 ③

정답이 정답인 이유

③ 오르세 미술관과 루브르 미술관의 공간 구성이 어떻게 다른지에 대해 설명하고 있지는 않다.

오답이 오답인 이유

① 1문단에서 폐쇄의 위기를 맞은 오르세역이 오르세 미술관으로 바뀌게 된 이유를 제시하고 있다.

② 2문단에서 오르세 미술관의 세 층이 각각 어떻게 구성되어 있는지 설명하고 있다.

④ 3문단에서 오르세 미술관은 주로 1848년부터 1914년 사이에 완성된 예술 작품을 전시하고 있음을 소개하고 있다.

⑤ 4문단에서 오르세 미술관을 관람하는 효과적인 방법은 저층을 둘러본 후 곧바로 상층으로 가서 내려오는 방법임을 설명하고 있다.

05 소개 글쓰기 표현 전략 사용하기　　답 ⑤

정답이 정답인 이유

⑤ 비유의 방식을 활용하여 대상이 변화하기 이전의 특징을 드러내고 있지는 않다.

오답이 오답인 이유

① '오래된 기차역에서 세계적으로 사랑받는 아름다운 미술관으로 변신!'과 같이 명사로 종결한 문장을 활용하여 글의 내용을 요약적으로 제시하고 있다.

② 1900년 오르세역 건립, 이후 1900년부터 1939년까지 프랑스 파리 중심에서 남서부를 잇는 역할 수행, 1986년 오르세 미술관으로 새롭게 개관 등 대상과 관련된 구체적 시기를 제시하며 대상의 변화 과정을 나타내고 있다.

③ '오르세 미술관으로 개관하면서 역의 플랫폼이 있어야 할 자리는 볕이 잘 드는 개방감 있는 공간으로 탈바꿈하였고, 이

곳은 오르세 미술관만의 독특함이 담긴 공간이 되었다.'와 같이 대상이 변화한 모습을 밝히고 변화 이후의 장점을 드러내고 있다.

④ "오르세 미술관에서 가장 처음 만나게 되는 작품은 미술관 그 자체이다."라는 오르세 미술관에 대해 관람객이 평가한 말을 인용하여 대상의 가치를 드러내고 있다.

06 소개 글쓰기 내용 점검, 조정하기　　답 ①

정답이 정답인 이유

① 밀레의 「만종」, 「이삭줍기」, 마네의 「올랭피아」, 드가의 「발레 수업」, 모네의 「런던 국회 의사당」 등과 같이 각 작품의 작가를 제시하였으며, 이 중 쇠라의 「서커스」를 선정하여 관람하는 방법을 소개하고 있다.

오답이 오답인 이유

② 미술관에서 관람객이 가장 많이 관람하는 작품을 소개하고 있지 않다.

③ 회화 작품 외에 조각 작품에 대해 소개하고 있지 않다.

④ 작품을 시기별로 분류하여 제시하고 있지 않다.

⑤ 주목해야 할 작가의 삶에 대해 소개하고 있지 않다.

07 작문
본문 122~126쪽

01 ④　　02 ②　　03 ③　　04 ④
05 ③　　06 ①

01 친교 표현 글쓰기 내용 생성하기　　답 ④

정답이 정답인 이유

④ 학생의 글에서 할머니 댁까지의 여정에서 본 풍경을 묘사하는 부분은 나타나지 않는다.

오답이 오답인 이유

① 5문단에서 발걸음이 떨어지지 않았다는 관용 표현을 사용하였는데, 이는 할머니 댁을 떠나면서 느낀 아쉬움을 드러내기 위한 표현이다.

② 3문단에서는 할머니께서 학생을 위해 차려 주신 밥상에 오른 음식들을 하나하나 나열하여 할머니의 정성을 드러내고 있다.

③ 4문단에는 할머니께서 학생에게 "언제 이렇게 컸냐?"라고 하시며 눈물을 글썽이셨다는 부분이 있다. 이는 할머니께서 하신 말씀을 인용하여 할머니께서 느끼셨던 그리움을 드러낸

것이다.

⑤ 4문단에서 학생은 크고 희어진 자신의 손과 작아지고 그을린 것 같은 할머니의 손을 대조하면서 할머니께서 나이가 드신 것이 느껴져 서글펐다고 하며 시간의 흐름에 따른 변화에서 비롯한 안타까운 심경을 드러내고 있다.

02 친교 표현 글쓰기 표현 전략 사용하기　　답 ②

정답이 정답인 이유

② ㉠'콩나물'은 학생들이 학교라는 공간 속에서 학생들끼리만 반복적으로 부대끼며 지내고 있음을 드러내는 표현이고, ㉡'꽃나무'는 할머니와 즐거운 시간을 보내면서 느꼈던 심정을 드러내는 표현이다. ㉠과 ㉡을 통해, 학생의 심리 상태가 할머니를 오랜만에 찾아뵙는 개인적 체험 전후로 뚜렷이 대비되고 있음을 알 수 있다.

오답이 오답인 이유

① ㉠'콩나물'은 학생이 서글픔을 느꼈던 상황을 드러내고, ㉡'꽃나무'는 학생이 할머니와 함께하며 마음이 밝고 따뜻해졌음을 드러낸다. ㉠과 ㉡은 체험 전후 심리 상태의 변화를 나타내는 것으로, ㉠과 ㉡의 연결이 인과성의 강화를 위한 것이라고는 볼 수 없다.

③ 학생 개인의 심리 상태가 방학식 때에는 ㉠'콩나물'의 이미지와 같았으나 방학 때의 경험으로 인해 ㉡'꽃나무'의 이미지와 같이 바뀌었다고 할 수 있다. 개인의 특수성을 부각하고자 보편적 의미를 띠는 ㉠을 개성적 의미를 드러내는 ㉡으로 바꾸었다는 것은 적절하지 않다.

④ ㉠'콩나물'과 ㉡'꽃나무'는 학생이 글을 쓰는 시점보다 앞서 자신이 경험한 바를 나타내기 위한 것으로, ㉠은 시간상 ㉡보다 먼저이고 ㉡은 시간상 ㉠보다 나중이다. 하지만 ㉡이 미래 모습을 상징한다고 볼 수는 없다.

⑤ ㉠'콩나물'과 ㉡'꽃나무'는 모두 개인의 진솔한 감정을 표출하기 위한 것으로 볼 수 있다. 진솔한 감정을 표출하는 ㉠을 ㉡을 통해 이성적으로 설명한다는 것은 적절하지 않다.

03 친교 표현 글쓰기 내용 점검, 조정하기　　답 ③

정답이 정답인 이유

③ ⓐ를 통해 학생은 편지글을 쓰는 일이 선생님의 말씀에서 비롯되었음을 밝히며 선생님의 조언으로 인해 자신이 방학 기간에 의미 있는 일을 할 수 있었음에 감사해하고 있다.

오답이 오답인 이유

① ⓓ를 통해 신생님의 권유가 내적 갈등의 해소와 관련이 있음을 알 수 있으며, 내적 갈등을 고백하며 글을 끝맺고 있는 것은 아님을 알 수 있다.

② 편지의 2문단에 제시된 방학식 날 선생님의 말씀은 선생님이 부여한 과제라고 볼 수 있지만, 선생님의 그 말씀과 편지글 속 내용이 유사하다는 내용이 ⓐ에 드러나 있지는 않다.

④ 학생이 쓴 편지글의 내용 순서가 선생님의 조언에 따른 것이라고 볼 수 없고, ⓐ에 그러한 바가 드러나 있지도 않다.

⑤ 편지글의 도입에 있는 질문은 안부 인사의 성격을 띠는 것으로, 방학식 날 선생님의 말씀과 관련한 것이 아니다.

04 정보 전달 글쓰기 내용 생성하기 답 ④

정답이 정답인 이유

④ '초고'에는 재생 시간이 짧은 동영상을 연달아 시청하는 것을 지양해야 한다는 의견이 반영되어 있다. 하지만 시청하는 동영상의 유형에 따라 정보 생산 능력에 어떠한 차이가 생기는지는 드러나 있지 않다.

오답이 오답인 이유

① 독서가 지니는 이점을 잘 알고 있지 못한 학급 학생들을 고려하여, 3문단에서는 독서를 통해 자신 또는 자신이 속한 집단의 문제를 해결하는 실마리를 얻을 수 있다고 하였다.

② 독서가 지니는 이점을 잘 알고 있지 못한 학급 학생들을 고려하여, 1문단에서는 독서가 심도 있는 지식의 습득에 가장 효과적인 활동임을 언급하였다.

③ 동영상 시청으로 지식을 얻으려고 하는 학급 학생들을 고려하여, 1문단에서 정보 통신 기술 발달에 힘입어 요즘 동영상 플랫폼이 새로운 정보를 얻는 창구로 각광받고 있음을 드러내고 있다.

⑤ 동영상 시청으로 지식을 얻으려고 하는 학급 학생들을 고려하여, 2문단에서 동영상 플랫폼의 인기 동영상은 재생 시간이 자꾸 짧아지는 추세이며, 짧은 동영상을 연달아 시청하는 것은 수용자를 산만하게 한다는 점을 드러내고 있다.

05 정보 전달 글쓰기 자료, 매체 활용하기 답 ③

정답이 정답인 이유

③ ⓒ에는 뇌의 전전두 피질이 즉각적인 반응을 억제하는 능력과 관련이 있어, 타인과의 관계 형성에 중요한 역할을 하는 것으로 여겨지기도 한다는 정보가 드러나 있다. 1문단에서 뇌의 몰입을 통한 사고 능력의 계발이 언급되고 있으나, ⓒ를 활

용하여 독서 경험이 뇌의 사고 능력 계발에 영향을 미친다는 내용을 보강하는 것은 적절하지 않다.

오답이 오답인 이유

① 2문단에서는 독서와 동영상 시청을 비교하고 있다. ⓐ는 독서할 때와 영상 매체를 볼 때 각각 뇌의 어떤 영역이 활성화되는지를 설명한 문장이다. 따라서 ⓐ를 활용하여 독서와 동영상 시청의 차이에 대한 내용을 보강하는 것은 적절하다.

② 3문단에서는 독서를 통해 자신만의 새로운 통찰이 가능함을 드러내고 있다. ⓑ에서는 독서를 하면 독서 이전의 지식과 독서를 통해 습득한 지식을 연결하여 사고할 수 있는 역량이 커진다고 하였다. ⓑ를 활용하여 독서 경험의 축적이 자신만의 새로운 통찰, 즉 독창적인 사고로 이어진다는 내용을 보강하는 것은 적절하다.

④ 4문단에서는 독서는 동영상 시청에 비해 많은 시간과 노력을 요구하는 일이라고 하였다. ⓓ는 독서 과정에서 뉴런의 에너지 대사가 활발하다는 연구 결과를 드러내는 문장이다. ⓓ를 활용하여, 독서는 시간과 노력을 함께 들여서 인지적으로 집중해야 하는 활동이기에 동영상 시청에 비해 에너지 소모가 많으므로, 독서 과정이 부담스럽게 느껴질 수 있음을 추가하는 것은 적절하다.

⑤ 4문단에서는 독서를 통해 뇌가 몰입에 적합하도록 바뀔 수 있다고 하였다. ⓔ에서는 뇌의 특성을 토대로 뇌가 나이가 듦에도 더욱 발달할 수 있는 신체 기관임을 언급했다. ⓔ를 활용하여 독서를 습관화하면 뇌가 더욱 발달할 수 있음을 추가하는 것은 적절하다.

06 정보 전달 글쓰기 내용 점검, 조직하기 답 ①

정답이 정답인 이유

① 초고에는 '독서는 인내를 수반하는 인지 과정이며 타인의 감정에 대한 공감의 범위를 넓힌다.'라는 내용이 들어가 있으나, 이 중 '타인의 감정에 대한 공감의 범위를 넓힌다.'라는 문장은 글의 흐름에 어긋나는 문장이어서 고쳐 쓴 글에는 삭제되어 있다. 그리고 고쳐 쓴 글에서는 초고와 달리 인공 지능 기술이 발달하고 있는 상황에서 독서가 중요한 역할을 하게 될 것임을 언급하였다. 이는 독서의 중요성을 과학 기술의 발전과 서로 엮어 고려하라는 조언이 반영된 것으로 볼 수 있다.

오답이 오답인 이유

② 초고와 달리, 고쳐 쓴 글에서는 과학 기술의 발전과 독서의 중요성 간의 관계가 드러나 있다. 하지만 고쳐 쓴 글에서 수식 관계가 어긋나는 문장을 고친 부분은 찾을 수 없다.

③ 초고의 내용 중 글의 흐름에 어긋나는 문장은 고쳐 쓴 글에서 제외되었으나, 고쳐 쓴 글에 미래 사회의 생활 양식에 따른 독서의 의미 변화가 드러나고 있지는 않다. 독서를 통해 지식을 습득하며 자신만의 사고를 갖춘다는 내용이 고쳐 쓴 글에 새로 들어갔는데, 이는 미래에도 독서라는 행위의 의미가 달라지지 않을 것임을 뜻한다고 볼 수 있다.

④ 초고의 내용 중 주술 호응이 어긋나는 문장을, 고쳐 쓴 글에서 수정한 부분은 찾을 수 없다. 현대인에게 알맞은 독서 방법을 고안하는 과정도 고쳐 쓴 글에서는 찾을 수 없다.

⑤ 초고의 내용 중 주술 호응이 어긋나는 문장을, 고쳐 쓴 글에서 수정한 부분은 찾을 수 없다. 고쳐 쓴 글에는 미래 사회의 생활 양식에 따른 독서의 의미 변화가 드러나고 있지 않다.

⑧ 작문 본문 127~133쪽

| 01 ② | 02 ⑤ | 03 ① | 04 ③ |
| 05 ④ | 06 ⑤ | | |

01 보고 글쓰기 내용 생성하기 답 ②

정답이 정답인 이유

② 'Ⅰ'에서는 온라인 선물 쿠폰 사용 증가로 소비자의 피해 사례가 많아졌다는 조사의 배경과 학생들의 온라인 선물 쿠폰 사용 실태를 파악하고 피해 예방을 위한 방안을 모색하고자 한다는 조사의 목적을 설명하며, 온라인 선물 쿠폰의 예시를 이미지로 제시하고 있다. 하지만 보고서에서 온라인 선물 쿠폰의 개념을 정의하는 부분은 없다.

오답이 오답인 이유

① 'Ⅰ'에서는 감염병 유행의 장기화로 사람들이 비대면 문화의 편리함에 익숙해지면서 선물을 온라인상에서 쿠폰으로 주고받는 경우가 급증했다며, 온라인 선물 쿠폰 사용이 급증하게 된 사회적 배경을 언급하고 있다.

③ 'Ⅰ'에서는 온라인 선물 쿠폰의 사용이 급증하면서 소비자가 피해를 보는 사례도 많아졌다는 내용의 인터넷 게시글을 본 경험을 언급하며, 이를 계기로 온라인 선물 쿠폰과 관련한 소비자의 피해 유형과 우리 학교 학생들의 사용 경험 및 피해 경험을 조사하기로 했다고 밝히고 있다.

④ 'Ⅲ-1'에서는 소비자의 피해 유형을 표로, 'Ⅲ-2-나'에서는 학생들의 온라인 선물 쿠폰 사용 관련 피해 경험을 그래프로 표현하고 있다.

⑤ 'Ⅲ-2'에서는 온라인 선물 쿠폰 사용 경험 및 피해 경험과 관련한 학생 설문지의 질문 내용을 밝히며, 각각의 질문에 학생들이 응답한 결과를 제시하고 있다.

02 보고 글쓰기 자료, 매체 활용하기 답 ⑤

정답이 정답인 이유

⑤ 'Ⅳ'는 조사 결과를 요약하고 제언하여 보고서의 결론을 맺는 부분이다. 현재 'Ⅳ'에서는 우리 학교 학생들의 온라인 선물 쿠폰 사용 관련 피해 경험 설문 조사 결과와 ○○ 소비자원의 피해 유형 접수 건수 자료에서 공통적으로 유효 기간 연장 거절의 경우가 가장 많았음을 요약적으로 제시하고 있다. 수집한 자료에서는 '신유형 상품권 표준 약관'에 따라 쿠폰의 발행자가 유효 기한 연장과 환급 청구 관련 내용을 통지해야 한다는 점을 제시하고 있으므로, 이를 바탕으로 'Ⅳ'에 온라인 선물 쿠폰 사용 시 유효 기한과 관련한 통지 사항을 확인해야 한다는 내용을 추가할 수 있다.

오답이 오답인 이유

① 'Ⅰ'에는 온라인 선물 쿠폰과 관련해 소비자가 피해를 보는 사례가 증가했다는 내용이 언급되어 있다. 수집한 자료의 내용은 온라인 거래와 관련한 소비자의 피해 사례가 증가한 것을 직접적으로 알려 주는 것이 아니므로 적절하지 않다.

② 'Ⅲ-1'은 온라인 선물 쿠폰 사용과 관련한 소비자의 피해 유형을 조사한 결과이다. 수집한 자료에 온라인 선물 쿠폰은 구매일로부터 5년까지 환급을 청구할 수 있다는 내용이 있지만, 쿠폰의 유효 기한이 구매일 기준 5년으로 정해진다는 내용은 없으므로 적절하지 않다.

③ 'Ⅲ-2-가'는 온라인 선물 쿠폰 사용 경험과 관련한 학생 설문 조사 결과이다. 수집한 자료에 고객은 쿠폰의 구매일로부터 7일 이내에 구매액 전부를 환급받을 수 있다는 내용이 있지만, 이는 'Ⅲ-2-가'의 내용과 관계가 없으므로 적절하지 않다.

④ 'Ⅲ-2-나'는 온라인 선물 쿠폰과 관련한 학생들의 피해 경험을 조사한 결과이다. 수집한 자료에 온라인 선물 쿠폰의 환급과 관련한 내용이 있지만, 학생들이 환급 요청 방법을 잘 모르고 있다는 내용은 확인할 수 없으므로 적절하지 않다.

03 보고 글쓰기 내용 이해, 평가하기 답 ①

정답이 정답인 이유

① 현재 보고서는 자료 조사와 설문 조사 결과를 바탕으로 온

라인 선물 쿠폰 사용과 관련한 소비자의 피해 유형과 학생들의 사용 경험 및 피해 경험을 나누고 있다. 하지만 보고서의 제목에서 우리 학교 학생들의 온라인 선물 쿠폰 사용 경험 여부 조사에 대해서만 언급하고 있으므로, 보고서의 제목이 보고서의 주제를 구체적으로 반영하고 있다고 보기 어렵다.

오답이 오답인 이유

② 'Ⅱ'에서 자료 조사와 설문 조사 각각의 기간과 방법, 조사 내용을 밝혀 적고 있다.

③ 'Ⅱ'에는 설문 조사 대상이 우리 학교 재학생 200명이라는 점만 밝혔을 뿐, 성별과 연령 등 구체적인 특성을 정확하게 기술하고 있지는 않다.

④ 'Ⅲ-1'에서는 온라인 선물 쿠폰 관련 소비자 피해 유형을 보여 주는 자료를 ○○ 소비자원 보도 자료에서 인용하여 그 출처를 밝혀 적고 있다.

⑤ 'Ⅱ. 조사 방법'에는 자료 조사와 설문 조사의 방법과 관련한 내용이, 'Ⅲ. 조사 결과'에는 자료 조사 결과와 설문 조사 결과의 구체적인 내용이 제시되어 있으므로, 상위 항목의 제목이 하위 항목의 내용을 포괄하고 있다.

04 정서 표현 글쓰기 내용 생성하기 　　　　답 ③

정답이 정답인 이유

③ 5문단에서는 점자 동화책 제작 봉사 활동을 통해 다른 사람에게 넓은 세상을 보여 줄 수 있다고 생각했음을 밝히고 있다. 하지만 점자 동화책 제작 봉사 활동의 가치를 희망하는 진로와 관련지어 설명하고 있지는 않다.

오답이 오답인 이유

① 1문단에서 시중에 판매되는 식품들에 점자 표기가 제대로 이루어지지 않아 시각 장애인들이 불편을 겪고 있다는 뉴스를 보았음을 언급하며, 그들에게 조금이라도 도움이 되고자 점자 동화책 제작 봉사 활동에 지원하였음을 밝히고 있다.

② 2문단에서 점자에 대한 교육을 들으며, 점자는 초성자와 종성자의 표기가 다르고 자모를 결합해서 표기하지 않는다는 점을 새롭게 알게 되었음을 제시하고 있다.

④ 4문단에서 동화책 제작 작업을 시작하기 전에는 금방 만들 수 있을 것으로 예상했지만, 막상 제작을 시작해 보니 많은 시간과 노력이 필요한 작업이라는 것을 깨달았음을 서술하고 있다.

⑤ 5문단에서 점자 도서 제작을 위한 도서 타이핑 봉사 활동에 참여할 것임을 밝힌 뒤, 앞으로도 봉사 활동에 꾸준히 참여하여 점자에 대한 이해를 더 넓혀 나가겠다며 스스로의 다짐을

밝히면서 글을 마무리하고 있다.

05 정서 표현 글쓰기 내용 조직하기 　　　　답 ④

정답이 정답인 이유

④ 4문단에서는 먼저 점자 틀에 핀셋으로 한 글자씩 핀을 꽂고, 한 줄을 꽂고 나면 제대로 꽂았는지를 다시 확인한 뒤, 스티커를 위에 올리고 인쇄기의 상판을 덮어 눌러서 점자 스티커를 한 줄씩 완성했다고 언급했다. 이는 점자 스티커를 제작하는 과정을 시간적인 순서에 따라 서술한 것이다.

오답이 오답인 이유

① 1문단에서 시중에 판매되는 식품에 점자 표기가 제대로 이루어지지 않는다는 문제점을 밝혔으나, 그 해결 방안을 제시하고 있지는 않다.

② 2문단에서 점자에 대한 이해를 돕는 교육에 참여했음을 밝혔으나, 교육의 내용을 교육 단계별로 분류하고 있지는 않다.

③ 3문단에서 점역이 글자를 점자로 표기하는 것임을 언급하였으나, 다른 대상과의 유사점과 차이점을 중심으로 개념을 설명하고 있지는 않다.

⑤ 5문단에서 봉사 활동을 통해 제작된 점자 동화책은 점검 후 점자 도서관에 기증된다는 내용을 제시하고 있으나, 기증할 동화책을 선호도가 높은 순으로 나열하고 있지는 않다.

06 정서 표현 글쓰기 내용 점검, 조정하기 　　　　답 ⑤

정답이 정답인 이유

⑤ 〈보기〉의 문장과 문장 사이에 쓰인 접속 표현이 [A]에서 수정된 부분은 없다.

오답이 오답인 이유

① 〈보기〉에서 '연발하기도'와 의미가 중복된 '잇따라'가 [A]에서 삭제되었다.

② 〈보기〉의 세 번째 문장의 서술어가 [A]에서 '~때문이었다'의 형태로 수정되었다. 이는 문장의 주어인 '그 이유는'과의 호응을 위한 것이다.

③ 〈보기〉의 다섯 번째 문장으로 제시된 '초성 ㅇ을 표기하는 점자는 따로 없었다.'가 [A]에서 삭제되었다. 이는 글의 흐름을 고려하여 문단의 내용과 관계없는 문장을 삭제한 것이다.

④ 〈보기〉의 두 번째 문장이 [A]에서 두 개의 문장으로 제시되었다. 이는 길이가 지나치게 긴 문장을 두 문장으로 나눠 제시한 것이다.

01 통합
본문 134~137쪽

01 ②   02 ⑤   03 ③   04 ②
05 ④

01 정보 전달 글쓰기 내용 생성하기
답 ②

정답이 정답인 이유

② (가)의 2문단에서 '공간의 쓰임이 명확하고 단순한 학급 교실과 교과 교실은 조사 대상에서 제외하기로 했다.'라고 서술하고 있다. 이를 통해서 학급 교실이나 교과 교실은 조사한 공간 중에서 지도에 담을 곳을 선별하는 단계가 아니라, 조사 단계 이전에 이미 배제되었음을 알 수 있다.

오답이 오답인 이유

① (가)의 1문단에 학생회 구성원들이 학교 공간에 대해 잘 알지 못해 불편했던 신입생 시절의 경험이 있었기에 건의 사항을 수용했다는 내용이 제시되어 있다.

③ (가)의 2문단에 2층짜리 체육관 건물, 5층짜리 본관 건물로 구성된 학교의 여러 공간 중에서 지도에 담을 공간을 선별했다는 내용이 제시되어 있다.

④ (가)의 3문단에 학생회가 여러 가지 일들로 바쁜 연말에 지도를 만들면서 의견 차이가 발생하는 어려움을 겪었다는 내용이 제시되어 있다.

⑤ (가)의 3문단에 지도에 담을 정보의 양을 줄임으로써 학생회 구성원들 간의 의견이 절충되었다는 내용이 제시되어 있다.

02 정보 전달 글쓰기 내용 점검, 조정하기
답 ⑤

정답이 정답인 이유

⑤ ㉠을 〈보기〉와 비교해 보았을 때, 문장들 사이의 연결 관계를 더 잘 드러내기 위해 담화 표지를 추가하지는 않았다.

오답이 오답인 이유

① ㉠은 〈보기〉에 비해 학교생활에 불편을 겪었을 학생의 범위를 '작년 1학년 후배들'로 보다 구체화하여 제시하고 있다.

② ㉠에는 글의 통일성을 해치는 문장인 '그리고 체력 단련실 운동 기구 배치에 문제가 있음을 이제야 발견했다.'가 삭제되어 있다.

③ ㉠에서는 〈보기〉와 달리 글을 쓴 필자의 직책을 '학생회장'으로 명시하고 있다.

④ ㉠에는 '체력 단련실 이용 시간이 학년별로 구분되어 있다'는 내용을 첨가하여, 〈보기〉의 체력 단련실 이용 시간에 관한

정보를 구체화하였다.

03 대화 맥락 분석하기
답 ③

정답이 정답인 이유

③ '학생 3'은 [A]에서 '학교 외부 공간은 아무래도 학교 내부보다 조사하기 어렵고, 조사할 내용이 많으니까'와 같이 '학생 1'의 발화 중 일부를 재진술한 후에 '일리가 있네. 그렇게 하자.'며 동의 의사를 밝히고 있다.

오답이 오답인 이유

① [A]에서 '학생 2'가 '학생 1'의 질문에 대답을 하고 있지만, 대답을 통해 상대가 잘못 알고 있는 내용을 바로잡는 부분은 없다.

② [A]에서 '학생 1'은 자신의 의견을 제시하고 있지만 '학생 3'의 제안에 대한 추가 설명을 요청하는 것이 아니다.

④ [B]에서 '학생 2'는 '학생 1'이 제안한 내용을 자신이 실행해 보겠다고 밝히고 있을 뿐, '학생 1'의 제안이 실현 가능할지 '학생 3'에게 물어보고 있지 않다.

⑤ [B]에서 '학생 3'은 '학생 2'가 제시한 의견에 '듣고 보니 그렇네.'라며 동의 의사를 밝히고 있다.

04 대화 내용 이해, 평가하기
답 ②

정답이 정답인 이유

② (가)에서는 ○○ 고등학교 학생회가 학교생활 도움 지도를 인쇄물로 배포했다고 밝히고 있다. 반면 (나)에서는 '학생 3'이 지도를 인쇄물뿐만 아니라 학교 공식 누리 소통망을 이용해 온라인으로도 배포하자고 의견을 제시하였고, 나머지 학생들도 동의하고 있다. 따라서 지도의 온라인 배포 여부는 두 학교 사이에서 차이가 난다.

오답이 오답인 이유

① (가)에서 ○○ 고등학교 학생회는 조별로 나눠서 지도에 담을 공간을 조사했다고 밝히고 있는데, (나)에서도 학생회를 조별로 나눠서 지도에 담을 공간을 조사하기로 결정했다.

③ (가)에서 ○○ 고등학교 학생회는 공간에서 할 수 있는 활동은 지도에 담지 못했다고 밝히고 있는데, (나)에서는 지도에 실린 공간에서 할 수 있는 활동도 지도에 담기로 했다.

④ (가)에서 ○○ 고등학교 학생회는 학교 내부 공간만 지도에 담았다고 밝히고 있는데, (나)에서는 학교 내부 공간 외에 시립 도서관, 주민 센터에 관한 정보도 지도에 담기로 결정했다.

⑤ (가)에서 ○○ 고등학교 학생회는 지도 제작 과정에 학생회

구성원만 참여했다고 밝히고 있는데, (나)에서는 교내 동아리가 지도 제작 과정에 참여할 수 있도록 하자고 결정했다.

05 대화 표현 전략 사용하기 답 ④

정답이 정답인 이유

④ ⓓ는 앞서 논의했던 공간을 조사할 조를 구성하는 것과 관련된 사항을 정리하고, 지도에 담을 정보라는 이어서 논의할 사항을 제시하는 발화이다.

오답이 오답인 이유

① ⓐ는 적극적인 의견 제시를 요청하는 발화지만, 논의가 필요한 이유를 밝히고 있지는 않다.

② ⓑ는 자신이 미리 생각해 보았던 의견을 제시하는 발화이지 사전에 조사한 정보가 사실인지 확인하는 발화는 아니다.

③ ⓒ는 상대방이 말한 내용을 제대로 듣지 못한 것을 자신의 탓으로 돌리며 다시 얘기해 달라고 요청하는 발화이다. 하지만 상대방의 의견을 수용하는 발화는 아니다.

⑤ ⓔ는 상대방이 제시한 의견은 실현이 어렵다는 점을 밝히는 발화이지 상대방이 말한 내용이 논의의 주제에서 벗어나 있음을 완곡하게 지적하는 발화는 아니다.

02 통합 본문 138~143쪽

01 ④   02 ③   03 ⑤   04 ④
05 ④

01 대화 내용 이해, 평가하기 답 ④

정답이 정답인 이유

④ '학생 1'은 대립되는 의견에 대해 중재안을 제시하고 있지 않다.

오답이 오답인 이유

① '학생 1'은 첫 번째 발화에서 지난번에 대화 참여자들이 함께 논의한 내용을 환기하고 있다.

② '학생 1'은 첫 번째 발화에서 글의 구성과 관련하여 서론, 본론, 결론에 들어갈 내용이라는 논의 순서를 안내하며 대화를 진행하고 있다.

③ '학생 1'은 두 번째 발화에서 '학생 2'가 말하는 설문 조사 결과를 듣고, 깨진 보도블록 때문에 불편을 겪은 경험을 언급하며 응답 내용에 공감하고 있다.

⑤ '학생 1'은 세 번째 발화에서 제기된 문제에 대한 해결 방안을 제시해 줄 것을 대화 참여자들에게 요청하고 있다.

02 대화 맥락 분석하기 답 ③

정답이 정답인 이유

③ ⓒ에서 '학생 2'는 설문 응답자인 어르신들의 특성을 바탕으로 설문 응답 결과에 대해 분석하고 있으나, 설문 응답 결과가 자신의 예상과 다르게 나온 이유를 추론하고 있지는 않다.

오답이 오답인 이유

① ㉠에서 '학생 3'은 설문 조사 응답자들이 보행로와 횡단보도에서 어떤 불편을 겪었는지에 대한 구체적인 정보를 요청하고 있다.

② ㉡에서 '학생 2'는 학교 앞의 불편한 보행 환경에 대한 대화 참여자들의 경험을 환기하며 상대방의 공감을 유도하고 있다.

④ ㉣에서 '학생 3'은 자전거 전용 횡단도가 없는 경우 자전거를 타고 횡단보도를 건너는 것이 불법이라는 사실을 사람들이 잘 모르는 것 같다는 '학생 2'의 발언을 듣고 자신도 '학생 2'의 말을 듣기 전까지 몰랐다는 사실을 사례로 제시하고 있다.

⑤ ㉤에서 '학생 2'는 결론에서 문제 해결의 필요성을 강조하자는 '학생 3'의 의견을 수용하면서, '학생 3'의 의견을 구체화할 수 있는 방안으로 기사에서 보도된 내용을 활용하자는 의견을 제시하고 있다.

03 보고 글쓰기 내용 생성하기 답 ⑤

정답이 정답인 이유

⑤ '가) 문제'에서는 설문 조사 결과를 활용하여 어르신들이 우리 지역 횡단보도에서 가장 많이 불편을 호소한 문제부터 제시한 것이 아니라, 보행로와 횡단보도에서 어르신들이 공통으로 겪는 문제부터 제시하고 있다.

오답이 오답인 이유

① '서론'에서 고령 인구 비율에 대한 통계 자료를 언급하여 고령 인구가 겪는 문제에 대한 보고서 작성의 배경을 설명하고 있다.

② 설문 조사에 응답한 우리 지역 어르신들의 응답 내용을 바탕으로 '가) 문제'에서 우리 지역 어르신들이 보행 환경에서 겪는 불편을 제시하고 있다.

③ 뉴스에서 접한 중앙 보행섬과 관련된 내용을 활용하여, 우리 지역 어르신들이 횡단보도에서 겪는 불편을 개선하기 위한 방안으로 '○○ 공원 앞 도로'에 중앙 보행섬을 설치할 것을 '나) 해결 방안'에서 제안하고 있다.

④ 허리나 다리 통증을 겪는 어르신이 많다는 의학 자료 내용을 활용하여, 어르신들을 위해 보행로 곳곳에 보행 쉼터를 설치하자는 방안을 '나) 해결 방안'에서 제시하고 있다.

04 보고 글쓰기 자료, 매체 활용하기   답 ④

정답이 정답인 이유

④ 자료에서 소개된 실버 존이 고령층의 안전한 보행 환경 조성을 위해 도입되었다는 점을 고려하여, 'Ⅱ-나)'에서 어르신들의 안전한 보행 환경 조성을 위한 방안으로 실버 존 지정이 필요하다는 점을 제시할 수 있다.

오답이 오답인 이유

① 자료에서 제시된 최근 3년간 발생한 보행자 사고 중 고령층 사고 발생 비율이 56.5%에 달한다는 점은 우리나라 전체 통계로, 우리 지역에서 발생한 고령자의 보행자 사고 발생 비율과는 다르므로 이를 제시하는 것은 적절하지 않다.
② (가)에 따르면 어르신들은 횡단보도보다 보행로에서 더 어려움을 겪고 있으므로, 어르신들이 보행로보다 횡단보도에서 더 많은 불편을 겪는다는 진술은 적절하지 않다.
③ (가)에 따르면 지역 어르신들이 보행로에서 겪는 가장 큰 불편 사항은 파손된 보행로로 인한 불편이므로, 교통 안전시설을 점검하여 고령층의 보행자 사고를 예방할 필요가 있다는 점을 어르신들이 보행로 개선에 대해 가장 많이 개선을 요청하는 사안으로 제시하는 것은 적절하지 않다.
⑤ 자료에서는 안전한 보행 환경 조성을 위한 차량 속도 제한의 필요성에 대해 언급하고 있지만, (나)에서는 차량보다는 자전거로 인한 불편을 시급한 문제로 제시하고 있으므로 결론에서 행정 기관이 가장 먼저 추진해야 하는 사안으로 차량 속도 제한을 제시하는 것은 적절하지 않다.

05 보고 글쓰기 표현 전략 사용하기   답 ④

정답이 정답인 이유

④ 글의 예상 독자인 우리 학교 학생들이 실천할 수 있는 방안으로, 글에서 언급한 자전거를 탈 때 어르신들을 배려하자는 내용을 제시하고 있다.

오답이 오답인 이유

① 실천의 주체가 글의 예상 독자인 청소년이 아니며, 실천할 수 있는 내용도 글에 제시된 내용이 아니므로 글의 마지막 문장으로 적절하지 않다.
② 실천의 주체가 글의 예상 독자인 청소년이 아니므로 글의 마지막 문장으로 적절하지 않다.

③ 실천의 주체가 글의 예상 독자인 청소년이 아니므로 글의 마지막 문장으로 적절하지 않다.
⑤ 예상 독자인 청소년들이 실천할 수 있는 내용이지만, 보행 도우미 제도는 글에서 언급한 실천 방안이 아니므로 글의 마지막 문장으로 적절하지 않다.

03 통합   본문 144~148쪽

01 ④   02 ③   03 ③   04 ③
05 ④

01 설득 글쓰기 내용 생성하기   답 ④

정답이 정답인 이유

④ 필자는 초고의 1문단에서 자신이 직접 온라인 중고 거래 플랫폼을 이용해 중고 거래를 해 본 경험을 언급하며, 중고 상품을 아주 쉽고 편하게 사고팔 수 있다는 점을 청소년 온라인 중고 거래가 성행하는 이유로 제시하였다.

오답이 오답인 이유

① (가)에서 중심 화제인 '청소년의 온라인 중고 거래'의 개념이 제시되지 않았고, 특정 이론도 드러나 있지 않다.
② 문제의 심각성은 언급하였으나 다른 나라의 사례를 활용하지는 않았다.
③ 예상되는 반론을 제시하거나 이를 반박하여 주장을 강화하는 방법은 사용하지 않았다.
⑤ 문제 상황에 대한 인식을 연령대별로 제시하지는 않았다.

02 설득 글쓰기 내용 조직하기   답 ③

정답이 정답인 이유

③ (가)의 3문단에서 신문의 보도 내용을 인용하여 청소년의 유해 상품 온라인 거래에 대한 우려를 제시하였다. 그러면서 이에 대한 법적 규제가 엄격하게 이루어지고 있지만 온라인 중고 거래 플랫폼을 우회하여 온라인 직거래를 할 경우, 이를 원천적으로 막기는 어렵다고 하였다. 따라서 필자가 신문의 보도 내용을 인용하여 청소년의 유해 상품 온라인 거래에 대한 법적 규제의 필요성을 제시했다고 보는 것은 적절하지 않다.

오답이 오답인 이유

① (가)의 1문단에서 올해 3월 청소년 500명을 대상으로 설문 조사를 한 결과를 근거로 들어 청소년의 활발한 온라인 중고 거래 현황을 제시하였다.

② (가)의 2문단에서 1학년 강○○ 학생을 인터뷰하여 온라인 중고 거래가 청소년의 소비 성향에 미치는 부정적 영향을 세시하였다.

④ (가)의 4문단에서 청소년 소비 문제를 연구해 온 김□□ 박사의 견해를 인용하여 온라인 중고 거래에서 청소년이 사기 거래의 피해자가 되기 쉬운 이유를 제시하였다.

⑤ (가)의 5문단에서 청소년 연구소에서 발간한 『청소년을 위한 온라인 상거래』를 참고하여 청소년들이 합리적이고 주체적인 소비 태도를 가질 수 있도록 하기 위한 방안을 제시하였다.

03 대화 내용 이해, 평가하기   답 ③

정답이 정답인 이유

③ [B]에서 '학생 2'는 상대방의 말에 일부 동의하면서도 상대방과 다른 자신의 생각을 관철하려고 한다는 점에서 자신의 양보로 상대방과의 의견 차이를 해소했다고 보기 어렵다. 그런 점에서 '상대방과의 의견 차이는 줄이고 일치점은 극대화하기'의 격률을 따랐다고 보기 어렵다.

오답이 오답인 이유

① [A]에서 '학생 2'의 발화는 상대방 초고의 잘못된 점은 말하지 않고 잘된 점을 중심으로 말하고 있다는 점에서 'ㄷ'의 격률에 따른 것이라고 할 수 있다.

② [A]에서 '학생 1'의 발화는 상대방이 자신에게 해 준 칭찬을 겸손하게 받아들이면서 검토 의견을 가감 없이 말해 줄 것을 요청하고 있다는 점에서 'ㄴ'의 격률에 따른 것이라고 할 수 있다.

④ [B]에서 '학생 1'의 발화는 상대방이 오해하게 된 것을 자신이 기획 의도를 분명히 밝히지 못한 탓으로 돌리고 있다는 점에서 'ㄱ'의 격률에 따른 것이라고 할 수 있다.

⑤ [C]에서 '학생 2'의 발화는 상대방의 부담을 덜어 주기 위해 수정 원고를 더 빨리 보내 줄 것을 명령의 형식 대신 질문의 형식으로 요청하고 있다는 점에서 'ㄹ'의 격률에 따른 것이라고 할 수 있다.

04 설득 글쓰기 자료, 매체 활용하기   답 ③

정답이 정답인 이유

③ 설문 조사 자료를 인용할 때 신뢰성을 높이려면 자료의 출처, 즉 설문 조사를 한 주체를 밝혀야 하는데 초고에는 그 부분이 제시되어 있지 않다.

오답이 오답인 이유

① 설문 조사의 목적은 '청소년의 온라인 중고 거래 실태를 파

악하기 위해'라고 제시되었다.

② 설문 조사를 한 시기는 '올해 3월'이라고 제시되었다.

④ 설문 조사에 응답한 대상은 '청소년 500명을 대상으로'를 통해 제시되었다.

⑤ 과거에 한 설문 조사와의 결과 비교는 '이것은 5년 전 조사에 비해 17%p나 증가한 수치라고 한다.'를 통해 제시되었다.

05 설득 글쓰기 내용 점검 조정하기   답 ④

정답이 정답인 이유

④ 2문단과 3문단은 모두 온라인 중고 거래의 부작용에 해당하는 내용으로, 병렬적인 관계로 연결된 것이므로 '그런데'는 3문단 맨 앞에서 문단 간의 관계를 잘 보여 주는 적절한 담화 표지로 보기 어렵다. '그런데'는 화제를 전환하거나 앞의 내용과 상반된 내용이 이어질 때 주로 쓰는 담화 표지이다. 3문단의 맨 앞에는 앞 문단과의 관계를 고려하여 '그리고'나 '또한'과 같은 담화 표지를 사용하는 것이 적절하다.

오답이 오답인 이유

① 제목은 화제의 범위를 좁혀 글의 초점이 잘 드러나게 수정하기로 하였으므로, '청소년 온라인 중고 거래의 부작용과 해결책'으로 교체하는 것이 적절하다.

② 1문단에서 '청소년 온라인 중고 거래'의 긍정적인 면을 언급하기로 하였으므로, 관련 내용을 추가하는 것은 적절하다.

③ 2문단의 '과시적인 상품 소비'는 이어지는 내용을 포괄하지 못하므로, '비합리적인 소비'로 교체하는 것이 적절하다.

⑤ 5문단에 청소년이 온라인 중고 거래에서 사기 거래의 피해자가 되기 쉽다는 문제점의 해결 방안을 추가하기로 하였으므로, '온라인 중고 거래 사기 피해 청소년을 위한 상담 센터를 운영해야 한다.'라는 내용을 추가하는 것은 적절하다.

04 통합   본문 149~153쪽

01 ⑤   02 ①   03 ④   04 ③
05 ⑤

01 대화 표현 전략 사용하기   답 ⑤

정답이 정답인 이유

⑤ ⓜ은 학교 누리집 동아리 소식에 온라인 게시판을 마련하는 것이 좋을 것 같다는 제안을 하고 있다. 이는 상대 의견을

들고 구체적인 제안을 하는 것이지, 상대 의견의 일부에 대해 반대하면서 절충안을 제시한 것은 아니다.

오답이 오답인 이유

① 작년 활동에 대해 언급하면서 시의성 있고 유의미한 활동 주제 설정, 토론 및 동아리 학술지 게재 활동 등을 긍정적으로 평가하고 있다.

② '맞아.'라며 상대의 의견에 동의한 후에 동아리 예산 문제로 전문가 초청 좌담회가 이루어지지 못했음을 지적하고 있다.

③ '좋은 지적이네.'라며 상대의 의견을 긍정적으로 평가하고, 문제의식 공유의 필요성에 대해 재진술하고 있다. 또한 다양한 실천 방법을 모색해야 함을 추가로 언급하고 있다.

④ '그럼 이제 이런 평가 내용을 바탕으로'를 통해 하나의 의제를 마무리하고, 개선 사항 실현 방법이라는 다음 의제로 전환할 것을 제안하고 있다.

02 대화 맥락 분석하기 답 ①

정답이 정답인 이유

① [A]에서 '학생 2'는 '학생 3'이 학교 예산을 자신들의 동아리에 배정해 주었으면 좋겠다고 말한 것에 대해 형평성의 문제를 언급하고 있으며, 이를 해결할 수 있는 방안도 함께 제시하고 있다.

오답이 오답인 이유

② '학생 2'는 특정 동아리에만 예산을 배정하는 것이 형평성에 어긋난다는 점을 지적하며 이러한 문제를 해결하기 위한 방안을 제시하고 있다. 자신의 상황을 구체적으로 설명한 것이 아니다.

③ 유사한 사례를 제시하고 있지 않다.

④ 상대의 생각이 지닌 문제점을 지적하고 있지만, 실현이 불가능함을 강조한 것이 아니라 해결을 위한 방안을 제시하고 있다.

⑤ 자신이 기존에 지녔던 판단의 오류를 수정하고 있지 않다.

03 설득 글쓰기 내용 생성하기 답 ④

정답이 정답인 이유

④ '학생 4'는 게시판을 통해 학생들과 문제의식을 공유할 수 있다고 말하며 활동 결과물을 다른 친구들과 공유하지 못했던 작년의 상황에 대한 개선 방안을 언급하고 있다. 온·오프라인 상설 게시판의 차이를 언급하고 있지는 않다. (나)의 4문단에 좀 더 발전하는 많은 학생들을 만나보실 수 있을 것이라며 건

의 수용의 기대 효과를 언급하고 있지만, 이것은 온·오프라인 상설 게시판의 차이와는 관련이 없다. 따라서 '학생 4'의 언급 내용이 (나)의 4문단에 건의 수용의 기대 효과로 제시되었다는 진술은 적절하지 않다.

오답이 오답인 이유

① '탐색한 내용의 정확성, 객관성, 논리의 타당성 등에 대해 전문가의 의견을 듣고 싶더라고.'라는 '학생 3'의 의견이 (나)의 2문단에서 '현대 사회를 탐구하는 동아리의 특성상 학생인 저희들만의 노력으로는 깊이 있는 탐구가 어려운 것이 사실입니다. 그래서 저희의 활동 내용에 대한 평가와 조언을 구할 수 있는 전문가의 도움이 절실히 필요합니다.'라고 제시되었다.

② '학생 1'의 '우리가 깨닫고 인식한 사회 문제를 적어도 우리 학교 학생들에게만큼은 공유해야 하지 않을까?', '학생 4'의 '사회 문제가 있다면, 그와 관련된 많은 사람들이 문제의식을 공유하면서 해결을 위한 다양한 실천 방법을 모색하는 것이 맞는 것 같아.'라는 언급이 (나)의 3문단에서 '게시판은 저희가 토론하고 연구한 현대 사회의 여러 현상과 그에 관한 문제의식을 학교 학생들과 공유하며 다양한 해결 방법들을 모색하기 위해 필요합니다.'로 제시되었다. (다)의 3문단에는 게시판을 통해 사회의 모습과 이슈들을 망원경처럼 확대하여 제시할 것이며 이를 통해 해결 방안을 함께 고민할 수 있다는 내용이 나타나 있다.

③ '학생 2'의 언급이 (다)의 4문단에서 "'보고', '알고', '생각하여', 그래서 '실천합시다'. 그렇게 세상과 우리는 함께 성장합니다.'라는 독자의 변화와 행동을 촉구하는 내용으로 제시되었다.

⑤ (가)에서 '학생 1'이 정리한 '교장 선생님께 동아리 운영 예산 지원과 온라인 게시판 개설에 대해 건의드리자는 거지?'라는 내용이 (나)의 1문단에서 '제가 이 글을 쓰는 이유는 저희 동아리 활동의 활성화를 위한 예산 편성과 저희가 동아리 활동을 하면서 탐구한 문제의식을 공유하기 위한 게시판 설치를 건의드리기 위해서입니다.'라는 내용으로 제시되었다.

04 설득 글쓰기 맥락 분석하기 답 ③

정답이 정답인 이유

③ (다)는 학교 학생들을 예상 독자로 삼아, 동아리의 활동 내용과 가치를 설명하면서 독자들의 인식과 행동 변화를 촉구하는 글이다. 시급한 문제 상황을 분석하고 있지 않으며 문제의 원인이 중심 내용인 것도 아니다.

오답이 오답인 이유

① (나)는 교장 선생님께 드리는 건의문으로, '현대 사회 연구반'이 인식한 문제점을 해결하기 위해 구체적이고 실행 가능한 방안을 제시하고 있는 글이다.

② (다)는 학교 학생들을 예상 독자로 삼아, 학생들의 인식과 행동 변화를 촉구하는 글이다.

④ (나)는 '좀 더 발전하는 많은 학생들'에서, (다)는 '세상과 우리는 함께 성장합니다.'에서 긍정적 효과를 언급하고 있다.

⑤ (나)는 건의문으로, 건의 내용의 수용을 통해 동아리의 문제점을 해결함으로써 결과적으로 학교 구성원 전체의 성장과 발전을 모색하는 글이다. (다)는 학교 학생들을 예상 독자로 하는 글로, 사회 문제에 대한 학생들의 인식과 행동 변화를 촉구하고 있다. 따라서 두 글의 필자 모두 학교 공동체 구성원의 발전에 관심이 있음을 알 수 있다.

05 설득 글쓰기 내용 점검, 조정하기 답 ⑤

정답이 정답인 이유

⑤ 초고에 없는 '이를 통해'라는 담화 표지를 사용하여 다른 학생들의 탐색과 활동을 이끌어 낼 수 있는 게시판의 의의를 말한 앞의 문장과 그 결과로 나타날 수 있는 학생들의 변화를 언급한 뒤의 문장을 연결하고 있다. 그렇지만 '이를 통해'라는 담화 표지가 앞의 문장과 뒤의 문장 간의 대조 관계를 나타내는 것은 아니다.

오답이 오답인 이유

① 〈보기〉에서는 논리의 긴밀성을 갖추기 위해 '학교는 학생들의 고민과 성찰을 통해 발전할 수 있습니다.'라는 구절을 삭제하였는데, 이 구절은 건의 수용의 기대 효과를 언급하는 ㉮의 논리 흐름과는 어울리지 않는 부분이다.

② '우리 학교 학생들이 사회 문제에 관해 적극적으로 고민하고 탐구하며 행동하는 학생들이 될 수 있을 것'이라며 건의 수용 시에 기대되는 학생들의 변화를 구체화하고 있다.

③ '열린 좌담회 개최와 열린 게시판 개설'에서 '열린'이라는 단어를 반복하면서 건의 사항을 핵심적으로 요약하여 제시하고 있다.

④ '다른 학생들의 탐색과 활동을 이끌어 내는 마중물'이라는 비유적 표현을 활용하고 있다.

05 통합

본문 154~158쪽

01 ④ 02 ④ 03 ③ 04 ②
05 ②

01 협상 맥락 분석하기 답 ④

정답이 정답인 이유

④ 선수 측 대리인은 ㉡에서 '유니폼 판매 수익금의 10퍼센트를 지역 고등학교 축구팀에 기부해' 달라는 추가 요구 사항을 제시하며, 해당 요구 사항을 수용한다면 구단 측에서도 '이미지 개선'이라는 이익을 얻을 것이라고 밝히고 있다.

오답이 오답인 이유

① ㉠에 앞서 선수 측 대리인이 연봉이 보장되는 조건을 완화해 달라는 요구를 하고 있지 않으며, ㉠에서 연봉 보장 조건을 완화해 달라는 상대의 요구 사항을 언급하고 있지도 않다.

② ㉠에서 연봉에 대한 자신의 제안을 수용했을 때 상대가 얻을 수 있는 이익을 언급하고 있지는 않다.

③ ㉠에서 계약 기간을 늘렸을 때 자신이 지게 될 부담으로 '나이에 따른 경기력 저하'를 언급하고는 있으나 상대에게 요구 사항을 철회해 달라고 요청하지는 않고 새로운 조건을 제시한다.

⑤ ㉡에서 자신의 제안을 수용한다면 구단의 이미지가 개선될 것이라고 밝히고 있는 것이지 구단 이미지 개선에 동참해 달라는 상대의 요구를 일부 수용하고 있는 것은 아니다.

02 협상 내용 생성하기 답 ④

정답이 정답인 이유

④ 구단 측에서는 선수가 팬 사인회와 홍보 콘텐츠 촬영에 모두 참여해 준다면 선수 측이 원하는 유니폼 판매 수익금 기부 요구를 수용하겠다고 밝히고 있다. 따라서 팬 사인회와 홍보 콘텐츠 촬영이라는 조건을 제시한 것은 ⓓ에 해당하지 않는다.

오답이 오답인 이유

① 선수 측 대리인은 계약 조건을 조정해서라도 K구단에 잔류하겠다는 의사를 표명하고 있고, 구단 측 대표는 ○○ 선수와의 계약이 꼭 필요하다는 입장을 표명하고 있다. 양측의 의사 표명을 통해 계약 조건에 대한 입장 차라는 문제의 해결 가능성을 확인할 수 있다.

② 선수 측 대리인이 구단 측이 제안한 연봉을 수용하는 조건으로 계약 기간을 3년에서 5년으로 늘리려고 한 것은 ⓑ를 시

도한 것이라고 볼 수 있다.

③ 구단 측 대표는 지도자 연수 기회가 유니폼 수익금 기부보다 더 좋은 조건일 것이라며 제안했으나, 선수 측 대리인은 유니폼 수익금 기부를 더 선호하고 있음을 밝히고 있다. 이를 통해 ⓒ를 확인할 수 있다.

⑤ 구단 측 대표가 협상에서 논의한 사항을 담은 계약서를 마련하여 계약이 안정적으로 이루어질 수 있도록 하겠다고 한 것은 ⓔ에 해당한다고 볼 수 있다.

03 정보 전달 글쓰기 맥락 분석하기   답 ③

정답이 정답인 이유

③ 협상 과정에서 구단 측이 선수 측에 밝혔던 전력 개선 방안은 취약 포지션을 보강하는 것이었다. 하지만 (나)에서는 전력 개선을 위한 방안으로 경기 전략 고도화, 훈련 시스템 보완만 제시하고 있다.

오답이 오답인 이유

① 협상 과정에서 양측은 계약 마지막 해의 연봉 보장에 관한 사항은 공개하지 않기로 했으며, (나)에서 '이외의 계약 금액 관련 사항은 양측 합의에 따라 공개되지 않는다.'라고 언급하고 있다.

② 협상 과정에서 선수 측이 은퇴 후 진로와 관련하여 요구한 유니폼 수익금 기부를 (나)에서 언급하여 ○○ 선수의 이타적 면모를 부각하고 있다.

④ 협상 과정에서 선수 측이 4년 차 연봉을 보장받기 위해 활용한 국가 대표 감독의 인터뷰 내용을 (나)에서 인용하여 팀이 계약한 ○○ 선수의 가치가 높다는 점을 드러내고 있다.

⑤ 협상 과정에서 구단 측이 선수가 구단 홍보에 도움이 될 거라고 말한 것의 근거인 팬 대상 설문 조사 자료를 (나)에서 구체적으로 제시하며 ○○ 선수에 대한 구단 팬들의 지지를 드러내고 있다.

04 정보 전달 글쓰기 내용 생성하기   답 ②

정답이 정답인 이유

② (나)의 1문단에서 여러 팀이 ○○ 선수의 영입을 시도한 이유는 C구단에서 □□ 선수를 영입한 것과 같은 효과를 누리기 위해서라고 밝히고 있다.

오답이 오답인 이유

① (나)의 1문단에서 ○○ 선수와 연봉 팔억 오천만 원에 5년 계약을 하기로 했다고 밝히고 있다.

③ (나)의 2문단에서 ○○ 선수가 데뷔 시즌부터 구단으로부터 꾸준히 출전 기회를 받아 성장할 수 있었기에 팀에 애정이 있음을 밝히고 있다.

④ (나)의 3문단에서 ○○ 선수의 뛰어난 능력과 관련해서 팬들이 붙인 선수의 별칭인 '잔디밭의 치타'를 제시하고 있다.

⑤ (나)의 4문단에서 '우리 팬들의 시선이 벌써 잔디밭으로 쏠리고 있다.'며 ○○ 선수의 차기 시즌 활약에 팬들이 관심을 보이고 있음을 제시하고 있다.

05 정보 전달 글쓰기 내용 조직하기   답 ②

정답이 정답인 이유

② (나)의 2문단에서 ○○ 선수가 이적하지 않고 잔류한 이유 세 가지로 팀에 대한 선수의 애정, 팬들로부터 받은 강력한 지지, 구단의 적극적인 협상 태도를 나열하고 있다.

오답이 오답인 이유

① (나)에서 ○○ 선수가 공식 경기에서 남긴 기록을 제시하고 있지는 않다.

③ ○○ 선수가 자유 계약 자격을 획득하기까지의 과정은 (나)에 제시되어 있지 않다.

④ (나)에서 ○○ 선수가 앞으로 어떤 활약을 보일 수 있을지 지난 경기 사례를 통해 분석하고 있지는 않다.

⑤ (나)의 1문단에 □□ 선수가 자유 계약을 맺고 다른 팀으로 이적해서 뛰어난 활약을 보였다는 내용은 제시되어 있으나, 두 선수가 원소속 구단으로부터 받은 대우를 대조하고 있지는 않다.

06 통합   본문 159~164쪽

01 ④	02 ⑤	03 ②	04 ①
05 ①			

01 대화 내용 이해, 평가하기   답 ④

정답이 정답인 이유

④ '학생 3'은 개인 방송의 장점으로, 방송 생산자와 수용자가 실시간으로 소통할 수 있다는 점을 언급했는데, '학생 2'는 이에 대해 공감의 표현을 드러내고 있을 뿐이지 이를 뒷받침할 만한 새로운 근거를 제시하고 있지는 않다.

오답이 오답인 이유

① 지난 논의에서 비평문 쓰기의 소재를 함께 정한 후, 각자

자료를 찾아오기로 논의하였음을 대화 참여자들에게 환기하고 있다.

② 개인 방송이 증가하는 배경에 대해 자신이 조사해 왔음을 언급하며 먼저 발언해도 괜찮은지 다른 대화 참여자들에게 양해를 구하고 있다.

③ 스마트폰을 보유하지 않은 비율이 5%는 넘을 것으로 예상했는데 조사 결과는 그렇지 않자, 자신이 예상한 것과 실제 조사 결과가 차이가 있음을 언급하고 있다.

⑤ 앞서 언급한 학술 자료에서 '학생 2'가 소개한 개인 방송의 부정적 측면을 뒷받침할 만한 내용을 선별하여 소개하고 있다.

02 대화 맥락 분석하기 답 ⑤

정답이 정답인 이유

⑤ '학생 1'은 [A]의 세 번째 발언에서 '개인 방송을 긍정적으로 바라보는 관점에서 개인 방송의 문제점과 개선 방안도 함께 다루는 것'으로 비평문의 관점을 정리하여 제시하고 있다. 그리고 비평문의 초고를 작성하는 활동을 수행할 것을 제안하고 있다.

오답이 오답인 이유

① '학생 2'는 [A]의 첫 번째 발언에서, 예상 독자의 흥미가 아니라 예상 독자인 청소년들에게 끼칠 영향을 고려하여 개인 방송에 대해 부정적 관점의 글을 작성할 것을 제안하고 있다.

② '학생 3'은 [A]의 첫 번째 발언에서, '학생 2'의 제안과 관련하여 자신이 살펴본 통계 자료에 대해 언급하면서 '학생 2'의 제안에 반론을 제기하고 있지만, '학생 2'가 제시한 의견과 배치되는 통계 자료를 언급하고 있지는 않다.

③ '학생 1'은 [A]의 두 번째 발언에서, 자신의 경험을 제시하며 '학생 3'의 제안에 공감하고 있을 뿐, 이에 대해 반박하고 있지는 않다.

④ '학생 2'는 [A]의 두 번째 발언에서, 자신과 '학생 3'의 의견을 조율한 중재안을 제시하고 있는 것이 아니라, '학생 3'과 '학생 1'의 의견을 종합하여 정리하고 있다.

03 비평 글쓰기 내용 생성하기 답 ②

정답이 정답인 이유

② '활동 1'에서 개인 방송의 증가로 인해 방송 환경이 기존에 비해 수평적, 개방적, 참여적으로 변화된다는 비평가의 인터뷰 내용을 제시하였지만, (나)에서 개인 방송이 증가하게 된 배경으로 이를 인용하고 있지 않다.

오답이 오답인 이유

① '활동 1'에서 정한 '개인 방송을 긍정적으로 바라보는 관점에서 개인 방송의 문제점과 개선 방안도 함께 다루는 것'이라는 관점이 드러나도록, 제목을 '개인 방송 시대, 긍정적 영향을 위해 나아갈 길'로 정하고 있다.

③ '활동 1'에서 언급한 가짜 뉴스로 피해를 입은 유명인의 사례와 관련된 보도 자료를 3문단에서 개인 방송 증가에 대한 비판적인 견해의 근거로 제시하고 있다.

④ 1문단에서 우리 학교 학생들의 개인 방송 이용 실태에 대한 설문 조사 자료를 언급하고 있는데, '활동 1'에서는 스마트폰 보유에 대한 설문 조사 결과만 언급하고 있다.

⑤ 4문단에서 대중 매체에서 얻기 힘든 정보를 개인 방송을 통해 얻을 수 있다는 인터뷰 내용이 언급되고 있지만, 이 내용은 '활동 1'에서는 언급되지 않았다.

04 비평 글쓰기 자료, 매체 활용하기 답 ①

정답이 정답인 이유

① [자료 1]에서 연령이 낮아질수록 동영상 플랫폼을 이용하는 비율이 높아진다는 점을 확인할 수 있으며, 1문단에서 청소년이 성인에 비해 상대적으로 개인 방송에 노출될 가능성이 높다는 내용의 근거로 제시할 수 있다.

오답이 오답인 이유

② [자료 1]에서 다른 연령층에 비해 10대의 온라인 동영상 플랫폼의 이용률이 높다는 점을 확인할 수 있으나, 2문단에 개인 방송의 수용과 제작에 청소년들이 가장 활발히 참여하고 있다는 내용이 제시되어 있지 않으므로 적절하지 않다.

③ [자료 1]에서 온라인 동영상 플랫폼 이용률이 70대 이상의 연령층에서 가장 낮게 나타난다는 점을 확인할 수 있으나, 2문단에 대중 매체가 70대 이상 시청자의 다양한 욕구를 채워 주고 있다는 내용이 제시되어 있지 않으므로 적절하지 않다.

④ [자료 2]에서 개인 방송이 시청자의 다양한 욕망을 표출해 주는 창구라고 응답한 비율이 65.6%로 과반을 차지했다는 점을 확인할 수 있으나, 3문단에 대중 매체와의 차별성이 줄어들면서 개인 방송의 인기가 증가하고 있다는 내용이 제시되어 있지 않으므로 적절하지 않다.

⑤ [자료 2]에서 개인 방송이 다양한 사람들과의 소통을 가능하게 한다는 답변이 78.5%로 과반을 차지했다는 점을 확인할 수 있으나, 4문단에 개인 방송이 사회의 다양한 의견을 통일시키는 긍정적 기능을 수행할 수 있다는 내용이 제시되어 있지 않으므로 적절하지 않다.

05 비평 글쓰기 표현 전략 사용하기 답 ①

정답이 정답인 이유

① ㉮를 작성한 내용에서는 개인이 주도적으로 방송을 생산하고 수용하는 개인 방송의 특성을 언급하며 생산자와 수용자 측면에서 개인이 실천할 수 있는 방안을 제시하고 있다.

오답이 오답인 이유

② ㉮를 작성한 내용에서는 개인 방송 수용자인 시청자뿐 아니라 개인 방송 생산자인 개인의 책임도 강조하고 있다.

③ ㉮를 작성한 내용에서는 유해한 개인 방송의 지속 여부에 대한 결정 권한을 언급하고 있지 않다.

④ ㉮를 작성한 내용에서는 시청자의 성숙한 태도를 문제 해결 방안으로 제시하고 있지만, 개인 방송이 자구책을 마련해야 한다는 내용을 제안하고 있지는 않다.

⑤ ㉮를 작성한 내용에서는 유익한 개인 방송에 대한 정부의 지원을 늘리기 위해 개인 방송 제작자가 실천할 수 있는 방안을 언급하고 있지 않다.

---

07 통합 본문 165~169쪽

01 ①   **02** ③   **03** ④   **04** ⑤
05 ③

---

01 건의 글쓰기 맥락 분석하기 답 ①

정답이 정답인 이유

① (가)의 필자는 바자회의 음식 판매 팀 수 제한 및 선정 방식의 문제를 해결하기 위해, 예상 독자인 학생회가 새로운 방안을 마련해 줄 것을 요청하기 위해 글을 쓴 것이다.

오답이 오답인 이유

② 필자는 자신의 생각을 뒷받침하기 위해 공동체의 의견을 근거로 제시하였지만, 공동체의 의견을 수렴하는 과정이 중요하다는 것을 작문의 주제로 삼은 것은 아니다.

③ 쓴 글을 누가 읽을 것인가와 관련하여, 필자는 자신이 제기한 문제를 해결해 줄 수 있는 대상을 예상 독자로 삼았다. 자신과 같은 문제의식을 공유한 대상을 예상 독자로 설정한 것은 아니다.

④ 공동체의 문제를 조사하고 분석한 결과를 보고하는 형식을 갖춘 글의 유형은 보고서이다. 필자는 문제 해결을 위해 건의

문을 글의 유형으로 선택하였다.

⑤ 작문 매체와 관련하여 필자는 학생회 누리집 게시판을 활용하였으므로, 필자가 자신이 지정한 한 사람만 글을 볼 수 있는 작문 매체를 선택한 것은 아니다.

---

02 건의 글쓰기 표현 전략 사용하기 답 ③

정답이 정답인 이유

③ 3문단에서 준비가 부실한 팀이 선정된 것은 추첨으로 음식 판매 팀을 선정하는 방식 때문이라고 했다. 따라서 음식 판매 팀 수를 제한한 것을 이와 같은 문제의 발생 원인으로 분석했다는 설명은 적절하지 않다.

오답이 오답인 이유

① 2문단에서 바자회의 열기가 식고 학생들의 불만이 높아진 상황을 언급하였는데, 이것은 음식 판매 팀 수를 줄이고 추첨으로 선발하는 현행 방식 때문에 나타난 문제라는 점에서 해결해야 할 현재의 문제를 분명히 제시한 것이라고 할 수 있다. 따라서 ⓐ를 충족한다고 볼 수 있다.

② 2문단에서 바자회에 대한 학생들의 불만족도가 높다고 언급하였는데, 이것은 설문 조사 결과를 인용함으로써 문제를 사실에 근거하여 제시한 것이라고 할 수 있다. 따라서 ⓑ를 충족한다고 볼 수 있다.

④ 3문단에서 비슷한 행사를 하고 있는 □□ 고등학교의 사례를 언급하였는데, 이것은 문제 해결 방안이 실행 가능하다는 것을 보여 주는 성공 사례라는 점에서 문제 해결 방안의 실행 가능성을 점검한 것이라고 할 수 있다. 따라서 ⓓ를 충족한다고 볼 수 있다.

⑤ 4문단에서 음식 판매 팀 수 제한 완화 및 선발 방식 개선이 가져올 긍정적 결과를 언급하였는데, 이것은 문제 해결을 통한 기대 효과를 제시한 것이라고 할 수 있다. 따라서 ⓔ를 충족한다고 볼 수 있다.

---

03 대화 표현 전략 사용하기 답 ④

정답이 정답인 이유

④ '학생 1'은 (나)에서 추첨 방식과 심사 방식 중 더 나은 방식이 무엇인지 현재의 상황을 고려해서 말해 줄 것을 대화 참여자에게 요청하였다. '학생 1'이 추첨제와 심사제의 장단점을 비교한 것은 아니다.

오답이 오답인 이유

① '학생 1'은 건의문에 달린 댓글들에 학생회 운영진에서 논의해 달라는 요청이 많아서 (가)를 공유하기로 했다고 먼저 설

명한 후 건의문에 포함된 건의 내용을 대화의 주제로 제시하였다.

② '학생 1'은 이전에 음식을 판매하는 팀 수가 너무 많다 보니 다른 물품 판매에 지장이 있었고, 음식 판매로 인해 배출되는 일회용품 쓰레기가 너무 많아 음식 판매 팀 수를 제한하게 되었음을 밝혔다. 그리고 음식 판매 팀 수를 다시 늘려 달라고 한 건의 내용에 대한 대화 참여자의 의견을 묻고 있다.

③ (가)에서는 음식 판매 팀 수를 이전과 같이 9개로 하자는 안이 제안되었다. '학생 1'은 기존의 팀 수인 3개와 절충하여 음식 판매 팀 수를 5개로 하자는 새로운 안을 문제의 해결 방안으로 제시하였다.

⑤ '학생 1'은 (가)에서 제시한 학생의 불만 사항이 앞에서 논의한 결과를 통해 해소될 수 있을 것이라고 하면서 대화를 마무리하였다.

04 대화 맥락 분석하기　　답 ⑤

정답이 정답인 이유

⑤ 대화의 맥락상 ⓛ은 ㉠에서 제기한 문제점, 즉 서류나 면접만으로 충분한 평가가 어려울 것 같다는 문제점을 보완할 수 있는 대안으로 동영상 촬영을 제시하고 상대방의 동의를 구한 것이다.

오답이 오답인 이유

① ㉠에서는 ⓛ에서 다루게 될 내용의 범위를 제한하지 않았으며 논의를 특정한 방향으로 유도하지도 않았다.

② ㉠에서는 ⓛ에서 상대방이 반박할 수 있는 내용을 미리 언급하지 않았다.

③ ⓛ에서는 ㉠에서 지적한 문제에 대해 예상되는 문제를 추가하지 않았다.

④ ⓛ에서는 ㉠에서 제시한 의견을 뒷받침할 수 있는 근거를 덧붙이지 않았다.

05 대화 내용 이해, 평가하기　　답 ③

정답이 정답인 이유

③ 운에 따라 열심히 준비한 팀이 탈락하는 것을 막기 어렵다는 것은 추첨 방식의 단점으로 언급된 것이다. 따라서 열심히 준비한 팀이 운이 나빠 탈락하는 것을 막기 어렵다는 것이 면접 심사 방식의 단점으로 검토되었다는 것은 적절하지 않다. 서류 심사와 면접 심사를 병행하여 선발하자는 대안을 검토하는 과정에서 언급된 내용은, 서류나 면접만으로 어떤 음식을 어떻게 조리하고 어떤 상태로 판매하게 될지를 예측하는 것이

여전히 어렵다는 것이었다.

오답이 오답인 이유

① 서류 심사 방식으로 선발하는 것에 대해 검토하는 과정에서, 서류 심사를 통해 계획과 준비가 부족한 팀을 사전에 배제할 수 있고, 판매할 음식의 종류도 적절하게 안배할 수 있다는 점이 장점으로 언급되었다.

② 서류 심사 방식으로 선발하는 것에 대해 검토하는 과정에서, 서류 심사만으로 평가하기 어려운 요소가 있다는 점이 단점으로 언급되었다.

④ 서류 심사와 면접 심사를 병행하여 선발하는 것에 대해 검토하는 과정에서, 음식을 만드는 과정과 판매할 음식의 상태에 대해 예측하는 데에는 한계가 있다는 점이 면접 심사 방식의 단점으로 언급되었다.

⑤ 서류 심사와 동영상 심사를 병행하여 선발하는 것에 대해 검토하는 과정에서, 심사자가 필요한 정보를 쉽게 얻을 수 있고 참가자의 부담도 적다는 점이 동영상 심사 방식의 장점으로 언급되었다.

---

(08) 통합　　　　　　　본문 170~174쪽

01 ④	02 ⑤	03 ⑤	04 ①
05 ⑤			

01 대화 표현 전략 사용하기　　답 ④

정답이 정답인 이유

④ 진행자는 신문 기사와 『난중일기』를 읽은 자신의 경험을 언급하면서 전문가의 설명에 대한 의견을 드러내고 있지만, 전문가에게 또 다른 구체적인 사례에 대해 질문하고 있지는 않다.

오답이 오답인 이유

① '조금 더 자세하게 설명해 주실 수 있을까요?'라며 추가 정보를 요청하고 있다.

② 거시사와 대조하며 미시사의 의미 및 특성을 드러내고 있다.

③ 영화와 책들을 소개하며 다양한 예를 들어 답변하고 있다.

⑤ '예전에 읽은 신문 기사에서 미시사의 방법론을 '줌 인(Zoom-In)'이라고 했던 것이 떠오르네요. 줌 아웃으로 멀리서 전체적인 틀을 보는 것이 아니라 가깝게, 세밀하게 개인의 삶을 조망하는 것이지요?'라고 배경지식을 활용하여 재진술한 내용이 나타나 있다.

02 대화 내용 생성하기　　답 ⑤

정답이 정답인 이유

⑤ 전문가는 미시사의 가치, 즉 긍정적 측면에 대해서는 답변하고 있지만, 미시사가 어떤 한계를 지니는지에 대해서는 언급하고 있지 않다.

오답이 오답인 이유

① '미시사는 작고 사소한 것에 초점을 맞춰 역사를 기술하는 방식입니다. 이때 '미시(微視)'라는 말은 관찰 규모를 축소하고, 문헌 자료를 세밀히 분석하는 연구 방식을 가리킵니다.'라며 미시사라는 용어에 대해 간략하게 소개하고 있다.

② '미시사는 피지배층, 여성, 시골, 신변잡사 등 기존의 역사에서 다루지 않던 일상적이고 개인적인, 비공식적인 것도 역사로 기록될 가능성을 제공한다는 점에서 역사학의 지평을 넓혔다는 평가를 받습니다. 또 이야기체로 서술하여 흥미롭고 친근하게 역사에 접근할 수 있어 역사의 대중화에 기여했다고 할 수 있습니다.'라며 미시사의 의의에 대해 언급하고 있다.

③ '당시 경제적으로나 정치적으로 혼란했던 유럽의 상황은 기존 역사학의 확고한 신념이었던 '진보하는 역사'에 대한 회의를 가져왔고 중심의 해체를 주장하는 포스트모더니즘의 흐름 속에서 기존의 역사가 인간이 역사의 주체임을 잊었음을 비판하며 등장하게 된 것입니다.'라며 미시사의 등장 배경을 언급하고 있다.

④ 『연필』, 『설탕과 권력』, 『소금과 문명』, 『세계사를 바꾼 커피 이야기』 등의 미시사를 다룬 다양한 책들을 소개하고 있다.

03 대화에서 자료, 매체 활용하기　　답 ⑤

정답이 정답인 이유

⑤ ⓒ는 미시사적인 시각으로 쓰인 다양한 책들을 표지 및 삽화 이미지를 통해 보여 주는 자료이다. 이 자료들은 미시사적 접근을 보여 주는 책들을 구체적인 예시 자료로 활용하기 위한 것으로, 표지 및 삽화를 통해 전문가가 미시사의 서술 방식을 직접 보여 줄 수는 없다.

오답이 오답인 이유

① ⓐ에서 전문가는 영화를 구체적으로 제시하면서 미시사의 접근 방식에 대해 설명하고 있다.

② ⓐ에서 영화를 본 후, 진행자는 신문 기사에서 접한 '줌 인'이라는 미시사의 방법론을 떠올리고 있다.

③ ⓑ를 보여 주며 전문가는 역사의 자료로는 생각되지 않던 사소한 도구로서의 '연필'과 인간의 역사를 연관 지어 설명함

으로써 미시사적인 접근을 설명하고 있다.

④ ⓒ와 관련하여 진행자는 『난중일기』를 읽은 자신의 경험을 언급하고 있다.

04 정서 표현 글쓰기 내용 생성하기　　답 ①

정답이 정답인 이유

① (가)에서 전문가의 마지막 발화를 통해 미시사는 이야기체로 서술되어 흥미롭고 친근하게 접근할 수 있음을 알 수 있다. (나)의 2문단에서 학생은 할머니의 삶과 경험을 옛날이야기처럼 구체적이고 생생하게 서술하고 있다.

오답이 오답인 이유

② 학생이 경험한 사건을 시간에 따라 분석한 내용은 나타나지 않는다.

③ 포스트모더니즘이 현대 사회에 미친 영향에 대한 언급은 없다.

④ 텔레비전 인터뷰 방송을 본 후, 봉사 활동에서 만난 할머니를 떠올리며 글을 시작하고 있다. 미시사 관련 책을 언급하면서 글을 시작하고 있지 않다.

⑤ 개인적이면서 비공식적인 내용이 역사에 기록된 사례를 제시하고 있지 않다.

05 정서 표현 글쓰기 내용 점검, 조정하기　　답 ⑤

정답이 정답인 이유

⑤ 학생은 봉사 활동에서 만난 할머니를 통해 인터뷰에서 설명한 미시사의 의미에 대해 새롭게 인식하고 있다. 그리고 그러한 깨달음을 인터뷰에 드러난 전문가의 언어가 아닌, 자신이 이해한 내용을 바탕으로 재진술해야겠다고 자기 점검을 하고 있다. 따라서 거시사의 주요 대상을 승리자나 지배자로, 미시사의 대상인 개인을 이 아무개, 김 아무개로 재진술하여 표현한 ⑤가 적절하다.

오답이 오답인 이유

① 봉사 활동과 관련지은 내용이 없으며, 자신의 언어로 재진술하지도 않았다.

② 봉사 활동 경험과 의미에 대한 깨달음이 나올 뿐, 미시사에 대해 깨달은 내용은 드러나지 않는다.

③ 미시사에 대한 깨달음을 자신의 언어로 바꾸어 재진술하지 않았으며, 봉사 활동과의 관련이 드러나지 않는다.

④ 미시사에 대한 깨달음을 비유적 표현을 동원하여 재진술하고 있지만, 봉사 활동과의 관련이 드러나지 않는다.

(09) 통합

본문 175~179쪽

01 ④   **02** ⑤   **03** ⑤   **04** ④
05 ④

01 대화 맥락 분석하기   답 ④

정답이 정답인 이유

④ '학생 1'은 다섯 번째 발화에서 고전적 조건화가 잘 형성되기 위해서는 광고의 적절한 반복 횟수를 결정해야 하고, 하나의 무조건 자극에 여러 개의 중성 자극이 중복 연합되지 않도록 하는 것이 필요하다며 다른 대화 참여자들의 의견을 정리하고 있다. 그러나 질문의 방식으로 자신이 이해한 내용이 맞는지 점검하는 부분은 드러나지 않는다.

오답이 오답인 이유

① '학생 1'은 첫 번째 발화에서 지난 회의에서 교지에 실을 특집 기사의 주제로 '광고에 적용된 고전적 조건화의 원리'를 선정했음을 환기하며 대화 참여를 유도하고 있다.

② '학생 1'은 두 번째 발화에서 기사의 독자인 학생들이 고전적 조건화의 원리가 무엇인지를 가장 궁금해할 것이라며 예상한 내용을 언급한 뒤, 이에 대한 대화 참여자들의 의견을 묻고 있다.

③ '학생 1'은 세 번째 발화에서 고전적 조건화의 개념을 설명하기 전에 소비자 심리학의 관점에서 '학습'의 개념을 먼저 제시하자는 '학생 2'의 말에 좋은 생각이라며 동조한 뒤, 소비자의 학습 과정에 매우 중요한 영향을 미치는 광고에 고전적 조건화의 원리가 적용되고 있음을 설명하자는 방안을 제시하고 있다.

⑤ '학생 1'은 마지막 발화에서 대화를 나누면서 특정 브랜드에 대하여 우리가 가지고 있는 이미지가 광고를 통해 학습된 것일 수 있다는 사실을 알게 되어 흥미로웠다고 소감을 밝힌 뒤, 나머지 두 대화 참여자들에게 자료를 정리해서 보내 달라고 말하며 다른 대화 참여자들이 할 일을 제안하고 있다.

02 대화 내용 이해, 평가하기   답 ⑤

정답이 정답인 이유

⑤ '학생 3'은 [A]의 두 번째 발화에서 개념을 정의하는 것만으로는 학생들이 고전적 조건화의 의미를 이해하기 어려워할 것 같다는 '학생 2'의 의견에 동의하며, 광고 측면에서 고전적 조건화의 사례를 개념 정의와 함께 제시하자는 자신의 의견을

덧붙이고 있다. 또한 [B]에서도 '학생 3'은 광고 횟수가 지나치게 많아지면 소비자가 싫증을 느끼게 될 것이라는 '학생 2'의 의견에 동의하며, 고전적 조건화를 통한 학습이 잘 일어나기 위해서는 경쟁 광고의 횟수뿐만 아니라 지나친 반복으로 유발될 소비자의 거부감 역시 고려해야 한다는 의견을 덧붙이고 있다.

오답이 오답인 이유

① [A]에서 '학생 2'는 단순한 개념 정의만으로는 학생들이 고전적 조건화에 대해 이해하기 어려워할 것 같다며 '학생 3'이 제시한 의견과 관련하여 예상되는 문제점을 언급하고 있다. 그러나 [A]에 '학생 2'가 '학생 3'의 의견에 대해 의문을 드러내며 이에 대해 추가적인 설명을 요청하는 부분은 없다.

② '학생 3'은 [A]의 두 번째 발화에서 고전적 조건화가 학생들에게 생소할 수 있어 단순히 개념을 정의하는 것만으로는 이해하기 어려워할 것 같다는 '학생 2'의 의견에 동의하며 이와 관련한 자신의 생각을 대화 참여자들에게 되묻는 방식으로 제시하고 있다. 그러나 [A]에 '학생 3'이 '학생 2'의 의견이 지닌 한계를 지적하고 있는 부분은 없다.

③ [B]에서 '학생 2'는 학습에 필요한 적절한 광고 횟수에 대해 묻는 '학생 1'의 질문에 응답하고 있다. 그러나 [B]에 '학생 2'가 '학생 1'의 의견 중 자신이 수긍할 수 없는 점을 밝힌 부분은 없다.

④ [A]와 [B] 모두에서 '학생 2'가 다른 학생의 의견을 일부 인정하며 자신이 제시했던 의견을 수정하는 부분은 없다.

03 정보 전달 글쓰기 내용 생성하기   답 ⑤

정답이 정답인 이유

⑤ (가)에서 '학생 2'는 다섯 번째 발화에서 기업들이 자극의 일반화를 활용하여 자사의 브랜드를 확장하거나, 새로운 제품을 만들 때 기존의 브랜드와 유사한 모방 제품을 출시한다는 내용에 대해 언급하고 있다. 이를 바탕으로 (나)의 4문단에서 자극의 일반화를 활용한 마케팅 전략에는 브랜드 확장 전략, 모방 제품 전략 등이 있다는 내용을 제시하고 있다. 그러나 기업이 광고에 자극의 일반화를 가장 많이 활용하고 있다는 내용은 확인할 수 없으므로 이는 적절하지 않다.

오답이 오답인 이유

① (가)에서 '학생 1'은 세 번째 발화에서 소비자가 학습을 통해 지식을 형성하는 데 광고가 매우 중요한 영향을 미친다는 점을 언급하고 있다. 이를 바탕으로 (나)의 1문단에서는 학습의 정의를 소비자 심리학의 관점에서 제시하고 있다.

② (가)에서 '학생 2'는 두 번째 발화에서 서로 관련이 없는 두 자극인 무조건 자극과 중성 자극이 연합되어 학습된 반응을 유발하게 된 것이라는 고전적 조건화의 개념을 언급하고 있다. 이를 바탕으로 (나)의 2문단에서는 고전적 조건화가 무엇인지에 대해 설명하고 있다.

③ (가)에서 '학생 2'는 네 번째 발화에서 고전적 조건화를 통한 학습이 잘 일어나기 위해서는 11회에서 12회의 반복 연합이 필요하며, 경쟁 광고의 횟수에 따라 이보다 더 많은 횟수의 반복 연합이 필요하다고 언급하고 있다. 이를 바탕으로 (나)의 3문단에서는 고전적 조건화가 잘 형성되기 위해 적절한 횟수의 반복 연합이 중요함을 설명하고 있다.

④ (가)에서 '학생 3'은 네 번째 발화에서 무조건 자극이 여러 개의 중성 자극에 동시에 과잉 연합될 경우 그중 어떠한 자극과도 고전적 조건화가 형성되기 어렵다는 점을 언급하고 있다. 이를 바탕으로 (나)의 3문단에서는 유명 연예인의 광고 겹치기 출연을 고전적 조건화가 형성되기 어려운 사례로 제시하고 있다.

04 정보 전달 글쓰기 내용 조직하기　　답 ④

정답이 정답인 이유

④ 1문단에서 '여러분은 '학습'이 무엇이라고 생각하는가?'라고 질문을 던진 후, '일반적으로 학습이라는 단어는 '공부'라는 단어와 동의어로 여겨질 만큼 학습이란 뭔가를 열심히 익히고 배우는 것'이라고 답하며 '학습'이라는 용어에 대해 독자들이 일반적으로 가지고 있는 개념을 제시하고 있다.

오답이 오답인 이유

① 2문단에서 광고에서 활용되는 무조건 자극으로 귀여운 동물, 인기 연예인 등의 사례를 언급한 부분은 있으나 이를 전문가의 견해를 직접 인용하며 제시하고 있지는 않다.

② 4문단에서 자극의 일반화를 활용한 마케팅 전략으로 브랜드 확장 전략, 모방 제품 전략 등이 있다고 설명하고 있다. 그러나 각각의 유형들을 비교해 공통점과 차이점을 나열하며 제시하고 있지는 않다.

③ 3문단에서 하나의 무조건 자극이 여러 개의 중성 자극에 동시에 과잉 연합되면 그중 어떠한 자극에 대해서도 고전적 조건화가 형성되기 어렵다는 점을 설명하고 있다. 그러나 무조건 자극과 중성 자극 간의 반복 연합 효과가 감소되는 과정을 단계별로 나누어 분석하고 있지는 않다.

⑤ 2문단에서 광고를 통해 소비자의 긍정적인 반응을 유발하

는 무조건 자극인 귀여운 동물, 인기 연예인 등을 중성 자극인 제품이나 브랜드 등과 연합하여 반복적으로 제시하여 소비자의 반응을 유도한다는 고전적 조건화의 원리에 대해 설명하고 있다. 그러나 이를 광고 이외의 다른 분야에 적용된 경우와 대조하며 설명하고 있지는 않다.

05 정보 전달 글쓰기 자료, 매체 활용하기　　답 ④

정답이 정답인 이유

④ 〈보기〉는 △△△ 브랜드에 대한 소비자의 조건화된 긍정적 반응이 △△△ 브랜드의 신제품들에 대해서도 나타난 것을 보여 주는 사례에 해당하므로, '패밀리 브랜딩'은 자극의 일반화를 활용한 마케팅 전략 중 브랜드 확장 전략에 해당한다고 할 수 있다. 따라서 〈보기〉를 활용하여 자극의 일반화를 활용하면 소비자의 긍정적 반응을 신제품에 대해서도 유도할 수 있다는 4문단의 내용을 보강할 수 있다.

오답이 오답인 이유

① 〈보기〉는 자극의 일반화를 활용한 마케팅 전략 중 브랜드 확장 전략에 해당하는 사례이므로 이를 토대로 1문단의 내용을 보강하는 것은 적절하지 않다. 또한 1문단에서 소비자가 구매 행동을 할 때 브랜드에 대한 지식을 의사 결정의 근거로 삼는다는 내용은 확인할 수 있으나, 브랜드에 대한 지식을 가장 중요한 정보원으로 활용한다는 내용은 확인할 수 없다.

② 〈보기〉는 자극의 일반화를 활용한 마케팅 전략 중 브랜드 확장 전략에 해당하는 사례이므로 이를 토대로 기업의 제품이나 브랜드가 소비자의 긍정적인 반응을 유발하기 위해서는 고전적 조건화를 통한 학습이 이루어져야 한다는 2문단의 내용을 보강하는 것은 적절하지 않다.

③ 〈보기〉는 자극의 일반화를 활용한 마케팅 전략 중 브랜드 확장 전략에 해당하는 사례이므로 이를 토대로 하나의 무조건 자극이 여러 개의 중성 자극에 동시에 과잉 노출되면 그중 어떠한 자극과도 고전적 조건화가 형성되기 어렵다는 3문단의 내용을 보강하는 것은 적절하지 않다.

⑤ 〈보기〉는 자극의 일반화를 활용한 마케팅 전략 중 브랜드 확장 전략에 해당하는 사례이므로 이를 토대로 5문단의 내용을 보강하는 것은 적절하지 않다. 5문단에는 장기적으로 브랜드에 긍정적 이미지를 부여하는 데 광고 모델의 선정이 중요함을 언급한 내용은 제시되어 있지 않다.

⑩ 통합

본문 180~184쪽

01 ③　　**02** ④　　**03** ④　　**04** ③
05 ④

01 토론 내용 이해, 평가하기　　　　　답 ③

정답이 정답인 이유

③ '반대 1'의 입론 내용에 전문 기관의 통계 자료를 바탕으로 현행 제도의 긍정적인 측면을 강조하고 있는 부분은 드러나지 않는다.

오답이 오답인 이유

① '찬성 1'은 전통 시장 점포 수 및 매출액 변화 추이에 관한 구체적인 수치를 언급하며 대형 마트 의무 휴업제를 폐지해야 함을 부각하고 있다.

② '찬성 1'은 규제 도입이 전통 시장 이용률 상승에 기여하지 못하고 오히려 오프라인 유통 시장 전체의 위축이라는 부정적인 결과를 초래했음을 언급하며 규제 효과 달성에 실패했음을 드러내고 있다.

④ '반대 1'은 대형 마트 의무 휴업제가 대형 마트와 온라인 유통업체 간의 공정한 경쟁을 어렵게 한다는 찬성 측의 주장을 언급하며, 이는 미래 시장을 예측하지 못한 손해를 전통 시장의 소상공인들에게 전가하는 것이라며 주장이 타당하지 않다고 지적하고 있다.

⑤ '반대 1'은 대형 마트 의무 휴업제를 폐지할 경우 전통 시장의 영세한 소상공인들이 큰 타격을 입게 될 뿐만 아니라, 이들에게 납품하는 업체들의 생계도 위협받을 수 있을 것이라며 변화가 초래할 부정적인 영향을 언급하고 있다.

02 토론 표현 전략 사용하기　　　　　답 ④

정답이 정답인 이유

④ [B]는 대형 마트 근로자 외에 업무 특성상 불가피하게 주말 근무를 해야 하는 근로자들의 사례를 제시하며 상대측 주장에 대해 반박하고 있다.

오답이 오답인 이유

① [A]는 상대측이 주장한 내용의 근거 자료를 요구한다는 점에서 사실 여부를 확인하고 있다고 볼 수 있으나, 실현 가능성을 점검하는 내용은 제시하고 있지 않다.

② [A]에는 상대측이 제시한 근거가 믿을 만한 것인지 의문을 제기하거나, 자료의 출처를 요구하는 내용은 제시되어 있지 않다.

③ [B]에 상대측이 예측한 부정적 전망에 대해 언급거나, 상대측이 제시한 대안에 대해 의문을 제기하고 있는 부분은 나타나 있지 않다.

⑤ [A]와 [B]는 모두 상대측의 입론에 대한 반대 신문으로 상대측의 진술 내용에 이의를 제기하고 있다. 그러나 [B]가 사실 관계를 확인할 수 있는 자료를 추가로 요청하고 있지는 않다.

03 토론 내용 이해, 평가하기　　　　　답 ④

정답이 정답인 이유

④ 찬반 양측의 토론 내용을 분석해 보면, 대형 마트 의무 휴업제가 대형 마트와 온라인 유통업체 간의 공정한 경쟁을 가로막는지, 대형 마트 의무 휴업제가 전통 시장을 살리고 골목 상권을 보호한다는 입법 취지를 달성했는지, 대형 마트 의무 휴업제의 폐지가 대형 마트 근로자의 휴식권을 침해하는지 등에 대해 상반된 견해를 제시하고 있다. 그러나 대형 마트 의무 휴업제로 인해 소비자의 선택권과 쇼핑의 기회가 제한되는지, 대형 마트 근로자의 휴식권이 소비자의 선택권보다 우선시되어야 하는지에 대한 논의는 하지 않았다.

04 토론 내용 이해하기, 설득 글쓰기 내용 조직하기　　답 ③

정답이 정답인 이유

③ 반대 측의 발언 내용을 요약하여 제시했을 뿐, 토론에서 반대 측이 언급한 내용을 듣고 생긴 의문점에 대하여 자신의 배경지식을 바탕으로 생각을 덧붙인 부분은 드러나지 않는다.

오답이 오답인 이유

① 1문단에서 2012년 처음 도입된 대형 마트 의무 휴업제에 대해 최근 현 상황과 맞지 않는다며 이를 폐지해야 한다는 주장이 대두되고 있다는 사실을 언급하고, 규제 폐지에 대한 찬반 양측의 입장을 정리하고 자신의 의견을 제시하기 위해 글을 쓰게 되었다고 밝히고 있다.

② 4문단에서 전국적인 일괄 규제보다 지자체장이 지역별 특성을 감안하여 이해 당사자들 간의 협의를 통해 자율적으로 결정할 필요가 있다는 전문가의 의견을 간접 인용하고 있다. 또한 이를 토대로 지자체의 전통 시장과 대형 마트의 상생 협력 방안 마련 및 상생 협력 방안 이행에 대한 정부의 관리 감독이 필요함을 언급하며 논제에 대한 자신의 의견을 제시하고 있다.

④ 2문단에서 토론에서 언급되지 않았던 대한 상공 회의소 설문 조사 결과를 제시하며 이를 바탕으로 규제 도입이 전통 시

장 매출 상승에 기여하지 못했음을 주장한 찬성 측의 논거를 구체화하고 있다.

⑤ 2문단에서 규제 도입 이후 온라인 유통업체의 시장 점유율만 급격히 증가하는 현상이 일어났다는 찬성 측의 발언 내용을 잘 표현하는 '풍선 효과'라는 전문 용어를 사용하여 보다 간결하고 명확하게 찬성 측의 입장을 드러내고 있다.

05 설득 글쓰기 자료, 매체 활용하기　　　　답 ④

정답이 정답인 이유

④ 〈보기〉는 이해 당사자들 간의 협의를 통해 규제를 조정하거나, '도시 계획'의 관점에서 규제 기준을 조정하고 지역별로 예외를 두는 등 규제를 완화하는 추세에 있는 해외의 사례이다. 따라서 〈보기〉를 활용하여 (나)의 마지막 문단에서 대형 마트 영업에 대한 전국적인 획일적 규제가 더는 유효하지 않다는 주장을 강조하고, 각 지자체별로 자율적인 적용이 가능하다는 것을 보여 줄 수 있다.

오답이 오답인 이유

① 〈보기〉는 이해 당사자들 간의 협의를 통해 규제를 조정하거나, '도시 계획'의 관점에서 규제 기준을 조정하고 지역별로 예외를 두는 등 규제를 완화하는 추세에 있는 해외의 사례이다. 또한 (나)의 마지막 문단에서 학생은 규제에 대한 무조건적인 찬반보다는 지금 환경에 맞는 실효성 있는 대책이 마련되어야 함을 주장하고 있다. 그러나 규제 기준에 대한 사회적 합의가 이루어지지 못하여 현행 규제를 유지해야 한다고 언급한 내용은 없다.

② 〈보기〉는 이해 당사자들 간의 협의를 통해 규제를 조정하거나, '도시 계획'의 관점에서 규제 기준을 조정하고 지역별로 예외를 두는 등 규제를 완화하는 추세에 있는 해외의 사례이다. 또한 (나)의 마지막 문단에서 학생은 규제에 대한 무조건적인 찬반보다는 지금 환경에 맞는 실효성 있는 대책이 마련되어야 함을 주장하고 있다. 또한 이를 위해 지역별로 이해 당사자들 간의 상생 협의를 통한 자율적 방안 마련이 필요하다고 언급하였다. 따라서 규제 기간은 짧은 반면 규제의 강도가 높다는 불합리성을 해소하기 위해 대형 마트 의무 휴업제를 폐지해야 한다는 것은 적절하지 않다.

③ 〈보기〉는 이해 당사자들 간의 협의를 통해 규제를 조정한 외국의 사례를 제시한 것으로 정부의 지속적인 설득을 통해 상생 방안을 이끌어 낸 사례라고 보기는 어렵다. 또한 (나)의 마지막 문단에 문제를 해결하기 위해 정부의 역할이 무엇보다

도 중요하다고 언급한 내용은 제시되어 있지 않다.

⑤ 〈보기〉에 관광지에는 예외적으로 영업시간 규제를 적용하지 않는 프랑스의 사례가 제시되어 있으나, (나)의 마지막 문단에 휴업일을 주말에서 평일로 전환하는 것보다 대형 마트 영업일의 영업시간을 연장하는 것이 더 효율적이라고 언급한 내용은 없다.

⑪ 통합　　　　　　　　　　　본문 185~189쪽

01 ③	02 ③	03 ⑤	04 ③
05 ⑤			

01 설득 글쓰기 표현 전략 사용하기　　　　답 ③

정답이 정답인 이유

③ 비유적 표현으로 글을 마무리하고 있지 않으며, 이를 통해 문제 해결이 시급함을 드러내고 있지도 않다.

오답이 오답인 이유

① 3문단을 보면, 지난 10월에 실시한 설문 조사 결과를 활용하여 자신의 주장에 대한 근거를 제시하고 있다.

② 3문단에서 학교 공간 재구조화 프로젝트를 마친 인근 △△고의 경우를 사례로 들어 제안의 긍정적 효과를 부각하고 있다.

④ 4문단을 보면, '이번 프로젝트에 도입된 새로운 진행 방식을 기억하시나요? 바로 학생 참여형 방식입니다.'와 같이 묻고 답하는 방식을 활용하여 자신의 제안이 수용되어야 함을 강조하고 있다.

⑤ 4문단에서 이번 공간 재구조화의 취지가 고교 학점제의 시행 준비를 하기 위한 공간 구성에 있음을 밝히며, 자신의 주장이 이번 프로젝트의 본래 취지에 부합함을 들어 주장의 타당성을 높이고 있다.

02 설득 글쓰기 내용 생성하기　　　　답 ③

정답이 정답인 이유

③ ⓐ: 1문단에 학교 공간 재구조화 프로젝트의 필요성과 중요성이 제시되어 있다.

ⓑ: 2문단에 편의성과 관련하여 사물함이 복도에 배치되어야 하는 이유가 나타나 있다.

ⓔ: 3문단에서 홈 베이스 및 다목적실로 활용이 가능하도록 학생 휴게 공간이 확충되어야 함을 제안하고 있다.

정답과 해설

오답이 오답인 이유

ⓒ: 학교 공간 재구조화 프로젝트에 대해서는 언급하고 있지만, 학교 노후 공간 개선 사업과 학교 공간 재구조화 프로젝트의 차이점을 강조하고 있지 않다.

ⓓ: 학교 공간 재구조화 프로젝트가 진행되기 위해서 많은 노력과 희생이 있었음을 부각하고 있지 않다.

03 협상 표현 전략 사용하기 답 ⑤

정답이 정답인 이유

⑤ ㉡은 휴게 공간으로의 변경과 관련하여, 예산의 확보를 자신이 상대방의 요구를 수용하는 데 필요한 조건으로 제시함으로써 상대방의 제안과 자신의 입장의 절충을 시도하는 발화이다.

오답이 오답인 이유

① ㉠은 상대방이 자신의 요구 사항을 받아들일 수 있도록 자신이 양보 가능한 것을 제시하는 발화이다. 그러나 사물함 이동에 관한 상대방의 요구 사항을 언급하고 있지는 않다.

② ㉠은 사물함 이동이 상대방과 자신 모두에게 이익이 됨을 언급하고 있지 않다.

③ ㉠은 사물함 이동 시 예상되는 상대방의 이익과 자신의 부담을 모두 언급하고 있지 않다.

④ ㉡은 휴게 공간으로의 변경과 관련하여 상대방의 제안은 기대 이익이 낮음을 드러내고 있지 않다.

04 협상 맥락 분석하기 답 ③

정답이 정답인 이유

③ [A]를 보면, 시행사 측에서 안전상의 이유로 3층, 4층 중앙에 개방형 공간을 마련해야 한다고 주장한 내용은 드러나 있지 않다.

오답이 오답인 이유

① 시행사 담당자의 두 번째 발화를 보면, (가)에서 문제로 제기했던 최종 설계의 사물함 교실 배치는, 복도의 이동 공간을 확보하기 위한 것임을 알 수 있다.

② 시행사 담당자의 첫 번째 발화를 보면, (가)를 작성하게 된 계기였던 최종 설계는 여러 차례에 걸친 학교 측과 시행사 측 간의 의견 교환을 통해 완성된 것임을 알 수 있다.

④ 학교 측 대표의 첫 번째 발화를 보면, 학교 측 대표는 (가)의 주요 내용을 사물함 이동, 학생 휴게 공간 확충 두 가지로 요약·정리하여 의견 조정에 참여하였음을 알 수 있다.

⑤ 학교 측 대표의 첫 번째 발화를 보면, 학교 측 대표는 (가)

의 제안이 타당하다고 판단하여 학생의 의견이 반영될 수 있도록 최종 설계에 대한 의견 조성의 자리를 마련하였음을 알 수 있다.

05 협상 내용 이해, 평가하기 답 ⑤

정답이 정답인 이유

⑤ 시행사 담당자가 3층, 4층의 휴게 공간을 작게 구성하는 방안을 제안하자 학교 측 대표는 이를 수락하고 있으므로, 학교 측 대표가 변경안의 예산 확보에 대한 실현 가능성을 점검하고 있다는 진술은 적절하지 않다.

오답이 오답인 이유

① 시행사 담당자의 첫 번째 발화를 보면, 학교 측 대표에게 최종 설계가 완료되어 설계의 변경이 어렵다는 자신의 기본 입장을 밝히고 있다.

② 시행사 담당자의 두 번째 발화를 보면, 학교 측 대표에게 사물함을 복도로 이동할 경우 이동 공간이 협소해질 우려가 있음을 설명하며, 학교 측의 요구를 수용하기 어려움을 제시하고 있다.

③ 학교 측 대표의 두 번째 발화와 시행사 담당자의 세 번째 발화를 보면, 학교 측 대표가 이동 공간을 확보하기 위해 복도에 의자를 배치하지 않는다는 의견을 제시하자, 시행사 담당자는 상대방의 제안을 수용하고 있다.

④ 학교 측 대표의 네 번째 발화를 보면, 시행사 담당자가 예산의 문제를 지적하자, 1층 로비의 가구를 줄이는 새로운 방법을 대안으로 제시하여 합의를 이끌어 내려 하고 있다.

---

⑫ 통합 본문 190~194쪽

01 ③ 02 ④ 03 ① 04 ④
05 ④

01 소개 글쓰기 내용 생성하기 답 ③

정답이 정답인 이유

③ ㉢ 성격의 장단점에 대한 언급은 나타나 있지 않다.

오답이 오답인 이유

① 2문단에 '얼마 전 도서관 책 도우미 모집 공고문을 보게 되었고, 저의 경험을 살려 어린아이들에게 재미있게 책을 읽어 주면 좋겠다는 생각이 들어 지원하게 되었습니다.'와 같이 지

EBS 수능특강 국어영역 화법과 작문

원 동기가 나타나 있다.

② 1, 2문단에 책을 좋아하게 된 성장 배경이 나타나 있다.

④ 2문단에 도서부에 가입하여 참여한 책 추천 활동이나 독서 주간 행사 활동 등 지원 분야와 관련된 의미 있는 활동이 나타나 있다.

⑤ 3문단에 '동화책을 따뜻하게 읽어 주는 것은 물론, 아이들이 궁금해하는 것을 함께 찾아가는 책 도우미가 될 수 있도록 노력하겠습니다.'와 같이 지원자의 다짐이 나타나 있다.

02 소개 글쓰기 표현 전략 사용하기　　　답 ④

정답이 정답인 이유

④ 어린 시절 어머니가 읽어 주시는 동화책 속 이야기를 들었던 경험, 중학생, 고등학생이 되면서 도서관에서 책을 찾아 읽는 습관을 가지게 된 것 등 자신의 관련 경험을 시간의 흐름에 따라 제시하여 지원 분야에 대한 관심을 나타내고 있다.

오답이 오답인 이유

① 비유적 표현을 통해 지원 분야에 대한 지원자의 의지를 나타내고 있지 않다.

② 지원 분야의 역량에 대한 분석 결과를 인용하고 있지 않다.

③ 지원자에 대한 전문가의 평가를 활용하고 있지 않다.

⑤ 지원 분야와 관련하여 대학교 진학 이후의 학업 계획을 언급하고 있지 않다.

03 면접 맥락 분석하기　　　답 ①

정답이 정답인 이유

① '지원자'가 '면접관 1'의 질문 의도를 잘못 파악한 부분은 나타나 있지 않다.

오답이 오답인 이유

② '지원자'는 '상담에서 말하는 '라포르'를 말씀하시는 건가요?'와 같이 '면접관 2'에게 질문의 의미를 되묻는 방식으로 질문 내용을 확인하고 있다.

③ '면접관 2'는 '아까 답변 중에 아이들의 눈높이에 맞추어 소통할 수 있도록 노력하겠다는 말이, 라포르 형성을 위해 노력하겠다는 말과 비슷한 것 같아 물어보게 되었습니다.'와 같이 '지원자'의 답변 내용을 재진술하며 자신이 질문을 하게 된 이유를 밝히고 있다.

④ '면접관 3'은 '긴장한 것 같은데요, 편안한 마음으로 말씀하시면 됩니다.'와 같이 면접의 도입부에서 '지원자'의 긴장을 풀어 주는 말을 하고 있다.

⑤ '면접관 1'은 '책에서 좋은 내용을 찾았네요. 잘 들었습니

다.', '면접관 2'는 '네, 잘 알고 있네요.'와 같이, '면접관 1'과 '면접관 2'는 모두 '지원자'의 답변에 대해 긍정적으로 호응하고 있다.

04 면접 표현 전략 사용하기　　　답 ④

정답이 정답인 이유

④ [B]에서 '면접관 1'은 책 도우미 활동과 관련된 상황을 제시하여 수행 능력을 확인하고자 하였다. 또한 '지원자'는 자기소개서에서 언급하지 않은, 동생과의 경험을 통해 깨달은 내용을 제시된 상황에 적용하여 답변하였다.

오답이 오답인 이유

[A]에서 '면접관 3'은 자기소개서에서 제시한 내용과 관련하여 추가적인 설명을 요구하였다. 이에 지원자는 자기소개서에서 언급한 책의 내용을 바탕으로 자세하게 답변하였다.

[C]에서 '면접관 2'는 책 도우미 활동의 필요성에 대해 답변할 것을 요구하였다. 이에 지원자는 자기소개서에서 언급한 경험을 통해 느낀 점을 이유로 들어 답변하였다.

05 면접 내용 이해, 평가하기　　　답 ④

정답이 정답인 이유

④ '면접관 1'은 책 도우미 활동에 대한 진정성 있는 태도를, '면접관 2'는 어린아이들을 이해하려는 태도를 언급하고 있다. 이를 통해 '면접관 1'과 '면접관 2'는 모두 지원자가 책 도우미 활동에 도움이 되는 태도를 지니고 있다는 점에서 긍정적으로 평가하고 있음을 알 수 있다.

오답이 오답인 이유

① '면접관 3'은 책을 얼마나 골고루 읽는 학생인지 궁금해하고 있으므로, '면접관 1'은 '면접관 3'과 달리 지원자가 책을 얼마나 골고루 읽는 학생인지를 궁금해하고 있다는 진술은 적절하지 않다.

② '면접관 3'은 지원자의 독서 역량에 대해, '면접관 2'는 어린아이들을 이해하려는 태도에 대해 평가하고 있으므로, '면접관 2'는 '면접관 3'과 달리 지원자의 독서 역량에 집중하여 평가하고 있다는 진술은 적절하지 않다.

③ '면접관 1'은 지원자가 책 도우미 활동에 성실하게 참여할 수 있는지에 대해 관심을 갖고 있으므로, '면접관 3'은 '면접관 1'과 달리 지원자가 책 도우미 활동에 성실하게 참여할 수 있는지에 대해 관심을 갖고 있다는 진술은 적절하지 않다.

⑤ '면접관 3'은 지원자의 진로 희망과 책 도우미 활동에 대한

역량을 관련지어 평가하고 있지 않으므로, '면접관 2'와 '면접관 3'은 모두 지원자의 진로 희망과 책 도우미 활동에 대한 역량을 관련지어 평가하고 있다는 진술은 적절하지 않다.

⑬ 통합

본문 195~199쪽

01 ②   02 ③   03 ⑤   04 ①
05 ①

01 발표 내용 점검, 조정하기   답 ②

정답이 정답인 이유

② (가)에서 발표자가 청중에게 작중 인물의 경험과 유사한 경험을 한 적이 있음을 언급하는 부분은 찾을 수 없다.

오답이 오답인 이유

① (가)의 발표를 시작하면서 청중에게 얼마 전 문학 시간에 이태준의 단편 소설 「돌다리」를 읽고 의견을 나누었던 적이 있음을 언급했다. 이는 발표를 시작하며 발표의 배경이 되는 상황을 청중과 공유하고 있음을 환기한 것이다.

③ (가)에서 발표자는 작중 상황에 관한 주관적 견해에 청중이 동조하는지를 발표 중간중간에 확인하고 있지 않다.

④ (가)에서는 '먼저', '다음으로', '마지막으로'와 같이 순서 담화 표지를 사용하고 이어 등장인물의 행동에 관한 판단을 요약적으로 제시함으로써 청중이 발표 내용을 용이하게 파악할 수 있도록 돕고 있다.

⑤ (가)에서 발표자는 아버지가 일제에 강점된 이후 급격한 근대화를 경험하였다고 하며 작품의 배경이 되는 시대를 언급했고, 이어 변화의 과정에서 알맞은 선택을 하는 일이 중요하다고 하며 발표를 끝맺었다. 이는 작품의 배경과 관련해 발표자가 주관적으로 도출한 작품의 의미를 언급하며 발표를 끝맺은 것으로 볼 수 있다.

02 발표 내용 이해, 평가하기   답 ③

정답이 정답인 이유

③ (가)에서 '창섭'의 행동을 평가할 때 청중이 신뢰할 만한 사람과 비교하는 부분은 찾을 수 없다.

오답이 오답인 이유

① (가)에서 가족을 아끼는 '창섭'의 됨됨이를, '누이'의 죽음으로 인해 의사가 되고자 마음먹었다는 그의 유년기 경험과

연관 지어 제시하고 있다.

② (가)에서 땅을 팔지 않겠다는 아버지의 독단적 결정이, 가부장의 선택을 일방적으로 따르는 것이 일반적이었던 당대의 모습과 맞닿아 있다고 평가하고 있다.

④ (가)에서 '창섭'과 아버지의 갈등과 관련한 '어머니'의 감정을 말하며 발표자는 그녀에 대해 느낀 안타까운 심정을 효과적으로 드러내고자 손바닥을 가슴에 대는 행동을 하고 있다.

⑤ (가)에서 '창섭'이 땅을 놓고 이익을 따지는 부분과 관련하여 작품 속 화폐의 가치를 오늘날을 기준으로 환산하여 제시하고 있다.

03 발표 및 비평 글쓰기 맥락 분석하기   답 ⑤

정답이 정답인 이유

⑤ (나)의 2, 3문단을 통해 창섭이 아버지의 땅을 팔아 병원 확장에 쓰면 더 많은 이익을 낼 수 있다는 이야기를 한 것은 무례한 일이며, 장성한 자식이 보일 모습으로 적절하지 않다고 본다는 점을 알 수 있다. 하지만 (나)에서 아버지가 병원 확장을 집안의 과업으로 여기기를 망설이고 있지는 않다. 아버지는 병원 확장을 집안의 과업으로 여기지 않는다.

오답이 오답인 이유

① (가)에서는 3문단을 통해, (나)에서는 2문단을 통해 아버지는 땅을 대대로 삶의 기반이 되는 터전으로 여기며 사고팔 수 있는 대상으로 여기지 않음을 알 수 있다.

② (가)의 2문단에서 창섭은 아버지가 노쇠하셨으며, 소작인에게 땅을 맡기면 마음이 불편하실 것을 알고 아버지께 땅을 팔자는 제안을 하였다고 했다.

③ (나)의 2문단에서는 땅을 팔자는 창섭의 제안은 이익을 따져 병원을 확장하려는 데서 비롯한 것이며, 아버지의 심정을 제대로 헤아리지 못한 것이라고 하였다.

④ (가)의 4문단에서는 창섭이 병원을 확장하면 큰돈을 벌 수 있으며, 더 많은 환자에게 치료의 기회가 돌아가게 된다고 하였다.

04 비평 글쓰기 내용 생성하기   답 ①

정답이 정답인 이유

① (나)의 1문단에서 아버지는 인생의 동반자와도 같은 돌다리를 받침돌로 괴어 무너지지 않도록 고쳐 놓았다고 하였고, 2문단에서 아버지에게 땅은 자신의 삶을 받치는 받침돌과도 같다고 하였다. 이는 작품 속 소재의 상징적 의미를 등장인물의 사고방식과 엮어 제시한 것으로 볼 수 있다.

오답이 오답인 이유

② (나)의 4문단에서 창섭이 아버지를 있는 그대로 받아들이기로 하며 서울로 떠난다는 데서 둘 사이의 갈등이 어느 정도 해소된 것으로 볼 수 있으나, 그 부분에서 아버지의 반응이 어떠했는지는 제시되어 있지 않다.

③ (나)의 2, 3문단에서 아버지 소유의 고향 땅을 팔 것인지에 대해 창섭과 아버지의 견해가 다름을 알 수 있다. 그러나 이를 제3의 인물에 대해 주요 인물들이 상반된 견해를 내놓고 있는 것으로 볼 수는 없다.

④ (나)의 2문단을 통해 창섭이 아버지에게 땅을 팔기를 제안하는 데서 등장인물 간의 대립이 빚어졌음을 알 수 있다. 그러나 (나)에서 등장인물들 간의 대립을 인물의 성격 변화와 관련지어 제시하고 있지는 않다.

⑤ (나)의 4문단에서 창섭의 제안은 받아들여지지 않았고 창섭이 고향을 떠나며 상황이 마무리되었음을 알 수 있다. 창섭이 의견의 절충을 통해 문제를 해결하려 했다고 볼 수 없다.

05 비평 글쓰기 내용 생성하기　　답 ①

정답이 정답인 이유

① ⓐ에서는 소설의 끝부분에서 창섭이 느낀 심정과 행동을 제시하고, 창섭이 아버지의 견해를 있는 그대로 받아들인 것으로 보았다. 학생은 그것을 창섭이 인간으로서 한 단계 성장한 것이라고 봄으로써 주인공의 변화를 긍정적으로 평가하며 글을 끝맺고 있다.

오답이 오답인 이유

② ⓐ에는 소설의 결말 부분에서 창섭이 느끼는 감정과 행동이 제시되어 있고 그것에 대한 학생의 견해가 제시되어 있다. 주인공의 심정과 행동으로 말미암아 소설의 결말을 예측할 수 있었음을 설명한다는 말은 ⓐ와 부합하지 않는다.

③ ⓐ에서 창섭이 코허리가 찌르르함을 느끼며 서울로 떠났다는 것을 주인공의 행동을 요약한 것으로 볼 수 있지만, 그에 이어 제시된 내용을 작품의 주제 의식을 강조하는 논평으로 볼 수 없다. 창섭이 인간으로서 한 단계 성장했다는 것은 작품의 주제 의식이라기보다는, 학생이 창섭에 대해 주관적으로 평가한 것이라고 볼 수 있다.

④ 창섭이 아버지를 설득하기를 그치고 서울로 떠나는 것을 주인공의 태도 변화라고 볼 수 있으나, ⓐ에는 그러한 변화의 과정에서 창섭이 중요하게 여긴 요소가 무엇인지 언급되어 있지 않다.

⑤ 창섭이 아버지를 설득하기를 그치고 서울로 떠나는 것을

주인공의 태도 변화라고 볼 수 있으나, ⓐ에 바람직한 인간상에 대한 내용은 드러나 있지 않다.

⑭ 통합　　본문 200~203쪽

01 ⑤　　02 ④　　03 ④　　04 ②
05 ⑤

01 대화 맥락 분석하기　　답 ⑤

정답이 정답인 이유

⑤ [A]에서 '학생 3'이 이번 호 기사에서 다룰 글감이 명확히 떠오르지 않는다며 휴가에 대해 이야기하기로 했었는지를 묻자 '학생 2'가 휴식을 소재로 다루기로 했다고 대답했다. 이어 '학생 1'은 해당 소재가 예상 독자를 고려했을 때 적절한 것이라는 말을 덧붙이고 있다. [B]에서 '학생 3'이 공부 시간을 길게 하면서 중간에 쉬지 않는 것이 적절한지 아닌지에 대해 확신하지 못하자 '학생 2'는 운동의 경우와 비교하여 휴식의 필요성을 설명하였다. 이어 '학생 1'은 휴식을 취할 때 뇌에서 일어나는 변화에 대해 덧붙이며 '학생 2'의 설명을 보강하고 있다. [A]와 [B]에서는 모두 '학생 3'이 스스로 확신하지 못하는 내용에 대해 말하면 '학생 2'가 바르게 알려 주고 '학생 1'이 부가 설명을 해 주고 있다.

오답이 오답인 이유

① [A]에서 '학생 3'이 제대로 알지 못하고 있는 부분을 '학생 2'가 알려 주고 있으며, '학생 2'의 발화 내용을 '학생 1'이 보강하고 있다.

② [B]에서 '학생 3'은 시험에 임박할수록 오래 책상에 앉아 있으려는 마음이 커질 때가 있음을 드러냈고, '학생 2'는 '학생 3'이 언급한 바가 적절하지 않다고 대답하고 있다. 이후 '학생 1'은 '학생 2'의 대답과 관련한 연구 결과를 언급하고 있다. 이는 '학생 1'이 '학생 2'와 '학생 3'의 견해가 대립하는 상황에서 양측에 절충안을 제시하는 것으로 볼 수 없다.

③ [A]에서 '학생 2'가 '학생 3'의 의문에 대답한다고 볼 수 있으나, [B]에서 '학생 1'이 '학생 2'가 잘못 이해하고 있는 바를 바로잡아 준다는 것은 적절하지 않다.

④ [A], [B]에서 '학생 3'이 다른 학생들에게 대답을 요구한다고 볼 수 있으나, [A], [B]에서 '학생 1'과 '학생 2'가 상충되는 견해를 제시하고 있지는 않다.

02 대화 표현 전략 사용하기 답 ④

정답이 정답인 이유

④ [C]의 '학생 1'의 발화 중에서 자신이 실제로 체험한 바를 제시하여 앞선 발화를 보충하고 있는 것은 찾을 수 없다.

오답이 오답인 이유

① '학생 1'은 [C]의 네 번째 발화에서, 앞서 '학생 3'이 언급한 말을 재진술하여, 인지적 자원을 거의 소모하지 않는 게 최고의 휴식이 될 수 있겠다고 하였다. 상대방의 말을 재진술하며 자신의 생각을 드러낸 것이다.

② '학생 1'은 [C]의 세 번째 발화에서, 앞서 '학생 2'가 언급했던 연구 결과를 떠올리며 '학생 3'의 질문에 대답하고 있다.

③ '학생 1'은 [C]의 첫 번째 발화에서, '학생 2'에게 연구 결과 자료를 공유해 주겠냐고 물었다. 이는 물음의 형식을 활용하여 자신의 요구를 상대방에게 전한 것이다.

⑤ '학생 1'은 [C]의 두 번째 발화에서, 기사의 흐름을 고려하자며 이 대화가 기사를 쓰기 위한 목적에서 진행됨을 상기시키면서, 이어서 무엇을 하며 휴식 시간을 보내면 좋을지에 대해서 이야기해 보자고 하였다.

03 정보 전달 글쓰기 내용 생성하기 답 ④

정답이 정답인 이유

④ (가)에서 '학생 3'은 자신의 다섯 번째 발화에서 인지적 자원을 거의 소모하지 않는 휴식이 과제 수행에 긍정적인 작용을 한다는 연구 결과가 있음을 언급했다. 이와 관련하여 (나)의 3문단에서는 휴식 때는 다른 행동을 하기보다는 가만히 휴식만 취해야 이어지는 다른 과제를 원만히 수행할 수 있다고 하였다. (나)에는 학습 효율과 연관 지어 휴식 때 적절한 자극이 필요한 이유를 설명하는 부분이 없다.

오답이 오답인 이유

① (가)에서 '학생 3'은 자신의 두 번째 발화에서 학생들이 시험 기간에 임박하면 쉬는 시간에도 앉아서 공부를 하는 경우가 많다고 하였다. 이는 (나)의 1문단에서 휴식 시간을 꼭 필요한 시간이 아니라, 급할 때 걸러도 되는 시간으로 생각하는 듯하다는 내용과 관련이 있다.

② (가)에서 '학생 2'의 네 번째 발화에서 뇌 역시 근육처럼 에너지를 소비하는 기관이므로 오래 지속적으로 사용하면 효율이 저하된다고 하였다. 이는 (나)의 2문단에서 뇌 역시 생산성을 위해서 중간중간 쉬는 것이 좋다는 내용과 관련 있다.

③ (가)에서 '학생 1'의 세 번째 발화와 '학생 2'의 다섯 번째

발화를 통해, 휴식을 취한 피험자들의 기억력이 그렇지 않은 피험자들보다 더 좋았다는 연구 결과가 있음을 확인할 수 있다. 이는 (나)의 2문단에서 학습 도중 휴식을 취하면 학습 능률이 올라간다는 내용과 관련 있다.

⑤ (가)에서 '학생 2'는 마지막 발화에서 고등학생의 생활시간을 조사한 보고서의 내용 중 여가 시간과 관련한 내용을 언급하였다. 이는 (나)의 4문단에서 고등학생들이 휴식 시간에 휴대 전화를 손에서 놓고 가만히 쉴 것을 제안하는 내용과 관련 있다.

04 정보 전달 글쓰기 표현 전략 사용하기 답 ②

정답이 정답인 이유

② (나)의 2문단에서는 뇌 역시 다른 신체 기관처럼 휴식이 필요함을 언급하고, 관련한 실험 내용 및 결과와 그 의미를 설명하였다. 휴식 중 뇌의 변화 과정이 순차적으로 제시되어 있지 않고, 학습과 휴식의 차이에 대해 설명하고 있지도 않다.

오답이 오답인 이유

① (나)의 1문단에서는 학생들이 휴식 시간을 걸러도 되는 시간으로 여기는 듯하다고 하며, 과연 휴식 시간에 쉬지 않고 공부에 몰두하는 것이 효과적인지를 알아보자고 하며 문단을 끝맺었다. 이는 청유형 문장을 사용하여 휴식에 대한 학생들의 일반적인 생각에 문제를 제기한 것으로 볼 수 있다.

③ (나)의 3문단에서는 휴식 시간에 무엇을 하며 쉬는 것이 좋을지를 묻고, 이어 아무것도 하지 않는 것이 효과적이라고 대답하였다. 이는 묻고 답하는 방식을 통해 효과적으로 잠깐의 휴식을 취하는 방법이 무엇인지를 설명한 것이다.

④ (나)의 3문단에서는 학생들이 휴식 시간에 휴대 전화를 사용하는 것은 적절히 휴식을 취하는 방법이 아님을 드러내고자 휴대 전화로 하는 여러 행동들을 나열하여 제시하고 있다.

⑤ (나)의 4문단에서는 괴테의 격언을 이용하여 휴식 시간에 가만히 쉬는 것이 필요하다는 주제 의식을 강조하고 있다.

05 정보 전달 글쓰기 내용 점검, 조정하기 답 ⑤

정답이 정답인 이유

⑤ '마치'는 '거의 비슷하게'라는 의미를 지닌 단어로 '같다' 등과 호응하는 부사이다. ⓜ은, 문장이 '이는 마치'로 시작했음을 고려하여 '않는 것과 같다' 또는 '않는 듯하다'로 고치는 것이 적절하다.

오답이 오답인 이유

① ㉠은 휴식 시간에도 공부에 몰두하는 학생들을 주변에서

흔히 볼 수 있음을 드러내는 문장으로, 앞뒤 문장과 긴밀히 연결되고 있는 문장이다.

② ㉡은 '써서 없애다.'라는 뜻으로 문맥상 적절한 단어이다. '소요하다'는 '필요로 하거나 요구하다.'라는 의미를 지닌다.

③ ㉢의 '그야말로'는 전달하고자 하는 사실을 강조할 때 쓰는 말로 뒤의 단어인 '아무것'과 의미상 중복되지 않는다.

④ ㉣은 앞 문장에서 말하는 바와 이어지는 뒤 문장이 상반됨을 드러내는 접속 표현으로, 서로 일치하지 않거나 상반되는 관계의 두 문장을 이어줄 때 쓰는 접속 부사인 '하지만'을 쓰는 것은 적절하다.

⑮ 통합
본문 204~208쪽

01 ① **02** ④ **03** ② **04** ④
05 ④

01 화법, 작문을 통한 의사소통과 사회적 상호 작용 답 ①

정답이 정답인 이유

① (나)에서 '그거'는 '학생 1'의 입장에서 '학생 2'에게 가까이 놓인 펜을 의미하고, (나)에서 '여기'는 '학생 2'가 '학생 1'에게 펜을 건넨 곳을 의미한다. 따라서 (나)의 '그거'와 '여기'는 의사소통 참여자들과 같은 시·공간에 있는 대상을 가리키므로 (나)의 소통이 이루어지는 현장에서만 그 의미를 파악할 수 있는 표현이다. 반면 (가)에서 '거기'는 앞서 제시된, 학교 앞 자전거 주차 공간을 의미한다. 이는 의사소통 참여자들과 같은 시·공간에 있는 대상이 아니며, 표현에 담긴 의미를 (가) 글의 내용 안에서 파악할 수 있다. 따라서 이는 적절하지 않다.

오답이 오답인 이유

② (나)는 학생들이 구어로 나눈 대화이다. 그리고 (가)는 학생회 SNS에 올라온 글로, 문자 언어를 통해 내용이 표현되어 있다. 하지만 '거', '이거'와 같은 표현에 비추어 볼 때, (가)에서는 문어로 된 (다)의 '이것', '것'보다는 (나)의 '그거', '거'와 같은 표현들이 사용되고 있다. 이를 통해 (가)는 내용을 문자 언어로 표현하고 있지만 (나)에서처럼 구어적인 표현이 사용되고 있음을 알 수 있다.

③ (나)에서 '학생 1'은 (가)가 올라온 시점을 '아까'로, '학생 2'는 (가)를 본 시점을 '방금'이라고 일컫고 있다. 이는 (나)의 소통이 이루어지는 시간을 기준으로 시간을 지칭한 것이다. 이를 통해 (나)의 의사소통 참여자들이 시간적 맥락을 공유하

며 소통하고 있음을 알 수 있다.

④ (나)에서 '학생 1'이 '학생 2'에게 '고마워'라고 인사한 것과 달리, (다)에서는 '구청장님'께 '고맙습니다'라는 인사말로 감사를 표현하고 있다. '고마워'는 비격식체의 반말이지만 '고맙습니다'는 격식체로, 상대편을 아주 높이는 뜻을 나타낸다. 이는 (다)의 의사소통 대상이 자신보다 연장자인 구청장님이고 학생회가 구청장님께 공식적으로 건의하는 상황임을 고려하여 예의와 격식을 갖춰 표현한 것이다. 이를 통해 학생회 학생들 간의 대화인 (나)에 비해 (다)가 의사소통 대상에게 예의와 격식을 갖춘 표현을 사용하고 있음을 알 수 있다.

⑤ (다)의 '에는', '그런데'와 비교해 (가)에서는 이러한 표현들이 '엔', '근데'의 형태로 나타나고 있다. '엔'은 '에는'의, '근데'는 '그런데'의 준말이다. 이를 통해 (가)는 문자 언어로 소통이 이루어지지만 (다)에서보다 축약된 표현이 많이 쓰였다는 점을 알 수 있다.

02 대화 내용 이해, 평가하기 답 ④

정답이 정답인 이유

④ '학생 2'는 [A] 부분 앞에서 자전거 거치대 주변이 위험하다는 점을 언급하였다. 그리고 [A]에서는 이와 관련지어 자전거를 아무렇게나 세우는 것은 근본적으로 자전거 거치대가 부족하기 때문이라는 '학생 3'의 발화 내용을 정리하여 제시하고 있다. 또한 [B] 부분 앞에서 '학생 2'는 자전거 거치대 증설로 기대되는 효과는 무엇이 있을지 질문하며 그 예로 편리함을 언급하였다. 그리고 [B]에서는 이와 관련지어 자전거 거치대가 증설되면 자전거로 등하교하기 좋아진다는 '학생 3'의 발화 내용을 정리하여 제시하고 있다.

오답이 오답인 이유

① [A]에서 '학생 1'은 많은 학생들이 이 문제가 해결되길 바라고 있다는 점을 건의문에 드러내면 좋겠다는 자신의 생각을 밝히고 있다. 그리고 구청장님이 학교 앞 자전거 거치대의 실태를 알고 계실지 궁금해하고 있다. [A]에 '학생 1'이 자신의 경험을 근거로 '학생 2'의 의견을 뒷받침하는 부분은 없다.

② [A]에서 '학생 2'는 학생들이 자전거를 아무렇게나 세우는 것은 근본적으로 자전거 거치대가 부족하기 때문이라는 '학생 3'의 의견을 정리하여 제시하고 있다. [A]에서 '학생 2'가 '학생 3'이 제시한 의견의 실현 가능성을 검토하는 부분은 없고, '학생 3'의 의견이 지닌 한계를 지적하는 부분도 없다.

③ [B]에서 '학생 2'는 자전거 거치대를 증설하면 자전거로 등

하교하기 좋아진다는 '학생 3'의 의견을 정리하여 제시하며 충분한 수량을 설치해 달라고 해야겠다는 생각을 드러내고 있다. [B]에서 '학생 2'가 '학생 3'의 의견에 동의한 것은 맞지만, 기존에 자신이 제시했던 의견을 수정하여 언급하고 있지는 않다. ⑤ [A]에서 '학생 3'은 학생들이 자전거를 아무렇게나 세우는 문제의 원인에 대한 자신의 의견을 밝히고 있지만, 자신의 관점과 상반되는 의견을 반박함으로써 자신의 의견이 지닌 차별성을 부각하고 있지는 않다. 그리고 [B]에서 '학생 3'은 자전거 거치대가 증설되면 자전거로 등하교하기 좋아진다는 자신의 의견을 밝히고 있다. 하지만 자신의 관점과 상반되는 의견이 있음을 언급하며 이를 반박하고 있지는 않다.

03 다양한 맥락을 고려한 화법 　　　　 답 ②

정답이 정답인 이유

② ㉡에서 '학생 1'은 학생들의 노력만으로는 자전거 거치대 주변의 안전 문제를 해결하기 어렵다는 '학생 2'와 '학생 3'의 의견을 수용하는 언어적 표현과 함께, 고개를 끄덕이는 비언어적 표현을 사용하여 언어적 표현을 강조하고 있다. ㉡에서 '학생 1'은 상대방에게 문제에 대한 조언을 구하고 있지 않고, 고개를 끄덕이는 비언어적 표현도 조언을 구하는 것과 관계가 없다.

오답이 오답인 이유

① ㉠에서 '학생 3'은 '학생 1'이 제안한 캠페인을 진행하는 것만으로 문제를 해결하기 어렵다며 제안이 지닌 한계를 지적하는 언어적 표현과 함께, 힘 있는 어조로 말하는 준언어적 표현을 사용하여 언어적 표현을 강조하고 있다.

③ ㉢에서 '학생 1'은 '학생 2'에게 설문 조사 계획을 세워 달라고 부탁하는 언어적 표현과 함께, 간절한 말투의 준언어적 표현을 사용하여 언어적 표현을 강조하고 있다.

④ ㉣에서 '학생 2'는 '학생 1'의 부탁에 대해 자신에게 맡기라며 흔쾌히 수용하는 언어적 표현과 함께, 웃음 짓는 표정의 비언어적 표현을 사용하여 언어적 표현을 강조하고 있다.

⑤ ㉤에서 '학생 1'은 '학생 2'의 호의에 감탄하고 상대방을 인재로 인정하는 언어적 표현과 함께, 엄지손가락을 치켜드는 비언어적 표현을 사용하여 언어적 표현을 강조하고 있다.

04 건의 글쓰기 내용 이해, 평가하기 　　　　 답 ④

정답이 정답인 이유

④ (나)의 '학생 2'는 마지막 발화에서 시설만 보강한다고 해서 문제가 해결되지 않는다고 생각하실 수 있으니 캠페인을 벌일 예정이라는 점도 밝히자고 언급했다. 이를 바탕으로 (다)의 3문단에서는 자전거 거치대가 추가로 설치되면 학생회에서 학생들을 대상으로 자전거 안전하게 세우기 캠페인도 벌일 예정임을 밝히고 있다. 하지만 ⓓ와 관련하여 (다)에서 학생회가 진행할 캠페인을 통해 나타날 수 있는 긍정적인 변화를 구체화하고 있지는 않다.

오답이 오답인 이유

① (나)의 '학생 1'은 두 번째 발화에서 학교에 올 때 자전거를 타고 오는 학생들이 많으므로 안전한 등굣길을 위한 조치가 필요하다며 캠페인을 제안했고, 다른 학생들은 캠페인보다 자전거 거치대 추가 설치가 우선이라는 생각을 제시했다. 이에 (다)의 1문단에서는 학교에 평소 자전거를 타고 오는 학생들이 많아 학교 앞 자전거 거치대가 항상 붐빈다고 밝히며 건의의 배경을 소개하고 있다.

② (나)의 '학생 2'는 세 번째 발화에서 현재 자전거 거치대 주변에 자전거가 아무렇게나 세워져 있어 위험하다고 언급했다. 이에 (다)의 2문단에서는 혼잡한 자전거 주차 공간이 학생들과 주민들의 통행을 방해하고 있다는 점, 주민들이 자전거에 걸려 넘어질 위험이 있다는 점을 문제 상황으로 제시하고 있다.

③ (나)의 '학생 3'은 세 번째 발화에서 자전거를 아무렇게나 세우는 것은 근본적으로 자전거 거치대가 부족하기 때문이라고 언급했다. 이에 (다)의 2문단에서는 자전거 주차 공간이 주민들의 보행 안전을 위협하게 된 근본적인 원인은 자전거 거치대의 부족에 있다고 밝히며, 학교 앞에 20개의 자전거 거치대를 추가로 설치해 줄 것을 해결 방안으로 제시하고 있다.

⑤ (나)의 '학생 1'은 네 번째 발화에서 많은 학생들이 이 문제가 해결되길 바라고 있다는 점을 드러내면 좋겠다고 언급했다. 이에 (다)의 4문단에서는 문제가 해결되기를 바라는 학생들의 입장을 바탕으로 독자가 가급적 빠른 시일 안에 건의 사항을 수용해 주기를 당부하고 있다.

05 건의 글쓰기 표현 전략 사용하기 　　　　 답 ④

정답이 정답인 이유

④ (다)의 2문단에서는 학생회가 학생 200명을 대상으로 설문 조사를 진행했음을 언급했다. 그리고 응답자의 75%가 학교 앞 자전거 주차 공간을 매우 위험하게 느끼고 있다는 결과를 바탕으로 문제 상황에 대한 학생들의 인식을 제시하고 있다. 그리고 현재 자전거 거치대의 개수와 일평균 주차된 자전거

대수를 조사한 결과를 바탕으로 자전거를 안전하게 거치할 공간이 부족하다는 점을 문제의 원인으로 밝히고 있다.

오답이 오답인 이유

① (다)에 다른 방안과 대조하는 방식으로 건의 사항이 지닌 강점을 부각하고 있는 부분은 없다.

② (다)의 3문단에서는 현재 자전거 거치대 주변은 공간이 넓으므로 자전거 거치대 20개를 충분히 추가로 설치할 수 있을 것이라며 건의 사항이 실현 가능성이 있음을 언급하고 있다. 하지만 개인적인 경험을 사례로 들어 이를 뒷받침하고 있지는 않다.

③ (다)의 2문단에서는 혼잡한 자전거 주차 공간이 주민들의 보행 안전을 위협한다는 점을 들어 건의가 수용되어야 할 필요성을 드러내고 있다. 하지만 이를 묻고 답하는 방식을 활용해 강조하고 있지는 않다.

⑤ (다)의 2문단에서는 최근에 학생회 SNS에 올라온 글이 학생들의 많은 관심과 공감을 받았음을 밝히고 있다. 하지만 학생들의 불만이 제기되어 온 과정을 시간의 흐름에 따라 순서대로 제시하고 있지는 않다.

---

⑯ 통합

본문 209~213쪽

01 ⑤   **02** ③   **03** ①   **04** ⑤
05 ②

---

01 발표 내용 생성하기

답 ⑤

정답이 정답인 이유

⑤ (가)의 5문단에서 여러분도 이탄지의 가치와 복원의 필요성에 관심을 가지게 되시길 바란다고 표현하여 발표 내용과 관련하여 청중에게 바라는 바를 언급하며 발표를 마무리하고 있다.

오답이 오답인 이유

① (가)의 2문단에서 이탄지의 개념을 설명하고 있지만, 발표에서 청중에게 친숙한 사례를 들어 개념 간의 차이를 부각하고 있지는 않다.

② (가)의 1문단에서 인도네시아에서 발생한 두 차례의 대형 산불을 언급하며 발표의 화제가 이탄지임을 제시하고 있지만, 청중의 경험을 물어본 뒤에 이를 화제 선정의 계기와 연결 짓고 있지는 않다.

③ (가)의 2문단에서 청중에게 이탄지에 대해 들어 보았는지

를 물으며 발표 내용에 대한 청중의 배경지식을 확인하고 있지만, 이후 발표할 순서를 안내하고 있지는 않다.

④ (가)의 2문단에서는 이탄지가 만들어지는 과정을, 3문단에서는 이탄지의 탄소 흡수 능력과 탄소 저장 능력을 설명하고 있지만, 발표 내용과 관련된 과학적 지식을 전문가의 설명을 인용해서 제시하고 있지는 않다.

---

02 발표에서 자료, 매체 활용하기

답 ③

정답이 정답인 이유

③ [자료 2]는 이탄지의 단위 면적당 탄소 저장량을 도시공원과 비교한 자료이다. 발표자는 ⓒ에서 [자료 2]를 보여 주며 이탄지의 탄소 저장 능력이 뛰어나다는 점을 설명하고 있다. 하지만 [자료 2]를 활용해 전 세계 도시공원과 이탄지의 면적을 비교하여 설명하고 있지는 않다.

오답이 오답인 이유

① [자료 1]은 이탄지가 형성되는 모습을 보여 주는 자료이다. 발표자는 ㉠에서 [자료 1]을 활용해 이탄지가 형성되는 지형을 보여 주며, 이탄지가 주로 늪이나 얕은 호수와 같은 분지 지형의 물웅덩이에서 만들어진다고 설명하고 있다.

② 발표자는 ㉡에서 [자료 1]을 가리키며, 이탄지는 물웅덩이 주변에 수생 식물이나 습지 식물들이 자라면서 만들어지기 시작하고, 제대로 분해되지 않은 유기물이 장기간에 걸쳐 쌓여 만들어진다고 설명하고 있다.

④ 발표자는 ㉣에서 [자료 2]를 가리키며 이탄지가 훼손되면 물에 잠겨 있던 유기물이 공기 중에 노출되면서 기존에 저장된 탄소가 온실가스로 배출된다고 설명하고 있다. 이는 훼손된 이탄지가 온실가스의 공급원이 되는 이유를 설명한 것이다.

⑤ [자료 3]은 연간 국내 온실가스 배출 총량과 전 세계 이탄지 훼손으로 인해 연간 배출되는 온실가스의 양을 비교하여 보여 주는 그래프이다. 발표자는 ㉤에서 [자료 3]을 보여 주며 이탄지의 훼손으로 인해 연간 배출되는 온실가스의 양이 2020년 국내에서 배출한 온실가스 총량의 두 배에 이른다고 설명하여 이탄지 훼손이 지구 온난화에 미치는 문제의 심각성을 설명하고 있다.

---

03 발표 내용 이해, 평가하기

답 ①

정답이 정답인 이유

① 〈보기〉에서 발표자는 이탄지를 이루는 이탄은 석탄의 일종이라고 할 수 있으며 이탄이 지속적인 배수로 건조해지면서

불이 일어나기 좋은 환경이 만들어진다고 답변하고 있다. 이는 훼손된 이탄지가 화재에 취약해지면서 심각한 산불이 발생하게 된다는 (가)의 4문단과 관련이 있다. 따라서 답변의 내용을 바탕으로 [A]에서 청중이 습지인 이탄지에 대형 산불이 발생한 이유를 질문했음을 추측할 수 있다.

오답이 오답인 이유

② 〈보기〉의 발표자의 답변에서 인도네시아가 이탄지 복원을 위한 기관을 설치한 이유를 설명하는 내용은 없다.

③ 〈보기〉에서 발표자는 이탄지를 이루는 이탄이 석탄의 일종이라는 점을 설명하고 있다. 이는 이탄지에 불이 잘 붙는 이유를 설명한 것으로 볼 수 있다. 그러나 이는 토양의 생산성을 높이기 위해 이탄지를 지속적으로 배수시켰을 때의 문제점과 관련된 내용이지, 이탄지에 불을 내서 개간하는 이유를 설명한 것은 아니다.

④ 〈보기〉의 답변에서 발표자가 이탄지에 다양한 생물들이 서식할 수 있는 이유를 설명하고 있지는 않다. 이탄지가 다양한 생물들의 서식지가 된 이유는 (가)의 2문단에서 발표자가 이미 설명한 내용이다.

⑤ 〈보기〉의 발표자의 답변에서 이탄지가 형성될 때 유기물이 퇴적되는 속도보다 분해되는 속도가 더 느린 이유를 설명하는 내용은 없다.

04 성찰 글쓰기 내용 생성하기 　　　　　　답 ⑤

정답이 정답인 이유

⑤ (가)의 5문단에서는 산림청이 이탄지 복원 사업의 일환으로 2019년부터 이탄지 200ha의 습윤화와 생태계 복원을 도운 결과, 해당 이탄지에서 복원 전에 비해 약 1,200톤의 탄소를 추가로 흡수했을 것으로 예측된다고 그 성과를 언급하고 있다. 이에 (나)의 3문단에서는 이탄지 복원 사업의 성과를 언급했을 때 친구들이 놀라워하는 모습을 보였다는 점을 언급하였다. 이는 발표자가 발표 중에 확인한 청중의 반응이다. 발표 준비 과정에서 예상한 청중의 반응은 (나)에 제시되어 있지 않다.

오답이 오답인 이유

① (가)의 1문단에서 인도네시아 산림 복원 사업이 추진된 배경으로 두 차례의 대형 산불을 언급하고 있다. 이에 (나)의 1문단에서는 인도네시아에 대규모 산불이 발생했다는 뉴스 기사를 본 뒤 이와 관련한 사실들을 모르고 있었다는 것이 부끄러웠다며 스스로에 대해 성찰한 내용을 제시하였다.

② (가)의 2문단에서는 이탄지가 미네랄을 포함하고 비옥하기

에 다양한 생물들의 서식지가 된다고 언급하고 있다. 이에 (나)의 2문단에서는 이탄지가 오랑우탄, 수마트라 호랑이, 말레이곰 등의 서식지라는 사실이 가장 놀라웠다며, 이탄지를 서식지로 삼는 동물의 예와 조사 과정에서 놀라웠던 점을 함께 제시하였다.

③ (가)의 4문단에서 그동안 이탄지를 보유한 국가들이 경제적 효과만을 앞세워 이탄지를 훼손해 왔다고 설명하고 있다. 이에 (나)의 2문단에서는 최근 A 국가에서 이탄지가 포함된 30여 곳의 땅을 경매로 내놓아 화제가 되었다는 사실을 알고 걱정이 되었다며, 최근 화제가 된 사건과 관련해 이탄지 훼손 문제를 걱정했음을 제시하였다.

④ (가)의 5문단에서는 발표 중 시간이 다 되어 이탄지 복원 사업과 관련한 사진을 보여 주지 못하고 발표를 마무리하고 있다. 이에 (나)의 3문단에서는 발표 이후에 발표 분량을 적절하게 조절하지 못한 점을 후회했으며, 앞으로는 발표를 준비할 때 분량을 꼼꼼히 점검해야겠다고 다짐했음을 제시하였다.

05 성찰 글쓰기 내용 조직하기 　　　　　　답 ②

정답이 정답인 이유

② (나)의 2문단에서는 이탄지에 대해 조사하면서 이탄지가 탄소 흡수 능력이 뛰어나다는 점, 도시공원과 비교해 탄소 저장 능력이 현저히 뛰어나다는 점, 다양한 생물들의 서식지라는 점을 새롭게 알게 되었음을 밝히며 이탄지의 장점을 나열했다.

오답이 오답인 이유

① (나)의 1문단에서는 인도네시아에 두 차례의 대형 산불이 발생하였다는 것을 언급하였으나, 산불이 발생한 원인을 다각적으로 분석하지는 않았다.

③ (나)의 2문단에서는 이탄지 보유국들이 이탄지를 훼손하는 경우가 많다는 점을 언급하였다. 하지만 이탄지를 개발하는 방법을 목적에 따라 분류하지는 않았다.

④ (나)의 3문단에서는 이탄지 복원 사업과 관련해 사진을 준비했음을 언급하였으나, 사업을 조사한 과정을 시간 순서에 따라 제시하지는 않았다.

⑤ (나)의 3문단에서는 환경과 관련해 새로운 사실을 발견하고 자신이 알게 된 점을 친구들과 공유할 수 있었다는 점에서 이탄지에 대한 발표가 자신에게 의미 있는 경험임을 밝혔다. 그러나 이를 다른 발표 경험과 비교하여 설명하지는 않았다.

3부 실전 학습

실전 학습 **1**회   본문 216~226쪽

01 ②	**02** ④	**03** ③	**04** ②	**05** ④
06 ④	**07** ④	**08** ④	**09** ⑤	**10** ③
11 ②				

01 발표 내용 이해, 평가하기   답 ②

정답이 정답인 이유

② 발표의 마무리 부분에서 '유쾌한 성격과 낙천성, 그리고 아랫사람을 보듬는 훌륭한 성품까지 갖추었으니 이런 하이든을 어찌 좋아하지 않을 수 있겠습니까?'라며 앞서 언급했던 하이든의 인간적인 매력을 요약하여 제시함으로써 발표의 중심 내용을 강조하고 있다.

오답이 오답인 이유

① 하이든에 대한 정보의 출처가 어디인지는 발표에서 언급하지 않았다.

③ 발표자는 1문단에서 발표 내용의 초점을 말하고 있을 뿐 발표의 순서를 제시하지는 않았다.

④ 발표자는 발표에서 용어의 개념을 설명하고 있지 않다.

⑤ 발표에 질문하는 부분이 있긴 하지만, 발표자가 이에 대해 스스로 대답하고 있지는 않다.

02 발표 내용 조직하기   답 ④

정답이 정답인 이유

④ 발표자는 3문단에서 하이든의 낙천적인 성격을 드러내기 위해 하이든이 까다롭고 긴장된 근무 조건 속에서도 그에 대해 불평하지 않고 오히려 어려움 없이 음악에 정진할 수 있다는 사실에 만족했다는 내용을 전하고 있다. 하지만 하이든이 관객들에게 기쁨을 줘야 한다는 책임을 느끼며 엄격한 근무 조건을 견뎠다는 내용은 언급하지 않았다.

오답이 오답인 이유

① 1문단에서 발표자는 까다롭기로 유명한 모차르트가 하이든을 존경하고 좋아했다는 점을 설명함으로써 하이든의 매력에 대해 잘 모를 것이라고 예측되는 청중에게 하이든이 다른 사람과 달리 좋아할 수밖에 없는 인간적인 매력을 지닌 사람임을 밝히고 있다.

② 2문단에서 하이든이 대기만성형 예술가라는 점을 드러내기 위해 그가 말년까지 꾸준히 창작을 하며 자기 연마에 힘썼다는 내용을 제시하고 있다.

③ 2문단에서 하이든은 누구나 만나고 싶어 하는 사람이었다는 점을 밝히고 있다.

⑤ 4문단에서 하이든의 재치와 단원들을 사랑하는 성품을 드러내기 위해 하이든이 '고별 교향곡'을 연주하여 단원들을 집에 돌아갈 수 있도록 배려했다는 내용을 제시하고 있다.

03 화법을 통한 의사소통과 사회적 상호 작용   답 ③

정답이 정답인 이유

③ '학생 3'은 모차르트와 하이든이 늘 비교당했다는 내용과 모차르트가 신동이었으며 매우 까다롭기로 유명했다는 말을 듣고 발표에서는 언급하지 않은 내용, 즉 모차르트에 비해 하이든에 대한 이야기는 화제성이 덜했을 것이라고 추론하며 들었다.

오답이 오답인 이유

① '학생 1'은 '~ 사람에 따라 다르지 않을까?'라며 자신의 짐작을 드러내고 있을 뿐 전문가의 견해와 발표 내용을 비교하고 있는 것은 아니다.

② '학생 2'는 '경제적 지원 없이는 음악가로 활동한다는 것이 어려웠던 걸까?'라는 의문을 제기하고 있지만, 그것을 해결하지는 못했다.

④ '학생 1'은 '음악은 구체적인 내용이 아니라 선율로 표현되는 것'이라는 배경지식을 내비치고 있을 뿐이고, '학생 3'도 특별히 자신의 사전 경험을 바탕으로 말을 꺼내고 있는 것은 아니다. 또 그런 과정에서 두 사람 모두 정보의 효용성을 점검하며 듣고 있는 것도 아니다.

⑤ '학생 2'와 '학생 3'의 발화에 기존 지식을 수정하며 듣는 태도는 드러나지 않는다.

04 대화 맥락 분석하기   답 ②

정답이 정답인 이유

② '선생님'은 '학생 2'가 인정받고 싶은 욕구가 사회적인 문제가 되는 이유에 대해 묻자 그 대답으로 인정받고 싶은 욕구가 과도하거나 잘못된 방향으로 확대되면 자신의 삶을 피폐하

게 만들 수 있기 때문임을 설명하고 있다. 하지만 이 과정에서 '학생 2'의 배경지식 중 사실과 다른 부분에 대해 수정하고 있는 것은 아니다.

오답이 오답인 이유

① '학생 1'은 '선생님'께 특집 기사로 인정받고 싶은 욕구에 대해 다룰 예정이라며 화제를 제시하고, 몇 가지 궁금한 점을 여쭈어보고자 인터뷰를 하게 되었다며 인터뷰의 목적을 밝히고 있다.

③ '선생님'은 하버드대 뇌 과학 연구팀의 연구 결과를 제시하며 '인정받고자 하는 욕구는 왜 생겨나는 걸까요?'라는 '학생 2'의 질문에 답하고 있다.

④ '학생 1'은 운동하는 과정을 SNS에 올린 뒤 친구들의 인정을 받았던 경험과 그 뿌듯함을 다시 느끼기 위해 무리를 했던 경험을 제시하며, 타인의 인정을 받기 위해서 무리를 하는 일이 벌어질 수 있다는 점에 대해 동조하고 있다.

⑤ '학생 2'는 '~조율할 수 있는 능력을 길러야 하겠네요.'라고 말하고 '그러면'이라는 표지를 사용하여 그 결과로 '자신감 있는 삶'을 살아갈 수 있음을 제시하고 있다. 즉 학생은 인과의 방식을 활용하여 선생님과의 인터뷰를 통해 자신이 깨달은 바를 밝히고 있는 것이다.

05 대화 내용 이해, 평가하기 답 ④

정답이 정답인 이유

④ ㉡은 '인정받고자 하는 자신의 욕구에 대한 점검이 필요'하다는 상대의 발화를 재진술한 후에, '~할 수 있어야 한다는 말씀이시지요?'라며 질문의 방식을 활용하여 상대의 발화 내용을 자신이 제대로 이해했는지 확인하고 있다.

오답이 오답인 이유

① ㉠에서는 상대에게 상반된 의견을 제시하고 있지 않다.

② ㉠에는 상대가 언급한 내용에 대해 동의를 유보하는 태도가 드러나 있지 않다. 또 상대에게 언급한 내용에 대한 근거를 요구하고 있는 것도 아니다.

③ ㉡은 상대의 발화 내용에 대해 자신이 제대로 이해했는지 확인하고 있는 것일 뿐 타당성을 검토하고 있지는 않다.

⑤ ㉠과 ㉡에서는 모두 추가 설명을 요청하고 있지 않다.

06 설득 글쓰기 내용 생성하기 답 ④

정답이 정답인 이유

④ (나)에서는 첫 문단에서 인정받고자 하는 갈망이 지나쳐서

스스로 병들게 하는 경우가 많다는 내용을 제시함으로써 인정받고 싶은 욕구가 과도해지는 최근의 사회 경향을 드러내고 있다. 그리고 (가)의 인터뷰 내용에 언급된 인정받고 싶은 욕구가 생기는 원인과 그 욕구를 조절할 필요성이 있다는 점을 설명하며 내용을 구성하고 있다.

오답이 오답인 이유

① (나)에서 타인에게 인정을 받게 되면 긍정적인 인간관계가 형성된다며 타인에게 인정받고 싶어 하는 욕구의 긍정적인 면을 언급하고 있기는 하지만, 타인에게 인정받아야 하는 이유와 그 방법에 대해 언급하고 있지는 않다.

② (나)에 인정받고 싶은 욕구가 다양한 양상으로 나타나고 있다는 내용은 제시되지 않았다. 인정받고 싶은 욕구의 유형별 특징을 언급하지도 않았다.

③ (나)에 인정받고 싶은 욕구에 대한 상반된 관점이 제시되지는 않았다.

⑤ (나)에 타인에게 인정받기 위해 필요한 요인에 대해서 언급한 바는 없다.

07 설득 글쓰기 내용 점검, 조정하기 답 ④

정답이 정답인 이유

④ '타인의 인정에 집착하는 노력은 자제할 필요가 있다.'라는 말로 개인이 할 수 있는 방법을 제시하고 있고, '지옥의 늪'이라는 비유적인 표현을 활용하여 '타인에 의해서가 아니라 내가 스스로 가치를 찾을 수 있는 일에 노력을 기울여야 타인의 시선에 일희일비하며 살아가는 지옥의 늪에 빠지지 않고 자신을 건강하게 지킬 수 있다.'라며 긍정적인 결과를 덧붙이고 있다.

오답이 오답인 이유

① 문제 상황을 극복하기 위해 개인이 할 수 있는 일이 제시되지 않았으므로, 그것으로 인해 나타날 긍정적인 결과에 대한 언급도 없다. 그리고 비유적인 표현도 사용하지 않았다.

② (나)는 인정받고 싶은 욕구로 인한 문제점을 다루고 있지 타인의 평가가 좋고 나쁨과 관련된 내용을 다루고 있는 것은 아니므로, 이 답지를 (나)에 추가하는 것은 적절하지 않다. 그리고 비유적인 표현도 사용하지 않았다.

③ '자신을 공격하는 칼'이라는 비유적인 표현은 드러나지만, 자기 자신을 인정하는 일이 중요하다는 내용은 (나)의 흐름에 부합하지 않는다. 또한 그것으로 인해 나타날 긍정적인 결과에 대한 언급도 없다.

⑤ '평행선처럼'이라는 비유적인 표현은 드러나지만, 삶의 주체성에 대한 내용과 타인과의 관계에서 오는 갈등은 (나)의 흐름에 적합하지 않다.

08 설득 글쓰기 내용 이해, 평가하기　　답 ④

정답이 정답인 이유

④ 2문단은 네 개의 문장으로 구성되어 있는데, 각 문장은 통일성 있게 글의 흐름을 유지하고 있다. 즉 2문단에는 글의 흐름과 어긋나는 문장이 사용되지 않았다.

오답이 오답인 이유

① 2문단에 '전통 사회 구성원들과 달리 현대인들은'이라는 표현을 통해 과거와 비교할 때 최근 인정받고 싶은 욕구를 과도하게 표출하는 경향이 있음을 드러내고 있다.

② 타인의 인정을 통해 쾌감을 느끼려는 사람들이 SNS 활동에 과도하게 몰입하면서 관심 중독이라는 결과를 유발하고 있음을 구체적으로 드러내고 있다.

③ 글을 마무리할 때에는 '타인은 지옥이다'라는 사르트르의 말을 인용하며 타인의 인정에 집착하다가 문제가 발생하게 되는 양상을 드러내고 있다.

⑤ 4문단을 '그러나'로 시작함으로써 앞 문단의 내용과 4문단의 내용을 자연스럽게 연결하지 못하고 있다.

09 정보 전달 글쓰기 내용 조직하기　　답 ⑤

정답이 정답인 이유

⑤ 지구촌에 초대형 재난이 발생하면 여러 국가가 협력하여 공동 대응한다는 내용이 제시되어 있지만, 각국의 대응 전략이 왜 차이가 나는지에 대한 내용을 정리하여 제시하는 내용은 초고에 반영되지 않았다.

오답이 오답인 이유

① 식수, 식량, 의약품, 의류 등은 물론 임시 주거용 텐트와 간이 화장실, 컨테이너 가설 주택 등이 제공되어야 한다는 내용이 제시되어 있다.

② 초대형 재난으로 인해 야기되는 피해 규모가 이전과 비교할 수 없을 정도로 크기 때문에 국제 사회가 공조하게 되었다는 내용이 제시되어 있다.

③ 튀르키예·시리아 지진이 일어났을 때 여러 국가가 공조하며 재난에 대응한 사례를 제시하고 있다.

④ 튀르키예와 정치적으로 갈등을 빚었던 스웨덴, 핀란드, 그리스 등도 재난 앞에서는 협력하였다는 내용을 다루고 있다.

10 정보 전달 글쓰기 내용 점검, 조정하기　　답 ③

정답이 정답인 이유

③ 초고의 첫 문단과 고친 문단을 비교해 보면, 고친 문단에서는 튀르키예·시리아 지진으로 인해 발생한 사망자의 수, 경제적 손실 등의 피해 상황은 삭제되어 있다. 그리고 '기존 방식으로는 최근 급증하는 초대형 재난에 효과적으로 대처하기가 힘들다는 인식을 지구촌 전체에 심어 주었다.'라는 내용을 넣어 초대형 재난에 대한 세계적인 인식이 어떻게 변화했는지에 대한 내용을 추가하고 있다.

오답이 오답인 이유

① 초대형 재난이 초래할 피해를 예측한 내용이 추가되지는 않았다.

② 초대형 재난에 대한 효과적인 대처 방안은 초고의 첫 문단이나 수정한 부분에 공통적으로 '국가를 초월한 글로벌 협력을 통해 재난으로 인한 피해는 최소화하고 지원 효과는 극대화해야 한다.'라는 내용으로 제시되어 있다.

④ 튀르키예·시리아 지진에 여러 국가가 공동 대응한 사례를 삭제하지는 않았고, 초대형 재난의 감소를 위한 국가별 노력 양상을 추가하지도 않았다.

⑤ 튀르키예·시리아 지진에 여러 국가가 공동 대응한 사례를 삭제하지는 않았고, 국제기구 단위의 기존 대처 방식을 비판하기보다는 기존의 방식이 역부족임을 드러내고 있다.

11 정보 전달 글쓰기 자료, 매체 활용하기　　답 ②

정답이 정답인 이유

② ㄴ은 지구촌 초대형 재난 앞에서는 어느 국가도 안전하다고 말할 수 없다는 점을 강조하고 있다. 이런 내용은 지구촌에서 발생하는 초대형 재난에 대해 전 세계가 글로벌 협력을 해야 한다는 점을 이끌어 낼 수 있는 것이지 재난의 동시다발적인 발생을 막아야 한다는 점을 이끌어 낼 수 있는 것은 아니다. 또한 학생의 초고 3문단에 국제 사회가 재난의 동시다발적인 발생을 막아야 한다는 것과 관련된 내용이 제시되지도 않았다.

오답이 오답인 이유

① 탄소 배출량이 많은 선진국들이 지구촌의 초대형 재난에 대해 책임 의식을 지녀야 한다는 〈보기〉의 내용을 2문단에서 초대형 재난에 대해 글로벌 협력을 할 때 선진국의 동참이 필수적이라고 이야기하는 부분을 뒷받침하는 내용으로 추가하는 것은 적절하다.

③ 지구촌에서 초대형 재난 발생이 증가 추세에 있고 그 피해 규모도 증가하고 있다는 내용을 활용하여 4문단에서 지구촌의 초대형 재난이 증가세를 보이고 있다는 내용을 뒷받침하는 것은 적절하다.
④ NATO가 유럽 연합 국가들과 공조하여 재난 지도 데이터를 피해 국가 정부와 국제 구호 기관에 신속히 제공했다는 사실을 활용하여 3문단에서 지구촌에 초대형 재난이 일어났을 때 그에 대응하는 글로벌 협력 전략의 구체적인 내용으로 제시하는 것은 적절하다.
⑤ 국제기구가 과거와 달리 다른 국가나 단체와 공조를 하며 구호 작전을 펼쳤다는 내용을 활용하여, 초대형 재난 앞에서 여러 나라가 협력해야 한다는 인식이 확산되고 있다는 내용을 뒷받침하는 것은 적절하다.

실전 학습 2회
본문 227~239쪽

01 ③ 02 ② 03 ④ 04 ② 05 ④
06 ② 07 ② 08 ④ 09 ⑤ 10 ⑤
11 ⑤

01 발표 표현 전략 사용하기   답 ③
정답이 정답인 이유
③ 발표의 마지막 부분에서 발표자는 인간의 역사와 지구의 역사 간의 관계에 대한 인식의 전환이 필요하다는 점을 언급하고 있다.
오답이 오답인 이유
① 4문단에서 인식 전환의 필요성을 언급하고 있을 뿐, 청중이 얻을 수 있는 효용을 제시하면서 실천을 촉구하고 있지는 않다.
② 발표에서 발표자의 질문이 제시되지 않았다.
④ 발표 내용에 대한 청중의 이해 정도를 확인하거나 이를 통해 순서를 조정하는 부분은 찾아볼 수 없다.
⑤ 3문단에서 '작년 학교 수련회 장소 부근'의 모습을 언급하며 청중과 공유하는 기억을 환기하고 있으나, 이는 상황의 심각성을 부각하기 위한 것으로, 발표 제재 선정의 계기를 밝히기 위한 것은 아니다.

02 발표에서 자료, 매체 활용하기   답 ②
정답이 정답인 이유
② [사진 1]은 인류세의 근거로 채택될 수 있는 가능성을 보여 주는 암석이자 환경 오염의 산물인 플라스티글로머레이트를 시각적으로 제시하고 있으며, [사진 2]는 이러한 암석의 형성 원인과 관련성을 지닌 일상의 모습을 제시함으로써 문제의 원인이 가까이에 있음을 강조하고 있다.
오답이 오답인 이유
① [사진 1]이 환경 오염이라는 문제 상황을 집약적으로 드러낸다고 볼 수는 있으나, [사진 2]는 문제의 해결 가능성보다는 심각성을 드러내는 것이라 할 수 있다.
③ [사진 1]은 설명 대상인 플라스티글로머레이트 자체를 보여 줄 뿐 이것이 생성된 과정을 제시하는 것은 아니다. [사진 2]는 암석의 일부로서 지구의 지질학적 구성물이 될 가능성이 있는 폐플라스틱의 사진이라는 점에서 설명 대상으로 변화하는 출발점으로 볼 수 있다.
④ [사진 1]은 설명 대상인 플라스티글로머레이트의 특징을 보여 줄 수 있으나, [사진 2]가 이와 유사한 특징을 지닌 다른 설명 대상에 해당한다고 보기 어렵다.
⑤ [사진 1]을 통해 설명 대상이 발견되는 지역을 알기는 어려우며, [사진 2]가 이러한 상황의 결과를 보여 준다고 할 수 없다.

03 발표 내용 이해, 평가하기   답 ④
정답이 정답인 이유
④ '학생 1'은 플라스티글로머레이트를 암석으로 규정한 발표 내용에 의문을 제기하면서 사실 부합 여부를 판단하고 있으나, '학생 2'의 반응에서는 이러한 내용을 찾을 수 없다.
오답이 오답인 이유
① '학생 1'은 암석에 대한 자신의 배경지식에 비추어 플라스티글로머레이트를 암석으로 규정한 발표 내용에 대해 의문을 제기하고 있다.
② '학생 2'는 플라스티글로머레이트와 유사한 파이로플라스틱을 접하게 되었던 경험을 떠올리고 있다.
③ '학생 3'은 발표를 통해 알게 된 학문 분야인 층서학에 흥미를 느끼고 추가 탐색을 통해 진로 탐색 보고서의 내용을 구체화할 수 있을 것으로 기대하고 있다.
⑤ '학생 1'은 암석의 형성 과정에 대해, '학생 3'은 층서학에 대해 더 알아보겠다는 언급을 하고 있다.

04 대화 표현 전략 사용하기   답 ②

정답이 정답인 이유

② 첫 질문을 제시하면서 해당 질문을 먼저 제시한 이유를 밝히고 있으나, 질문의 순서를 미리 밝히고 인터뷰의 진행 방향을 드러낸 것은 아니다.

오답이 오답인 이유

① 첫 번째 발화에서 학생은 소속과 인터뷰 목적을 밝히고 있다.

③ 세 번째 발화에서 학생은 서체 디자인에 몇 년이 걸리기도 한다는 디자이너의 말을 일부 인용하면서 작업의 어려움에 대해 공감하고 있다.

④ 학생은 세 번째 발화에서 고개를 끄덕이는 행동을 통해, 다섯 번째 발화에서는 양손을 맞부딪치며 상대방의 말에 대한 공감 혹은 경탄을 표현한 자신의 발화를 강조하고 있다.

⑤ 다섯 번째 발화에서 학생은 '국제화, 다문화 시대'로 현실의 상황을 제시하면서 디자이너가 답변한 내용의 의의를 '서체를 만드는 사람들이 반드시 고민해야 할 점'으로 규정하고 있다.

05 대화 내용 이해, 평가하기   답 ④

정답이 정답인 이유

④ [A]~[C]에서는 모두 모바일 게임 ◇◇◇에 사용된 특정 서체가 언급되었다. [A]에서 디자이너는 자신이 이 서체를 개발하였음을 밝혔으며, [B]에서 학생은 이 서체가 인터뷰 대상 선정의 계기가 되었다고 언급하였다. 또한 [C]에서 디자이너는 새로운 서체 개발 과정을 설명하면서 이 서체를 사례로 들고 있다.

오답이 오답인 이유

① 게임의 영향력에 대한 언급은 [A]에서 그 정도가 크다는 점이 언급되고 있을 뿐, [B]나 [C]에서는 찾아볼 수 없다.

② 서체 작업 과정에 대한 내용은 [C]에서 중점적으로 설명되고 있으며, 이를 직업이나 학생들의 관심사 차원에서 제시하는 내용은 [A]나 [B]에서 찾아볼 수 없다.

③ 특정 게임의 서체에 대한 언급이 [A]에서는 개발의 배경과 함께 제시되고 있다. 그러나 [B]에는 서체들이 주는 인상을 비교한 내용이 없으며, 해당 서체 특유의 개발 과정이 [C]에서 설명되고 있지도 않다.

⑤ 서체의 개성과 관련된 내용은 [A]에서 디자이너와 관련된 정보를 통해, [C]에서 서체 개발 과정을 통해 추론해 낼 수 있으나, [B]와는 관련짓기 어렵다.

06 소개 글쓰기 내용 생성하기   답 ②

정답이 정답인 이유

② 브랜드의 이미지에 부합하는 서체를 개발한 사례가 (가)에서는 디자이너의 두 번째 발화에서 언급되었으나, (나)에서는 이를 찾아볼 수 없다.

오답이 오답인 이유

① (가)에서는 디자이너의 다섯 번째 발화에서 서체의 역사를 알아야 한다고 언급하였음을 확인할 수 있다. (나)의 1문단에서는 훈민정음 창제와 함께 시작된 한글 서체의 역사가 개괄되어 있다.

③ (가)에서는 서체 개발 작업의 어려움이 디자이너의 세 번째 발화에서 언급되었으며, (나)의 2문단에서 서체 개발의 어려움을 감당하는 디자이너들을 힘들게 하는 원인으로 개발된 서체를 불법적으로 사용하는 사례가 있음을 설명하고 있다.

④ (가)에서는 디자이너의 두 번째 발화에서 서체 디자인의 방향성을 정한 후 시안을 반영한 짧은 문장을 만들고 디자인을 적용한 글자 수를 늘려 간다는 내용이 언급되었다. (나)의 2문단에서 서체 개발이 어려운 이유 중 하나로 디자인해야 하는 글자의 수가 많음을 구체적인 수치로 제시하고 있다.

⑤ (나)의 2문단에서 외국어 문자와 잘 어울리는 한글 서체의 제작을 위한 노력을 언급하고 있는데, 이는 (가)에서 디자이너의 네 번째 발화 내용과 관련지을 수 있다.

07 소개 글쓰기 표현 전략 사용하기   답 ②

정답이 정답인 이유

② (나)의 1문단에서 접속 부사인 '그러나'는 한글 서체가 폭발적으로 성장하는 계기가 된 '탈네모꼴 서체'의 등장을 부각하고 있다.

오답이 오답인 이유

① 한글 서체 및 서체 디자이너의 개념이 특정 이론을 활용하여 규명되고 있지 않다.

③ 다른 나라의 사례는 제시되어 있지 않다.

④ 제목에 비유적 표현이 사용되지 않았다.

⑤ 한글 서체나 서체 디자이너에 대한 인식이 시기별로 제시되어 있지 않다.

08 소개 글쓰기 내용 점검, 조정하기   답 ④

정답이 정답인 이유

④ 인터뷰의 내용과 (나)의 내용과의 연관성을 밝혀 탐방기가

인터뷰를 거쳐 작성된 것임을 알게 하고 있으며, '디자인 동아리에서 활동하면서 서체의 아름다움에 눈'뜨게 되었다는 글 작성자의 입장과 '다른 친구들에게 도움이 되었으면 좋겠다'라는 바람을 함께 제시하면서 글을 마무리하고 있다.

오답이 오답인 이유

① 인터뷰를 거쳐 탐방기가 작성되었다는 언급이 없으며, 글 작성자의 입장도 나타나 있지 않다.

② 인터뷰를 거쳐 탐방기가 작성되었음을 언급하고 있으나, 서체 디자이너를 꿈꾸는 글 작성자의 입장과 바람은 찾아볼 수 없다.

③ 인터뷰를 거쳐 탐방기가 작성되었음을 언급하고 있으나, 글 작성자의 입장과 바람은 찾아볼 수 없다.

⑤ 인터뷰에 대한 언급이 없으며, 글 작성자의 입장이나 바람도 나타나 있지 않다.

09 보고 글쓰기 내용 생성하기　　　　답 ⑤

정답이 정답인 이유

⑤ (나)에는 다양한 개선 방안이 제시되어 있으나 이들 간의 장단점이 비교되거나 우위가 평가되어 있지는 않다.

오답이 오답인 이유

① 서론의 1문단에서 아동·청소년기의 정신 건강 문제에 대한 적절한 대처가 필수적임을 밝히고 있다.

② 서론의 2문단에서 '문제를 파악하고 해결 가능성을 모색해 보기 위해' 보고서가 작성되었음을 밝히고 있어, 보고서의 작성 취지를 확인할 수 있다.

③ 보고서의 'Ⅱ'에서는 문제 상황이 청소년, 교사 및 학교, 국가 차원에서 다각도로 제시되어 상황을 바라보는 시야의 확장을 유도하고 있다.

④ 결론에서 국가, 지역 사회, 의료 기관, 학교, 가족 등 정신 건강 문제 해결의 주체들이 긴밀하게 연결됨으로써 하나의 생태계를 구성한다고 언급하였으며, 이들이 합심할 때 문제 해결에 진전을 보일 수 있음을 전망하고 있다.

10 보고 글쓰기 자료, 매체 활용하기　　　　답 ⑤

정답이 정답인 이유

⑤ 청소년의 우울감이 신체에 미치는 영향이 학교급별로 차이를 보인다는 내용은 (나)나 〈보기〉 모두에서 확인되지 않는다.

오답이 오답인 이유

① [자료 1]의 [1]은 부정적 감정을 느끼는 청소년의 비율이 늘어나는 경향을 보여 주는 그래프이다. 이는 아동·청소년의 정신 건강 문제가 미래의 심각한 문제로 이어질 수 있다는 서론의 내용을 부각하기에 적절하다.

② [자료 2]의 [1]은 학교급에 따라 학생들이 느끼는 부정적 감정의 원인과 정도가 다른데도 같은 프로그램이 제공된다는 것을 비판하는 인터뷰이다. 이는 학교급에 따라 차별화된 콘텐츠를 제공받을 수 있어야 한다는 'Ⅲ-1-(2)'의 내용을 강조할 수 있다.

③ [자료 3]은 청소년기의 우울감이 신체에 부정적 영향을 끼친다는 학술지 내용의 일부로, 이에 근거하여 청소년기의 부정적 감정이 미래의 심각한 문제로 이어질 수 있다는 서론의 내용을 강조할 수 있다.

④ [자료 1]의 [2]는 심리적 고위험군에 속하는 조사 대상 청소년의 절반에 가까운 46.7%의 학생들이 정신 건강 증진 사업에 참여할 의향이 없음을 보여 주는 그래프이다. [자료 2]의 [2]와 이를 함께 감안할 때, 사업 참여를 꺼리는 많은 청소년들 중에는 자신의 정신 건강 문제가 주변에 알려지는 것을 우려하는 경우가 있을 것임을 추측할 수 있다.

11 보고 글쓰기 내용 점검, 조정하기　　　　답 ⑤

정답이 정답인 이유

⑤ [A]에는 '문제 상황'을 소제목으로 하여 하위 항목이 단순 나열식으로 제시되어 있으며, '지나치게 다양한 프로그램들이 사업의 효과를 저하시키는 측면이 있다.'라는 2번 항목과 유사한 내용이 4번에서 중복되고 있다. 이를 수정한 〈보기〉는 하위 항목을 다시 범주화하여 이들을 구분하였으며, 2번 항목의 내용을 생략하였음을 확인할 수 있다.

오답이 오답인 이유

① [A]와 〈보기〉를 비교할 때 대상이 학생으로 한정되고 있다거나 내용이 축소되었다고 할 수 없다.

② [A]에서 언급된 국가 부처에서 담당하는 사업에 대한 설명의 분량은 〈보기〉에서 축소되어 제시되었다.

③ 〈보기〉에는 성인 정신 건강 증진 사업과 아동·청소년 정신 건강 증진 사업을 함께 진행하기에는 무리가 있다는 언급이 있을 뿐, 두 사업 간의 차별성이 명확히 강조되고 있지는 않다.

④ 〈보기〉에는 [A]에서 제시된 문제 상황이 범주화되어 있을 뿐, 문제 상황의 원인별로 항목이 나누어져 있지는 않다.

한눈에 보는 정답

3부 실전 학습

1회	01 ②	02 ④	03 ③	04 ②	05 ④	06 ④	07 ④	08 ④	09 ⑤	10 ③	11 ②
2회	01 ③	02 ②	03 ④	04 ②	05 ④	06 ②	07 ②	08 ④	09 ⑤	10 ⑤	11 ⑤

총신대학교
CHONGSHIN UNIVERSITY

진 정 한
스 승

지식을 전달하는 스승이 있습니다.
기술을 전수하는 스승이 있습니다.
삶으로 가르치는 스승이 있습니다.
모두가 우리의 인생에 필요한 분들입니다.

**그러나 무엇보다도 진정한 스승은
생명을 살리는 스승입니다.**

또 비유로 말씀하시되 소경이 소경을 인도할 수 있느냐 둘이 다 구덩이에 빠지지 아니하겠느냐
— 누가복음 6장 39절 —

* 본 교재 광고의 수익금은 콘텐츠 품질개선과 공익사업에 사용됩니다.   * 모두의 요강(mdipsi.com)을 통해 총신대학교의 입시정보를 확인할 수 있습니다.

글로컬대학 30 선정

국립
강릉원주
대학교

KTX 개통으로 수도권과 더 가까워진 국립대학교
국립이라 가능해, 그래서 특별해!

입학상담 033-640-2739~2741, 033-640-2941~2942

 국립 강릉원주대학교

개교 51주년
since 1973

날아 취업이 오르는 대학 강한대학 안산대학교

전문대학혁신지원사업 선정 (2019~2024)

전문대학글로벌현장학습사업 (2005~2023)

LINC⁺ 3단계 산학연협력 선도전문대학 육성사업(LINC 3.0) (2022~2024+3)

LiFE 평생교육체제 지원사업 (LiFE2.0) (2023~2025)

2025학년도 안산대학교 신입생 모집

입학상담 안내 Tel. 031 - 363 - 7700 ~ 1
입학 홈페이지 https://iphak.ansan.ac.kr/iphak